Zu diesem Buch

São Paulo, heute: für eine Gruppe österreichischer und deutscher Emigranten ist Brasilien nicht nur Fremde, sondern wird auch zur Chiffre für Entfremdung. Ihre Erlebnisse und die Gespräche in ihrem Stammlokal «Bar jeder Hoffnung» zeigen: nichts ist mehr in Ordnung. Aber man kann diese Ordnung erkennen.

Robert Menasse, geboren am 21. Juni 1954 in Wien. Studierte Germanistik, Philosophie und Politikwissenschaft in Wien, Salzburg und Messina. Promovierte 1980 in Wien mit einer Arbeit über den «Typus des Außenseiters im Literaturbetrieb». Von 1981 bis 1986 lehrte er an der Universität São Paulo, Brasilien, zunächst als Lektor für österreichische Literatur, dann als Gastassistent am Institut für Literaturtheorie. Seit 1987 freier Schriftsteller in Wien und São Paulo. Veröffentlichte literarische und literaturkritische Arbeiten in zahlreichen Zeitschriften, v. a. in «Wespennest», «Falter» und «Forum». «Sinnliche Gewißheit» ist sein erster Roman.

Robert Menasse

Sinnliche Gewißheit

ROMAN

Rowohlt

Originalausgabe
Veröffentlicht im Rowohlt Taschenbuch Verlag GmbH,
Reinbek bei Hamburg, April 1988

Redaktion Meike Wolff
Umschlaggestaltung: Walter Berger, Fritz Ziehaus
Foto: «Wissenschaft im Exil»,
Phoenix-Production 1987 (Walter Berger, Ona B.)

Satz Bembo (Linotron 202)
Gesamtherstellung Clausen & Bosse, Leck
Printed in Germany
1080-ISBN 3 499 12248 0

Este livro é dedicado a JUDITH KATZ.
Espere-nos no Nada,
reserve uma mesa
e aí estaremos no grande bar da eternidade.

HIER IST nicht Einfried, das Sanatorium. Mein Vater war kein Kaufmann.

Lange Zeit schon bin ich nicht mehr früh schlafen gegangen.

Draußen im Garten strichen die Palmenblätter sanft scharrend über den Wind, wie die langen Fingernägel einer Frau über ein bügelfreies Hemd. Von der Straße hörte man die tiefen, monotonen Pfiffe des Nachtwächters und das leise Scheppern seines alten Fahrrades. Ein Hund begann zu kläffen und ein anderer stimmte zornig oder verspielt ein. Irgendwo schrie jemand: «Still!»

Eine Grille imitierte das rhythmische Knarren eines alten Bettes, das ruhelos geisterhaft nachhallende Echo auf alle Liebesmüh, die ohne Erlösung geblieben ist. Man hörte ein Auto mit quietschenden Reifen in die Straße einbiegen, ein Schuß fiel, und das Pfeifen des Nachtwächters erstarb.

Doch dann setzte es wieder ein, sich entfernend, das trotzige Diminuendo eines käuflichen Friedens, an dessen Krieg außerhalb dieses Viertels die Fehlzündung eines Autos nur vage erinnerte.

Wenn man schon eine Reihe solcher Nächte erlebt hat, dann war es eine Nacht wie jede andere.

Granja Julieta, ein Villen- und Gartenbezirk in São Paulo, Mauern oder Gitter um die Häuser, Scherengitter vor den Fenstern, vergitterte Privatparkplätze, einige große, weiße Apartmenthäuser mit Wächterhäuschen und wieder Mauern, ein dichtes Gittersystem, das zusammen mit den Gittersystemen anderer guter Viertel einen Käfig um die schäbigen, armen Teile der Stadt bildete, so daß nicht die Verschanzten, sondern die Ausgesperrten gefangen sind.

Hier wohnte ich, in einer Villa deutscher Einwanderer, in Untermiete.

Ich lag bekleidet auf dem Bett und rauchte, zu müde und zuwenig müde, um mich auszuziehen. Gerade hatte ich einen Gedanken, und schon hatte ich ihn wieder vergessen. Der Zigarettendunst erinnerte mich nicht besonders, aber doch ein wenig an die russische Literatur, vielleicht, vielleicht auch nicht, weil Rußland so weit weg war, wie der Ort, an dem ich mich befand.

Ich stand auf und schaute aus dem Fenster. Im Vorgarten vor dem Haus sah ich einen hellen Schatten, die Katze. Sie läßt mit sich geschehen, was sie tut.

Auf der Straße, schräg gegenüber, sah ich Maria, die schwarze Empregada meiner Hausherren, unter einem Baum zusammen stehen mit einem Mann, der sie küßte, ohne dabei einen prall gefüllten Plastiksack, den er in der Linken hielt, abzustellen. Vor einigen Tagen erst war Maria schreiend und weinend aus dem Haus gelaufen, schreiend des Diebstahls bezichtigt, heute war sie demütig mit niedergeschlagenem Blick zurückgekehrt, um, nochmals ihre Unschuld beteuernd, wieder um ihre Anstellung zu bitten. Großherzig hatte ihr die Hausfrau, Dona Ilse, meine Vermieterin, verschwiegen, daß sie den vermißten Gegenstand inzwischen wiedergefunden hatte. Der Mann trug einen grünen Pullover, der in der Dunkelheit wie Phosphor schimmerte. Der Mann preßte nun die Faust, in der er noch immer diese Plastiktasche hielt, an die Hüfte Marias, die ihre schwarze Hand auf das weiße Plastik legte, so als wäre die Tasche etwas, das unabtrennbar zu ihrer Liebe gehörte, zumindest zu ihren Körpern, die zum Körper eines seltsamen Beuteltiers verschmolzen. Unentwegt küßten sie einander.

Ich drückte die Zigarette aus und legte mich wieder auf das Bett. Mir war eingefallen, was ich vorhin vergessen hatte. Ich wollte eine wichtige und interessante Geschichte erzählen, nämlich: Nichts. Ich hatte mir gedacht, daß ich sie aufschreiben wollte und daß ich dieser Erzählung gerne die Liebe der Leser wünschte.

Doch leider ist diese Erzählung ein sinkendes Schiff, und Leser sind Ratten.

Ich machte mich unverzüglich an die Arbeit, indem ich weiter so dösend dalag, bis ich wieder einen Hund anschlagen hörte und wieder das Pfeifen des patrouillierenden Nachtwächters und bis wieder das Zirpen der Grillen aus der Stille lärmend auftauchte und ich merkte, daß es gar nie aufgehört hatte.

Da beschloß ich, noch auszugehen.

Ich hatte einen mit Alkohol betriebenen VW Brasilia. Seine müden Alkoholausdünstungen stimmten mich langweilig auf die Bar ein, die ich nun aufsuchte. Ich hatte es nicht weit bis zur Avenida Adolfo Pinheiro zur *Bar Esperança*, die einem Österreicher gehörte und die von der Handvoll Österreicher, die dort verkehrte, *Bar jeder Hoffnung* genannt wurde.

Die *Bar jeder Hoffnung* war nur für den leicht zu finden, der sie kannte. Sie befand sich in einem von der Straße zurückversetzten Haus, einer scheinbar alten, aber eigentlich nur heruntergekommenen Villa, deren Kolonialstilmaskerade sie herrschaftlich erscheinen lassen sollte, während sie zugleich auch knechtisch wirkte, so klein, geduckt und zurückgezogen, wie sie dastand. Auf der Fläche zwischen dem Haus und der Straße befanden sich einige mächtige Bäume, die das Schild mit dem Namen der Bar verdeckten und die nur wenig von dem Licht durchschimmern ließen, das dieses Schild beleuchtete, wenn Oswald, der Wirt, nicht überhaupt vergaß, es einzuschalten. Ich überquerte gerade die Straße, als ich schreiende Stimmen und einige dumpfe Schläge hörte, die von der Bar herzukommen schienen, aus dem Schatten der Bäume. Ich befand mich schon auf dem Gehsteig vor der Bar, neugierig und ängstlich und doch in beiden Empfindungen so eigentümlich abgestumpft, daß sie mich weder antreiben noch abhalten konnten, als ich mit einem aus der Dunkelheit vor der Bar herauslaufenden Mann zusammenprallte, worauf ich zurücktaumelte und er einen Moment erschrocken stehenblieb. Er hatte das kurzgeschorene Haar eines brasilianischen Präsenzdieners und den aggressiv-ahnungslosen Gesichtsausdruck des Mannes, der den raschen Rausch gesucht hatte. Schon stand Oswald hinter ihm, leibhaftig, wie er mit seinem massigen Körper immer dastand, packte den Soldaten mit der Linken von hinten am Hemdkragen, schlug ihm mit der Rechten in die Nieren und gab ihm zum Abschluß einen kräftigen Stoß, wortlos, wie es nur ein Wirt machen kann, der bereits alles gesagt hatte, und sei es zu sich selbst. Der Soldat stolperte nach vorn, fing sich in ein paar Laufschritten, drehte sich kurz um und ging, die Hände in die Nieren gestützt, steif davon.

«Was war los, Oswald?» fragte ich. Oswald hatte offenbar irgendwann einmal beschlossen, den Kopf, den er zum Aufnehmen der Bestellungen immer neigen mußte, nicht mehr aufzurichten, und so sah er mich kurz an mit seinem schräg gesenkten Kopf und sagte statt einer Erklärung oder vielleicht als Erklärung: «So a Oarsch!» worauf er zwischen den Bäumen des Vorplatzes wieder in der Bar verschwand und ich ihm folgte.

Ich trat ein in die Bar, so wie man auf ein Terrarium zutritt und hineinschaut. Wie durch eine Glaswand schaute ich durch die Frontscheiben meiner Augen in die Welt, die sich so selbstverständlich gab, als wäre sie die natürlichste Sache der Welt.

Die Holztische mit den alten Thonetsesseln, auf denen die Gäste saßen, statisch wie Statisten.

Links stand die große, alte, verspiegelte und wieder erblindete Vitrine. Ein Stammgast, ein heute bekannter brasilianischer Maler, hatte einmal auf die Spiegel der Vitrine all das aufgemalt, was sich in ihnen eigentlich spiegeln müßte. Das Spiegel-Bild wirkte, wenn man nicht unmittelbar davorstand, täuschend echt, übte aber durch seine Statik eine regulative Wirkung auf die Gäste aus, die, wenn sie etwa von einem Tisch aufstanden und dabei den Sessel verrückten, diesen wieder intuitiv in die Position brachten, die mit dem Spiegel-Bild übereinstimmte. Und wenn es dieser nicht machte, dann machte es beiläufig ein anderer, immer jedoch machten es die Österreicher, die eine Diskrepanz zwischen dem Raum und seiner Abspiegelung am meisten beunruhigte.

Auf der rechten Seite stand der alte, große Bücherkasten, auf dessen Regalbrettern die Spirituosen standen, dazwischen auch einige dicke Bücher, die hier wie Flaschenstützen wirkten.

Davor die große runde Theke aus Altholz und Messing, hinter der schon wieder Oswald stand, in seiner leicht gebeugten Haltung mit dem schräg gesenkten Kopf, wodurch seine Pupillen, wenn er nach vorn schaute, halb unter den Lidern festzustecken schienen.

«Bier?» fragte er, ich sagte ja, ich wolle eines, grüßte mit einem «Hallo» den Professor, der mir zunickte, während ein großer, blonder Deutscher, den ich noch nie hier gesehen hatte, mit – täuschte ich mich? – flehendem Blick auf ihn einredete. Judith gab mir einen Kuß auf die Wange und lächelte, um dann ebenfalls den Erzählungen des Deutschen zuzuhören.

«Was gibt es Neues?» fragte ich Oswald, der mir das Bier auf die Theke stellte, er sagte: «Gott sei Dank nix!»

Die Menschen an den Tischen sahen irgendwie hergereist, geradezu geflüchtet aus. Als wären sie soeben mit nichts, als was sie am Leibe tragen, hier im Exil angekommen.

«Sind das wirklich Gäste?» fragte ich Judith, die sich wieder mir zugewandt hatte. «Oder hat Oswald Komparsen für die *Bar jeder Hoffnung* engagiert, die in Posen der Hoffnungslosigkeit einen stimmigen Hintergrund für die Stammgäste bilden sollen?»

Judith Katz war die am schönsten verblühende Frau, die ich je kennengelernt habe. Ihre Schönheit war keine, die sich in Fotogenität erschöpft und sich für diese frischzuhalten versucht, sondern beruhte auf einer intelligenten Komposition von Abweichungen vom fotogenen Schönheitsideal. Und die deutlichen Merkmale des Alterns und Verfalls wirkten wie Vandalenakte an einem Kunstwerk, so daß sie eben nicht wie eine Frau wirkte, die irritierend früh zu altern begann, sondern historisch entrückt, buchstäblich überlebt, und wir anderen sind bloß sterblich.

Das fahle Schimmern ihres bleichen Gesichts. Sie lachte. Ein Friedhof im Mondlicht, ihre Zähne die Grabsteine.

«Es ist doch bekannt», sagte sie und sog mit zusammengekniffenen Augen an ihrem Zigarettenstummel, der vor ihrem Gesicht hektisch aufflammte, wie ein Irrlicht, «daß immer schon der Name eines öffentlichen Lokals vorherbestimmt, welche Art von Menschen es aufsuchen werden. Ob das Lokal nun schlicht so heißt wie der Inhaber und dieser eine lokale Berühmtheit ist, wie etwa ein ehemaliger Boxer oder Schriftsteller, ob es einen vielversprechenden oder lediglich sprechenden Namen hat, das Leben des Lokals ist in seinem Namen unwiderruflich vorgezeichnet. Und ein Wirt, der sein Lokal voll von fröhlichen Menschen sehen will, wird es sich eben zweimal überlegen, es *Bar jeder Hoffnung* zu nennen. Selbst wenn damit nicht nur die Hoffnungslosen eingeladen sind, sondern jeder, der noch irgendeine wie auch immer geartete Hoffnung hat, so ist ein bang Hoffender noch lange kein froher Gast.»

Professor Singer, dem Judiths Rede offenbar nicht entgangen war, wandte den Kopf und sagte:

«Du bestätigst meine alte Theorie, meine Liebe. In einer Bar und in wissenschaftlichen Untersuchungen behaupten wir alles mögliche.»

Mit hochgezogenen Augenbrauen und ins Haar geschobener Brille drehte er sich wieder zu dem blonden Deutschen um, der plötzlich so betroffen blickte, als wäre Professor Singers Satz auf ihn gemünzt gewesen.

Professor Singer war ein schweigsamer Mann, der, wenn man ihn dazu brachte, mehr als einen Satz zu sagen, einen Hang zum Monologisieren hatte, wie fast alle schweigsamen Menschen. Seine Monologe, die manchmal, wenn er aus seinem Schweigen ausbrach, wie Lava aus ihm herausquollen, hatten ihm den Titel Professor eingetragen. Einmal, vor vielleicht zwei Jahren, soll ein Brasilianer hier an der Theke gestanden sein, der – auf die Frage nach seinem Beruf – «Professor» geantwortet habe, worauf sich dann herausgestellt habe, daß er Tennislehrer sei. Singer soll daraufhin, nachdem er ihn eine Weile gemustert hatte, unvermittelt einen langen Monolog gehalten haben, in dem er den «Tennis-Professor» mit Musils «genialem Rennpferd» verglichen habe, eine – wie erzählt wird – unvergeßliche Rede, die von den anderen Gästen als Antrittsvorlesung für seine eigene Professur in der *Bar jeder Hoffnung* akzeptiert wurde.

Er war ein Original-Professor im Sinne des Original-Genies, und Neulinge in der *Bar jeder Hoffnung*, die hörten, wie Singer stets als Professor angesprochen wurde, mochten ihn tatsächlich für einen Universitätsprofessor halten, wozu seine Erscheinung nicht unwesentlich beitrug: die korrekte, aber immer nachlässig getragene Kleidung und die große schwarze Hornbrille, die er manchmal in das glatte, schwarze, ein wenig fettig wirkende Haar schob, wenn sie ihn auf der kleinen Warze am linken Nasenflügel drückte.

Ohne dick zu sein, war er auch nicht schlank, er wirkte eben wie ein Mann, dessen Fleisch unwillig, dessen Geist aber wach war.

Mir gefielen seine Augen, weil sie Augen waren und keine Verräter, wie bei so vielen anderen, in deren Augen man lesen kann wie in einem offenen Buch, das aber stets ein Plagiat ist.

So wie die Augen dieses Deutschen, der wieder auf Professor Singer einredete und dessen Augen irgendwie flehten oder heischten, was weiß ich. Sie erschienen wie industriell produzierte Ansteckknöpfe mit der Aufschrift «Ich bin empfindsam».

Als ich hinsah, sagte er gerade:

«Verstehen Sie das? Ich nicht!» Und weil ich hinsah, trafen sich unsere Blicke, so als würde er mich auch gleich in diese Frage mit einbeziehen. Ich trank mein Bier und fragte Judith, was er da erzähle. Sie lachte und sagte: sein Leben. Dann kramte sie in ihrer Handtasche, die auf der Theke lag, nach ihrem Päckchen Zigaretten, und plötzlich sah ich, wie eine kleine Pistole aus ihrem Täschchen rutschte, die sie rasch wieder zurücksteckte, worauf sie die Tasche schloß und bei Cleusa, der gerade vorbeikommenden Kellnerin, Zigaretten bestellte. Ich hätte jetzt gern die Bedeutung dieser Pistole gekannt, aber ich wußte nicht gleich, wie ich danach fragen sollte. Während ich dies dachte, ging Judith auch schon fort und verschwand auf der Toilette. Ich lehnte mich an die Theke, wo Judith gestanden hatte, und befand mich jetzt unmittelbar neben Professor Singer und dem Deutschen, der schon wieder «Verstehen Sie das? Ich nicht!» sagte.

Professor Singer schnaubte, und der große, fleischige, weiche Mund des Deutschen verzog sich zu einem schmerzhaften Lächeln, das besagte: Ich weiß, daß es lebenspragmatisch unverständlich ist, was ich von mir erzähle, aber ein sensibler Mensch wird mich verstehen! Und seine Augen flehten, daß es ein solch sensibler, feinsinniger Mensch sein möge, dem er das augenblicklich alles erzähle.

«Jeder normale Mensch wäre jetzt heimgefahren», fuhr er fort, «aber ich nicht. Ich bin geblieben, und wissen Sie, was passierte? Ich lernte eine andere Frau kennen, und in die habe ich mich verliebt! Da habe ich beschlossen, eben wegen ihr hierzubleiben, und kaum war ich mit ihr zusammen, kommt Sonja und sagt, sie will zu mir zurück. Verstehen Sie das?» und so weiter, ich verstand überhaupt nichts, und «man hätte ja sagen können: ist ja prima!» und so weiter, «aber ich habe das eben noch nicht so richtig verarbeitet gehabt, nach allem, was sie mir gesagt hat», und so weiter, und «jetzt stehe ich Trottel zwischen zwei Frauen», ich bestellte noch ein Bier, und da war es schon wieder: «Verstehen Sie das? Ich nicht!»

Judith kam vom Klo zurück und lächelte. «Na, padre, haben Sie schon die Absolution erteilt?» fragte sie Professor Singer, wandte sich mir zu und sagte: «Der Junge redet um sein Leben, so als hinge sein Leben davon ab, daß es erzählt werden kann. Ist dir schon einmal aufgefallen, daß die, die interessante Geschichten zu erzählen haben, nie was erzählen? He?» Sie fletschte ihre Zähne und tippte mit dem Nagel ihres linken Zeigefingers an ihre obere Zahnreihe. Ich wollte darauf etwas antworten, wenn ich auch nicht wußte, was, doch da sprach sie schon weiter, immer schneller werdend:

«Oswald, zum Beispiel. Hat er dir schon erzählt, wie er hierhergekommen ist?»

«Nein», sagte ich in keine Pause hinein, die sie mir ließ.

«Der hat in Wien den Nedomansky, diesen Journalisten, der über den sogenannten Hörsaal-1-Skandal, du weißt, dieses Teach-in über Kunst und Revolution, also der Nedomansky hat darüber besonders hetzerisch geschrieben, und der Oswald hat ihn ein paar Tage später bei einer Vernissage entdeckt, vor die Galerie gezerrt, spitalsreif geschlagen, auf einen Kolonia-Kübel gesetzt und fotografiert. Mit diesem Foto hat der Oswald auf der Kunstakademie – er hat ja damals dort studiert – im Siebdruckverfahren ein Plakat produziert mit dem Titel: ‹Der Journalist Nedomansky auf dem Misthaufen der Geschichte›. Diese Plakate hat er – gell, Oswald...» sagte sie zu Oswald, der gerade vorbeikam, sie zog ihn hin zu sich.

«Was erzählst da für an Scheiß?» sagte er und ging weiter, «... diese Plakate hat er dann in derselben Nacht zum Teil wild plakatiert, zum Teil an Bekannte im Café *Sport* und so weiter verkauft, und am nächsten Tag hat er der Stadt der Lemuren, wie er sagt, Lebewohl gesagt und ist nach Deutschland gegangen, ohne das drohende Gerichtsverfahren noch langmächtig abzuwarten. In Hamburg hat er sich auf einem Schiff verdingt und ist so nach Brasilien gekommen, und da ist er jetzt und redet nicht so einen Scheißdreck, verstehst du? Hast du das gewußt?»

«Nein!» sagte ich. «Das habe ich nicht gewußt.»

Sie drehte sich halb zu dem Deutschen um und sagte:

«Verstehen Sie das? Sie nicht!» Und wieder zu mir: «Oder Leo, unser Professor Singer! Hat er dir schon sein Leben erzählt? Nein, dabei wäre –» Professor Singer nahm sie um die Schulter und sagte:

«Du hast recht, wie immer, meine Liebe. Ich will Ihnen nun eine Geschichte erzählen, lieber Simmel», sagte er zu dem Deutschen, der mit großen Augen ausgerechnet auf mich starrte, als wäre ich sein Verbündeter, und sich mit der Hand durch sein dünnes, blondes, empfindsames Haar fuhr.

«Ah, ja?» Judith lachte auf. «Erzählen Sie! Dann erzähl ich eine, dann er», sie nahm mich um die Hüfte, «dann jeder hier eine, und draußen herrscht die Pest, und wir müssen uns Geschichten erzählen, ein Decamerone life, bis die Gefahr gebannt ist und wir in die Literaturgeschichte eingegangen sind.»

«Ich werde Ihnen eine kleine Geschichte erzählen», fuhr Singer unbeirrbar zum Deutschen gewandt fort, aber in einem Tonfall, der sich dozierend an uns alle richtete. «Würden Sie mich kennen, wären Sie jetzt überrascht. Bekanntlich erzähle ich nämlich tatsächlich höchst ungern Geschichten, vor allem die, die das Leben schreibt, wie es so schön heißt. Das Leben schreibt nämlich nicht, das Leben ist Analphabet, ich habe noch nie das Leben schreiben gesehen, und alle Versuche der Philosophie, dem Leben Lesen und Schreiben beizubringen, sind gescheitert. Aber ich will jetzt nicht abschweifen, auch wenn es zu etwas Wesentlichem hinführte. Ich wollte nur sagen, daß ich dieses bedingungslose Hererzählen von Geschichten, die man erlebt oder sonstwas hat, verabscheue, dieses soziale Beichtsystem, in dem nicht Interesse an Wissen, sondern nur an Mitwisserschaft herrscht. Aber ich wollte nicht abschweifen, auch wenn es jetzt noch näher zu etwas Wesentlichem hinführte. Ich wollte nur vorausschicken: wenn eine Geschichte allerdings kurz ist, dabei ungewöhnlich und doch banal, und wenn sie als Illustration einer Idee oder Erkenntnis dienen kann beziehungsweise eine Idee oder Erkenntnis sogar bewirkt hat, die in anderer Form nur sehr kompliziert und langwierig vermittelt werden könnte – ja, dann lasse ich mir doch eine Geschichte durchgehen. Hören Sie also zu!

Als ich eines Nachmittags, in Wien, zu meinem Stammcafé spazierte, stieß ich beinahe mit einer Frau zusammen, die unmittelbar vor mir aus einem sogenannten Hundesalon auf die Straße trat. Ihr stelzend unnatürlicher Gang verriet, daß sie alle Blicke auf ihre Schönheit gerichtet fühlte, die, als statistisches Durchschnittsmaß aller Illustriertenschönheiten, wohl wirklich einzigartig genannt werden muß. Wie sehr dieser Dame das Gepflegte schlechthin am Herzen lag, sah man auch daran, daß sie einen jungen Pudel im Arm hielt, der offenbar soeben frisch geschoren worden war. Das bißchen Fell, das er hatte behalten dürfen, schien dem Hund wie eine extravagante Kleidung übergezogen, ein Triumph des menschlichen Formwillens über das Animalische. Ich war knapp hinter dieser Dame, als sie die Fahrbahn überqueren wollte, aber vor einem rücksichtslosen Autofahrer wieder zurückweichen mußte. Beinahe wurde sie noch gestreift von diesem Auto, das vor ihr durch eine Regenlache brauste, daß das Wasser aufspritzte. Reflexartig machte sie mit den Händen, den Pudel haltend, eine Abwehrbewegung und rief, dem Auto nachsehend, atemlos: Gschissener Hund!

Wenig später saß ich im Café und hörte am Nebentisch einen Rocker – ein Rocker ist, wie Sie wissen, ein Rocker, weil er wie ein Rocker ausschaut – hörte also am Nebentisch einen Rocker sich mit jemandem unterhalten, er sprach Hochdeutsch, auf eine so natürliche und selbstverständliche Weise, so prägnant und zugleich musikalisch, daß ich meinen Mörike-Gedichtband aus der Hand legte und auch die Presse wegschob und zuhörte. Und plötzlich verstand ich zum erstenmal in aller Tiefe all die, die die Welt heute nicht mehr verstehen, nicht mehr. – Glauben Sie mir diese Geschichte?»

«Ich weiß nicht», sagte Simmel. «Ich weiß nur, daß ich nicht verstehe, was Sie damit sagen wollen...»

«Nun, mein Freund, dann wissen Sie alles, was notwendig ist, um die Welt nicht zu verstehen. Dieses Nicht-Verstehen ist ja, wie Sie nicht wissen, eine spezifische Bewußtseinsform des Wissens, die es Ihnen erlaubt, sich in Wirklichkeit auf die Welt zu verstehen: Sie wissen sich zu ernähren, Sie wissen sich zu kleiden, zu wohnen, Sie wissen Ihrer Arbeit nachzugehen, Sie wissen zu reden und sich mit anderen in Verbindung zu setzen, und Sie wissen zumindest von jenen Gesetzen, die in Ihr Leben hineinwirken und die Sie zu befolgen wissen, um nicht dem Leben, auf das Sie sich so gut verstehen, entzogen zu werden! Sie sehen: Sie wissen nicht, daß Sie etwas wissen, aber manche wissen nicht einmal das nicht!»

«Was hat er da dauernd erzählt?» fragte ich, als der Professor, Judith und ich wenig später allein an einem Tisch Platz nahmen. Es war ein alter Spieltisch mit einem eingelegten Schachbrett, auf dessen quadratischen Feldern die darauf abgestellten Gläser im Lauf der Zeit eine Unzahl von Ringen hinterlassen hatten, so daß es wie das Spielbrett eines ganz anderen, aber dennoch strategischen Spiels aussah.

«Der junge Mann hat Probleme», sagte Singer, trocken, wie man wohl sagt, gleichwohl schäumend. Ich sah, daß ihn die ganze Geschichte überhaupt nicht interessiert hatte, ja, ihm auf die Nerven gegangen war, und er sah keinen Grund, sie jetzt auch noch zu wiederholen. Ich hätte sie auch gar nicht wirklich hören wollen, meine Frage ist lediglich ein naheliegender Satz gewesen, der sich von selbst gesagt hat, den stillen Raum zwischen uns wie eine leere Sprechblase füllend. Wenn man leeres Gerede nicht mehr erträgt, dann heißt das ja nicht gleich, daß man ein allgemeines Schweigen aushalten kann. Es ist immer der Horror vor der Leere, in ihr gerät die innere Leere außer sich. «Diese Schizophrenie!» – So sahen Professor Singer und ich gleichfalls erleichtert auf Judith, die schon wieder zu reden begann, während die Höhle ihres Mundes Rauchwolken orakelhaft ausstieß.

«Es ist die fade, altbekannte allgemeine Schizophrenie. Denken und formales Wissen klaffen doch bei all diesen Menschen auseinander, und ihre Schmerzen kommen daher, daß sie das nicht zur Deckung bringen können. Die lernen zum Beispiel in der Schule, daß die Erde eine Kugel ist, aber sie handeln täglich so, als wäre sie eine Scheibe.»

«Wieso?»

«Na ja, weil sie so interpretieren und handeln, wie sie es ableiten von dem, was sie sehen, was sie sinnlich erfahren. Im Grunde wäre es ja egal, weil es ja bekanntlich so auch funktioniert, wenn es nicht manchmal Ereignisse gäbe, die sie auf Grund ihrer sinnlichen Erfahrungen nicht erklären können beziehungsweise bei denen sie sinnlich erleben, daß es eigentlich so ist, wie sie es formal, also abstrakt gewußt haben, und dann verstehen sie das nicht, aber zugleich doch, ich weiß nicht, ob ihr mich versteht, was ich meine, es ist doch so, daß – Cleusa!» rief sie der gerade vorbeischwebenden Kellnerin zu. «*Mais uma vodka com bastante gelo, por favor!*» Singer und ich hielten, als Cleusa hersah, unsere Biergläser in die Höhe, auf daß sie durch volle ersetzt würden, Oswald setzte sich an unseren Tisch, und Judith redete schon wieder weiter, geradezu redselig, und doch wirkte sie starr wie eine Statue. «Die Redende», ihre Augen waren so starr.

«Eine Liebe geht auf, eine Liebe geht unter, nein, nein, das Ich dreht sich um die Liebe, das Problem ist, daß sie über das kopernikanische Weltbild mit dem Jargon des ptolemäischen reden und umgekehrt. Und weil sie die Jargons irgendwie gelernt haben, im Leben oder in der Schule, glauben sie etwas zu verstehen, müssen aber leiden, weil sie nichts wissen, drum müssen sie sich ausreden, damit es aus ist, zu einem Ende kommt, dieser Widerspruch, das muß man doch verstehen, ich nicht.»

Judith zuckte plötzlich zusammen, als sie eine Bewegung hinter ihrem Rücken spürte, es war Cleusa, die die Getränke brachte, die Eiswürfel in Judiths Wodka schlugen gegen das Glas, wie ein schüchterner Klopfgeist, als wollten sich jetzt auch noch unsere Toten zu Wort melden.

«Ich weiß nicht», sagte Professor Singer, «ob die Erde, also das Feld des äußeren Lebens, eine Kugel ist oder eine Scheibe. Aber das ist ja letztlich auch uninteressant. Ich weiß nur: Der Geist ist eine schiefe Ebene. Ein Mensch, genauso ein Zeitalter, marschieren in ihrer Ausbildung unter einigen Mühen die Steigung hinauf. Irgendwann einmal, wenn sie am Ende sind, mit ihrer Ausbildung oder mit ihren Kräften, was ja dasselbe ist, beginnen sie wieder hinunterzurutschen, das ist dann die Praxis. Die Praxis verbindet gleitend die Höhe des erreichten Wissens mit den Niederungen des Ausgangspunktes seiner Erwerbung. Der Geist ist schlüpfrig, die Schwerkraft der Praxis unaufhebbar. Die Schiefer im Hintern beim Runterrutschen, das ist die Geschichte. Das ist die ganze Geschichte. Nur Splitter der möglichen Theorie, also der Möglichkeiten überhaupt. Die Schiefer im Hintern ...»

«Im Oarsch», sagte Oswald, «ollas im Oarsch!» Und feierlich: «Sagen Sie Ihrer Theorie, sie kann mich am Arsch lecken!»

Oswald lachte lautlos, ekstatisch, mit zurückgeworfenem Kopf.

Ich stand rauchend zu Hause vor dem Fenster. Die Grillen scharrten, die Palmen wiegten in Sicherheit, und zwar sich, daher das Wort Sicherheit. Die Orchideen, auf die der Strahl einer Straßenlaterne wie göttliches Licht fiel, schienen in einer besonderen, dösenden Tätigkeit versunken, zu der «Orchidee» die Hauptwortform ist.

Ich zog mich aus, zu müde, um noch bekleidet zu bleiben, und kroch nackt auf das Bett.

Diese Zeit war das Doppelbett meiner verlassenen Möglichkeitsform, die darin dösend den Schmerz ihres wirklichen Verlassenseins vergessen wollte, träumend, dann erst in Wirklichkeit zu erwachen. Als wären die raschen Bilderfolgen kleiner Erlebnisse nur Träume, die so geschlossen und kompakt aufeinanderfolgten wie die Schaufenster in einer Geschäftsstraße und die so zusammenhanglos und beliebig aufeinanderfolgten wie die Schaufenster in einer Geschäftsstraße. In denen sich mir alles zusammendrängte, in denen mir alles zerfiel und in deren Betrachtung ich mich erschöpfte, um einmal erwachen zu können.

Wie gern würde ich die Abläufe an einem Punkt festhalten können!

Mir schwebte kein Stillstand der Geschichte vor, sondern nur ein

Stillstand der Prozession ihrer sinnlosen Bilder in meinem Leben und in meinem Kopf.

Wenn nur meine Möglichkeitsform wieder erwachte! Ich war so unbescheiden, mir nichts anderes zu wünschen. Sonst nichts. Darum muß ich zuvor vom Nichts erzählen. Vom Sonst-Nichts. Es ist das Produkt dessen, was ist, ohne sich im Seienden einbetten zu können. Aber ihm auch nicht entrinnen kann. Es ist Nichts und muß Etwas werden. Nichts ist das Vorwort jeder Geschichte, die es heute verdient, geschrieben zu werden.

Die Geschichte, die ich erzählen wollte, ist, jetzt fällt es mir wieder ein, möglicherweise eine Liebes- oder eine Kriminalgeschichte. Die Liebe ist ja, wie das Verbrechen, unter Umständen Nichts, das naheliegt.

Ich lag, als ich das dachte, wie gesagt, nackt im Bett. Aura, das Naheliegen, so ferne sie mag.

Die Geschichte ist, fürchte ich, authentisch. Es war wirklich ich, der sie nicht erlebt hat.

Ich konnte nicht schlafen. Lange Zeit schon konnte ich nicht gut schlafen. Nichts fließt mehr. Wir steigen immer in denselben Whirlpool. Keine Gedanken. Sie salben ächzend die Hornhaut ihrer Bildung. Träume bewachen die Wachen. Der Schlaf kommt nicht. Ich legte Hand an mich: ich onanierte. Wie taub mein Körper war. Wer nicht hören will, muß fühlen. Kein Hund schlug an. Ich liebe die Nachtleser, sie nicken schon (ja, ja!) ein.

Der Himmel war immer noch blau. Der Tag war so heiß, daß man beim Gehen im Asphalt Spuren zurückließ. Ich mochte das nicht so gern. Vor dem Haus stand Maria mit dem Wasserschlauch und spritzte den Vorplatz. Sie trug Plastiksandalen, eine abgeschnittene Schnürlsamthose und ein Leibchen, das so eng war, daß es auch in die Falten kroch, die ihr der Büstenhalter ins Fleisch schnitt.

Den Schlauch hielt sie mit einer eigentümlichen, vergnügten Monotonie mal dahin, mal dorthin. Man hatte das Gefühl, daß das Wasser schon verdunstete, bevor es auf den Boden traf. Manchmal sah es so aus, als würde Maria nur einen kleinen Regenbogen waschen, auf den sie mit ihrem Schlauch zielte. Das war eine schöne Kunst, die mich minutenlang interessierte.

Ich stand am Fenster.

Beim Haus gegenüber war die Garage geöffnet, in deren Schatten saß ein privater Wächter auf einem Sessel, im Schoß hielt er ein Radio. Er grüßte den Briefträger. Er rief Maria etwas zu, ein Scherzwort, denn ich sah ihn lachen.

Der Wächter war müde, er hielt immer ein Auge offen.

Er trug auch bei größter Hitze eine Phantasieuniformmütze, die am ehesten noch an eine Kapitänsmütze erinnerte. Ab und zu lüftete er sie und wischte mit einem Taschentuch den Schweiß von der Stirn.

Wir beide warteten. Der Wächter im Torrahmen der Garage, ich am Fenster. Wir beide wußten nicht, worauf wir warteten. Aber ich konnte aufhören mit diesem Warten und beginnen, auf etwas anderes zu warten.

Maria war verschwunden, der Schlauch lag am Boden, sich windend wie eine Schlange. Plötzlich lag er ruhig, das Wasser hörte auf zu rinnen. Maria kam wieder und trug den Schlauch weg.

Dona Ilse trat vor das Haus. Ihr mächtiger Körper steckte in einem sommerlichen, doch züchtigen Dirndl, das blonde Haar war wie immer zu einem Kranz geflochten, in ihrem weißen Gesicht hingen rund und rot die Wangen, tatsächlich wie Äpfel. Sie sah nach dem Rechten, schließlich ins Postkastl. Die *Deutsche Zeitung* war gekommen. Warum ging Dona Ilse mit all ihrer Deutschtümelei nicht nach Deutschland zurück? Sie hatte immer jenes Lächeln, das man auf diesen Fotos in den Gesichtern der Mädchen sieht, denen der Führer die Wange streichelt. Vielleicht deswegen! Es war halb zwölf, und ich war noch im Morgenmantel. Ich zog mich an und ging in die Paderia, um Brot und Schinken zu kaufen. Als ich zurückkam, begegnete ich vor dem Haus Senhor Eurico, wie Dona Ilses Gatte Erich hier in Brasilien hieß. Manchmal aß er mittags zu Hause. Er stieg gerade aus dem Auto: ein hagerer Mann, schütteres, fahriges Haar, eine klobige, dunkle Brille, ein weißes Hemd, das er der Bequemlichkeit wegen zwei bis drei Nummern zu groß trug, so daß der geschlossene Kragen an seinem Hals so weit herunterhing, daß man einige sich hervorkräuselnde schwarze Brusthaare sehen konnte, während sich ein winziger Krawattenknoten unter dem langen, spitzen Kragen versteckte. Ein leichtes mausgraues Sakko trug er über dem Arm, die Hose war zu kurz. Er warf die Wagentür zu und betrachtete den Wagen noch kurz, mir schien, als wundere er sich, daß er ohne Unfall heimgekommen war.

Er machte auf mich den Eindruck eines Mannes, der ein geheimes, ganz ausgefallenes Hobby hat, das er mit wissenschaftlicher Akribie betreibt, während ihm das tägliche Leben als ein System von geheimen Verabredungen und Übereinkünften erscheint, in die er nicht eingeweiht ist, das er aber zumindest mit den Erkenntnissen seiner Privatwissenschaft zu meistern versucht. Vielleicht hat er recht.

Wir grüßten einander.

«Viel zu tun?» fragte ich ihn höflich.

«Ja, sehr viel», antwortete er höflich, «aber zum Glück läuft die Firma auch von alleine.»

Er nickte mir nochmals so aufmunternd wie geistesabwesend zu und schaute ins Postkastl. Ich ging in meine Wohnung und machte mir das Frühstück. Ich hielt es aber nicht aus, beim Essen am Tisch sitzenzubleiben. Kaum hatte ich ein *pão francês* aufgeschnitten und Schinken hineingelegt, stand ich schon auf und ging essend im Zimmer auf und ab, kehrte nur ab und zu zum Tisch zurück, um einen Schluck Kaffee zu trinken. Ich machte mir ein zweites Schinkenbrot, das ich auf- und abgehend oder am Fenster stehend aß, und ich aß so hastig, als hätte ich keine Zeit. Ich hatte aber Zeit. Das Frühstück befriedigte mich nicht, vor allem aber das nicht, was mich danach erwartete: nämlich nichts! Ich ließ mechanisch und desinteressiert die Seiten einiger Bücher, die auf dem Schreibtisch lagen, durch die Finger gleiten, aß und bröselte dabei in die Bücher hinein. Ich ging zum Tisch zurück und trank Kaffee, schließlich zündete ich mir eine Zigarette an und stellte mich wieder ans Fenster. Die Straße, das Haus gegenüber, die Garage, der Wächter, die Mauern, Gitter, Gärten, unter der flirrenden Hitze lag eine harte Ruhe in den kühlen Schatten der Villen, abgeschreckt wie hingegossenes Blei. Ein farbiges Dienstmädchen in blauem Kleid mit weißer Schürze ging vorbei, an der Hand hielt sie ein kleines weißes, blondes Kind. Der Wächter grüßte, das Mädchen blieb stehen, sie begannen zu reden. Das Kind umklammerte ein Bein des Mädchens und lehnte seinen Kopf an ihre Schürze. Eine schwarze Hand strich über das weißblonde Haar. Knatternd bog ein Go-cart-Auto in die Straße ein, das ein etwa zwölfjähriger Bub lenkte. Er ratterte die Straße entlang und verschwand wieder. Das Mädchen sagte etwas, und der Wächter schüttelte mißbilligend den Kopf.

Ich warf mich auf das Bett.

Ich fühlte mich, als hätte ich alles vergessen oder, was dasselbe ist, als stünde ich am Anfang des ersten von sieben Leben: eines für das Leben, eines für das Studium von Lebenswerken, eines für das eigene Lebenswerk, eines für die Überprüfung des Lebenswerkes, eines für die Durchsetzung des Lebenswerkes, eines für das Genießen des Ruhms des Lebenswerkes, eines zur Reserve. Ich fühlte mich wohl, wie ich hier lag, ich hätte nichts anderes gelitten. Ich litt; an meiner Leere, die mit kultischer Nervosität auf ihre Erfüllung wartete, an meiner Ziellosigkeit, die überheblich in einer Sänfte sitzend auf die Träger des Zeitgeists wartete, ich litt am Warten, dem Fliegenden, das die Konturen verwischt. Was ist jetzt? Jetzt ist Tag. Was mache ich? Ich liege. Nein, ich stehe auf. Nein, ich gehe. Ich gehe aufs Klo: ich gehe aufs Klo. Ich onaniere: ich onaniere. Ich habe einen Gedanken: ich empfinde nichts. Ich spüre eine Erregung. Nein. Ich – nein! Ich wußte, daß ich liege. Aber nein: ich gehe. Gehe ich aufs Klo? Nein, ich gehe zurück ins Zimmer. Ich setze mich an den Schreibtisch: ich setze mich an den Schreibtisch. Was sehe ich? Ich sehe Bücher, Papier, eine Füllfeder. Da ist eine Fotografie. Ich betrachte die Fotografie. Betrachte ich die Fotografie? Nein. Schreibe ich den Satz: Ich betrachte die Fotografie? Nein. Ich gebe die Fotografie in die Lade des Schreibtisches. Nein, ich lese: ich lese dieses Buch. Nein, ich lese dieses Buch. Sehe ich dieses Buch? Nein. Sehe ich eine Fotografie? Nein. Ich sehe aus dem Fenster: der blaue Himmel, die grüne Baumkrone, die weiße Ecke eines Hauses. Dieses Haus dort. Es ist ganz, wenn ich aufstehe. Stehe ich? Nein, ich sitze. Onaniere ich? Nein, ich lese. Ich lese: ich lese.

Was ist jetzt? Mittag? Nein: es ist Abend.

Es war Abend. Ich spielte mit Norbert Tennis. Norbert war ein Deutscher, der schon seit einigen Jahren in São Paulo lebte und hier im Import-Export-Geschäft arbeitete. Ich hatte ihn bald nach meiner Ankunft kennengelernt, wir hatten uns angefreundet, ich wurde Mitglied in seinem Tennisclub, und wir spielten regelmäßig eine Partie.

Norbert bewegte sich selbstverständlich und flink auf dem Platz.

Manchmal blinkten im Flutlicht die silbernen Fäden in seinem Haar.

Das Gewölbe der Nacht. Das Glashaus aus Licht. Die grünen Plätze und die weißen Menschen mit ihren Bewegungen. Die Netze und die Zäune.

Ich beneidete Norbert, wie selbstverständlich er alles als das nahm, was es war – wenn es so wäre. Er hatte immer ein schelmisches Lächeln: er raubte dem Leben die Köder von den Fallen. Er war sensibel: er ließ sich graue Haare wachsen. Nicht der Schnee des Alters – er war zehn Jahre älter als ich –, nein, das Silber der Sorgen, durch die man auch hasten kann wie durch einen verwunschenen Wald, nur die Spinnfäden zerreißend. Immer auf die Lichtungen zu. Die Spinnfäden der zurückgelassenen Sorgen, die nun an den Lichtungen auf seinem Kopf glitzerten, waren diese grauen Haare. Immer auf die Lichtungen zu.

Ich kannte ihn am besten. Von ihm wußte ich am wenigsten. Ich kannte ihn nur. Wenn er «gestern» sagte oder «vor einem Jahr» oder «früher» oder «damals», dann wollte das nicht wie Fakten der subjektiven Geschichte erscheinen wie bei den anderen, sondern wirkte wie fremde Kulissen, vor denen er, so wie er ist, so wie man ihn sieht, nur einmal kurz aufgetreten ist. Nur kurz. Denn die Kondensstreifen seines Lebens schrieben immer dieselbe Botschaft: Ist etwas schön, dann verweile nicht! Es könnte sich als das herausstellen, was es wohl sein muß: als ein Trugbild. Es könnte etwas fordern, das angesichts der bunten Widersprüchlichkeit und reichen Zusammenhanglosigkeit der Welt absurd wäre, nämlich eine allgemeine und dauernde Geltung, es könnte dich beanspruchen und dadurch von anderem ausschließen, und plötzlich bist du ganz ein Teil. Die Falle könnte zuschnappen. Haste weiter!

Norbert hastete über den Platz. Er spielte schnell, er war flink. Seine Aufschläge kamen schon, während ich mich noch umdrehte, nachdem ich zur Grundlinie zurückgegangen war. Er genoß es, zu spielen. Aber nur, wenn er so spielte, als wollte er schon gespielt haben. Ganz schnell! Wenn er länger spielte, dann spielte er eben schnell etwas länger. Er zählte nur seine Punkte. Er schlug auf. Punkt. Dreißig – vierzig. «Dreißig!» rief er.

Er liebte Tennis, wie alles, was ein Spiel war. Er liebte alles. Aber eine Spielerei war nichts. Aber ein Spiel war alles.

Im Gewölbe des schwarzen Abends strahlten einige Neonreklamen wie bunte Kirchenfenster. Spielregeln sind die Exerzitien des Lebens. Sie zu kennen, sie auszurufen, die Handlungen von ihnen abzuleiten wissen, ist die geistige Übung in einem körperlichen Leben.

Spiel, Satz und Sieg. Wir schüttelten uns die Hände.

Mich schwindelte, als ich in seine Augen sah, deren oberflächlich vergnügte Oberfläche an. Sie waren nicht oberflächlich. Darunter waren sie tief und dunkel. Er war kompliziert. Wenn er ahnte, daß man es sah, lachte er ganz schnell. Wer das Leben so sehr als eine rasche Abfolge von Dingen sieht, die man selbst setzt, dem muß es schon unkompliziert erscheinen, wenn man nur die eigene Kompliziertheit möglichst abdämpft. Sein Solipsismus war kommod, aber nicht unanstrengend. Kein Ruhekissen, sondern ein Teppich, auf dem er immer weiterhastet.

«Und? Was jetzt?»

Duschen.

«Was ist? Bist du schon fertig, hier?»

Ja. Ja.

«Hör mal, was machst du, hier? Bist du noch nicht fertig?»

Nach dem Tennis fühlte ich mich wohl, im Einklang mit mir selbst: ein müder Geist in einem müden Körper. Ich wollte stundenlang danach unter der Dusche stehen. Norbert trippelte ungeduldig vor dem Spiegel.

«Und?»

Ich bat ihn, inzwischen einen Orangensaft für mich an der Bar zu bestellen, gleich käme ich nach.

Als ich zur Bar kam, stand der Orangensaft schon auf der Theke. Norbert sprang vom Barhocker, als er mich sah, und hastete zum Ausgang. Ich stürzte den Saft hinunter und winkte dem Jungen hinter der Bar mit einem Geldschein, er rief, Norbert habe schon bezahlt. Ihm nach. Ich gab ihm das Geld, er steckte es achtlos ein und sagte: «Wir fahren mal auf einen schönen Aperitif in die Jardins. Da können wir uns überlegen, was wir machen, hier. Es ist ja noch früh, wir müssen noch warten.»

Er fuhr, wie immer, rasend schnell. In Brasilien nennt man seine Fahrweise *costurar*: nähen. Auf die rechte Spur, auf die linke Spur, auf die rechte, auf die linke, in jedes Loch auf die gerade schnellere Spur. Er griff auf den Rücksitz, holte eine Zeitung hervor, warf sie mir in den Schoß. «Hier. Schau nach!»

Ich schlug die *Divirta-se*-Seiten auf. Was ist heute los.

Ich versuchte kurz, mich im Angebot der Stadt zurechtzufinden, mich zu irgendeinem Interesse verführen zu lassen, schlug aber die Zeitung gleich wieder zu und warf sie auf den Rücksitz.

«Und? Nichts los, hier?»

Ich sagte, nein!

Dieses Herumgoutieren im Veranstaltungskalender, um zu sehen, was man machen kann – ich mag es nicht. Ich weiß nicht wieso. Vielleicht deshalb, weil der Reiz der Ereignisse vor allem in ihrer Vielzahl und deren Reiz in der Widersprüchlichkeit besteht, aber in dieser Form existiert das, was los ist, nur in der Zeitung. Im Grunde liest man nicht, was man machen wird, man liest, was man versäumt. Schlägt man die Zeitung auf, gibt es alles, schlägt man sie zu, gibt es nichts. Außer dem, was sich ergibt. Danach stand mein Sinn. Die Nacht aufzufordern: ergib dich! In irgendeinem Lokal, wo man redet oder auch nicht, trinkt, einen Rausch hervordämmern spürt, und im Inneren beginnt sie zu vibrieren, die Begierde nach Anerkennung, der die Begierde fehlt, sie durchzusetzen. Manchmal ergibt sich: man kann davon zehren.

Wir fuhren ins *Sandwich*, eine kleine Bar in den Jardins, die damals sehr beliebt war als Treffpunkt, wo man einen frühen Aperitif trank und mit einem Sandwich den Hunger noch ein wenig hinauszögerte, bevor man das eigentliche Abendprogramm begann. Sorgenlose Menschen, die nur die eine Sorge hatten, daß die sorglose Vergnügtheit nicht nachläßt, frequentierten dieses Lokal. Der schicke Witz der Bar bestand darin, daß man eigentlich nicht in einer Bar stand, sondern auf der Straße. Es war ein Gassenlokal von der Größe eines Badezimmers, in das keine Tür führte, sondern dessen Front einfach eine Theke war. Im Raum arbeiteten die beiden Barkeeper, auf der Theke stand das Glas, und man selbst stand schon am Gehsteig.

Oder man setzte sich an einen der drei Tische, die davor auf der Straße standen, oder auf die Kühlerhaube eines der hier parkenden Autos.

Norbert umarmte diesen, küßte jene, ein angestrengt sich erhebendes Lachen und Schnattern stemmte ein gewichtiges *Tudo bem* in die Luft, das auf jene herunterzusausen drohte, die nicht heiter und so weiter. Daher zog ich es vor zu lächeln und stand mit meinem Campari blutriechend irgendwie zwischen der Theke und den Tischen, irritiert von den Passanten, die sich hier immer wieder durchquetschten und mich anrempelten. Norbert kam wieder auf mich zu, an seiner Seite eine Frau, die ein Kostüm trug, wodurch sie neben der aufdringlichen Körperlichkeit der Mädchen in den hautengen Lycra-Collants nachgerade körperlos wirkte. Besser gesagt: ungeschlechtlich feminin, wenn das wer versteht. Ich selbst verstehe das nicht. Eine gediegene, nicht schwüle Schönheit. Die satte Farbe ihres Kostüms, mein hungriger, farbloser Blick.

Meine Gedanken waren augenblicklich begehrlich, aber dieses Begehren war nur gedanklich, ein Ding der Logik: sie, diese Frau, hatte jene Schönheit, die sich nicht darauf verläßt, zu wirken, sondern die aus Argumenten zusammengesetzt war, die überzeugen wollten. Man mußte sie begehren, weil alles dafür sprach und weil alles, was man ihr schon auf den ersten Blick ansah, in jenen Phrasen formuliert sein wollte, die plötzlich die Rhetorik der Liebe auf den ersten Blick ergeben. Der ängstliche Chor der Gedanken antwortet darauf automatisiert-freudig mit einem rhetorischen Begehren, so eingeübt und verselbständigt abseits der Gefühle wie das Wir-bitten-dich-erhöre-uns in der Kirche. Die schöne Gediegenheit ihrer Erscheinung – ich begehre dich – die Konturen eines schlanken, straffen Körpers – ich begehre dich – das ebenmäßige Gesicht, die Erfahrungen der Jahre nicht in Falten eingraviert, sondern als sanften Schimmer aufgetragen – ich begehre dich – der selbstbewußte Blick, die sicheren, harmonischen Bewegungen – ich begehre dich. Wir bitten dich, erhöre uns.

Aber die körperliche Erregung, die ich fühlte, war die der Angst.

«Hier! Das ist Beatriz!» stellte Norbert vor.

Der klare Lack des Selbstbewußtseins schimmerte auf ihren alten, erfahrenen Augen. Wenn einen solche Augen betrachten, will man als einer erblickt werden, der ebenso begehrenswert ist. Aber wenn man dieses Selbstgefühl nicht prinzipiell hat, dann ist es in einer solchen Situation, als hätte man es nie besessen, hätte nie gestrahlt, und man wird es nie erringen, wird nie scheinen.

Und wenn solche Augen einem gegenüber sich nicht erwärmen, dann ist man völlig ausgelöscht.

Die Augen von Beatriz warfen mich völlig auf mich zurück, wo ich mich aber nicht fand. Welche Hilflosigkeit, welche Ängste!

«Roman», stellte ich mich vor, «Roman Gilanian.»

«Very nice!»

Sie sprach natürlich Englisch. Norbert habe ihr erzählt, daß ich aus Wien komme, sagte sie fragend. Ja, sagte ich. Sie sei schon einmal in Wien gewesen, sagte sie, eine wunderschöne Stadt. Und wie ich hierher nach Brasilien gekommen sei und was ich hier mache?

Ich sagte, daß ich Assistent an der Universität São Paulo sei, auf der Germanistik. Und wie ich diese Stelle bekommen habe? Ich konnte mir nicht vorstellen, daß sie das alles wirklich interessierte. Diese Fragen sind lediglich die naheliegenden, wenn man aus Höflichkeit gekonnt ein bißchen Hin- und Widerrede zu einer freundlichen Konversation zusammenstecken will. Ich wollte daher nur möglichst kurz sagen, daß ich mich darum beworben hatte, als ich schon stockte, noch bevor diese in meinem Kopf bereits hallenden Worte meinen Mund verließen. Sie würde dann fragen, dachte ich, wie ich davon gewußt habe, daß hier eine Stelle frei sei, und wo ich mich beworben habe, von Wien aus oder erst hier, und wieso ich hierher wollte, was ich von Brasilien gewußt habe, daß ich mich um eine Stelle hier bemüht habe, um hier leben zu können, und so weiter.

Ich wollte so wenig wie möglich reden, ich sprach ganz gespreizt vor Hilflosigkeit, und so kam ich immer mehr ins Reden, weil ich bei allem, was ich sagte, sofort auch gleich die Antwort auf mögliche Gegen-, Nach- und Zwischenfragen einbauen wollte. Diese Fragen sollten einmal aufhören. So erzählte ich ihr, daß ich nach Abschluß meines Studiums unbedingt auf einer Universität hatte arbeiten wollen, ich erläuterte das mit meinem Bedürfnis nach Versöhnung von Lohnarbeit und Interessen – «Versöhnung von Lohnarbeit und Interessen» kam mir besonders komisch vor, als ich diese Worte aussprach, ich hatte das ganz vergessen; es schien mir, als wären diese Worte, und nicht das Englisch, die Fremdsprache, eine Sprache aus einer alten, fremd gewordenen Zeit – nun sei aber in Österreich keine Universitätsstelle frei gewesen, weshalb mir geraten worden sei, zum Wissenschaftsministerium zu gehen, da dieses junge Wissenschaftler ins Ausland vermittle, wahrscheinlich damit sie weg sind und damit heraußen aus den Arbeitslosigkeitsstatistiken – «Arbeitslosigkeitsstatistiken!» Was ich plötzlich alles sagte! – und so sei ich hingegangen, und tatsächlich habe es Ausschreibungen ausländischer Universitäten gegeben, Tokio, Seoul, São Paulo, also habe ich mich für São Paulo beworben – muß ich erklären, warum nicht für Tokio oder Seoul? – *«Very nice!»* sagte Beatriz, ich fühlte mich wie nach einer Prüfung, bei der ich nicht geglänzt habe, aber irgendwie über die Runden gekommen bin. Hat Beatriz jetzt nicht sogar «Setzen!» gesagt? Ja, ob wir uns nicht setzen wollen, einer der Tische war frei geworden.

Beatriz war so höflich. Sie wußte schon wieder eine Frage. Ob es nicht schwierig sei, in ein Land zu kommen, dessen Sprache man nicht spricht, und dort an der Universität zu arbeiten? Well, sagte ich, an der Uni sollte ich ja auf deutsch unterrichten, wenngleich es wirklich schwierig sei, da die meisten Studenten nicht gut Deutsch könnten, und im übrigen sei ich dabei, Portugiesisch zu lernen. *Very nice!*

Und was machst du? Ich weiß nicht, ob ich «du» gesagt hätte, aber zum Glück sprachen wir Schulenglisch.

Sie habe eine Galerie, gleich hier um die Ecke! Sehr interessant.

Sie hatte ein interessantes Lächeln. Sie zog dabei ihre Lippen weit auseinander, aber ohne daß es angestrengt wirkte, und zeigte ihre Zähne. Zwischen ihren beiden Schneidezähnen befand sich ein kleiner Zwischenraum. Mir hat so etwas noch nie gefallen, aber das hatte ich vergessen. Ich sah ihre Zähne, unschuldig weiß, als hätten sie noch nie gebissen. Die beiden Schneidezähne, der kleine Spalt dazwischen: das gefiel mir, wie eine kunstvoll durchbrochene elfenbeinerne Brosche. Nein, keine Brosche. Das, was ich sah, tanzte vergrößert, aber unscharf vor meinen Augen, als wäre ich kurzsichtig und ohne Brille. Der kleine Spalt zwischen ihren Schneidezähnen: ein Einlaß, sauber und unfleischlich, Wände aus Elfenbein.

Meine Zunge strich über die Hinterwand meiner Zähne, ein Tick, in dem sich die in mir versperrte Erregung, die Angst, wiegte. Norbert fragte sie rasch mal was auf portugiesisch. Und während Beatriz auf englisch antwortete, vielleicht aus Höflichkeit, um mich nicht auszuschließen, fiel mir ein längst vergessener Satz aus meiner Vergangenheit ein, in der ich mit anderem Selbstbewußtsein in einer anderen Sprache gesprochen habe. Der Satz: «Hier kann ich mich nicht einbringen!» Muß ich erklären, was dieser Satz damals sagen wollte? Nein.

«Yesss!» sagte Beatriz, sich wieder mir zuwendend.

Weil in unseren vorgefertigten, leeren Sätzen immer nur bedeutungslose Schemen unserer Identitäten hin- und hergeschoben werden, sind dann immer die Geschichten unvermeidlich, mit denen doch etwas Persönliches «eingebracht» werden soll, die dieses aber immer nur ersetzen.

Wie schade, sagte Beatriz, daß sie jetzt nicht Deutsch mit mir reden könne, das wäre jetzt *very nice* gewesen. Und sie erläuterte diesen Satz mit dem ersten Kapitel ihrer Biographie: In ihrer frühen Kindheit sei nämlich bei ihr zu Hause nicht nur Portugiesisch, sondern auch Französisch und Deutsch gesprochen worden. Ihr Vater habe nämlich auf europäische Ausbildung und europäische Lebensformen, wie sie sagte, größten Wert gelegt. Die Kinder, also sie, ihre Schwester und ihr Bruder, hätten sogar Hauslehrer für Deutsch und Französisch gehabt. Als aber Deutschland den Zweiten Weltkrieg auslöste, habe ihr Vater von einem Tag auf den anderen nie wieder Deutsch gesprochen, die Sprache im Haus verboten, und statt des deutschen Hauslehrers sei dann immer ein Englischlehrer gekommen. Obwohl ihr Vater angeblich perfekt Deutsch gesprochen habe und in der deutschen Literatur sehr belesen gewesen sein soll, habe er sich bis an sein Lebensende geweigert, auch nur noch ein einziges deutsches Wort zu sagen oder eines der deutschen Bücher in seiner Bibliothek auch nur aufzuschlagen. Es sei schade, sagte Beatriz, denn sie sei damals erst wenige Jahre alt gewesen und habe mit dem Deutsch-Lernen also gerade erst angefangen gehabt, als es schon wieder aus war. Sie habe daher natürlich nichts davon behalten. Nur ihr acht Jahre älterer Bruder spreche heute noch etwas Deutsch, einige Brocken.

Und wie nett Beatriz sagte, daß sie es nun, wo sie mit mir spreche, wirklich schade finde, daß sie wegen der Abscheu ihres Vaters gegen die deutschen Faschisten doch nie Deutsch gelernt habe. *It's really a pity. Yesss.*

Sie gefiel mir: diese Geschichte oder Beatriz. Beatriz mußte, dieser Geschichte nach, über vierzig Jahre alt sein, und sah man ihr dieses Alter auch nicht an, so reflektierten ihr Gesicht, ihre Augen doch irgendwie die Erfahrenheit einer reflektierten Frau ihres Alters. Und ihre schlanke, frische Gestalt: die eines jungen Mädchens. Nur nicht so körperlich. Nicht wirklich. Nicht einmal aus einer Rippe des Mannes gemacht, sondern, noch schlimmer, aus einer der männlichen Frauenidealphantasien: die erfahrene, intelligente Gefährtin und die junge Freundin in einer Person. In einer Person ist Fleisch und Blut aber aufgehoben. *Yesss.* Sie lächelte. Der Spalt, der unfleischliche Einlaß. Aber vielleicht gibt es sie nur für mich nicht, dachte ich. Sie hat sicherlich die Erfahrung, daß alle sie begehren, während ihre Erfahrung ihr erlaubt, nur die zu begehren, die eine Erfahrung wert sind. Ein Wort fiel mir noch ein aus meiner Vergangenheit: «Taxieren.» Ich sah sie an. Sie wird glauben, daß ich sie taxiere, dachte ich. Mann taxiert Frau. Aber mit diesem kindlichen

Unterlegenheitsgefühl kann man nicht taxieren, ob man nicht will oder nicht.

Ich müßte etwas sagen, auf diese Geschichte antworten. Aber was? Mir gefiel diese Geschichte nicht.

Norbert sagte etwas, worauf er lachte, ich lachte auch, und Beatriz lachte auch. Wie in der stereotypen Schlußeinstellung jeder Folge einer Fernsehfilmserie.

Mein Mich-unbehaglich-Fühlen, mein Unbehagen gegen Geschichten, die rudimentären Reste meines Bewußtseins, an die mich diese Geschichte erinnerte: all das sprach gegen diese Geschichte: der integre Vater, Herr über Hauslehrer, der dem deutschen Faschismus eine deutsche Sprachlosigkeit entgegenstemmte, so lächerlich selbstbewußt wie ein Pfau, der sich aus seinem Rad eine Feder auszupft, um es dann um so stolzer aufzuplustern als Wall gegen die Welt. Ich verabscheute diese Geschichte. Auch sie schmuggelte wieder zuviel über die Grenze, die gerade solche Geschichten zwischen den Menschen ziehen, vorbei am Schlagbalken, den die Protagonisten solcher Geschichten in die Köpfe der Menschen senken: sie transportierte die Idee einer «besseren», weil integren herrschenden Klasse, die aber ihre Integrität auch nur anekdotenhaft ausweisen kann. Deutscher Faschismus Bindestrich Abscheu Doppelpunkt Nie wieder Deutsch gesprochen Rufzeichen Gesinnung gezeigt zwei Rufzeichen das Seine getan drei Rufzeichen. Und im übrigen hat ein Pfau bekanntlich die Fähigkeit, goldene Eier zu legen, das reicht dann schon fürs «europäische Leben» und Hauslehrer.

Beatriz hatte diese Geschichte zwar so erzählt, als hätte sie sie für mich aufbewahrt gehabt. Aber sie war genauso vorgefertigt wie die Konversationssätze zuvor, nur noch abstrakter. So konnte ich sie wieder ganz von Beatriz trennen, von dem, was meine Augen mir wahrsagen wollten. Ich sah auf ihren Mund, der gerade noch so selbstverständlich das Wort «Antifaschismus» gesagt hatte. Antifaschismus, das war doch immerhin ein ewiges Licht in der Grabkapelle meiner eigenen Geschichte.

Wie ich sie begehrte.

Das alles ist natürlich nicht wahr. Meine kleinen banalen Eindrücke zerfielen wie ein zusammengeworfenes Puzzle. So stiftete ich einfach einen eingeübten Zusammenhang: den Erzählzusammenhang. Ich stellte mir einfach vor, daß ich alles, was da war und passierte, erzähle, und so machte die Sprache aus den vielen verschiedenen Farben, Geräuschen, Empfindungen und Assoziationen eine Einheit, die noch stärker diese und sie selbst war, als die kleinste in ihr aufgehende Einzelheit: zum Beispiel der Tisch, an dem wir saßen, war immer auf eine andere Weise da, er war einmal eine kühle Fläche, die ich unter meinen Händen spürte, dann war er eine blaulackierte Metallplatte, als ich meine Augen senkte, eine Werbeeinschaltung: «Brahma» stand darauf, der Name einer Biermarke. Die Tischbeine sah ich nicht, ich stieß immer nur gegen etwas, wenn ich mein rechtes Bein bewegte, das ich über das linke geschlagen hatte und das mir eingeschlafen war. Als ich mein Bein noch etwas von Beatriz' Beinen zurückziehen mußte, spürte ich ein dünnes, hartes Tischbein als Druck gegen meinen Knöchel, die Kante der Tischplatte als Druck quer über meinem rechten Oberschenkel. Der Tisch war dieser besondere Tisch, ohne daß er dabei eine andere Eigenschaft gehabt hätte, als eben zu drücken, während er ebensogut wie irgendein Tisch war, wenn ich, ohne hinzusehen, mechanisch mein Glas darauf abstellte.

Und dann denkt man ganz einfach erzählerisch: «Wir saßen an einem Tisch», und plötzlich ist der Tisch eine Einheit. Die drei verschiedenen Menschen, die an diesem Tisch sitzen, gehören in diesem Moment zusammen, und jeder einzelne ist sogar eine der Ganzheit zugehörige Ganzheit. Beatriz, die einmal ein kleiner Spalt zwischen den Schneidezähnen, einmal ein Blick, einmal ein Kostüm war, ein *Yesss*, aber diese Einzelheiten sind nicht die Wahrheit, so wie der Zusammenhang nicht die Wahrheit ist, die ich nicht weiß. Es ist ja immer nur wahr, was wir sehen, aber es ist eine eigene Wahrheit, wie wir sehen, weshalb nie wahr ist, was wir sehen. Es ist nur wahr, daß andere Sehweisen, von anderen Voraussetzungen bedingt, die vorläufige Wahrheit schal werden lassen. Die Sonne dreht sich um die Erde. Nein, die Erde dreht sich um die Sonne. Aber wer von denen, die Augen haben zu sehen, will das beweisen? Und in welchem Augenblick spielt das eine Rolle? Zumal sich in der Sprache immer die vorläufige Wahrheit verewigt: «Die Sonne geht auf.» «Die Sonne geht unter.» «Wie ich es sehe.»

Um wieviel lieber wäre ich jetzt in der *Bar jeder Hoffnung* gewesen!

Das ganze Problem ist natürlich so banal, daß ich mit der Situation, so, wie ich sie reflektierte, wobei ich das alles vielleicht gar nicht wirklich gedacht hatte, nichts zu tun haben wollte. Dadurch aber wurde meine Fremdheit der Situation und mir selbst gegenüber noch größer, und ich fragte mich ganz gewiß, wieso ich nicht oder nicht mehr fähig bin, aufzufassen was ist, es zu nehmen wie es ist und mich zu geben wie ich bin. Aber vielleicht war ich nur müde oder schon betrunken.

«Und?» sagte Norbert, als wir in die Alameda Lorena weiterfuhren, er meinte Beatriz. Er sagte noch irgend etwas, ich glaube: «Außergewöhnliche Frau», worauf ich sagte, daß sie gar nicht wie eine Brasilianerin wirke, sondern eher wie eine Europäerin. Ich weiß nicht, ob ich mich richtiggehend vor mir selber schämte, aber ein flaues Gefühl breitete sich augenblicklich in mir aus – und wieviel Platz es fand, um sich auszubreiten! Ich fühlte mich so leer und dumm. Was soll das sein, eine «Europäerin»? Was ist typisch «europäisch», was «brasilianisch» oder «lateinamerikanisch» gar? Von der Ausstrahlung der Besonderheiten geblendet, taumelte ich in die dunkle Höhle der Verallgemeinerungen, um schwarze Schatten zu unterscheiden. Ich hörte gar nicht hin, was Norbert sagte, ich glaube, er gab mir recht, er mußte langsam und konzentriert fahren, wegen der *valetas*, tiefen Gräben quer über die Straße, die vor ungeregelten Kreuzungen in São Paulo Nachrang- und Stopp-Tafeln wirkungsvoll ersetzten.

Vielleicht macht Reisen dumm. Zumindest so dumm, wie man schon vorher war, «zu Hause», wo man in denselben Strukturen dachte, allerdings vertrautere Gedanken, weshalb man sich nichts dabei dachte.

«Hier!» sagte Norbert und deutete mit dem Kopf nach rechts. Die *Aspirina-Bar*. Die Adresse ist leicht zu merken! Alameda Lorena 1968. Wirklich wahr, sagte ich: Hausnummer 1968.

Norbert hatte im *Sandwich* erfahren, daß es in der *Aspirina* in dieser Nacht ein Fest gebe. Von den *Aspirina*-Festen hatte ich schon gehört, es kursierten begeisterte Erzählungen, obwohl die Mittel dieses Erfolgs denkbar einfach waren. Es wurde ein Motto ausgegeben, und die meisten erschienen in entsprechender Maskerade. Es gab Live-Musik und ein bißchen Schnickschnack, Dekoration, die dem Motto des Festes entsprach, Videogeräte, die, ohne Ton, dazu passende Filme zeigten. Zwei Wochen zuvor, beim letzten Fest, raunte Norbert, sei es «knackevoll» gewesen von Mafia-Bossen, Killern, Gängsterbräuten, Drogenhändlern – «einige waren sogar echt!» sagte er nebenher, zugleich nebenher eilig vergnügt, es war auch nur eine bedeutungslose Skurrilität, die lustig zu wissen ist, aber kein Anlaß, dabei zu verweilen. Das Motto war «Gangstertreffen in Chicago 1930», auf den Videoschirmen seien pausenlos amerikanische Gangsterfilme geflimmert, hier, die Band habe ausgesehen wie eine Gang, im Geigenkasten die Maschinenpistole. An den Wänden Steckbriefe, die Stammgäste karikierten.

«Ich wurde als Sexualverbrecher gesucht», sagte er aufgeräumt, während er in die Parklücke stieß und eilig das Lenkrad kurbelte, wobei er amüsiert verwundert den Kopf schüttelte.

«Na ja, was ich hier schon abgeschleppt habe...» sagte er, noch ein Stück zurückstoßend, verweilte aber keine Sekunde bei seiner Erinnerung, sondern ging gleich wieder, vorstoßend, zum Raunen aktuellen Wissens über:

«Jedenfalls haben sie mit diesem Konzept, immer wieder diese Feste hier, den Geschäftsrückgang gut aufgefangen, den diese Lokale jetzt alle haben!»

Er stieß den Wagen wieder ein Stück zurück.

«Hat ja keiner mehr Geld, wer kann sich das noch leisten, dauernd auszugehen? So!»

Er stellte den Motor ab und bedeutete mir ungeduldig, auszusteigen. Ich fragte ihn, ob es keine Rolle spiele, daß wir nicht kostümiert seien. Er war schon aus dem Wagen gesprungen, während ich erst die Tür auf meiner Seite öffnete, er beugte sich wieder rasch herein und schlenkerte mit dem Zeigefinger, um mir zu bedeuten, daß ich den Versperrknopf meiner Tür hinunterdrücken solle, warf die Tür zu, versperrte sie und hastete den Weg zur Bar vor. Ich verfolgte diese vielen hektischen Bewegungen wie einen alten Stummfilm, in dem irgendwann, nachdem Norbert rasch den Mund ein paarmal auf- und zugeklappt hatte, das Schriftinsert aufflimmerte:

«Es kommen doch nie alle kostümiert!»

Er sah zurück, wo ich blieb, indem er trippelnd eine halbe Drehung um sich selbst machte, sah, daß ich nachkam, vollendete die Drehung und eilte etwas langsamer weiter. Die dunkle Alameda, ein stummer Schwarzweißfilm, viel zu schnell abgespielt, Norberts Gehen war ein hektisches Zuckeln zwischen Tanz und Flucht. Durch den Anschein des Tanzens wirkte es erheiternd, durch den Anschein des Flüchtens tragisch und dadurch, daß es doch nur ein Gehen war, artistisch.

Diese unruhigen Bewegungen vibrierten schmerzhaft gegen meine Starrheit. Obwohl ich Norbert nachging und fast schon zu ihm aufgeschlossen hatte, fühlte ich mich wie ein reglos und unbequem im Kino sitzender Zuschauer, der sich in diesen Bildern mit flauem Gefühl verkrampft wie ein Seekranker auf einem schaukelnden Schiff.

Wir hatten schon die Bar erreicht, Norbert blieb kurz stehen, ich sah groß sein Gesicht, von ganz nahem seinen Mund, der sich rasch einige Male öffnete und schloß, mit einem schelmischen Zucken der Mundwinkel. Ohne Ton und durch die Nahaufnahme absurd vergrößert und isoliert, erschien es so übertrieben wie rätselhaft. Dann das Schriftbild:

«Und außerdem ist das Motto heute ‹Die schöne Brasilianerin›, hier! Was hättest du für eine Kostümierung genommen?»

Ach so! Nun sah ich ganz groß sein Lachen, dann sah ich mich selbst lachen, nun war ich mitten in diesem Film, ich sah uns beide lachen und schließlich Seite an Seite die letzten Schritte auf die Bar zugehen, ein paar Stufen den Eingang hinauf, nacheinander hinein.

Das unruhige Flimmern des Films übertrug sich auf mich als nervöse Aufgeregtheit. Diese betraf aber nur das, was da jetzt kommen mochte, und damit hatte ich ja nichts zu tun, weshalb ich plötzlich auch eine distanzierte Gelassenheit in mir spürte, so daß die Aufgeregtheit nur irgendwie anästhesiert in mir juckte. Denn ob ich nun zuschaute oder mitspielte, ich war ja doch nur irgendwo hineingeraten, ich hatte keine Möglichkeit, in die Szenen, die ich durch die glatten Frontscheiben meiner Augen beobachtete, einzugreifen noch den Faden der Handlung, der die unterschiedlichsten Varianten von Immer-Gleichem miteinander verband, zu durchtrennen.

Die schöne Brasilianerin! Es war kaum zu glauben.

Wir kamen in einen kleinen Vorraum, in dem sich eine Art Garderobe befand, mit einem Garderobenpult, hinter dem ein Mädchen stand, das uns freudig wie alte Bekannte begrüßte. Dann fragte sie uns nach unseren Namen und schrieb sie auf zwei Konsumationskarten, die sie uns gab. Wenn man bestellt, kreuzen die Kellner die entsprechenden Preise auf den vorgedruckten Rubriken dieser Karte an, wenn man gehen will, gibt man die Karte wieder hier ab, wo dann alles addiert wird.

Diese Garderobe war also vor allem die Kassa, die aber dennoch, wie ich sah, auch Garderobenfunktion übernahm, wenngleich auch nicht nur im Sinn des Wortes: unmittelbar nach uns kam ein junges Paar, der Bursche hatte das Autoradio aus seinem Auto ausgebaut und mitgenommen, er gab es hier ab, wo es mit einer Nummer versehen wurde, die auch in seiner Karte eingetragen wurde. In dem Regal hinter dem Garderobe-Kassa-Mädchen lagen schon einige Autoradios, an denen Schildchen mit Nummern baumelten. Ungläubig starrte ich dieses Bild an. Die Kriminalität in anderen Ländern schafft andere Sitten.

«*E aí*, wie schaut es aus?» fragte Norbert.

Das Mädchen sagte, daß es noch ein bißchen früh sei.

«Siehste! Hab ich dir ja gleich gesagt!» sagte Norbert zu mir – aber sie versicherte freundlich, daß es sich gewiß auszahle, hierzubleiben.

Rechts am Ende des Vorraums kam man durch einen Durchgang ins eigentliche Lokal. Ein Raum voll von Tischen und Sesseln, der in einen größeren überging, in dem sich geradeaus die Bartheke befand, auf der linken Seite hinter der Ecke, wo der kleinere Raum an den größeren stieß, befand sich ein niedriges Podium für die Live-Musik, hinter der rechten Ecke noch drei Tischchen, dazwischen freier Platz zum Tanzen.

Ich war enttäuscht. Ich hatte das Gefühl, in einem Museum die fade, sterile Rekonstruktion jener Bar zu besichtigen, von der ich einiges Geschichtliche erzählt bekommen hatte. Auf dem Podium der Band sah man nur die Instrumente, so drapiert, als wäre vor wenigen Minuten noch gespielt worden. Auf den Videoschirmen flimmerten nur Pünktchen. An den Tischen, auf denen Flaschen mit Kerzen standen, saßen einige Gäste, wie hingesetzte Wachsfiguren, die im Flackern des Kerzenlichts sich ein wenig zu bewegen und manchmal gar ein bißchen zu reden schienen. Die Dekoration erschöpfte sich phantasielos in einigen Posters weiblicher brasilianischer Lokalstars.

Es war eigentümlich ruhig, keine Ausgelassenheit, ich war nahe daran, mich wie zu Hause zu fühlen. An der Theke lehnten ausschließlich Männer, die, aufgereiht wie Vögel auf einer Hochspannungsleitung, nach schönen Brasilianerinnen Ausschau hielten. In abgebrühter Geduld, denn bislang hatte das Fest mehr Brasilianer als Brasilianerinnen angelockt.

An einem Tisch saßen drei Mädchen beisammen, die sich angestrengt schöngemacht hatten, aber auf eine so herkömmliche Weise, daß ich nicht wußte, ob sie das Motto ernst nahmen oder parodieren wollten. Sonst waren fast alle Frauen in männlicher Begleitung. Eine Frau trug die weiße Tracht der Bahianerinnen aus dem Nordosten Brasiliens, eine andere lediglich Strumpfhose und Glitzerbikini, wie die *Destaques* der Samba-Schulen bei den Karneval-Umzügen, aber das genügte nicht, um den Eindruck zu vermitteln, daß hier ein Kostümfest stattfand.

Da diese Museums-Samtkordeln fehlten, die dem Besucher den Zutritt zu den Ausstellungsräumen versperrten, setzten wir uns an einen der kleinen Tische auf der dem Podium gegenüberliegenden Seite, gleichzeitig begann irgendeine Konserven-Musik zu spielen, kurz darauf zeigten die Videogeräte stumm den Film über das Stones-Konzert in Altmont. Beides schien mir wenig zu tun zu haben mit dem Thema des Festes, ja überhaupt mit «Fest», also mit etwas, was diesen Abend von einem herkömmlichen Abend in einer Bar unterscheiden sollte.

Ich sah mich unablässig um, vielleicht weil Norberts Unruhe mich angesteckt hatte – ich war so leicht von einem Gegenüber anzustecken, leider so leicht, daß glücklicherweise nie etwas davon blieb. Ich war ein Widerspiegel fremden Gelingens.

Vielleicht aber sah ich mich auch deshalb unablässig um, weil ich mit meinen Blicken meine unklaren Erwartungen und unbestimmten Vorstellungen klar und bestimmt zu setzen hoffte. Ich weiß es nicht. Ich dachte mir nichts dabei. Das natürliche Sich-Umschauen an einem neuen, unbekannten Ort war es jedenfalls nicht. Denn schon der zweite Blick hatte mich gelehrt, daß jeder weitere Blick ein Duplikat des ersten sein würde.

Vielleicht war das eine Fehlinformation mit dem Motto des Festes oder mit dem Fest überhaupt, mutmaßte ich, ohne daß es mir wichtig war. Norbert verneinte. In São Paulo beginne alles erst gegen Mitternacht, hier.

Vergnügt schräge Augen, ein ewig lächelnder, voller Mund, ein so prinzipiell fröhliches Gesicht, daß ich es beinahe als Maske empfand, aber nur beinahe, denn es schien nicht aufgesetzt. Aus der Stirn gewischt die weichen, leicht krausen Gedanken ihrer schwarzen Haare. Bläulichschwarz, wie die Unschuld, mit der eine freundliche, also soziale, doch geheimnisvolle, also exklusive Lust denkt. Und sich verkörpert in der zarten, schmiegsamen Gestalt dieser kleinen Japanerin, die plötzlich vor uns stand, durch ein Schürzchen als Kellnerin kostümiert oder gekennzeichnet.

Ôba! Welche Überraschung! Norbert war entzückt, rutschte rasch auf seinem Sessel herum, sich ihr zuwendend, wobei er flüchtig die Geste des freudig-überraschten Hände-Auseinanderbreitens andeutete und lachend seinen Kopf seitlich neigte. Das Mädchen neigte sich zu ihm hinunter, küßte ihn und streichelte dabei seinen Oberarm, was sie fortsetzte, als sie sich wieder zurückbeugte, geschmeidig, weit zurück, um ihn ganz und genau betrachten zu können, mit einem schönen, eindeutigen Lächeln.

«Pôxa!» sagte Norbert. «Arbeitest du jetzt hier?»

Sie nickte. Er stellte uns einander vor, Yuki lächelte mich freundlich an, ich sah es gerne.

«Und?» sagte Norbert. «Bier oder was?»

Ja, sagte ich, *cerveja*!

Yuki brachte das Bier, mit einem Lächeln, ging wieder weg, zu anderen Tischen, ich sah ihr nach, das Taxieren hatte ich vergessen, in meinen Augen, wie einen Regenschirm im Kaffeehaus, nachdem es sich wieder aufgehellt hat.

«Haste schon mal 'ne Japanerin gebumst?»

Ich mußte verneinen.

Norbert hatte recht gehabt. Gegen Mitternacht sah alles ganz anders aus, die *Aspirina* begann sich zu füllen und war bald brechend voll.

Da das Motto des Abends wie ein Versprechen klang, kamen natürlich viele Männer, zum Teil in Kostümen, die Beziehungen oder Bezüge zu «schönen Brasilianerinnen» herstellen sollten, sie kamen als *Fazendeiros*, Landarbeiter, Sklaven, die auf die Klassensolidarität der erwarteten weiblichen Gegenbilder hofften, sie kamen als Gestalten aus der brasilianischen Geschichte oder als moderne Berühmtheiten, wie zum Beispiel ein dicker Bursche in der absurden Phantasie-Uniform Chacrinhas, eines Fernsehstars, der sich in seinen Unterhaltungssendungen stets mit Dutzenden von um ihn herumtanzenden Frauen umgibt. Es kamen Frauen, die, kostümiert in patriotischen Klischees, einen Bezug zum Thema des Abends suchten, etwa eine Königin des Karnevals, oder die schlicht das Thema in Beziehung zu sich selbst setzten, wie ein Indio-Mädchen, das ein T-Shirt trug mit der Aufschrift: «Ureinwohnerin Brasiliens».

Im Lokal vibrierte ein buntes Gebrodel von Kostümierten und Nicht-Kostümierten, ein Fest der Augen, die alle Überraschungen und Skurrilitäten vorfanden, die eine begrenzte Phantasie sich vorher nicht hatte vorstellen können, aber doch erwartet hatte.

Unmittelbar vor mir tanzte ein Mädchen im Nationaldress des brasilianischen Fußballteams, sie zappelte und riß wild an den Klangfäden der Live-Band, während eine andere vor ihr hin- und herruckelte, um mit einem großen Strohhut, auf dem Nachbildungen der tropischen Früchte Brasiliens üppig und bunt arrangiert waren, heil vorbei zur Theke zu gelangen.

Alles wie vorstellungslos erwartet.

Männer, die, an der Theke lehnend oder im Lokal zirkulierend, immer enthemmter Ausschau hielten nach möglichen Objekten ihrer Begierden, setzten immer wieder ihr Monopol des launigen ersten Wortes an das andere Geschlecht ein, sobald sie sich durch einen Blick oder ein Lächeln oder durch nichts als ihre sich entkrampfende Sehnsucht dazu ermuntert fühlten, der ewige Refrain, wenn die versteinerten Verhältnisse in Tanzlokalen zu Tanzen beginnen.

Die Jazzmusik kostümierte sich ausgelassen mit den Konfektionen der *musica popular brasileira*, indem sie sie ironisch zitierte, sich darin betrachtete, sich darin wiegte, sie veränderte, fortspann, parodierte und wieder ablegte.

Über dem Kontrabaß hing ein riesiger Kerl wie eine Spinne, die eine ins Netz gegangene Fliege zerlegt. Ich vergaß mich eine Zeitlang ganz in diesem Anblick einer dunkel-bedrohlichen Sache, der schöne heiter-verführerische Töne entströmten.

Ab und zu kam Yuki zu unserem Tisch, von selbst, um zu fragen, ob wir noch etwas trinken wollten, oder unter dem Vorwand, uns zu fragen, oder weil Norbert sie herwinkte, um noch etwas zu bestellen, oder unter dem Vorwand, noch etwas zu bestellen. Norbert, ein großer Bildhauer ihres Lächelns, machte dann eilig einen kleinen anzüglichen Scherz, den Yuki dann lachend an sich abgleiten ließ. Die Scherze liebten es, an ihr abzugleiten.

Ich verstand so gut wie nichts von dem, was Norbert sagte, aber ich sah, daß es anzüglich war und daß er seine Scherze mit der bedeutungslosen Leichtigkeit des Mannes machte, der das, was solche Scherze ersehnen und nur ersetzen, schon gehabt hatte, und Yuki lachte das Lachen einer Frau, die es eben deswegen besser wußte, und so konnten sie sich und einander in einer Unkompliziertheit wiegen, ohne einander für simpel zu halten.

Ich sah dieses Wiegen.

Wir gingen zu Caipirinhas über, ich trank hektisch, rauchte hektisch, weil ich das ruhige Sitzen nicht aushielt, aber es saß wie angegossen. Das zuckende blaue Tuch der Musik, geworfen über die vielen kleinen strampelnden Geräusche des Raumes. Das immer rascher werdende Kreisen, mit dem sich Begierden und Sehnsüchte, wie die erdabgewandte Seite eines kalten Planeten, zum Fest drehten, in das heiße, so nahe scheinende Zwielicht ihrer Erfüllung, um es zu reflektieren.

Da mußte ich doch tanzen! Aber das verspielte, befreiende Herstellen nutzloser Bewegungen gerann mir zur anstrengenden Arbeit, die ich für einen anderen machte: für den, der ich sein wollte. Ich schwitzte, öffnete die Augen, erträglicher, alles andere außer sich zu sehen, als sich selbst von außen.

Ich sah einen kleinen freien Platz an der Theke, dort lehnte ich mich hin und ruhte mich aus. Neben mir, mit dem Rücken zu mir, ein Mädchen in knappen Jeans und einem *Tomara-que-caia*, diesem hautengen, ärmel- und trägerlosen Oberteil. Wieder eine Frau, die nicht für mich bestimmt ist! Wie kalt ist dieser traurige Gedanke, wie abgebrüht die Trauer!

Sie drehte sich um und stieß dabei an mich an, sie lächelte um Entschuldigung, ich lächelte reflexartig zurück, statt einfach auch zu lächeln.

Ein herbes Gesicht. Ihre Gesichtszüge waren wie geistreiche, individuelle Anmerkungen zu der schon millionenfach reproduzierten Lust, die ihr Körper als Versprechen zu publizieren schien.

Wie gern hätte ich eingestimmt in den Männerchor der immergleichen Sätze, die hier mit unvereinten Kräften immer wieder vor den Frauen angestimmt wurden. Ich konnte es nicht.

Was wollte ich? Das Mädchen stand mit dem Rücken zur Theke, auf die es ihre Ellbogen geschoben hatte, sah vor sich hin und wiegte sich ein wenig im Rhythmus der Musik. Ein Sinngedicht, in dem ihr Körper die schönsten Wollustregeln besang und ihr Gesicht sich den Reim darauf machte.

Was ich wollte, war, sie zu idealisieren und dann zu vögeln. Ich wollte sie einfach vögeln. Aber sollte sie nicht nur auch in diese Gruft der Begierde steigen, sondern sogar die darin verwesenden

Möglichkeiten erwecken, dann wollte ich sie schon vorher idealisiert haben. Wenn die fremde, auf sich selbst reduzierte Lust, sozusagen das Spielen mit ihrem Material, das Schwitzen in ihrem kalten Schein, sich in einer kritischen Schönheit entfaltet wie die Enträtselungsarbeit an einem Kunstwerk um seiner selbst willen. Wenn der kalte Schein der Lust im Zeitalter ihrer nicht nur technischen Reproduzierbarkeit sich wieder zu einer Aura erwärmt, in der wir uns nahe erscheinen, so fern wir auch sein mögen. Das geschieht nicht in der Liebe. Während Vögeln in der Lebenskunst die Rätsel eines *l'art pour l'art*-Gedichtes zumindest verspricht, weiß die Liebe gar nicht, was sie versprechen soll, hält es aber in Form der spannenden, gehobenen Unterhaltung des psychologisch-realistischen Romans. Darum muß die Liebe immer zerbrechen: weil man wissen will, wie es ausgeht.

So viele umständliche, beschönigende Worte dafür, daß ich bloß vögeln wollte! Tatsächlich. Aber wie umständlich rang ich mich erst dazu durch, dieses Mädchen anzusprechen! Wie umständlich überlegte ich es mir! Natürlich nicht in diesen Worten, diesen Gedanken, die ich nicht wirklich dachte. Aber doch durch sie! Sie waren vielleicht die Einstanzungen in der Spule meines Denkens, die in mich wie in einen Leierkasten eingelegt war, und meine umständlichen Überlegungen waren nur ein Drehen an dessen Kurbel und ein Sich-Bewegen in dessen mechanischer und doch verführerischer Melodie.

Ich stand an die Theke gelehnt und wippte umständlich in der Musik. Das Ergebnis meines intellektuellen und psychischen Ringens war, daß ich sie fragte, wie sie heiße. Es hätte mich nicht überrascht, wenn auch sie nun Minuten gebraucht hätte, bis sie ihre Antwort formulieren konnte. Aber sie sagte mir sofort ihren Namen, und davon ermuntert, nannte ich den meinen. Sie verstand nicht gleich, fragte nach, ich wiederholte ihn. Ob ich Ausländer sei? Ja. Woher? Aha. Die Band steigerte sich nun in eine elastische Anstrengung, spannte das in den Raum geworfene Tuch der Musik zum Sprungtuch, in das immer mehr Menschen hüpften, um darin zu wippen. So auch das Mädchen, das zwei Schritte von der Theke weg auf die Tanzfläche machte und mir begeistert zeigte, wie gut sie tanzte.

Ich machte auch einen Schritt auf die Tanzfläche und begann zu tanzen, ich kam mir hölzern vor und abhängig – wie ein Mensch!

Mit den Füßen dem Boden verhaftet, sosehr ich sie auch immer wieder heben, sosehr ich diesen auch treten und zu verlassen versuchen mochte, kein Sich-Fortschwingen der Bewegung, die immer irgendwo bewußt hergestellt sein mußte, ohne daß ihr die übrigen Glieder automatisch folgten und ohne daß die Erschütterungen in eine rhythmische Bewegung des ganzen Körpers übergingen.

Mein Schwerpunkt rutschte mir in die Knie, die Schienbeine und die Füße, die zu heben mir beinahe unmöglich wurde, während die Bewegungen, die ich mit dem Oberkörper und den Armen anstrengte, eckig ausfielen. Ich konnte mir unbeschränkt Richtungen und Möglichkeiten meiner Bewegungen ausdenken, aber ich vollzog sie ohne Ruhe, Leichtigkeit und Anmut, weil im bewußten Widerstand gegen das Gesetz der Schwere, anstatt meine Glieder rund und rhythmisch auszupendeln. Je mehr das Bewußtsein den Bewegungen Zusammenhang geben wollte, desto mehr zerstörte es ihn: Die Idee einer Bewegung trennte diese von den anderen Bewegungen, und der Versuch, die Glieder zu koordinieren, lähmte die gerade nicht bedachten. Jedes schien ein Eigenleben zu haben, das von anderen wegstrebte, was das denkende Gemüt in Verzweiflung versetzte.

Worauf ließ ich mich da ein? Der Kreisweg, der vom Wunsch des Vögelns wegführt, in der Hoffnung, daß er zum Vögeln zurückführt, erschien mir absurd und anstrengend, langatmig ausschweifend. Die Mühen, die ich vor mir liegen sah, und mehr noch die, die ich noch gar nicht vor mir liegen sah, als unüberwindlich. Ich war ohne Hoffnung. Vieles wäre einfacher gewesen, hätte ich Gras geraucht. Ich stand wieder an der Theke, das Mädchen machte irgendeine Bemerkung über die Musik, ich glaube, wie sehr sie diese liebe. Ich erinnere mich, wie ängstlich ich mir etwas Schweiß von der Stirn wischen wollte, so als würde ich mich beiläufig, eventuell nachdenklich, an der Stirn kratzen. Die Reduktion auf den Schein des Problemlosen, ich hätte sie gelitten, wenn sie nicht bloß unerträglich gewesen wäre. Aber ich hatte genug, mir war alles egal, was dieses Mädchen und auch was mich betraf. Ich nahm ihre Hand, küßte sie, sie entzog sie mir in dem Moment, in dem ich sie losließ, ihre Hand hüpfte geradezu aus der meinen heraus.

«Tudo bem?» fragte sie befremdet amüsiert.

«Tudo bem!» versicherte ich und ging brennend vor Scham und erleichtert zum Tisch zurück.

«Und?» Die Mitternachtsstunde war überschritten, und alles war wie vorstellungslos erwartet. Die Kostümierten gefielen sich und forderten voneinander zu gefallen. Die Königin des Karnevals machte auf der Tanzfläche zur schnellen Musik die langsamen, leeren Repräsentationsgesten einer Königin des Karnevals und war sichtlich glücklich, zumal ein junger, gelenkiger Bursche in tiefer Hocke, den Oberkörper weit zurückgebogen, hektisch vibrierend sich immer wieder zu ihr hinschob, wobei er ein imaginäres Tamburin klopfte und schlenkerte.

Ein Mann, der sich mit einem weißen, weitgeöffneten Hemd und einer großen goldenen Kette auf der behaarten und gebräunten Brust schöngemacht hatte, tanzte gemessen und wählerisch durch das Gewühl, ein Paris, der den Mädchen seiner Wahl seine Brust reichte, indem er sie immer wieder rhythmisch vor- und auf die Mädchen zuschob. Sein Tanz zeigte ein unglaubliches Ökonomiebewußtsein: er war kräftesparend und doch aussagekräftig. Dabei bürgten die geschlossenen Augen für ein tiefes Empfinden, denn sie sagten: Ich bin in diesem versunken!

Chacrinha drückte gelegentlich seine umgehängte Hupe und forderte zu heiterem Lachen heraus, indem er einen dann so direkt anlachte, daß man nicht umhinkam, pflichtschuldig zurückzulachen. So gelang es ihm, auch Nicht-Kostümierte mit dem verbindlichen Kostüm der Heiterkeit zumindest kurzfristig zu verkleiden.

Ich plauderte ein wenig mit Norbert und behauptete alles mögliche, wie immer, wenn ich plauderte. Meine beliebigen Sätze waren kleine Kinder. Sie spielten Tempelhüpfen. Innerhalb enger, selbstgezogener Grenzen hüpften sie vom Himmel des apathischen Zynismus, den ich meiner Befremdetheit schuldete, in die Hölle des angeregten Staunens, das ich Norbert schuldete, der mir Fremdem das alles hier zeigte, und wieder zurück. Am besten gefielen mir die tänzerischen Bewegungen Yukis. Sie hingen von einem Zweck ab: volle Gläser und Teller ruhig zu balancieren, mit ihnen geschickt Hindernissen ausweichen und sich elastisch vorbeischmiegen zu müssen. Als sie wieder zu unserem Tisch kam, zog Norbert sie eng zu sich und sagte etwas, wobei er rasch zwischendurch zu mir schaute, schelmisch, und zugleich so, als würde er mit dem Kopf auf mich deuten.

Yuki lachte, schüttelte ungläubig den Kopf und sah mich an.

Wirklich wahr! hörte ich Norbert in gespieltem Ernst beteuern, er sagte noch etwas, wobei er sich im Sitzen näher zu ihrem Ohr streckte. Jetzt lachte Yuki auf, sah mich an, schmunzelnd, wechselte einen Satz mit Norbert, sagte, sich von ihm lösend, «Warum nicht?» und verschwand wieder in ihrer Geschäftigkeit. Eine amüsierte Oberfläche schwindelte sich als oberflächliche Amüsiertheit auf Norberts Augen, als er mich wieder ansah, im Licht der Tischkerze schimmerten die silbernen Fäden in seinem Haar. Die Sorgen, sie lagen hinter ihm.

«Und? Siehste!»

Er sah sich um, mit aufwendigen Drehungen seines Oberkörpers sah er mal dorthin, mal dahin. Seine unruhigen Bewegungen zeigten, wie sehr er in diesem Fest mitvibrierte, sein beharrliches Sitzenbleiben zeigte, wie wenig es ihm bedeutete, sich darauf einzulassen.

«Unglaublich. Wollen alle nur bumsen, hier. Nur bumsen!»

Dann geschah etwas Unerwartetes. Die Frauen, schöngemacht oder kostümiert, die Männer, sich selbst oder Männerbilder darstellend, keiner von ihnen schien daran gedacht zu haben: daß eine Reihe von Menschen das Motto des Kostümfests wörtlich nehmen und in der nächstliegenden aller möglichen Verkleidungen erscheinen würde: nämlich tatsächlich als schöne Brasilianerin verkleidet.

Plötzlich schien das Lokal voll von Transvestiten zu sein, aber es waren nicht viele, es schien nur so, als sie plötzlich da waren und alles auf den Kopf oder vom Kopf auf die Füße stellten. Nun wurde das Versprechen des Festes, das im Motto nur versteckt sein wollte, nicht mehr hinter den Kostümierungen einzulösen versucht, sondern in ihnen dargestellt. Es waren vielleicht fünf oder sechs Transvestiten, in aufreizenden Kleidern, Stöckelschuhen, mit grell geschminkten Gesichtern. Zwei von ihnen hatten einen mächtig ausgepolsterten Busen und Po. Mit schwingenden Hüften wiegten sie durch das Lokal, tänzelnd, herausfordernd, Schmollmund, gehauchte Küsse, mit übertrieben femininen Gesten schafften sie sich energisch Platz, die versuchte Geilheit des Festes wich wie ein Zauberlehrling ängstlich zurück vor der höhnischen Laszivität, die die Transvestiten unermüdlich herbeischleppten. Nun wurden die Ansprecher angesprochen. Wie wär's mit uns, Süßer? – Aber ohne Antwort abzuwarten schwirrten die Transvestiten immer weiter, nie zufrieden, weitersuchend, sie verteilten Küßchen an Burschen und suchten richtige Männer. Es regte sich Widerstand. Am Nebentisch stand ein grobschlächtiger Schönling auf, verkündete etwas, mit nervösem Lachen angefeuert von seinen zwei Freunden.

Was hat er gesagt, fragte ich Norbert, er lachte:

«Ob die Titten echt sind, will er schauen!»

«Vamos ver!» feuerte sich dieser nochmals an. Mit einem kurzen tastenden Griff kontrollierte er seinen Helm eines Eroberers, sein präzise föhngeformtes Haar. Er klirrte, wenn er ging, wie in einer Rüstung: An einer Gürtelschlaufe seiner Hose hing ein Schlüsselbund.

Die Großbusige, nur wenige Schritte von ihm entfernt, hatte eine Hand in die Hüfte gestemmt, mit der anderen schwang sie ihre lange Glasperlenkette und erwartete ihn mit vorgestrecktem Busen und neugierig zurückgeworfenem Kopf. Als der Ritter vor ihr stand, löste sie ihre Hand von der Hüfte, schlug ihre langen falschen Wimpern einige Male auf und nieder und griff ihm zwischen die Beine, zog ihre Hand wieder zurück, machte ein schmollendes, enttäuschtes Gesicht und ging hüftschwingend davon und suchte einen Mann.

Breitbeinig, die Daumen in den Hosenbund gehakt, kam der Schönling zum Tisch zurück und lachte lauter als seine Freunde. Sein gerötetes Gesicht glänzte wie ein kleiner runder Spiegel, der gelassen das verlegene Gesicht dieses Burschen spiegelte.

Ein Transvestit begann zu tanzen, sanft und rhythmisch strich sie mit den Händen über die Konturen ihrer Rundungen, die sie in die Musik streckte und darin wiegte. Als würde sie in der Musik duschen, sich reinigen von den Blicken, die sie auf sich gerichtet sah, wenn sie erstaunt und fragend aufschaute.

Manche der Umstehenden lachten begeistert und klatschten anfeuernd im Takt, manche lachten verhalten, maskenhaft, manche Frauen hatten einen Gesichtsausdruck, als hätten sie ihre Männer in ein Striptease-Lokal begleiten müssen.

Plötzlich stand Yuki neben mir, sie schaute dem Treiben zu, sah dann mich amüsiert an und ging wieder weg.

Hier!... Siehste!... Da!... Sieh mal!... Und? Der Arsch? Was?... Verstehste... Norbert leitete meine Aufmerksamkeit an, mit dem Stolz und zugleich der zynischen Distanz eines Direktors solcher Showproduktionen. Kein Staunender oder Verwirrter vor diesen Glamours, sondern deren Kenner.

Die Show ging übrigens nicht weiter.

Was ich nicht erwartet hatte, war, daß der irritierende Auftritt der Transvestiten so rasch vom Fest absorbiert werden konnte. Sie hatten ihre Show gehabt, die Spannung, die sie produziert hatten, löste sich auf in der heiteren Zufriedenheit darüber, daß etwas Außerordentliches geboten worden ist. Der Hohn, den sie über das Fest geschüttet hatten, verdampfte als bizarres Duftwasser. Nun waren sie nur noch ein Bestandteil des Geschehens, bunte Vögel, wie sie eben zu einem Kostümfest gehören, und man ging wieder den normalen Festgeschäften nach.

Zwei Mädchen begannen zu tanzen, dann ein Bursche, und das Gedränge rund um die Tanzfläche lockerte sich rasch, weil die, die zurückgetreten waren, um dem tanzenden Transvestiten Platz zu machen und zuzuschauen, nach und nach wieder auf die Tanzfläche zurückströmten.

Norbert und ich besprachen die Ereignisse, aber wir besprachen sie auch schon als etwas, das abgeschlossene Geschichte war. Norbert trank seine Caipirinha aus und sagte, er sei müde und wolle gehen. Na gut, gehen wir! – Du nicht! sagte er, du kannst noch nicht gehen. – Warum nicht? – Na klar, du bleibst mal da, du willst doch die Yuki bumsen, oder nicht?

Ich sah ihn müde und angespannt an. Ich sah nur verschwommen das umrißlose vergnügte Grinsen seines Gesichts.

Er habe ihr doch vorhin gesagt, daß sie offenbar eine besondere Ausstrahlung auf uns Deutsche beziehungsweise Österreicher habe. Er habe sie ja schon gebumst, wie ich mir vorstellen könne!

Er habe dann also zu ihr gesagt, wie gut sie mir gefalle.

Ach so? Ja! Und? Sie will mit dir bumsen! Das hat sie einfach so gesagt? Na ja, das habe ich sie gefragt! Das hast du sie gefragt? Natürlich nicht so, sagte er, er habe sie gefragt, ob sie gern hätte, sagte er, daß ich nachher ihr «Katerchen» sei. Sie wolle. Das müsse ich doch mitbekommen haben! Also, viel Spaß! Tschau! Norbert! rief ich ihm nach, während er, sich umdrehend, um wegzuhasten, gegen die Menschenmauer prallte, also drehte er sich wieder zu mir. Und? Ich fragte ihn, ob er das ernst gemeint habe und wie er sich das vorstelle.

Ich hatte in dieser Nacht schon einige Bereitschaft zur Selbstvergessenheit und Selbsterniedrigung gezeigt, aber ich wollte mich doch nicht von Norbert irgendwo reinsetzen lassen, was er unklar als so etwas ähnliches wie den Warteraum einer Sexualtherapeutin darstellte, und nach einigen Stunden geht die Ordinationstür auf, und es erscheint eine Schwester, die mir für meine wunden Erwartungen bloß ein Stück des Mullverbandes ihres Lächelns zuwirft und verschwindet.

Norbert lachte vergnügt und gütig, geradezu deus-ex-machistisch. Er erklärte, ich sollte bloß dableiben und warten, bis Yuki zu arbeiten aufhöre. Wenn sie vorbeikäme, solle ich sie freundlich anlächeln, ein bißchen zu mir herziehen, «lieb, verstehste!» was Nettes sagen, «mal rasch 'nen Kuß geben» gar. Sie müsse ohnehin pausenlos herumschwirren. Was eben, wenn sie vorbeikomme, möglich sei, nur damit sie sehe, daß ich auf sie warte.

Mir war mulmig. Aber was mir gefiel, war, daß ich nichts erarbeiten mußte. Bloß dasitzen, schauen, in schöner Aussicht, trinken, ich mußte nur müde werden, nicht erschöpft.

Es war halb zwei Uhr. Es entsprach vielleicht nicht ganz Norberts Anleitungen, aber als Yuki wieder vorbeikam, fragte ich sie, bis wieviel Uhr sie hier arbeiten müsse. Sie sagte, *mais ou menos* bis vier. Ich wartete.

Meine Sehnsucht vertrocknete, wurde körnig, leidlich bunte Körner, die in immer neuen und dann immer gleichen Konstellationen zueinanderrieselten. Ich blickte durch meine Sehnsucht auf die Dinge wie durch ein Kaleidoskop, mit routinierten Fingern immer ein wenig daran drehend, mit der müden, leeren, monotonen Gier, die Dinge durch überraschende, bizarre, symmetrische Muster zu sehen, zu denen sich die Körner meiner Sehnsucht gruppierten.

Es war halb fünf, als ich mit Yuki vor dem Lokal stand, fast dreiviertel fünf, als wir ein Taxi fanden.

Ihre Wohnung war näher, wir fuhren zu ihr.

Sie wohnte im Zentrum, am Praça Roosevelt, eine der Buchten in diesem Häusermeer, wo die, die sich nicht wie Fische im Wasser bewegen können, angespült werden. Sie liegen herum und betteln, bis sie einschlafen. Die Passanten, Bewohner der Apartmenthäuser, oder Touristen, die von den Striptease-Lokalen in die nahegelegenen Hotels zurückkehrten, stiegen über sie hinweg wie über Pfützen. Architektonisch hatte die mittlere Fläche des Platzes die Konstruktion eines Romans, den ich vergessen hatte: drei Ebenen der Handlung, aber kein Wille zur Form. Auf der unteren Ebene, die sich unter die Erde schob, brausten die Autos, um hinter dem Platz auf dem Tausendfüßler der Stelzen-Stadtautobahn aufzutauchen. Auf der mittleren Ebene befanden sich ein Postamt, Blumenkioske und ein Supermarkt, der vierundzwanzig Stunden am Tag geöffnet war. Auf der oberen Ebene gab es Sitzbänke, fußballspielende Kinder, ebenfalls vierundzwanzig Stunden am Tag, und ein Zirkuszelt.

Ein beunruhigender, unnaturgewaltiger Anblick von Treppen, Brüstungen, schräg abfallenden Flächen, sich hinaufwindenden Rampen. Als hätten die von allen Seiten aufeinander zudrängenden Hochhäuser eine freie Fläche in ihrer Mitte zusammengeschoben und in Falten und Schichten übereinandergeworfen und die so entstandenen Flächen und Kanten mit Beton, der Lava der berstenden Städte, übergossen.

Yuki wollte im Supermarkt etwas zum Essen kaufen.

Das fahle Neonlicht, das in das helle Blauschwarz der letzten Nachtstunde seine mühsamen Lichtschatten warf. Ein trüb und fleckig gewordener Strahl göttlichen Lichts über der frohen Botschaft des Warenreichtums.

Einige Negermädchen in grünen Arbeitsmänteln waren damit beschäftigt, den Waren in den Regalen routiniert und teilnahmslos neue Preise aufzudrücken. Unermüdlich klickten und tickten die Etikettiermaschinen, es klang wie durcheinandergehende Uhren, ein Hörspiel, in dem sich eine stolze Inflation eitel als billige Metapher gibt. Wir kauften Joghurts, Kekse und Bananen.

Yuki hatte ein Apartment in einem Hochhaus, im zehnten Stock. Zeit für ein langes Lächeln im Lift. Für ein Kennenlernen unserer Gesichter. Für ein gleitendes Empfinden, erhoben zu werden. Für ein probeweises Gefühl von Intimität. Ich genoß, wie leicht es sich herstellen ließ. Vielleicht, weil es dazu der Mühsal nicht bedurfte, das Fremde aufzudecken, das die Menschen unterscheidet, und zu dem man dann Vertrauen faßt oder nicht. Denn so abstrakt es ist, «Japanerin», beziehungsweise «Nissai», es zeigt auf den ersten Blick eine unterschiedene, daher als konkret erlebte Fremdheit, und es genügt das Betrachten, um es sich anvertraut zu machen.

Yukis Apartment war klein, eine sogenannte Kitchinette, nur ein Raum, in den man direkt eintritt. Die rechte Wand war fast völlig verglast und hatte eine Balkontür, dahinter aber keinen Balkon, sondern nur ein Schutzgeländer. Links gab es eine Tür zu einem Badezimmer, das etwas kürzer war, als dieser Raum, in der sich ergebenden Nische war eine Kochgelegenheit untergebracht, nur durch einen Bambusvorhang vom Zimmer abgetrennt.

Ich ging zur Fensterwand: der Rooseveltplatz, seine grünbemalten Stiegen, Stützen, Brüstungen, seine beunruhigende, formlose Asymmetrie im Morgengrau des ersten Tageslichtes. Die Klagelaute seines Dröhnens, die häßliche, schwarzgraue Decke des Drecks über dem monumentalen Betonmodell der Fremde. Hinter den aufgetürmten Schichten und Falten des Betons am Rand des Platzes eine historistische Kirche: rührend und ekelerregend in ihrem Glauben, die schönere steinerne Lüge am Platz zu sein.

Ich wandte mich ab. Yuki lächelte. Ich hatte immer noch den Papiersack des Supermarktes in den Händen, ich hielt ihn eng an mich gepreßt, auf eine Art, als hätte ich sie mir ausgedacht, um möglichst viel von meinem Körper mit ihm in Berührung zu bringen. Als hätte sein Inhalt besonderen Wert. Oder als gäbe er mir Halt. Die aus der Wildnis geholte Nahrung. Ich stellte den Sack auf den Tisch.

Yukis kleines Zimmer, ein Puppenheim. Mir war schlecht vom Alkohol, von der Müdigkeit. Komm, essen wir, sagte Yuki.

Es ist schon wieder Tag, sagte ich. Yuki zog den Vorhang zu, knipste die Lampe über dem Tisch an, die durch den ockerfarbenen Stoffschirm warmes, sanftes Licht gab. Jetzt ist es wieder Abend, sagte sie, nahm die Sachen aus dem Einkaufssack, holte aus der Kochnische Löffel für die Joghurts. Es knisterte. Der Bambusvorhang. Davor, an die Längswand des Zimmers gerückt, der kleine Tisch, zwei Sessel: einer mit dem Rücken zur Kochnische, einer mit dem Rücken zu einem Bücherregal, das in den Raum hereinstand und den Eßplatz vom Bett trennte. Das Bett paßte genau in den noch verbliebenen Platz an der Längswand. Das Kopfende bei den Büchern. Wenn man aufwachte, sah man die Glaswand. Oder den Vorhang. Am Kopfende, neben dem Bett, eine kleine Stehlampe aus Messing. Auf dem Bett eine Patchwork-Decke.

Über dem Tisch, dem Regal, dem Bett, an der ganzen Wand, hingen Plakate verschiedener Aufführungen einiger Marionettentheater, Poster von Marionetten, Marionettenbilder aus einer Zeitschrift, Zeichnungen von Marionetten. Desgleichen gegenüber, an der rechten Wandhälfte zwischen Eingangstür und Badezimmer. Gleich links von der Tür ein Kleiderkasten, und zwischen dem Kasten und der Glasfront ein einfaches Holzgestänge, an dem einige Marionetten hingen, kunstvolle Puppen in verschiedenen Größen.

Wir saßen am Tisch, einander gegenüber, machten die Joghurts auf und sahen uns an. «Setz dich auf meinen Schoß!» hätte ich gerne gesagt, aber ich wußte nicht, was das auf portugiesisch heißt. Da stand sie auf, kam zu mir und setzte sich auf meinen Schoß. Ich war glücklich verwundert. Manchmal hilft das Wünschen wieder. Jetzt wünschte ich mir, daß sie mich küßt. Sie gab mir einen Kuß. Gut, das war leicht. Nun wollte ich mir etwas Schwierigeres wünschen, aber mir fiel nichts ein.

Yuki riß die Kekspackung auf, schob mir einen Keks in den Mund, wir löffelten, knabberten, wir küßten uns, wir schmunzelten, mit dem klammen, exklusiven Vergnügen, als würden wir im geheimen von verbotenen Früchten naschen.

Zumindest ich hatte diese Empfindung, aber ich glaubte sie auch von Yukis Lächeln ablesen zu können. Mir fiel ein, wie ich mich gefühlt hatte, als ich als Internatszögling noch «in der Nachtruhe», wenn alles im großen Schlafsaal zu schlafen schien, mit einer kleinen Taschenlampe unter der Tuchent las – auch so ein Splitter aus unbedeutender Vorzeit! Wie süchtig ich damals noch nach dem Lesen war. Aber ich hatte damals ja auch noch nichts gesehen gehabt.

Ich dachte nach, was ich mir wünschen sollte. Mir fiel nichts ein. Also wünschte ich mir das! Das heißt: Nichts, das erfüllt zu werden braucht, die Erfüllung selbst. Und sei es nur als ihr Ahnen. Ich sprach Yuki wegen der Marionetten an, der Plakate und Bilder, über dem Tisch hing sogar ein Plakat eines deutschen Marionettentheaters, das in São Paulo eine Aufführung gegeben hatte: «Gustav und sein Ensemble. Albrecht Roser, Stuttgart».

«Pois é!» sagte Yuki, Marionetten seien ihre Leidenschaft. Sie erzählte mir, daß ihr Vater Marionetten selbst herstellen konnte, und so habe sie schon als kleines Kind Marionetten bekommen, statt dieser üblichen Kinderpuppen. Sie habe sehr früh gesehen, daß Marionetten viel mehr und auf eine viel natürlichere Weise zeigen können als normale Puppen, selbst wenn diese oft schon eine kleine Mechanik mit einer Batterie eingebaut haben, und so einige plumpe Bewegungen zustande bringen oder gar «Mama» sagen. Sie hüpfte von meinem Schoß, machte drei, vier Schritte, ohne die Füße, die sie immer nur nach vorn schob, vom Boden zu heben, mit steifen Knien, hilflos und eckig, und krähte «Mama!» Sie lachte. Wie arm-

selig das ist! Bald habe sie bemerkt, sagte sie, zu mir zurückkommend, daß die Marionetten nicht nur den Spielpuppen der Kinder überlegen seien, sondern sogar den Menschen. Vielleicht deswegen, weil sie unfähig seien zu lügen, obwohl sie von einem Menschen abhängen. Aber eine einmal begonnene Bewegung müssen sie rein und deutlich zu Ende führen. Sie können sie nicht in einer plötzlich gegenläufigen Bewegung in sich zurücknehmen, in einer mittendrin beginnenden Ablenkung der Bewegung verbergen oder sie in einer raschen Hemmung zurückhalten und scheinbar ungeschehen machen. Was uns beim Betrachten von Marionetten als Anmut erscheint, ist daher zu einem großen Teil nichts anderes als der Mut, den sie uns in den Bewegungen voraushaben, ohne daß sie ihn aufbringen müssen, da sie an sich nichts anderes haben. So habe sie auch durch die Marionetten eine gewisse Menschenkenntnis erworben, indem sie gelernt habe, die Bewegungen, die Menschen vor ihr machen, nicht bloß so zu betrachten, wie sie sie ausführen, sondern deren spontanen Beginn auch in ihre «logische Linie», wie sie eine Marionette machen müßte, zu verlängern.

Man müsse sich nur bei Menschen, die sich etwa sehr selbstbewußt und rund zu bewegen scheinen, die Flächen ausschraffiert denken, die sich zwischen diesen Bewegungen und den logischen Fortsetzungen ihrer Ansätze befindet, und es werde einem oft schwarz vor Augen.

Umgekehrt würden viele kurze und abrupte, gehemmte Bewegungen das Rätselhafte und Irritierende verlieren, wenn man sich ihre Fortsetzung vorstellen könne. Diese Bewegungen könnten, müßten aber nicht, attraktiver für sie werden. Oft seien nämlich diese Menschen die verbindlicheren, habe sie gelernt, denn deren Bewegungen hätten den Drang in den Bewegungskreis des Gegenübers. Diese seien allerdings die schwierigsten Bewegungen, wie man auch bei den Marionetten sehen könne, weshalb sie dann doch immer nur angedeutet und dann zurückgehalten würden. Unbewußt oder bewußt, jedenfalls durch eine Kraft, die außerhalb der Kraft der Bewegungen liegt und diese verwirrt, genauso wie die selbstbewußten, formvollendeten Bewegungen von manchen Menschen, die uns doch nicht anmutig, sondern unstimmig und oft bedrohlich erscheinen, nicht Ausdruck einer inneren Regung, sondern bewußtes Gebärdenspiel sind, Ausdruck einer Anschauung, die diese Menschen von sich haben und auch erzeugen möchten. So würden also die Menschen an einer Reihe von Fäden hängen, so wie die Marionetten, diese Fäden befänden sich aber durch das Kräftespiel von Spontaneität und Bewußtsein gleichsam in verschiedenen Händen, und nur ein marionettengeübter Blick könne die widerstrebenden Kräfte in den Bewegungen der Menschen auseinanderhalten und diese einigermaßen verstehen.

Mir war mulmig. Mir schienen ihre Äußerungen durch die Art, wie sie sie vorbrachte, nicht auf einen bloßen Einfall zu gründen, sondern auf Erfahrungen, aber auf so spezielle, die Macht verleihen. Andererseits: das täten sie bereits, wenn sie dies nur behauptete. In einer raschen und kurzen Bewegung hob ich die Hand, öffnete die Handfläche, wollte etwas entgegnen. Sie lachte, nahm meine Hand, führte sie weiter, legte sie sich um ihren Hals, umarmte und küßte mich. Jetzt wollte ich nicht mehr überzeugt werden.

Sie sagte, daß sie sich aber nicht deswegen mit Marionetten beschäftige, weil sie eine große Menschenkennerin werden wolle, sie habe nur sagen wollen, daß von Marionetten, von ihren Bewegungen ein Zauber ausgehe, eine wunderbare Natürlichkeit und Direktheit, während im menschlichen Leben – aber sie rede und rede und wisse eigentlich nicht, wie sie mir das erklären solle.

Ich deutete auf die Marionetten, die teilnahmslos auf ihrem Holzgestänge hingen, und fragte, ob diese ihr Vater gemacht habe. Nur eine, ihre Lieblingsmarionette, habe sie hierher mitgenommen, die anderen seien alle im Haus ihrer Eltern. Sie komme ja aus dem *Interior*, dem Landesinneren von São Paulo. Diese Marionetten hier, bis auf eine, habe sie also selbst gemacht, modelliert oder geschnitzt, zusammengebaut, bekleidet, alles mache sie selbst. Ich sagte, daß ich es mir sehr schwierig vorstelle, eine solche Puppe zu führen, aber ob ich es unter ihrer Anleitung probieren dürfe. Vergnügt rutschte sie von meinem Schoß, wir gingen zu den Puppen.

Es ist gar nicht schwierig! Warte! Sie stand nachdenklich vor dem Gestell, ihre Augen glitten über die Puppen, nahm einen großen Pierrot, der vielleicht vierzig Zentimeter groß war, überlegte es sich anders, gab ihn zurück, lachte und nahm eine der beiden größten Puppen herunter, die gut doppelt so groß waren. Sie hing an zwei beweglichen Holzkreuzen, die durch eine Holzverstrebung, die in sich noch ein weiteres Gelenk hatte, verbunden waren. Sorgsam prüfte sie die Ordnung der Fäden, den Hang der Glieder. Die Puppe stellte einen Mann dar, in einem leichten weißen Anzug, blauem

Hemd und blauen Halbschuhen. Die Gesichtszüge waren realistisch, aber ohne besondere Merkmale. Augen, Nase, Mund, Ohren, ein unbestimmter, eher junger Mann, mit kurzem brünettem, leicht gewelltem Haar. Sein Gesichtsausdruck war entspannt, der eines Schlafenden, doch mit offenen Augen. Diese Puppe ist nicht sehr kompliziert, sagte sie, aber auch nicht simpel, man kann viel mit ihr machen. Schau! Sie ließ sie auf mich zugehen, die Hände ausstrecken, ausbreiten, abwinkeln. Siehst du! So! Wenn du sie so hältst, so, ja? Dann kannst du immer leicht umgreifen, so zum Beispiel, oder so. Verstehst du? Das Wichtigste ist: Du darfst nicht mit dem Holz hier die Bewegungen machen, von denen du willst, daß sie die Puppe macht, es genügt, wenn du die Richtung angibst. Wenn du das hier zum Beispiel nur gerade nach vorn bewegst, macht ihr Arm, siehst du, schon eine Kurve.

Yuki zeigte mir die Bewegungen langsam und schneller, der junge Mann bewegte sich wie ein Tänzer, der sich vor dem Auftritt auflockert, und mit einigen Standardfiguren warm macht.

Da! Probier's einmal!

In meinen Händen hatte der arme Kerl so kurz vor dem Auftritt plötzlich sein Selbstbewußtsein abgelegt, und er bewegte sich sparsam und scheu, als wäre er unsicher, ob er überhaupt alle seine Glieder noch habe und bewegen könne. Aber er konnte. Er bewegte sich von allein. Selbst unbeabsichtigte Erschütterungen pendelte er harmonisch in einer Art aus, die dem Tanz schon sehr ähnlich war. Ich wurde mutiger und probierte Bewegungskombinationen. Ich hatte bald ein zumindest ungefähres Gefühl für das Funktionieren der Puppe und deren Möglichkeiten.

Yuki lobte mich, und es gelang mir, die Puppe eine Verbeugung machen zu lassen. Ich wollte sie ihr zurückgeben.

Nein, warte! Sie ging zum Bücherregal, wo sie ein kleines Tonbandgerät hatte, legte eine Cassette ein, kam zurück und nahm die zweite große Puppe vom Gestänge.

Sie war in derselben Art gemacht wie die Puppe, die sie mir gegeben hatte. Eine Frau in einem luftigen weißen Kleid mit einer weinroten Schärpe um die Taille und mit weinroten, flachen Ballerina-Schuhen. Das Gesicht unbestimmt das einer jungen Frau, der Mund rot, die Augen schwarz bemalt, halblanges dunkles Haar.

Ein Mann und eine Frau, ohne nähere Merkmale, die ihnen das Leben, das ihnen möglich ist, erst geben soll.

Die Musik war schwül und vibrierend. Wie ein Nachtlokal, voll und lärmend. Ein volles Lokal, in Solis einsam wie der einzelne darin. Drängend und trüb wie die unbestimmte Sehnsucht. Grell wie das Vergnügen, das immer die anderen haben. Bedeutungslos wehmütig wie der Blick auf ein leises Lächeln am Ohr eines anderen. Warm wie der Alkohol. Rhythmisch wie die peristaltischen Bewegungen des Schluckens. Jung und kurzlebig ewig wie eine angebrochene Nacht. Eilfertig und dezent wie die Kellner. Flammend wie das Feuerzeug. Verraucht wie die Hoffnung, die man nicht hat, aber nicht aufgibt, solange sie wie Rauchschwaden über einem schwebt.

Die Frau im weißen Kleid beginnt sich zu bewegen, langsam, zögernd geht sie an dem Mann im weißen Anzug vorbei, kurz den Kopf nach ihm wendend, ein leerer, wie zufälliger Blick, sie geht weiter, abwartende, noch sehr zurückhaltende Bewegungen, aber doch selbstbewußt und harmonisch, sanft sich in der Musik wiegend. Der Mann steht reglos da, das noch versteckbare innere Beben von drängender Neugier und nervöser Anspannung setzt sich in einem leisen Zittern fort, das sich in kleinen, ruhigen, fast unmerklichen Schwingungen seines Körpers zu zeigen beginnt, die schon als Andeutung des Tanzes erscheinen. Die Arme, nicht gehoben, nicht hängengelassen, sich nicht anhaltend, sondern von einer Erhebung abhängend und gehalten, machen kleine rhythmische Zuckungen, die ihm Mut zu machen scheinen, ihnen immer mehr und deutlicher nachzugeben.

Die Erschütterung hat den ganzen Körper erfaßt und sich dabei harmonisch aufgelöst in kleinen tänzerischen Bewegungen, leicht, ohne Anstrengung, als wäre das Denken und Hoffen ein im ganzen Körper gleichzeitiges regelmäßiges Schwingen zwischen Selbstbetrachtung und Umsicht.

Die Frau beginnt zu tanzen, vor dem Mann, doch ohne Geziertheit, das heißt, ohne durch ihre Bewegungen ihm oder sich selbst imponieren zu wollen. Sie tanzt für ihn, als Aufforderung, sich ihr im Tanz anzuschließen, zugleich nur für sich selbst, als anmutig verträumte Freude an der spielerischen Natürlichkeit und Leichtigkeit ihrer Bewegungen. Sie öffnet die Arme, das heißt: komm! Das heißt aber auch: ich entkomme! In der Unbeschwertheit des Tanzes, der nicht an die Erde gefesselt ist und sich leicht vom Boden löst, diesen nicht braucht, um darauf auszuruhen, sondern nur, wie du

Elfen, um ihn zu streifen und den Schwung ihrer Glieder durch die augenblickliche Hemmung neu zu beleben. Nun beginnt auch der Mann zu tanzen, die Frau sieht auf, sieht ihn an, in runden grazilen Bewegungen heißt sie ihn willkommen, der Mann beantwortet ihre Bewegungen, weitet sie aus, variiert, ergänzt sie, wie ein schlauer Spiegel, wie ein freier Schüler. Die Frau nimmt die Figuren des Mannes auf, macht ihn zum Komplizen, die Musik ist nun langsam und wehmütig, anmutig vollzieht das Paar seine Bewegungen, das vorsichtig, ohne zu stocken, rund und feinfühlig über die wehmütige Musik streicht und den Raum zwischen ihnen erkundet, als prüfe es gemeinsam das unsichtbare Samtfutteral einer Empfindung. Die Bewegungen der beiden werden herausfordernder, die Musik wird rascher und fordernder, gedrängter, die schwingenden und gleitenden Schritte und Figuren des Mannes werden drängender, ein sanftes, starkes Wehen, vor dem sich die Bewegungen der Frau als zarte weiße Schleier der Begierde wölben und bauschen, bis sie diese wegzieht, zurückschlägt, sich zeigt, ein weißer Engel, der vibrierend, immer wieder federnd abhebend, diese Welt verlassen zu wollen scheint, sich lachend entzieht im heiteren Ausflüchten der Musik, nein, nicht entzieht, sie lädt den Mann ein mitzukommen, sie fliegen aufeinander zu, drehen voreinander seitlich ab, tanzen Seite an Seite mit vorweisenden Bewegungen, als zeigten sie einander Dinge im fernen, von hier aus nah erscheinenden Feld ihrer gemeinsamen Aussicht, ihr Deuten ist ein frohes Sich-Gebärden, ihre Gebärden sind neugierige Deutungen, die sie nun voreinander herzeigen, gegeneinander durchzusetzen beginnen im Überzeugungsspiel der musikalischen Rede und Widerrede neuer Themen.

Immer ausgelassener entwerfen sie Gebärden, die des anderen übersteigernd, ausgestaltend, als wollten sie die Harmonie ihrer Bewegungen, die sie nicht verlieren zu können scheinen, verscherzen.

Da verlangsamt die Frau ihren Tanz, schält sich aus den großen Gebärden wie aus unzähligen, übermütig übereinanderprobierten Roben und Kostümen, und wiegt sich in den sparsamen Bewegungen sehnsüchtiger, neugieriger Erwartung, den Mann betrachtend, der die ganze Welt durchtanzen, umfassen zu wollen scheint, weil diese Frau sich darin befindet. Die Frau aber scheint sie nun verlassen zu wollen, weil sich der Mann darin verliert, sie breitet ihre Arme aus um wegzufliegen, im selben Moment breitet der Mann die Arme aus, um die Welt zu umarmen, da vibrieren ihre Körper voreinander mit ausgebreiteten Armen, sie sehen einander an, erkennen einander in neuer, plötzlicher Übereinstimmung, sich in den Bewegungen des anderen bewegend, vorsichtig sehnsüchtig, vorsichtig drängend, vorsichtig beleben sie wieder ihre Schritte, Gebärden, Figuren neu, in einem harmonischen Gleichklang ihrer beider Bewegungen, im nun euphorischen, geschlossenen, vollen Strömen der Musik.

Aus dem Spiel ihrer Gebärden, die einander übersteigerten und in immer neuen Varianten verließen, sind sie zurückgekehrt zum scheuen Sich-ineinander-Spiegeln, das nun aber reicher, dadurch freier geworden ist, selbstbewußter, die Scheu ist zu einer zärtlichen und verliebten Behutsamkeit geworden, mit der jeder im anderen seine eigene Anmut sich bewegen läßt.

Ihre Gesichter glänzen vor Glück.

Die Sehnsucht erblickt die Sehnsucht, die Begierde die Begierde, der Friede die Befriedung, das Werben das Erwerben, jedes Versprechen sieht sich verdoppelt, der Glaube beglaubigt, das Vertrauen vertraut.

In der selbstverständlichen Anmut und Leichtigkeit ihrer Bewegungen, im ruhigen, runden Gleiten, Streichen, Schweben und Pendeln ihrer Glieder wird ein maßloser Glücksanspruch spielerisch unbeschwert, erlöst schon in sich selbst, dadurch aber noch entfesselter, noch grenzenloser, auf seine Schönheit pochend, stellt er um so freier alle Forderungen.

Ich sah atemlos auf die beiden Puppen, die Angesicht zu Angesicht voreinander tanzten, in einer Harmonie und Intensität, die ich kaum noch ertrug, in der gleichzeitigen Angst, sie würden einfach aufhören, sich erstarrend auspendeln, aus.

Die Puppen drängten zueinander, ich drängte sie zueinander, ich wollte, daß sie einander berühren, einander in die Arme fallen, ihr stummer Tanz wurde immer schreiender, im beseelten Spiel der leblosen Gliederpuppen keuchte für mich der erschöpfte Wunsch nach einer stellvertretenden Erlösung, ihr Vorspiel einer so intensiven, spielerischen Harmonie ließ mich auch eine Demonstration von Erlösung fordern, ich wollte in ihrem Glühen sie verschmelzen sehen, ich wollte, daß sie einander in die Arme fallen, sie mußten einander erfassen, ineinandersinken, ich sah Yuki an, sie sah mich an, konzentriert und vergnügt, sie wich mit ihrer Puppe der meinen aus, lachte auf, nun waren sie wieder knapp voreinander, plötzlich machte es klack!, das Tonband, zu Ende, Yuki und ich machten in der plötzlichen Stille jeder eine Bewegung nach vorn, die Glieder der Puppen schlugen gegeneinander, hart und tot, verhedderten sich in den Fäden, abrupt und häßlich, zerstört jede harmonische Bewegung, ja überhaupt die Vorstellung einer harmonischen Bewegung, vor Schreck ließ ich die Puppe fallen, die schwer, hölzern, sperrig in eine lächerliche Verrenkung stürzte, halb am Boden liegend, halb in die Fäden und Glieder von Yukis Puppe verschränkt, an dieser zerrend.

Alles zerstört. Aber: was hatte ich mir gewünscht?

Hat mir der Wunsch geholfen und habe ich es geahnt?

Ich war in den Stand der Schuld zurückgefallen.

Wir sahen uns betroffen an, Yuki löste sorgfältig die Puppen voneinander, betrachtete sie, lachte und hängte sie zurück auf ihren Platz. Es war ganz still, und plötzlich ganz laut das klagende Dröhnen des Roosevelt-Platzes. Wie müde Yukis Augen waren! Wir gingen zu Bett. Wir waren verloren. In Gedanken, in Müdigkeit. Wir waren zärtlich, bedürftig und träge, wir waren keine Puppen. Wir lagen uns in den Armen, wie Puppen.

Enttäuscht und glücklich schlief ich ein.

Als ich wieder aufwachte, schon nach Mittag, betrachtete ich mit zufriedenem, geradezu erbautem Befremden das Gesicht der neben mir schlafenden Yuki. Es schien, als ob sie gar nicht schliefe, sondern ihre Augen geschlossen hielt, um sich konzentriert einer Empfindung oder dem Nichts hinzugeben. Als ich sie küßte, zogen die kleinen, zarten Fäden ihrer Lachfältchen ihre Mundwinkel nach oben: Sie lächelte, ohne ihre Augen zu öffnen.

Wir frühstückten in einer Paderia am Praça Roosevelt, Milchkaffee und Butterbrote, ich sagte, daß ich bald wieder einmal in die *Aspirina-Bar* kommen wolle.

Auch wenn es Nichts war, das ich mit Yuki unverbindlich betrogen hatte, war unsere Affäre der Form nach wohl ein Seitensprung, aber ich wollte doch Yuki gegenüber eine gewisse Treue oder Verbindlichkeit andeuten.

Komm doch auf alle Fälle nächste Woche, am Mittwoch! sagte sie, da sei ihr Geburtstag und zugleich ihr letzter Arbeitstag in der *Aspirina*. Sie wolle dann weg von São Paulo, eine Zeit ins *Interior* und vielleicht in den Nordosten reisen, das letzte Jahr sei eine verrückte, anstrengende Phase in ihrem Leben gewesen, São Paulo, die

Nachtarbeit, und so weiter, und sie wolle am Mittwoch das Ende dieser Phase, ihren letzten Tag in der Bar, ihren Geburtstag und die letzte Möglichkeit für einige Zeit einander zu treffen mit all ihren Freunden feiern.

Ich versprach, ganz sicher nächsten Mittwoch zu kommen und vielleicht auch schon einmal vorher. Sie lächelte ihr Lächeln, das mich beschämte, weil ich mein eigenes Lächeln im Vergleich dazu als aufgesetzt empfand, obwohl es gerade das nicht sein sollte. Dann gingen wir jeder seine eigenen Wege.

Ich fuhr mit dem Taxi heim, um meine Aktentasche zu holen und mich noch ein wenig auszuruhen, denn wenig später mußte ich zur Arbeit.

Schließlich war ich ja deshalb nicht zu Hause, weil ich arbeitete. Es ist wahr: ich verdiene auch meinen Lebensunterhalt. Aber glaubt mir: das ist nur ein Zufall.

Das ist vielleicht deshalb bedeutsam, weil man ja weiß, daß ein Zufall auch immer etwas zunichte macht. Zumindest verhindert er gewöhnlich das Weiterbestehen anderer Möglichkeiten. Er ist somit immer die einem abgenommene Entscheidung. Er ist immer das Gegenteil: die Willensstärke außerhalb von einem selbst. Man muß nur bereit sein. Denn die Signale der Bereitschaft blinkt man – aus übertriebener Ernsthaftigkeit oder Unernsthaftigkeit, je nachdem, wie es einem entspricht – in die verschiedensten Bereiche, und dann bleibt einem nichts anderes übrig, als dem, was zufällig daraus entsteht, plakativ seinen Willen aufzukleistern. Was man wollte, was man dachte, was man wußte: in der äußerlich willigen und innerlich leeren Bereitschaft vergißt man dies alles mit der Zeit. Und dann: wie rasch sie stillsteht! Ich war von Wien nach São Paulo gekommen, um hier als Gast-Lektor am Germanistischen Institut der Universität São Paulo zu arbeiten.

In diesem Satz ist das Zufällige und Beliebige schon so deutlich enthalten, daß jedes Wort mehr, das ich ohnehin schon vergessen hatte, bloß wie einer jener unbilligen Sinngebungsversuche wirken würde, der die Fäden, an denen man in selbstverschuldeter Marionettenexistenz hängt, als Angelschnüre ins Transzendente ausweisen möchte.

Ich befand mich an meinem Arbeitsplatz auf der Universität, in meinem Zimmer am Schreibtisch. Links von mir ein großes, metalleingefaßtes Fenster. Man sieht zwei Gebäude, die ganz gleich aussehen wie das, in dem ich saß, zwei sechsstöckige Quader aus Beton und Eisen, denen man sogar die Ästhetik des Funktionellen absprechen mußte: Nicht einmal schmucklos waren sie. Zwischen den beiden Blöcken hindurch sieht man den stinkenden Pinheiros-Fluß, der den Universitätscampus an dieser Seite begrenzt. Dahinter ein Ausschnitt der Marginal, einer Stadtautobahn, ein Auto folgt auf das andere, ruhelos, ein statisches Bild. Dahinter schon die Stadt. Kleine Häuser, die sich einmal den Hügel hinaufgeschoben haben, und Hochhäuser, die sich nun hinter dem Hügel hervor- und diesen hinunterschieben.

Die beiden Gebäude vor meinem Fenster waren von Studenten besetzt und in Studentenwohnhäuser umgewandelt worden. An einigen Fenstern hängt Wäsche zum Trocknen, und auch auf den Flachdächern sind Wäscheleinen zu sehen.

Ursprünglich waren diese Gebäude, genauso wie das, in dem ich mich befand, als Studentenwohngebäude errichtet worden.

Sie haben alle denselben Grundriß. Sechs Stockwerke. In jedem Stock ein langer Gang, an dem an einer Seite eine Wohnungstür auf die andere folgt. Hinter jeder Tür ist ein kleiner Vorraum, der in ein kleines Zimmer übergeht und der noch zwei Türen hat, eine führt in ein etwas größeres Zimmer und die andere zu Kochnische, Dusche und Klo.

Als die Fertigstellung der Institutsgebäude der philosophischen Fakultät sich aus mir unbekannten Gründen verzögert hatte und schließlich ganz zum Stillstand gekommen war, wurden die Institute kurzerhand in den schon fertigen Wohnhäusern des Universitätscampus untergebracht. Die stehengelassenen Rohbauten der Institutsgebäude verblichen und verrotteten wie riesige Skelette.

Einige der Wohnhäuser hatten sich die Studenten mit der Zeit zurückgeholt und wieder ihrem ursprünglichen Zweck zugeführt, in den restlichen wurde der Betrieb der philosophischen Fakultät aufrechterhalten.

Auch mein Arbeitsplatz befand sich in solch einer Wohnung. Die Germanistik bewohnte im fünften Stock des Blocks C sechs kleine, nebeneinanderliegende Apartments. Ich saß im vierten Apartment im größeren Zimmer. Ein holzverkleideter Raum mit einigen Deutschlandplakaten und zwei Schreibtischen. Am anderen Schreibtisch saß an diesem Tag niemand. Im kleineren Raum stand nur ein Schreibtisch. Auch an diesem saß niemand.

In der dritten Wohnung befand sich das Telefon des Instituts, weshalb sich dort zumeist derjenige Assistent aufhielt, der Anwesenheitsdienst hatte. Ein eigenes Sekretariat oder eine Sekretärin für das Institut gab es nicht, nur in einem anderen Gebäude ein allgemeines Verwaltungssekretariat für alle mit Sprachen und Literatur befaßten Lehrstühle. Dafür war die Wohnung gleich am Beginn des langen Gangs zu einer Kaffeeküche adaptiert worden, wo zwei Frauen den ganzen Tag über Kaffee und Mate-Tee kochten zum freien Genuß für die Bediensteten. Sekretärinnen zusätzlich zu diesen Kaffeeköchinnen wären offenbar als Tautologie verstanden worden.

Meine Tätigkeit auf der Universität zerfiel in zwei Teile: in das Erfüllen meiner Aufgaben und in meine Arbeit. Meine Aufgaben bestanden im wesentlichen darin, drei Kurse zu je zwei Stunden pro Woche zu leiten: zwei Grammatikvorlesungen, und für fortgeschrittene Studenten einen sogenannten Übersetzungskurs.

Meine Arbeit aber war das Brüten. So wie jetzt.

Ich hatte eine Grammatik-Zwischenprüfung meiner Studenten zu verbessern, aber die Prüfungsblätter bald wieder weggeschoben. Ich hatte noch reichlich Zeit bis zum Beginn meiner Vorlesung, da ich gerne viel früher kam als notwendig, um Zeit zu haben am Schreibtisch zu sitzen und zu arbeiten, wie ich die unbestimmte Anwesenheit an meinem «Arbeitsplatz» nannte, dieser lächerlichen Variante des Objekts sozialkolportagehafter Begierden.

Ich schaute aus dem Fenster. Schaute auf meinen Schreibtisch, auf die Prüfungsblätter, die Bücher. Die Gedichte von Hofmannsthal, die «Flüchtlingsgespräche» von Brecht, «Die Flucht ohne Ende» von Joseph Roth, «Der eindimensionale Mensch» von Marcuse. Kein Zusammenhang, außer dem vordergründigen, dem geheimen und dem zufälligen. Ein Stoß leerer Blätter, so schuldvoll weiß, wie übertüncht. Ein roter Bic-Kugelschreiber, eine Füllfeder. Meine Hände. Wenn ich aufsah: eine Holzwand.

Wußte ich, worüber ich brütete? Was weiß ich?

Ich wußte noch nicht, daß ich nichts mehr wußte – nicht einmal mehr: Wissen ist Macht, aber manche wissen nicht einmal das! Aber manche wissen nicht einmal das noch nicht.

Plötzlich wurde es dunkel, so als würde am Himmel mit raschem Griff ein Vorhang zugezogen. Ich liebe diese einfachen Bilder manchmal, sie klammern sich in der Sprache einer heroischen Interpretation an das, was man sieht oder empfindet. In ihnen lebt das Weltbild, demzufolge sich die Sonne um die Erde dreht, welche dem Menschen untertan ist, der dem Menschen ein Wolf ist, ein politisches Tier, das seinen Nächsten lieben soll wie sich selbst.

Ich saß im Dunklen.

Ich konnte in meinem Zimmer kein Licht andrehen, man mußte zu einem zentralen Schalter gehen, der sich im Gang befindet. Dann summen die Neonröhren wie ein Bienenstock und verleihen dem Institut einen geschäftigen Ton.

Flackernd und knasternd leuchteten plötzlich die Neonröhren auf, und wenig später öffnete sich die Tür, es war Monika.

Dr. Monika Ahrens, eine Kollegin am Institut und Inhaberin des zweiten Schreibtisches in diesem Zimmer.

«Guten Tag, Roman, wie geht es dir?»

Ihr Deutsch klang selbst in so einfachen Sätzen etwas gespreizt und unnatürlich. Obwohl sie Tochter deutscher Einwanderer und Deutsch daher durchaus auch ihre Muttersprache war, war Deutsch hier doch eine Fremdsprache, die sie auf der Universität als Fremdsprache lehrte. Man konnte glauben, daß Monika in einer Mischung aus Stolz und Didaktik daher immer so sprach, als ob ihre Muttersprache eine Fremdsprache wäre, die sie perfekt zu lernen verstanden habe.

Sie sprach aber auch Portugiesisch so gespreizt. Obwohl sie ja Brasilianerin war, hier in São Paulo geboren und aufgewachsen, und das Portugiesisch daher von klein auf erworben hatte, ist Portugiesisch für eine Tochter deutscher Eltern ebenfalls eine Fremdsprache, weshalb Monika also im Grunde keine Muttersprache hatte, sondern nur zwei Fremdsprachen beherrschte, die sie hölzern als eine mühsam, jedoch schematisch fehlerfrei erworbene Qualifikation vorführte. Aber das sagt nichts Spezifisches über Monika aus, denn diese Art zu sprechen war die Umgangssprache am deutschen Lehrstuhl.

Hallo, Monika, danke gut, sagte ich und fragte, wie es ihr gehe. Danke, gut, sagte sie und fragte, ob alles in Ordnung sei. Alles in Ordnung, sagte ich und fragte, ob auch bei ihr alles in Ordnung sei.

Ja, es sei alles in Ordnung, antwortete sie, mit einem Gesicht, das die Mühsal des Lebens ausdrückte. Das Leben ist eine Last, mit vielen kleinen Problemen und Hindernissen, mit Beschwernissen, Anforderungen und Plagen ist der Kreislauf gepflastert, der immer wieder am monatlichen Lohnzettel vorbeiführt. Alles, was zwischen Aufwachen und Einschlafen passiert, ist eine Plage, doch wie zufrieden macht es, wenn man sie zu meistern versteht, dann ist alles in Ordnung. Man muß die Miete bezahlen und ein Auto erhalten, man muß Lebensmittel kaufen und Kleidung. Die Spesen sind hoch und die Arbeit ist schwierig. Die Studenten sind undankbar, faul, ohne Voraussetzungen, die Materialien sind unzureichend. Man kann nichts fordern, nichts erwarten. Strom und Telefon sind schon wieder teurer geworden und auch die Gebühren für die Kurzparkzonen. Von den Lebensmitteln ganz zu schweigen. Das gräbt sich als Falten ins Gesicht. Doch mit diesen läßt es sich lächeln, denn man hat die Genugtuung, alles zu meistern. Welche Genugtuung hätte man sonst, ohne all die Sorgen? Monika wußte ihr Geld einzuteilen, um die Fixkosten stets pünktlich zu begleichen. Sie wußte, wo man am günstigsten Kleidung findet, die nett aussieht, ordentlich und praktisch ist. Sie wußte, wo man noch für wenig Geld eine anständige Portion essen kann. Und sie wußte ihre Zeit einzuteilen, um alle Wege zu erledigen und alle Distanzen überbrücken zu können. Selbst die Ausdehnung der Stadt mit ihren Stadtautobahnen schien ihr eine Verschwörung gegen sie zu sein, um sie zu prüfen: Wird sie das schaffen?

Was das Benzin kostet!

Sie wußte ihre Arbeit so einzuteilen, daß sie ihr nicht über den Kopf wuchs; wie leicht kann sie einen den Kopf kosten! Sie wußte mit ihren sozialen Beziehungen hauszuhalten, ein schwierig zu meisterndes Unterfangen: Sie stärkte den Rücken derer, hinter deren Rücken sie sich verstecken konnte.

Dies alles war in ihrem Gesicht zu sehen und im Ton ihrer Stimme zu hören, als sie seufzte: Ja, alles in Ordnung!

«Und bei dir ist wirklich alles in Ordnung?» fragte sie nach.

Ja, klar doch! Ich hätte hellhörig werden sollen. Monika weiß, sie riecht, wenn ein Problem naht, aber sie sagt es nicht weiter, wenn es nicht ihres ist. Aber es könnte ihres werden, wenn der Betreffende es nicht meistert, es könnte Konsequenzen haben, die bis in ihr Leben hineinwachsen. Darum möchte sie wissen, ob der Betreffende schon etwas weiß, und wie er es lösen wird. Wird er es meistern? Etwas auszuplaudern könnte ein Problem für sie werden, aber ein Problem, das keiner meistert, ebenfalls.

Monika verzog ihren Mund, der auf ihre Lippen aufgetragene

Rotstift bekam die Form einer professoralen Korrektur: Hier fehlt etwas! Etwa ein ehrlicher, sinnlicher Mund!

Aber alles Wahre, alles, was wirklich war, wird eben ausradiert, wegkorrigiert und muß neu eingefügt werden, wenn reale menschliche Widersprüche sich zu einer abstrakten Synthese verbinden. Zum Beispiel, wenn Mütterlichkeit und Jungfernhaftigkeit sich zum Beruf Lehrerin verbünden.

Sie setzte sich an ihren Schreibtisch, öffnete eine Lade und flüsterte, während sie, etwas suchend, sich tief in die Lade bückte:

«Jakob ist da. Hast du ihn schon gesehen?»

Nein, sagte ich, ich hätte die ganze Zeit hier im Zimmer gesessen und er habe nicht hereingeschaut.

«Er – Jakob wollte mit dir sprechen. Weißt du, worum es geht?»

Nein, sagte ich. Wenn er mit mir sprechen will, warum kommt er dann nicht in mein Zimmer?

Monikas Such- und Kramtätigkeit in der Schublade verstärkte sich.

«Hast du vielleicht den Hefter irgendwo gesehen?»

«Nein. Worum geht es denn?»

«Ich muß die Übungsblätter für die Stunde zusammenheften.»

«Ich meine, warum Jakob mit mir sprechen will?»

Sie erschrak.

«Ach so. Nein, das weiß ich nicht.»

Jakob! Ein Vorname, das klingt so salopp.

Daß ganz einfach «Jakob» gesagt wird, wenn von oder mit dem Ordinarius des deutschen Lehrstuhls gesprochen wird, heißt aber nicht, daß hier ein freundschaftlich-kollegiales Verhältnis zwischen Chef und ‹Mitarbeitern› herrscht, weit gefehlt, es herrscht nicht ein Verhältnis, sondern ausschließlich der Chef. Und daß er es unter seinem Vornamen tut, geschieht unter dem Vorwand, daß dies eben den alltäglichen brasilianischen Umgangsformen entspreche, während es tatsächlich darauf verweist, daß Herrscher immer unter ihren Vornamen herrschen: Jakob I., Kaiser des deutschen Lehrstuhls, Dekan der Fakultät, Direktor von... Leiter von... Vorsitzender von... etc., etc.

Monika hatte den Hefter gefunden, er mußte sich die ganze Zeit vor ihren Augen in der Schublade befunden haben.

Sie begann ihren Stoß Kopien der Übungsblätter zu sortieren und zu heften. Sie seufzte.

«Wenn wir besseres Arbeitsmaterial hätten, müßten wir nicht alles selbst machen. Aber es ist eben so. Man tut ja, was man kann. Man muß ja den Studenten etwas in die Hand geben. Wonach sollen sie sonst lernen? Allein diese Übungsblätter sind so viel Arbeit. Paulo und ich haben die ganzen letzten Ferien zusammengearbeitet, um Beispielsätze und Übungssätze zu allen Arten von Nebensätzen im Deutschen zusammenzustellen. Aber es muß sein. Was will man machen», es klang wie ein Singsang, der sich verselbständigt hat, rhythmisch untermalt vom Klacken des Hefters.

«Du machst keine Übungsblätter, nicht wahr, Roman?»

Nein, sagte ich. Ich sah den Sinn nicht ein. Ich ging in den Grammatikübungen nach dem üblichen Grammatikbuch vor, das sich jeder leicht besorgen kann, mehrere Ausgaben standen in der Bibliothek, und die wichtigsten Regeln schrieb ich zudem an die Tafel.

«Na ja, du hast ja recht. Wir sollten vielleicht wirklich eine andere Methode versuchen, aber was will man machen, jetzt ist es nun einmal so.»

Sie zündete sich eine Zigarette an, deren Weihrauch sie umschwebte.

«Übrigens, Jakob schien sehr verärgert», fuhr sie leiser fort, sanft wie eine sorgenvolle Mutter, zugleich ängstlich wie eine Jungfrau an einem zwielichtigen Ort. «Falls du heute noch mit ihm sprechen solltest, darfst du ihm auf keinen Fall widersprechen. Man muß ihm dann immer rechtgeben. Du weißt ja. Es ist besser für das Klima hier und deine persönliche Ruhe. Er läßt uns ja machen, was wir wollen, man muß ihm nur immer recht geben. Du weißt ja, was mit Gisela passiert ist, als sie mit ihm zu streiten begonnen hat. Das ist dir sicher erzählt worden –» Monika selbst hatte es mir erzählt – «er ist ja sehr mächtig. Aber wenn man ihn richtig behandelt, dann tut er alles für einen, er kann ja so viel tun, er bemüht sich wirklich für uns, man muß ihn nur richtig behandeln...» und so weiter.

Ich weiß gar nicht, wie oft ich schon, seitdem ich hier an der Universität zu arbeiten begonnen habe, von Kollegen Vorträge anhören mußte, wie man Jakob «richtig behandelt». Es waren aber keine solidarischen Ratschläge, die mir mein Leben hier erleichtern helfen sollten, sondern Zuckungen der dumpfen Angst, ich könnte als Ausländer, als Neuer, der von den Verhältnissen hier keine Ahnung hat und mit ihnen womöglich nicht umgehen kann, den Donnergott grollen machen und das Leben aller erschweren.

Aber ich war so müde und konnte kaum mehr zuhören. Was sollte ich falsch machen? Ich würde meine Arbeit machen und zum Chef höflich sein, diesem Phantom, das in den Erzählungen und Vibrationen der Untertanen viel realer war als in seiner leibhaftigen Erscheinung, die sich in die Nebelgesten herablassender Erhebungsakte von Freundlichkeit einhüllte.

Ich konnte mir zu dem, was Monika sagte, nichts vorstellen.

Ich fragte sie, was sie nach ihrer Vorlesung machen werde.

Sie sagte, sie fahre dann gleich nach Hause, sie habe noch so viele Arbeiten zu korrigieren, aber was will man machen. Dann gehen wir das nächste Mal nachher etwas trinken! schlug ich vor, schon wieder gänzlich in mich versunken. Ich baute in meine Zuneigung zu mütterlichen Frauen gleich immer die Flucht mit ein. Ich war schon gar nicht mehr da, und Monika ging.

Dann verbesserte ich die Grammatikprüfungen, eine angenehm mechanische Arbeit, bei der sich Augen und Hand verselbständigten, während sonst nichts in mir war, während ich in mir in ein Ansehen des Nichts schweifte, in ein Ansehen des Nichts, ein Ansehen des Nichts. Nichts, warum brachte ich mich nicht um? Ich fragte mich nicht einmal, wie? Ich stockte nicht einmal in der Verbesserungsarbeit, ich war bloß in meiner Finsternis an die Waagschale des Todeswunsches gestoßen, hatte sie angetippt, sie hatte sich gesenkt und wieder gehoben, sie war leer, so leer wie die Schale der Lebensgier, und das Schweben ist daher der Zustand, der ist.

Ich fühlte mich so leer und beschwerbar, daß ich jetzt gerne ein Student gewesen wäre, der in den Hörsaal geht, um einer philosophischen Kapazität zu lauschen. Aber ich war jetzt selbst ein Lehrer und hatte über Grammatik zu sprechen.

Die Hörsäle waren kleine Pavillons zwischen den Wohn- bzw. Institutsblöcken. Die Studenten konnten wenig Deutsch, ich konnte wenig Portugiesisch. So begann ich, wie schon zuvor, meine Muttersprache vorzuspielen. Ich entwickelte mimische und didaktische Qualitäten, die ich gar nicht hatte, die einen Schein verstrahlten, der mich dann, wenn ich den Hörsaal verließ, anödete wie ein Häufchen traurige Glut, das zuvor ein Busch war, der den Eindruck erwecken mochte, brennend eine Erscheinung zu beherbergen, ohne wirklich niederzubrennen. Dann aber waren nur da: die Temporalsätze und Asche. Ich bewegte mich immer schneller im Hörsaal, so als könnte ich hoffen, eine Fliehkraft zu entwickeln, die uns alle wegreißt. Zumindest mich.

Dann stand ich, unbemerkt schnaufend, vor den Studenten, blickte in zwanzig Paar Augen und lächelte. Zehn Paar Augen lächelten zurück, und zehn Paar Augen waren angestrengt in Bücher und Hefte niedergeschlagen, in der Hoffnung, nicht eine Frage auf sich zu ziehen.

Dann stieg ich ins Auto und fuhr davon, hindurch durch das Spalier der Prostituierten, die am Eingang des Universitätsgeländes aufgereiht stehen.

Ich glitt langsam an ihnen vorbei und beachtete sie.

Indem ich an ihnen vorbeifuhr, traten sie für mich auf und ab, wie in einem Theaterstück, um ununterbrochen dasselbe Stichwort zu bringen: zumindest Momente der Sehnsucht hängen auch in deinem Geäst wie zum Platzen reife Früchte! Wie zum Platzen reife Früchte! Zumindest Momente der Sehnsucht! Auch in deinem Geäst! Wie zum Platzen reife Früchte!

Und ich hatte darauf zu sagen: Doch herbe Früchte wurden aus den süßen. Kein Beben, wenn sie zu Boden fallen, kein Klagen gibt es, wenn sie verderben. Denn sie wollten nur gepflückt sein, um auf den Markt getragen zu werden!

Die Wüste des Nichts, das ein vergessenes Denken ist, ist voll von Luftspiegelungen des Vergessenen. Darin unterscheidet es sich vom Nichts. Diese Spiegelungen haben keinen Zusammenhang. Darin unterscheiden sie sich vom Vergessenen.

Ich atmete ganz flach und gepreßt.

Wieder zu Hause, duschte ich mich und machte mir ein Abendessen. Da ich keine Lust hatte, so wie meistens beim Essen zu lesen, dachte ich einfach vor mich hin, etwa, daß ich jetzt dasitze und esse, ich sehe vor mir den Teller auf der fleckig braunen Fläche des Holztisches, das operierende Besteck in meinen Händen, ich hatte mir keine besonderen Überlegungen aufgegeben, dachte vielleicht, daß ich jetzt an dieser Seite des Fleisches dieses Eck herunterschneiden werde, während meine Hände es schon hastig ausführten, ich aß, wie ich merkte, viel zu schnell, schob schon die Gabel mit dem Reis in den Mund, während ich das Fleisch noch kaute, und die Gabel mit dem nächsten Bissen Fleisch wartete schon ungeduldig vor dem Mund, als ich endlich schluckte.

Ich aß mechanisch und selbstverständlich, mit Ungeduld gegenüber dem Aufwand, dessen Sinn man beim Alleine-zu Hause-Kochen und -Essen dann oft anzweifelt. Essen, dort wo keine Hungersnot herrscht, ist eigentlich nur noch ein Vorwand, um Menschen mit getrennten Wegen an einem Tisch zusammenzuführen, ein Reservat der Kommunikation. Es bewirkt, wenn man es allein macht, das Gefühl eines traurigen Nur-entfernt-dabei-Seins, so wie allein Weihnachten feiern, nur eben durch viele Tage verdünnt und weniger pathetisch. Die Trauer des Allein-Essens, sie verwandelt sich in Hast, man kann es rascher hinter sich bringen, sie macht Platz, ich merkte, daß ich auf eine unklare Weise glücklich war, ein leichtes, erhebendes Gefühl in mir hatte, das damit, daß ich allein war, irgendwie zu tun hatte, zumindest mit der Möglichkeit, daß man, wenn man immer nur von Ferne dabei ist, sich manchmal überraschend nahe bei etwas Außerordentlichem findet.

Denn dieses Gefühl lenkte meine Gedanken zu der letzten Nacht, ich dachte nichts Bestimmtes, gerade das, was «letzte Nacht» eben sagt, ein Kürzel und man weiß schon. Ein kurzer Luftstoß aus der Nase, ein lächelnd zufriedenes Kopfschütteln, ich ließ es mir schmecken, nach tranceartiger Pflichterfüllung auf der Uni, Schlafen und Duschen, nun beim Essen gestärkt und ausgeruht Einkehr zu halten bei den letzten Erlebnissen. Das letzte Erlebnis, der letzte starke Eindruck lag am nächsten, mein erster bestimmter Gedanke war der an Yuki und wie wir die Marionetten tanzen ließen, wie sie sich für mich verselbständigten.

Wenn ich nun jemandem davon hätte erzählen können, hätte ich zunächst einmal «Es war unglaublich!» gesagt, aber so, allein daran zurückdenkend, dachte ich es wohl ohne Worte, aber mit demselben exklusiven Glücksgefühl, das in diesen Worten liegen kann und darauf verweist, daß man zufällig eine Ritze in der Mauer der Normalität gefunden hat und durchspähen kann. Die Ungeduld, mit der ich aß, erschien mir nun geradezu freudig aufgeregt, wie die eines Kindes, das vor dem Essen ein Geschenk bekommen hat und schon daran denkt, wie es nach dem Essen damit spielen wird. Es ist wahrlich ein Geschenk. Ich spielte verliebt mit dem Gedanken, als mir plötzlich Beatriz einfiel. Die letzte Nacht! Drei Worte für einen langen Ablauf von Ereignissen und schon liegt alles ganz eng beisammen. Mein sanft erhebendes Selbstgefühl sackte ab, verflaute, der Gedanke an Beatriz brach auf wie eine Narbe, die mich daran erinnerte, wie häßlich vernarbt ich insgesamt bin.

Ich begann flau das Gefühl nachzuvollziehen, das ich vor ihr gehabt hatte und erinnerte mich zugleich, angewidert von mir selbst, an meinen schwülen und zugleich selbstbezichtigenden Hang, sie zu idealisieren. Wie blöd ich vor ihr stand! Wie ein Kind hatte ich mich gefühlt, dumm, hilflos, angststarr!

Diese Göttin. Warum eigentlich? Ich versuchte mich deutlicher zu erinnern, um sie mir noch einmal anzuschauen – doch seltsam! Ich merkte, daß ich keine konkrete Vorstellung mehr von ihr hatte, ich hätte die Farbe ihres Haares oder ihrer Augen nicht angeben, die Züge oder den Ausdruck ihres Gesichts nicht beschreiben können, ja, ich zweifelte sogar, ob ich sie wiedererkennen würde, wenn ich ihr zufällig auf der Straße begegnen sollte.

Ich spürte nur deutlich ein Nachwehen des Gefühls, das ich gehabt hatte, als ich sie gesehen, mit ihr gesprochen hatte, aber jetzt, wo ich sie nicht sah und ihr Bild sich in meiner Erinnerung nicht wirklich wiederherstellen wollte, konnte ich mir dieses Gefühl nicht mehr damit erklären, daß sie eben einen so starken Eindruck auf mich gemacht hatte. Aber was sonst? Es war doch so! Ich schloß die Augen, ich hatte doch gesehen, daß sie . . . sie war doch . . . hatte doch . . . – was?

Im trüben Licht meiner Erinnerung kein Bild, sondern nur einige wenige Worte, mit denen ich sie hilflos zu bezeichnen versucht hatte: Mir fiel ein, daß ich mir staunend und bewundernd gedacht hatte, daß sie bedeutend jünger wirke, als sie ist, zugleich aber so erfahren und prägnant, wie man es in ihrem Alter auf faszinierende Weise nur geworden sein kann. Und auch, daß ich ihr Aussehen irgendwie als «europäisch» empfunden und das dann Norbert gesagt hatte. Schon damals war mir unklar gewesen, was ich damit hatte bezeichnen wollen, und nun verwiesen diese Worte erst recht nicht auf etwas Besonderes, das ein Bild von ihr in meiner Erinnerung ermöglicht hätte. Es war mir rätselhaft: Ich habe mit einer Frau gesprochen, sie starr angestarrt, verschüchtert von ihrer Ausstrahlung, die ich als etwas Einzigartiges, Unverwechselbares empfunden hatte, und dann blieben von ihr Worte wie «europäisches Aussehen», also alles mögliche und nichts. Wirklich wiederherstellen ließ sich von ihr nur, was in Wirklichkeit aus mir kam: meine Beklemmung, die beim Erinnern wieder fühlbar wurde, meine Worte, die mir wieder einfielen.

Wer weiß, was ich gesehen hatte! Ich ärgerte mich jetzt nachträglich über meine Hilflosigkeit, für die scheinbar nicht einmal ein Anlaß bestanden hatte, sonst würde er mir doch jetzt deutlich vor Augen stehen. So wie der Tanz der Marionetten, wenn ich daran dachte, ein unauslöschlicher Eindruck!

Ich sehe sie vor mir, wie sie – tanzen. Aber tanzen war nur das Wort, von dem ich wußte, daß es das bezeichnet, was ich gesehen hatte. Aber jetzt sah ich gar nichts!

Eine unscharfe, allgemeine Vorstellung von diesen Marionetten bewegte sich dunkel in sich selbst und in sich zerrissen, bestenfalls ein undeutliches Huschen von Gliedern, Kondensstreifen ihrer Bewegungen, aber keine konkrete Erinnerung an eine bestimmte Bewegungsfolge der Gliederpuppen im gesamten. Ich preßte die Stirn angestrengt in Falten, das verstand ich nicht. Es war doch so, daß... – Wie war es? – Das kann doch nicht sein! dachte ich, ohne sonderliche Erregung. Vielleicht dachte ich nicht konzentriert genug nach, schließlich aß ich ja gleichzeitig! Ich trug den Teller in die Küche, spülte ihn rasch unter fließendem kalten Wasser ab, eine erfrischend pragmatische Handlung. Ich kam ins Zimmer zurück mit angenehm kühlen Händen und stellte mich ans Fenster. Ich sah nicht viel, es war schon dunkel. Die Straßenbeleuchtung. Gerade so viel Licht, um zu sehen: es ist dunkel. Ich dachte nichts Bestimmtes, meine Gedanken waren nur ein inneres Kopfschütteln. Ich legte mich aufs Bett, zündete eine Zigarette an, der Rauch wollte als eine zarte, durchsichtige Stukkatur hinauf zur weißen Zimmerdecke, ohne sie je zu erreichen, immer wieder versprach er bizarre Muster und löste sich auf halbem Weg auf. Die Decke blieb weiß und rein, ich sah nichts als diese weiße Fläche, auf die ich nun meine Wiedervorstellung des gestern Erlebten scharf und deutlich projizieren wollte.

Ich war nicht mehr sonderlich interessiert daran, und war doch daran interessiert es mir zu beweisen, ein Muskelspiel der Erinnerungsfähigkeit, belanglos, was sie in die Höhe stemmt, ich wollte nur wissen, ob sie es schafft.

Ich lag da mit der süffisanten Selbstgewißheit eines Mannes, der eine kinderleichte Aufgabe mit den gespielten Gesten einer großen Anstrengung beginnt, kokett ungläubig, daß sie sich zuvor so seltsam widerspenstig gezeigt hatte. Aber es war ja doch zu leicht: sich zu erinnern an die vergangene Nacht. Wenn Erlebnisse, die etwas weiter zurückliegen, in meiner Erinnerung verblassen oder mir ganz verlorengehen, das beunruhigte mich nicht. Ich wußte: ich vergesse sehr leicht. Das nehme ich nicht tragisch, denn ich vertraue darauf, daß das Wichtige bleibt. Was habe ich vor drei Tagen gemacht? Ich wußte es nicht mehr, aber das bedeutete mir nichts. Es wird unwichtig gewesen sein. Aber gestern nacht! Das war mir viel zu schockierend knapp am Jetzt, und vor allem, ich wußte ja noch alles, ich konnte es sagen, und ich hatte geglaubt, starke Sinneseindrücke erlebt zu haben – also wollte ich von den Ereignissen nicht nur dies wissen, sondern sie in meiner Erinnerung auch wieder plastisch sehen können, zumindest noch heute:

Also, was war zuerst? Ich fuhr mit Norbert ins *Sandwich*.

Nein, zuerst spielten wir Tennis. Aber das Tennisspielen gestern abend verschwand mir ohne Unterschiede in der allgemeinen Erinnerung der vielen Tennispartien, die wir schon miteinander gespielt haben. Es ist immer gleich, daher ohne Besonderheit. Bedeutungslos. Dann ins *Sandwich*. Beatriz. Dieses kindliche Unterlegenheitsgefühl. Da war es wieder! Ein flaues, beschämendes Nachwehen dieses Gefühls. Ich fühlte mich verkrampft und lächerlich, als wäre Beatriz plötzlich in mein Zimmer eingetreten und sähe mich so lächerlich hier liegen. – Ich warf sogar einen raschen Blick zur Tür und in den Raum. Aber sie war nicht nur nicht hier, nicht einmal die Situation, in der ich sie kennenlernte, sah ich deutlich in mir aufsteigen, ich legte mir die Hand auf die Augen, sagte mir still vor, was ich sehen wollte: Beatriz, wie sie vor mir stand, Norbert, die bunte und laute Menschentraube um uns, auf der Straße, die ein Lokal ist, in dem man auf den Kühlerhauben der Autos sitzt, zugleich die sich durchdrängelnden Passanten, aber ich konnte das jetzt alles nur mit großer Mühe wiedersehen, nein, es wurde kein Bild, ein paar Teilchen aus einem Puzzle, die kurz und zusammenhanglos vor meinem inneren Auge auftauchten und wegtauchten, gerade nur so scheinkonkret, wie man sich eben «Passanten» oder «Kühlerhauben» im allgemeinen vorstellen kann, wenn man sich unter diesen Worten etwas konkret vorzustellen versucht. Und Beatriz, ich sah sie nur schemenhaft, ohne Besonderheit, nein, doch? Da tanzte groß ihr Lächeln vor mir, der Spalt zwischen den Schneidezähnen, aber nur dies, das Lächeln, so abgetrennt und groß, wirkt absurd und wird zu keinem Eindruck von Beatriz überhaupt, zudem ist es verschwommen, bewegt sich gespenstisch, der Spalt wird breiter, schwarz, bedrohlich, zieht sich wieder zusammen, geht wieder auseinander, in pulsierenden Kontraktionsbewegungen, das Bild ist unklar und trüb, schwankend. Ich will Beatriz sehen, wie ich sie gesehen habe, aber es fügt sich kein ruhiges Ganzes zusammen, Splitter der Situation, die hin- und herrasen, als würde man mit einer Filmkamera wilde Schwenks machen, ruhig und statisch und deutlich bleibt nur ein Gefühl von mir selbst, von einem verkrampften Dastehen, steif, mit sperrigem Mund irgend etwas sagend, ja, ich komme aus Wien. Beatriz nahm keine Gestalt an, in keiner Weise, weder auf der weißen Fläche über mir, noch hinter meinen Augen, ihr europäisches Aussehen, die schöne Brasilianerin, das Fest in der *Aspirina-Bar,* die Transvestiten, Frauen und Männer, Yuki, die Marionetten, eine Frau und ein Mann, ihr anmutig erregender Tanz, das ist gleitend aufeinandergefolgt, als würde ein immer kürzer werdender Schatten eines nach dem anderen ins Licht setzen und so zu etwas hinführen, in dem er dann wieder verschwindet, und das dann am hellsten und strahlendsten erscheint, trügerisch, denn plötzlich tritt er aus dessen Kehrseite wieder hervor, gleitet über alles Folgende, das Zusammenschlagen der Marionetten, mit Yuki ins Bett, alles gleitet ins Dunkel. Meine Erinnerung imitiert nur die Bewegung dieses Schattens, während das Erlebte oder Gesehene bloß aus ihm heraustrat oder dunkel in ihm verschwand. Es entglitt völlig in der Abfolge, die ich hererzählen konnte, die aber nichts mit den einzelnen Dingen zu tun hat, weil sie als solche nur durch mich existiert. Sie ist Ich, Ich, Ich, in einem Ablauf von Zeit. Aber alles einzelne, das konkret den einzelnen Moment bestimmt hatte, blieb mir nun in der Vorstellung so allgemein, wie das Wort, mit dem ich es bezeichnen konnte. Zum Beispiel: Transvestiten. Aber ich sah sie nicht mehr deutlich vor mir, diese! Die ich gesehen habe! Ich konnte nur sagen, daß ich sie gesehen habe. Das war wohl einer jener Momente, in denen der Glaube, etwas Wichtiges gedacht oder erkannt zu haben, den Wunsch weckt, eine Notiz zu machen. Also setzte ich mich, müde oder träge vom Gefühl des Bedeutungsschweren, an den Schreibtisch und schrieb in mein Notizheft: Alles Konkrete, Besondere, das ich sehe, ist nur ein Vorwand für ein allgemeines Wissen von mir selbst.

Ich wollte noch etwas anfügen, aber die Wörter schwammen reglos und verkehrt auf den stillstehenden Gedanken in meinem Kopf, wie tote Fische in einem Aquarium, also stand ich wieder vom Schreibtisch auf und zog mir die Schuhe an.

Jeder weitere Satz würde ohnehin nur zum Surrogat einer Tagebucheintragung verkommen und daran war ich nicht interessiert, tröstete ich mich.

Ich fuhr in die *Bar jeder Hoffnung,* wo ich Singer an der Theke lehnend antraf. Ich stellte mich zu ihm, der mir zunickte, entweder zum Gruß, oder weil mein Erscheinen eine weitere Bestätigung dafür war, wozu er schon vorher so bestätigend genickt hatte.

Oswald, der hinter der Theke Caipirinhas produzierte, bedachte mich mit einem kurzen «Servas», das eher wie ein Ausruf des Erstaunens, als wie ein Gruß klang. Vielleicht, weil ich verwirrt, womöglich irr aussah, so irritiert wie ich war.

Ich sah mich kurz um. Was ich hier sah: Natürlich nichts Besonderes, alles wie fast immer, zwischen der gleichbleibenden Einrichtung einige Gäste, die ja in einem öffentlichen Lokal auch als immergleiches Faktum gelten können.

An einem Tisch saßen zwei Männer um die Vierzig, apathisch, reglos. Der eine hatte die Ellenbogen auf den Tisch gestützt und hielt seinen Kopf, die beiden Handflächen seitlich ans Gesicht gepreßt wie Scheuklappen. Der andere saß schief zurückgelehnt, einen Arm auf der Stuhllehne, den anderen Arm seitlich hängengelassen, mit dem müden Blick leeren Wartens.

Sie spielten Schach.

Am Nebentisch saß ein etwas älterer Mann, mit einem weißen Hemd, das ihm auf der mir zugewandten Seite aus der Hose gerutscht war, zerknittert, der Krawattenknoten heruntergezogen und die Krawatte über die Schulter geworfen, die Hose fleckig und feucht. Wieder einer, der so geflüchtet aussah, er saß starr da, verspannt hielt er sich rechts und links an der Sitzfläche seines Sessels fest, als wollte man ihn hochzerren und wegbringen, mit zurückgeworfenem Kopf und einem Gesichtsausdruck krampfhaft hergestellten Gleichmuts starrte er in die Luft, als erwarte er vom Himmel eine Begründung für seinen Leidensweg. Neben ihm, durch ihn verdeckt, eine Frau, die mit einer Handvoll Papierservietten auf dem Tisch herumtupfte und -wischte und ein umgefallenes Bierglas wieder aufstellte. Oswald brachte die beiden Caipirinhas an den Tisch, der der Theke am nächsten war. Dort saß ein Paar, ein junges Mädchen und ein im Vergleich zu ihr alter Mann, neben dessen elaboriertem, zerknittertem Gesicht das Gesicht des Mädchens wie ein Luftballon wirkte.

«Ziemlich leer, heute!» sagte ich. «Nicht einmal Judith ist hier!»

Der Professor nickte, er sagte, daß er mit ihr telefoniert habe und sie habe gesagt, daß sie krank sei. Der Professor schüttelte bedauernd den Kopf, während Oswald mir ein Bier auf die Theke stellte. Judiths Bemerkung letztes Mal, daß manche reden, als hinge ihr Leben davon ab, daß es erzählt werden könne, habe ihm ausgesprochen gut gefallen, sagte der Professor, er habe es in seinen «Handkoffer wichtiger Zitate» aufgenommen.

«Das Leben des einzelnen hängt wirklich davon ab, daß er es erzählen kann», sagte ich, während mich Oswald mit schrägem Kopf und unter den Lidern feststeckenden Pupillen ansah, als wäre er aus meinem Mund auf das Schlimmste gefaßt. Und so fügte ich, zwar nicht für mich, aber doch für Singer und Oswald recht unvermittelt an:

«Es ist doch so, daß alles Konkrete und Besondere, das man sieht oder erlebt, nur ein Vorwand ist für ein allgemeines Wissen von sich selbst – oder es ist so, wie nie gewesen!»

Es war ziemlich still in der Bar, von dem alten Mann abgesehen, der sich nach Kräften bemühte, seine junge Begleiterin betrunken zu machen und noch zwei Caipirinhas bestellte.

Der Professor schob sich die Brille ins Haar und nickte nachdenklich, und ich sah Oswald zu, der an die Arbeit ging. Er zerschnitt Zitronen, warf sie in zwei Gläser, schaufelte sie mit Zucker zu, zerquetschte sie verächtlich mit einem Klöppel, mit dem er dann geradezu wütend in der flachen Hand Eiswürfel zerschlug. Unter dem zerschlagenen Eis begrub er den Brei aus Zitronen und Zucker, füllte die Gläser mit Pinga, dem Zuckerrohrschnaps, und steckte je ein Holzstäbchen in die Gläser, um kurz und heftig umzurühren.

«Sie haben recht, mein junger Freund!» sagte Singer zu mir. «Sie haben ein Charakteristikum des gegenwärtigen Entwicklungsstandes des allgemeinen Bewußtseins erkannt! Sind Sie mit Hegel vertraut?»

Ich sagte, daß ich als Student etwas Hegel gelesen hätte, vor allem einige Zeit die *‹Phänomenologie des Geistes›*, die ich auch hierher nach Brasilien mitgebracht habe.

«Vorzüglich», sagte Singer, «genau an die *‹Phänomenologie›* habe ich nämlich gedacht. Sie werden, wenn Sie sich das Kapitel über die Sinnliche Gewißheit wieder hernehmen, das Problem ausgezeichnet beschrieben finden, beziehungsweise es wiederfinden!»

Ich entgegnete, daß die «Sinnliche Gewißheit», soweit ich mich erinnerte, doch das erste Kapitel der *‹Phänomenologie des Geistes›* sei, also den Ausgangspunkt oder, mit anderen Worten, die primitivste Stufe des menschlichen Bewußtseins beschreibe, und ich verstünde daher nicht, was dieses Kapitel mit dem gegenwärtigen Stand des allgemeinen Bewußtseins zu tun haben könne.

Professor Singer lächelte:

«Man muß eben Hegel wieder von seinen Krücken auf den Kopf stellen! Doch wenn Sie Lust haben, mein Freund, sich wieder in Hegel einzulesen, würde es mir großes Vergnügen bereiten, diese Frage mit Ihnen zu diskutieren!»

Das junge Mädchen stand leicht schwankend auf, um auf die Toilette zu gehen, blieb aber kurz vor der Vitrine stehen und starrte neugierig auf das aufgemalte Spiegelbild, um sich dann enttäuscht abzuwenden, weil sie sich darin nicht finden konnte.

Ich wollte gerade Professor Singer antworten, als die Tür aufging und ein neuer Gast eintrat, ein junger Mann von etwa achtundzwanzig oder dreißig Jahren, der kurz unsicher stehenblieb, sich umschaute, dann zu uns zur Theke stelzte und *«Senhor Oswaldo está?»* fragte.

«Is da!» sagte Oswald, und ohne diese feine Transformation ins Wienerische zu merken, erklärte der Herr weiter auf portugiesisch, daß er erfahren habe, daß diese Bar hier einem Österreicher gehöre, eben «Senhor Oswaldo», und da er selbst Österreicher und erst seit kurzem im Lande sei, habe er sich gedacht, er würde ihn gerne kennenlernen. Sein Portugiesisch verriet, daß er sich bemühte, sehr rasch und möglichst korrekt diese Sprache zu lernen, aber es schien, als versuchte er sich auf die Aussprache durch Fernseh- oder Radio-Berieselung einzuhören, denn er sprach akzentfrei in dem Sinn, daß jedweder Akzent oder eigene Färbung des Tonfalls bei ihm in einem Vibrieren und dumpfen Hallen der Sprache verschwand, wie bei einer schlechten Tonröhre.

Oswald sagte auf deutsch, daß er Oswald sei und der Mann sagte «Ah, ja!»

Ich sagte «Hallo!» und Professor Singer nickte ihm zu, worauf der Mann *«Boa noite»* zu uns sagte, was er, da ihm sofort klar wurde, daß er deutsch sprechen könne, absurderweise in «Gute Nacht!» verbesserte. Oswald betrachtete ihn kurz mit seinem geneigten Kopf, stellte dann vier Gläser auf ein Tablett, nahm eine

Flasche Wein aus dem Kühlschrank, sagte «Kummts, Burschn!» und trug das Tablett zum freien Tisch, wo er sich niedersetzte. Wir setzten uns zu ihm. Oswald schenkte den Wein ein, wir hoben die Gläser, tranken, und der Neue sagte:

«Ja! Ich muß mich noch vorstellen. Ich heiße Bernhard Schatzmann und bin, wie gesagt, Österreicher. Mein Vater hatte in Kärnten eine Schokoladefabrik. Ich habe in Wien Wirtschaftswissenschaften studiert. Danach habe ich in der Fabrik meines Vaters gearbeitet, aber nicht lange, denn mein Vater hat die Fabrik bald verkauft. Der Markt, wissen Sie. Der Markt ist für die Großen groß und für die Kleinen klein. So kam ich zu Nestlé. Kennen Sie übrigens Schokomädl?» fragte er plötzlich, ich hatte tatsächlich Schokomädl verstanden und offenbar auch Oswald und Singer, denn sie schauten ihn erstaunt an. Oswald sagte gedehnt «Jaaaaa??» und Schatzmann wiederholte:

«Ja. Schokomädl. War meine Idee. Soll ich hier in Brasilien lancieren.»

«Eulen in Athen?» fragte Professor Singer.

«Wie bitte? Ach so! Haha! Ja. Sie haben Schokomädl verstanden, ja? Nein, ich meine Schokomedl, mit e, nicht mit Umlaut a, Schokomedl, verstehen Sie?»

«Naaa!» sagte Oswald so breit, daß es mein und Singers Unverständnis gleich mit einschloß.

«Sie haben Schokomädl verstanden, ja? Köstlich! Ja, das war eben meine Idee, nein, nein, Schokomedl, verstehen Sie?»

«Soviel ich verstehe, war Schokomedl mit e und nicht mit Umlaut a Ihre Idee!» sagte Professor Singer, als wäre er Professor für Psychiatrie und Schatzmann ein harmloser Irrer.

«Ja. Die neue Schokolade-Idee. Schauen Sie, der Schokolade-Markt ist ja gesättigt, gewissermaßen. Das zeigen die Verkaufszahlen der letzten Jahre. Im großen und ganzen unverändert. Wer Schokolade ißt, ißt Schokolade und wer keine Schokolade ißt, der fängt nicht plötzlich an, Schokolade zu essen, da kann man Werbemillionen in die Schokolade buttern, soviel man will. Man kriegt die Schokolade-Verweigerer nicht herum. Ja. Der Markt stagniert. Bleibt sich immer gleich, seit Jahren schon. Abwerben kann man Schokolade-Esser nicht, von einer Marke zur anderen. Das ist auch ein Faktum. Abwerben kann man alle, man kann einem bisherigen VW-Fahrer einen Opel verkaufen, zum Beispiel. Schokolade-Esser aber nicht. Schokolade-Konsumenten sind markentreu. Man kann am Schokolade-Markt seine Marktanteile nicht vergrößern, nicht am Schokolade-Markt. Und der blieb schon seit Jahren gleich. Das erste, was man in der Schokolade-Branche lernt, ist, daß der Markt nicht größer wird. Ist ja auch klar: für jeden Schokolade-Esser, der dazu kommt, das heißt, der ins schokolade-eßfähige Alter kommt, stirbt ein Schokolade-Esser. Natürlich nicht an der Schokolade», er lachte, «aber er stirbt.»

Oswald schenkte Professor Singer, mir und sich selbst Wein nach, ließ aber Schatzmann aus. Er schien zu fürchten, daß ihm der *vinho verde* nicht guttat.

«Und hier hakt meine Idee ein. Wenn der Schokolade-Markt fix aufgeteilt ist und nicht wachsen kann, dann muß man doch, dann muß man doch irgendwie an die Schokolade-Nichtesser heran!»

«Eine grandiose Idee, junger Freund, ich sehe, Sie haben Ihr Handwerk gelernt!» sagte Singer.

Falls es Schatzmann gelingen sollte, Professor Singer zum Sprechen zu bringen, dachte ich, konnte die Nacht noch interessant werden.

«Ja. Ich überlegte mir: was ist der Grund, der Hauptgrund, daß Menschen keine Schokolade essen. Der Hauptgrund ist das Image der Schokolade. Und wenn man erreichen will, daß Schokolade-Nichtesser Schokolade kaufen, dann geht das nur, wenn man dieses Image unterläuft, wenn man erreicht, daß man aus der Hürde, die viele vom Schokoladenkauf abhält, einen Anreiz macht, um Schokolade zu kaufen. Was also ist diese Hürde, was bewirkt das schlechte Image der Schokolade?»

«Sie ist braun!» sagte Singer.

«Wie bitte? Ach so! Haha! Nein, nein. Ja. Das Image der Schokolade ist –» er hob den Finger – «sie ist ungesund. Das ist natürlich absurd!»

«Natürlich!» sagte Oswald.

«Was trinken Kinder zum Frühstück? Kakao! Schokolade! Wenn das Kind Kaffee will, wie die Eltern, dann sagt die Mutter, nein, der Kaffee ist ungesund, trink schön deine Schokolade. Aber wenn das Kind Schokolade will, also eine Tafel Schokolade, dann sagt die Mutter, nein, die Schokolade ist ungesund, sie verpickt den Magen, zerstört die Vitamine, schadet den Zähnen. Sagt sie doch. Absurd. Ja. So werden die Schokolade-Verweigerer erzogen. Und diese

Käufer fehlen uns: das Kind, das keine Schokolade essen darf, und die Eltern, die selbst auch keine essen, weil die Schokolade ungesund ist. Und da hatte ich die Idee mit Schokomedl. Mit e. Med, verstehen Sie, wie Doktor med. Wir untermischen nun feinste, wohlschmeckende Milchschokolade mit Ascorbinsäure, also Vitamin C, und Fluor, gerade so viel, daß es den Geschmack nicht beeinträchtigt, aber daß es eben drinnen ist. Medizinische Schokolade also, aber nichts Farbloses fürs Reformhaus, sondern lustig aufgemacht, für die Massen. Wir wollen ja den Markt vergrößern, nicht wahr? Schokomedl, also. Ja. Und schon setzt die Werbung ein: gesunde, kraftstrotzende Kinder, erfolgreich im Sport, durch Schokolade mit Vitamin C, Kinder mit blendenden Zähnen, mit Schokomedl in der Hand, daneben ein farbloses Kind mit einem Apfel, die Äpfel sind ja heut schon alle chemisch verseucht, das nutzen wir jetzt aus, der Zahnarzt empfiehlt Schokomedl, Fluor, verstehen Sie. Das ist ein Slogan: Der Zahnarzt empfiehlt Schokomedl. Aber das Starke an der Idee ist, daß sie sich nicht nur auf die Konsumenten-Zielgruppe Kinder beschränkt. Nein, auch Erwachsene. Wir zeigen in der Werbung zum Beispiel einen Mann, der Schokomedl ißt, und er sagt: Schokomedl, der Seitensprung, den meine Frau erlaubt!»

Er lachte.

«Im *Playboy* starteten wir die Werbung mit einem ganzseitigen Bild, das eine Mulattin zeigt, oben ohne, mit einem schönen, prallen Busen, die auf einer saftig grünen Weide eine Kuh melkt und dabei zu einem Wanderer hinlacht, der sie mit seinem Wanderstock grüßt.»

«Mit einem Wanderstock?»

«Ja. Haha! Nicht wahr? Ein Bild der Natur, der Gesundheit und der Lebenslust. Ja. Und so weiter. Die Frauen sprechen wir an mit dem Slogan: Schokomedl, meine beste Freundin aus einer anderen Welt. Wissen Sie, das ist endlich wieder ein Produkt, das nicht auf eine Marktnische zielt, sondern aufs Ganze geht. Unsere Werbeabteilung ist auch der Meinung, daß sich beim Projekt Schokomedl das schlechte Gewissen gegenüber der Dritten Welt, das ja jetzt sehr verbreitet ist, in die Kampagne integrieren läßt. Wir sagen daher auch, daß für jede Fünferpackung Schokolade, die der Konsument kauft, zwanzig Pfennig, beziehungsweise ein Schilling für die Entwicklungshilfe in die Dritte Welt überwiesen wird. Nach einer ersten sondierenden Meinungsumfrage unserer Marktforschung haben einkommafünf Prozent der Befragten, die nie Schokolade essen, angegeben, daß sie Schokomedl kaufen würden. Ja. Die Rechnung geht auf, das ist der Beginn der Marktausweitung, die wir erhofft haben. Das Produkt ist wohlschmeckend, gesund, lustig und sozial!»

Schatzmann hatte beim Erzählen eine eigentümliche Gestik. Er hatte den Ellenbogen des rechten Armes auf den Tisch aufgestützt, die Hand ragte in die Mitte des Tisches. Er schloß die Hand immer wieder rhythmisch zur Faust, um sie dann mit einer Bewegung aus dem Handgelenk wieder zu öffnen. Wenn er aber etwas besonders unterstreichen wollte, dann ließ er die Finger ausgestreckt, drehte die Handfläche nach unten und wischte mit der Hand ein paarmal flach durch die Luft, wobei ihm der aufgestützte Ellenbogen als Drehpunkt diente. Dann begann er wieder das rhythmische Öffnen und Schließen der Faust. Ich konnte mich gar nicht mehr auf das, was Schatzmann redete, konzentrieren, und schaute nur glasig auf seine Hand, die wie ein eigenartiger, schwebender Zierfisch in einem Aquarium, das wir vier und der Tisch bildeten, herumschwamm. Oswald blickte verloren und nachdenklich auf die Weinflasche.

«Sozial?» fragte Singer kopfschüttelnd.

«Und was machen Sie jetzt in Brasilien?» fragte ich Schatzmann, und betrachtete ihn, abschätzig und neiderfüllt. Wie gern hätte ich seine Selbstgewißheit, die ich zum Glück nicht hatte.

Diese widerliche, verächtliche Selbstgewißheit, die wie ein dikker, mulliger Verband strahlend weiß um ein Nichts gewickelt ist, während ich mich selbst als eine brennende und doch schon abgestumpfte Wunde empfand, eine Wunde ohne Körper und ohne Hülle, eine kläglich stolze Wunde, die der Alkohol brennend betäubte. Schatzmann trug eine teure Uhr, das Hemd spannte sich um einen zwar noch in Form gehaltenen, aber doch schon sanft straff hervorquellenden Bauch, das Haar war föhngescheitelt, Schatzmanns Saturiertheit paßte nicht zu seinem jugendlichen, leeren Aussehen. Er war so attraktiv wie lächerlich, so verblödet wie qualifiziert. Herrrrrr Schatzmann. Doktor Schatzmann. Sprechen Sie mit unserem Doktor Schatzmann. Das erledigt Doktor Schatzmann. Nein, Doktor Schatzmann ist im Moment nicht da, er ist in einer Besprechung. Und Kumpel Schatzmann. Bernhard. Der Berndl. Ein Mensch, der noch von den Menschen, die er zertreten muß, hören will, was für ein anständiger und amüsanter Kerl er doch ist. Kein Hecht im Karpfenteich. Der Geschäftsführer einer Karpfenzucht.

«Product-Manager», sagte er soeben, sei er hier, verantwortlich für die Produkt-Linie Schokolade. Die Dritte Welt durch den Kakao ziehen. Er prüfe gerade die Möglichkeiten einer brasilianischen Version von «Schokomedl». Hier seien die Chancen groß. Der Markt sei groß und die Schokolade brauche man nicht zu importieren. Ist ja da. Alles da. Brasilien ist ein Paradies. Schön und schokobraun.

«Escuta!» ertönte eine zerknitterte Stimme vom Nebentisch. *«Mais duas caipirinhas!»*

«Du hast gnua!» schnauzte Oswald auf deutsch zurück, und der alte Mann sagte:

«Ich nicht haben knurr!»

Ich sah zu ihm hinüber und sagte:

«Sie sprechen Deutsch?»

«Selbstverchtändlich!»

«Wieso ist das selbstverständlich?» Obwohl ich mich heute beim besten Unwillen nicht mehr wundern konnte.

«Ich Italiener. Habe heiraten deutche Frau hier in Brasil. Viele Jahre hat das. Erstes Jahr Ehe gehen gut. Sie nicht verstehen Italiano, ich nicht verstehen Deutch. Zweites Jahr nicht gehen so gut. Ich beginne verstehen, sie beginnte verstehen. Capito? Entende? Drittes Jahr...»

«Schluß!» schrie Professor Singer. «Das ist ja nicht zu ertragen! Die-se Ge-schich-ten. Diese Identität von Milchglashaus und Steinwürfen. Ich-will-keine Geschichten-mehr-höööören!»

«Scheiß Geschichten!» stimmte Oswald zu und streckte abrupt seine Beine unter dem Tisch aus, so daß er an die Beine Schatzmanns anstieß, der sie sofort erschrocken zurückzog und kerzengerade verwundert dasaß. Singer stand hinter seinem Sessel, der alte Mann am Nebentisch machte in seinen Lachfalten Platz für Licht und Schatten, indem er sie lächelnd vertiefte.

Und das Mädchen sah mit großen erstaunten Augen zu uns herüber, Augen wie zwei dunkle Flecken auf einer glatten Frucht. Sie verstand nicht Deutsch, verstand nicht.

Zum Glück konnte ich lange schlafen. Ich bereitete mir mein Frühstück, Kaffee und Speck mit Eiern, mit jener Vergnügtheit, die man hat, wenn man überraschend gut erwacht ist, wenn niemand anderer den Tag als begonnen erklärt hat, wenn niemand den Berg schmutziger Wäsche vom Sessel geräumt und einen stillen Vorwurf zurückgelassen hat, wenn man überhaupt die Spuren seines Lebens nicht verwischt sieht, die Aschenbecher nicht geleert, die Bücher nicht verräumt, die alte Zeitung nicht weggeworfen, wenn man dic Vögel, den Bem-te-vi und den Tico-Tico, im Garten hört und nicht das schon längst eingeschaltete Radio oder Tonbandgerät. Wenn man und so weiter und kein Wort sagen muß, und keines hört, das einen Gedanken oder keinen Gedanken unterbricht, und wenn man das Nachwehen des Schlafes als eine unbestimmte Erinnerung verschweben lassen kann und nicht möglichst rasch abschütteln muß. Ich sah direkt vor dem Fenster meiner kleinen Küche einen Tico-Tico auf einen Ast springen, ein aufgeregter kleiner Spatz mit einer roten Brust. Ich freute mich. Ich warf die Eier in die Pfanne, und während sie anbrieten, trug ich Brot, Butter und Besteck ins Zimmer. Auf meinem Schreibtisch hatte ich, noch nachdem ich von der *Bar jeder Hoffnung* heimgekommen war, Hegels *‹Phänomenologie des Geistes›* bereitgelegt, mein altes, zerlesenes Exemplar aus den Studententagen, das bereits in seine einzelnen Seiten zerfiel. Das Fenster vor dem Schreibtisch war offen, und anscheinend hatte in der Nacht ein Windstoß einige Seiten und auch einen Teil meines Schreibpapiers vom Schreibtisch geweht und auf dem Sessel und dem Boden die Blätter verteilt wie buntes Laub. Ich stapfte durch diesen Herbst in kindlicher Freude. Nach dem Frühstück holte ich meinen Gartenliegestuhl und klappte ihn inmitten dieses herbstlichen Gartens vor meinem Schreibtisch auf.

Ich legte mich bequem hinein und wollte gerade beginnen, einzelne der verstreut um mich liegenden Blätter aufzuheben und zu lesen, so zufällig, wie ich sie erwischte, mal dieses, dann jenes Blattwerk. Ich wollte jenen frevelnden Genuß, wie ihn etwa Touristen haben, die in den Museen fremder Länder zufällig einmal vor diesem, dann vor einem anderen Kunstwerk zu stehen kommen und sich an einer leeren, auf sie selbst bezogenen, zersplitterten Attraktivität berauschen oder langweilen, die sie aus der Bedeutung des Kunstwerks herausreißen und an sich reißen, aber es kam nicht dazu, da just in diesem Moment das Telefon läutete.

«Und?» Es war Norbert. «Heute abend gibt eine Bekannte von mir ein Geburtstagsfest», sagte er atemlos wie immer, wenn er seine Neuigkeiten raunte. «Ich habe gesagt, ich nehm dich mal mit, hier!»

Ich sagte ihm, daß das lieb von ihm sei, daß ich aber am Abend keine Zeit hätte. Natürlich hätte ich Zeit gehabt, aber ich hatte keine Lust. Ich war schon einmal hier in São Paulo bei einem Geburtstagsfest gewesen und es war so öd, wie auch zu Hause diese Feste, wo die Menschen nett und gesellig zusammenkommen, nur mit vielleicht mehr Küßchen und dem erschwerenden Vorteil, daß man die Redereien, die man nicht mehr versteht, wegen der Fremdsprache noch vordergründlicher nicht verstehen kann.

Es gab damals gerade ein internationales Theaterfestival in São Paulo, und ich sagte Norbert, daß ich vorhätte, mir an diesem Abend Brechts *‹Flüchtlingsgespräche›* anzusehen, die von einer New Yorker Gruppe hier aufgeführt wurden.

«Schade!» sagte er. «Es kommt nämlich auch eine Bekannte von mir, der ich von dir erzählt habe und die dich unbedingt kennenlernen will! – Eine unglaublich schöne Frau!» fügte er hinzu, und er raunte das mit jener ernst-koketten Bewunderung, die man auch als Verachtung verstehen kann, wenn man das versteht. Es hieß: ich habe sie bewundert und die ihr so zugefügten Wunder wieder zurückerobert. Nun ist sie für mich entzaubert und nichts als ein mögliches Objekt für deine Bewunderung.

«Sie mag so gern Europäer!» sagte er, so als müsse ich jetzt begeistert «Na dann!» rufen. Dieser seltsame Satz.

«Gehst du am Abend allein ins Theater?» fragte Norbert.

Ich sagte, ja, ich wolle allein gehen, ich kenne keinen anderen Flüchtling.

Eine halbe Stunde später rief Norbert wieder an. Er habe gerade mit ihr telefoniert, sie sei drauf gekommen, daß heute der letzte Abend sei, an dem die *‹Flüchtlingsgespräche›* gezeigt würden. Das habe sie ganz übersehen, sie wolle die Aufführung nämlich auch unbedingt, unbedingt sehen. Wenn ich Lust hätte, könnte ich mit ihr gemeinsam gehen, «verstehste?» sie würde sich freuen. Ruf sie an. Das ist ihre Nummer, hier. Ruf sie gleich an. Sie wird dir gefallen. Viel Spaß. Kannst nicht du sie anrufen? Nein, ich habe gesagt, du rufst sie an! Ruf du sie an! Nein, du rufst sie an. Ist ja viel einfacher. Viel einfacher. Die schöne Frau. Europäer. Flüchtling.

Es gibt bekanntlich die Flucht nach vorn. Sie ist ein Kreislauf im Nirgends zwischen Herkunft und keinem Ziel. Und weil es kein Ziel gibt, das sagt: hier ruhe! muß man die Unmöglichkeit zur Ruhe zu kommen immer wieder in der nächsten Herberge am Weg der Flucht befriedigen. Ich rief also an.

Die Stimme sprach englisch. Ich versuchte mir unter oder zu der Stimme etwas vorzustellen, aber es gelang mir nicht. Die Stimme blieb allein eine Stimme.

Die Besitzerin dieser Stimme arbeitete, wie ich erfuhr, in der São Pauler Niederlassung einer großen nordamerikanischen Werbeagentur. Wenn sie etwas nicht verstand, sagte sie: *«I beg your pardon!»* was ich nicht verstand. Das heißt, es kam mir ein bißchen gespreizt vor. Ich sagte zur Sicherheit: *«Don't beg!»*

Am Nachmittag versuchte ich mich aufzuraffen und mit dem Unernst eines beschlossenen Fleißes ernsthaft zu arbeiten. Ich räumte den Liegestuhl wieder weg, sammelte die Blätter ein, ordnete sie wieder zwischen die Buchdeckel und blieb stundenlang am Schreibtisch sitzen, wie ein Beamter. Ich hatte es im Lauf der Jahre zu einer Selbstdisziplin gebracht, über die, wenn ich sie einmal für notwendig erachtete, meine Erbanlagen und Milieuschäden immer noch verwundert in mir tuschelten.

So empfand ich, wenngleich auch keine Zufriedenheit, so doch zumindest eine beschwichtigte Unzufriedenheit, als ich mich abends auf den Weg machte, und meine innere Leere hatte wenigstens so etwas wie ein Lebendgewicht.

Ich war frisch geduscht und rasiert und glänzte äußerlich wie eine Medaille, innerlich wie die Kehrseite.

Die Avenida Paulista ist der geschwollene Kamm von São Paulo. Der Stolz der Paulistaner. Eine breite sogenannte Prachtstraße, gesäumt von kühnen Wolkenkratzern, die Querstraßen fallen rechts und links steil ab. Die Ampeln hängen nicht über den Kreuzungen, sondern sind in hohe, schwarze Pfosten integriert, die an den Ecken der Kreuzungen stehen und auf denen auch der Name der jeweiligen Querstraße vermerkt ist. Diese schwarzen Pfosten wirken vor den hohen Häusern wie die schmäleren Zähne des Kamms für das dünnere Haar.

Ich bog von der Avenida Paulista, einen günstigen Moment nutzend, nach links Richtung Jardins in die Rua Augusta ab und schmuggelte meine Brasilia zwischen einigen routiniert wütenden

Huptönen in die rechte Spur. Die Rua Augusta ist die elegante, zumindest aber teure Einkaufsstraße São Paulos, kleinere, schmutzige, teilweise verfallende Häuser, in denen unten immer wieder Auslagen so verzweifelt wie wichtigtuerisch prunken. Ein dreckiges, zerrissenes Pflaster auf einer eiternden Wunde ist dieses Pflaster. Gekleidete Menschen flanierten zwischen der Mehrzahl der bloß angezogenen, Müßige zwischen den dumpfen Trauben derer, die auf ihren Bus warteten, den sie schon lange sehen konnten, bevor er sie durch das Verkehrsgewühl erreichte, und in dem sie dann erschöpft von der Arbeit einnickten.

Kaufkraft verweilte vor Schaufenstern und drehte dem Elend den Rücken zu, das sich aber doch in den Schaufensterscheiben spiegelte. Hier und da stand vor einem Geschäft oder einer Bar ein Mädchen oder ein Bursche, um mit einem Wasserschlauch den Schmutz vor dem Lokal wegzuspritzen. Frisches Wasser durch die Gosse.

Ich bog die Alameda Franca wieder nach rechts ein und fand gleich die richtige Hausnummer. Ein riesiges Apartmenthaus, das auf mich wirkte wie das passende Mausoleum vieler solcher Telefonstimmen, die ich noch oder wieder im Ohr hatte. Gegenüber befand sich ein Blumengeschäft, wo ich im glücklichen Bewußtsein, heute schon genug Phantasiearbeit geleistet zu haben, eine Rose kaufte.

Eine brusthohe Mauer mit einem schmiedeeisernen Gitter, ein schmiedeeisernes Tor, seitlich dahinter ein Wächterhäuschen, das aber unbesetzt war. Ein Vorgarten mit Palmen, Gummibäumen und Blumen. Eine teure, billige Imitation eines alten Kandelabers, zwei stilisierte weiße Säulen mit einer Glastür. Durch diese gelangte ich in eine riesige Vorhalle, in der eine enorme Sitzgruppe mit einem Glastisch, den man sitzend nie erreichen konnte, eine mannshohe Vase und eine holzgeschnitzte Anrichte für gut hundert Personen einen endlosen Triumph der leeren Repräsentation feierten. In einer Ecke, hinter einem Schreibtisch mit einer Haustelefonanlage saß der unvermeidliche Zelador, der, als er meiner ansichtig wurde, sein ebenfalls unvermeidliches *«Pois não?»* ausspuckte. Ich sagte brav meinen Namen und die Nummer des Apartments, zu dem ich wollte, er nahm den Telefonhörer, klappte ein Hebelchen auf seiner Anlage um und sagte: «Guten Abend, Senhora. Ein Senhor Romano ist Ihnen angenehm?»

Der Zelador nickte, legte auf, kam hinter seinem Schreibtisch hervor, schritt zu einem der beiden Lifte, drückte auf den Knopf, stand schweigend unmittelbar neben mir, konzentriert auf das herunterfallende Lichtpünktchen der Anzeigetafel starrend, als wäre er in einem Flugzeugcockpit, dann riß er die Tür auf, ließ mich eintreten, streckte seinen Arm in die Liftkabine und drückte auf den Knopf für den vierzehnten Stock. Ich schwebte in die Höhe und rieb mir die Augen. Als ich den Lift verließ, stand ich in einem Raum, der kaum größer war als die Liftkabine. Eine Tür rechts, eine links. Es war die linke. Ich klingelte, die Tür öffnete sich, und das erste, was ich sah, war ein etwa eineinhalb Jahre altes, hellbraunes Kind mit schwarzen Haaren und schwarzen Augen. Ein rotes Kleidchen mit weißen Spitzen. Eines jener hübschen Kinder, zu denen Kinderlose den Müttern so gerne gratulieren.

Ich war einigermaßen erstaunt. Da stand ich mit einer Rose, plötzlich befürchtend hier gar nicht richtig zu sein, was wird der Vater sagen?

Dann erst sah ich die Mutter, die Senhora, die «schöne Frau», sie trug das Kind, das sich um ihren Hals klammerte. Eine bronzefarbene Haut, rote Lippen, schwarze Augen, dichtes, starkes, schwarzes Haar. Ich war richtig.

«Oi! Hello! Tudo bem? Come in!»

Es gab keinen Vater. Sie händigte das Kind dem Kindermädchen aus, das zur Abwechslung eine weiße Perle war. Dann bekam ich das zweite Lächeln. Ich folgte ihrer Aufforderung und setzte mich in einen mit weißem Leinen bespannten Stahlrohrsessel, und sie fragte mich, ob ich Whisky wolle. Ich sagte, ja, gern.

Sie ging zu einem Wandverbau, auf dem an einem Bücherbrett eine auf dem Kopf beziehungsweise auf dem Hals stehende Flasche mit einer Zapfvorrichtung montiert war, wie sie Bars haben, und sie drückte ein Glas und dann noch eines unter die Flasche, mit einer sich selbstverständlich gebenden kindlichen Freude an dem, was sie wohl auch als Luxus empfand.

Ich betrachtete sie mit jener höflichen Neugier, die sie wohl erwartete. Sie war eine jener Brasilianerinnen, die ihre Frisur als Krone, ihre Nase als Zepter, ihre Brüste als Reichsäpfel und ihren Hintern als Thron tragen. Das konnte ja heiter werden.

Es wurde auch heiter. *Mais ou menos*.

Wir fuhren ins Theater. Danach gingen wir in eine Bar und tranken Caipirinhas gegen den Durst. Dann gingen wir essen. Dann wechselten wir in ein Tanzlokal. Und zum Abschluß noch in eine andere Bar. Wir fuhren mit ihrem Auto, da es besser war und Musik hatte.

Als wir in die Alameda Franca zurückfuhren, dachte ich mir, jetzt bin ich noch keine Dreißig und doch fühle ich mich manchmal schon bei Vergnügen, das so viel Vergnügen ist, zu alt. So müde war ich.

«Bis morgen!» sagte sie. Ihre Stimme, ihr Mund, der schwarze Strahl ihrer Augen waren mir plötzlich so fremd und zugleich selbstverständlich, wie ein Traum.

Bis morgen! Wir hatten vereinbart, am nächsten Abend, nach ihrer Arbeit, nach Guarujá zu fahren, um das Wochenende am Meer zu verbringen.

Immer wenn sie im Gespräch die Grenzen meiner Portugiesischkenntnisse überschritt, antwortete ich stumm in Gesichtsmuskelsprache. Ein kleines Lächeln, ein Blick, eine zustimmende Falte an der Nasenwurzel. Ich hielt das für das Einfachste, aber sie hielt das für Liebe. Das Auto fuhr rasch und sicher, sie saß da, die Hände ruhig am Lenkrad und sprach, oder sie sang vergnügt mit der Tonbandmusik mit, um dann zu lächeln, als wäre ihr Singen eine schelmische Bemerkung gewesen. *It's only Rock 'n' Roll, but I like it, like it, yes I do.* Vielleicht waren wir zwei Kinder in einem kleinen Spielauto, das weit vorn, im Dunklen, ein Großer an den weißen Schnüren der Autoscheinwerferstrahlen zog.

Sie konnte ja auch Englisch, das sie mit einem lustigen portugiesischen Akzent sprach. *More or less.* Der Akzent verschwand spurlos, wenn sie die Tonbandschlager mitsang. Das so oft Gehörte sang selbständig aus ihr. *Crazy little thing called love. Do you like it?* Ihr schelmisches Lächeln. *Yes I do!* Ein kleines Lächeln, ein Blick. Rasch glitten die Lieder aus dem Gerät, flitzten vorbei und blieben irgendwo hinter uns zurück. Dann wechselte sie die Cassette. Wir sahen uns an, und als ich dann wieder aus dem Fenster sah, war es, als sei auch eine neue Cassette Dunkelheit mit Lichtpünktchen eingelegt worden, die nun draußen hinter den Autofenstern vorbeispielte.

So erreichten wir Santos. Wir fuhren mit der Fähre nach Guarujá, wir waren bald am Ziel. Das war gut so, denn ihre Augen redeten unaufhörlich, und ich wußte bald nicht einmal mehr, was ich noch alles nicht sagen konnte.

Die Lichter Guarujás, ihr Widerschein in der See, das Schaukeln und Stampfen der Fähre, der Wind, der luxuriöse Drei-Sterne-Himmel, so viel Kulisse um eine Frau und einen Mann mit falschen Vorstellungen. Endlich war ich objektiv fremd und nicht bloß in Beziehung auf eine erst kurz gekannte Frau, endlich konnte ich mir sagen: hier bist du fremd, ohne mir, wie zu Hause, sagen zu müssen, daß ich dennoch hier heimisch bin. Hier konnte ich endlich nach Herzenslust meinen Lieblingssatz sagen: ich verstehe nicht! ohne damit auf Unverständnis zu stoßen, weil man es eben der Fremdsprache zuschrieb, ein Mißverständnis, an dem nicht mehr ich zu tragen habe.

Das Schiff schwankte, und die Brasilianerinnen schmiegten sich an ihre Weekend-Brasilianer, sie schmiegten sich mit einem wahren Irgendwas, als würden sie alle Vera heißen.

Das Hotel, in das sie uns brachte, lag unmittelbar am Meer. Es war spät, finster, dadurch war das Meer zum Verwechseln ähnlich. Wir saßen auf der Hotelterrasse, *drinkin' wine, feeling fine,* das Meer rauschte wie eine riesige Muschel, die man ans Ohr hält, es war kühl, ich empfand meine Ohren wie Muscheln im sich zurückziehenden Meer. *Do you like it? Yes I do!*

Es war kein Mensch zu sehen. Wir waren einzig und allein. Zum erstenmal verstand ich den Satz, daß die Erfüllung außer uns ist. Aber auch die Erfüllung sagt: ich bin außer mir.

Die Erfüllung will zur Neige gehen. Dort wäre sie mit sich allein. Geneigt sah Vera mich an. Der Wein lag glatt und blinkend im Glas wie in einer mondbeschienenen Bucht. Das ozeanische Gefühl des Trinkens in kleinen, rinnseligen Schlucken.

Im Hotelzimmer rauchten wir Marihuana. Ich lag auf dem Bett, flach auf dem Rücken, mit einem angewinkelten Bein, auf das sie, auf ihren Fersen sitzend, einen Arm stützte. Ich sah zu ihr hinauf, sie sah zu mir herab. Sie sah zu mir herab wie eine blasphemische Madonna, die alles, was ich schien, in den dunklen Mantel ihrer Blicke hüllte. Diese Augen! Geschminkte Wahrheit. Wir rauchten und sahen uns an, statt zuzuschauen, wie in uns die erratischen Blöcke unseres schlechteren Wissens zerfielen, wie abgeschlagen durch die Hand eines unsichtbaren Bildhauers, der aus diesen Blöcken die metaphorische Skulptur der blinden Ahnung herausschlug, eine grob gehauene, schöne Skulptur in Form ihrer Hand auf meinen Lippen. Dann führte sie ihre Hand zu ihren eigenen Lippen, eine pathetische Geste mit der Aussagekraft, der irrwitzigen Kraft eines metaphorischen Body-Builders. Die bloße Hand zum Steinerweichen.

An der Zimmertür hörte der große Schlüsselanhänger, in den die Zimmernummer eingraviert war, mit dem leichten Hin-und-Herschwingen auf, das er bis jetzt durchgehalten hatte. Hinter der Tür, draußen auf dem Gang waren Schritte zu hören, sie trugen einen Zimmerkellner an das Ende des Korridors, verstummten und wurden abgelöst von einem Klopfen. Der Kellner öffnete eine Tür, stellte mit reiner Diskretion einen Kübel voll Eis, aus dem ein Flaschenhals wie ein Knochen ragte, auf einen Tisch, um darauf von einem sportlich gealterten Mann ein Trinkgeld zugesteckt zu bekommen, für das sich der Kellner sehr aufmerksam durch gekonnte Nichtbeachtung bedankte. Aus dem Badezimmer hörte er, wie Frauenhände das Wasser aufdrehten, wie das Wasser um die Frauenhände in das Waschbecken sprudelte, hartes Wasser, mit dem Frauenhände ein Frauengesicht benetzten, dunkelroter Nagellack, dem das Wasser nichts anhatte. Er hörte das Nichts-Anhaben, kurz trafen sich die leeren, dienstblinden Augen des Kellners mit den müden, gierigen Augen des Gastes, der Kellner verschwand, der Schlüsselanhänger schwang hin und her, eine sanfte Bewegung, wie ein Metronom, das den Rhythmus der sich entfernenden Schritte vorschrieb, zu denen der Kellner wieder geworden ist. Die Schritte führten vorbei an einer Zimmertür, hinter der Leere nicht einmal gähnte, wieder an einer Zimmertür, hinter der Leere nicht einmal gähnte, an einer Zimmertür, hinter der Blicke, Gedanken, Empfindungen in süßlichem Rauch verrauchten, jetzt konnte ich die Schritte wieder hören, ich hatte keine besondere Empfindung außer der, daß ein besonders weiches Bett unter mir lag, während ein schwerer Blick auf mir ruhte, ich dachte vielleicht, daß ich etwas sagen müßte, Worte finden, damit das Schreiten dieses Augenblicks seine Schritte hörte, so begann ich zu reden. Es kam so leicht, wie Wasser aus einem aufgedrehten Hahn, es umfloß ferne Gedanken und nahm deren Staub mit, und dann waren sie weg, ausgesprochen, die Gedanken sind löslich im Redefluß, der Kellner brachte seine Schritte an der nächsten Tür vorbei, hinter der ein Ehepaar lag, auseinandergeschmiegt, wie hastig zueinander geworfene, seltsam gealterte Kinderpuppen, während der Nachwuchs, eine kleine Kinderpuppe, auf dem Tisch lag, sie gehörte dem Kind dieses Paares, das auf einem dritten Bett schlief, neben dem eine Strandtasche stand mit den Sandkuchenbackformen, der Schaufel, den Schwimmflügeln des Kindes. Am Boden lag ein durchsichtiger Plastikball, der halb mit Wasser gefüllt war, darin schwamm stoisch unbeweglich eine kleine Plastikente.

Schwarze Schuhe, um die das marineblaue Tuch der Hose wehte im monotonen, raschen Setzen eines Beins vor das andere, der Zimmerkellner ging auf ein großes, breit gerahmtes Gemälde zu, das ein Stilleben zeigte, tropische Früchte auf einem Holztisch, mitten zwischen diesen Früchten stand eine primitive Tonfigur, die einen dunkelhäutigen Mann mit einfachem bunten Gewand und Strohhut darstellte. Das war der Beginn des Gangs, der Kellner bog nach links ab, in die Halle des Hotels, wo sich rechter Hand die Bar befand mit vier Barhockern aus Holz, davor eine Ledersitzgruppe, auf der drei Männer saßen, die laut auflachten, als der Kellner vorbeiging, ein Lachen, das seine Schritte verschluckte. Der Kellner war verschwunden, hinter der Tür neben der Bar. Wer herrschte jetzt? Die ausgelassene Stimmung, sie thronte auf der Ledersitzgruppe, Privatheit, die sich in erprobten Spiegeln veröffentlichte, im Mut der kühnen Freizeithemden. Rosige, runde Zehen lagen auf den Schlapfen und Sandalen wie Schnecken, die ihr Haus in der Stadt gelassen hatten.

Ein Arm stieß vor, wurde angewinkelt, ein Blick glitt nieder auf eine wasserdichte schwarze Sportuhr, Schnecken setzten sich in Bewegung, schlurften, das Gewicht einer schon müden Heiterkeit schleppend, schlugen den Weg ein um die Ecke in den Gang, ein Gähnen betrat ein leeres Zimmer, im Zimmerschloß ließ der Schlüssel seinen Anhänger sanft hin- und herschwingen, wie eine betrübte Kopfbewegung.

Der Gang meiner Gedanken folgte offenbar einem etwas gealterten, um nicht zu sagen antiquierten Modernismus, den ich so wenig mochte wie die Nüchternheit, die ich so wenig mochte wie ihr Fehlen gerade jetzt.

Ich sprach noch immer, beglückt über Freiheit und Leichtigkeit, mit der ich plötzlich sprechen konnte, beunruhigt und verwirrt wegen der Dummheiten, die ich sagte, nach kurzem Regen standen sie im Moos meines Mundes wie modrige Pilze, noch eine Regung und sie zerfielen. «Die Liebe» war so ein Pilz. Zu modern ist seine Bestimmung, kaum daß er im Mund wuchs.

Doch das Männchen stand im Walde so still und stumm. Sein rotes Mäntelchen hätte Vera sich so gerne keck und romantisch um ihre Erwartungen geworfen.

Ich weiß, wie gerne du von mir ein Ich-liebe-dich hören willst, aber du mußt verstehen, daß ich das nicht sagen kann, weil du es erwartest, selbst wenn ich dich wirklich liebte, denn du würdest nicht die Empfindungen verstehen, die dieses Wort für mich umschließt, sondern nur deine Erwartungen, die du damit verbindest, sagte ich oder so ähnlich. Ich habe schon viel zu oft «Ich liebe dich» gesagt, aber jede Frau hat nur ihr Vorverständnis und nicht mich verstanden, und dann hat sie mich wirklich nicht verstanden, als ich nicht ihrem Vorverständnis entsprach, sagte ich, ich sagte lauter Unsinn. Der inflationäre Gebrauch des Wortes Liebe hat den Gegenwert dieses Wortes völlig entwertet, sagte ich, soweit ich mich erinnere, vielleicht sogar erwartend, daß Vera, die in Brasilien, in einem Land mit galoppierender Inflation aufgewachsen war und lebte, das verstehen würde. Aber ihr dunkler Blick ruhte ruhig und sicher auf mir mit einem seidigen, gewinnenden Glanz und ihr Mund lächelte. Sie unterbrach mich nicht, ich staunte, wie lange man ungestraft solches Zeug reden konnte, ich sprach immer weiter, verliebt in die Freiheit zur Dummheit, Pilzkulturen im Mund, wie: Wenn ich sage «Ich liebe dich» und du sagst «Ich dich auch», würden wir glauben, daß wir uns einander verstanden haben. In Wirklichkeit hat jeder von uns nur seine eigenen Vorstellungen verstanden und wir sind uns ganz fern und unverbunden. Aber nach einem Monat oder einem Jahr hätten wir Differenzen, weil wir die Differenzen zwischen unseren Vorstellungen zu verstehen beginnen, aber wir würden glauben, daß wir uns nicht mehr verstehen. Verstehst du? So geht man Ehen ein, weil man einander nicht versteht und geht auseinander, weil man einander zu verstehen beginnt! Ich weiß nicht mehr, ob ich es wirklich so sagte, wortwörtlich, es ist ja auch ganz egal. Weil man einander zu verstehen beginnt, jedenfalls. «Wortwörtlich», welch ohnmächtige, gigantische sprachliche Anstrengung. Im Wort «wortwörtlich» ist alles aufgehoben, menschmenschlich, linkslinks, ein mathematischer Geist weht durch diese Konstruktion, das leere Wort mit sich selbst multipliziert, ein kaukasisches Kreidequadrat. Darin befand ich mich, ununterbrochen weiterredend, ich werde es mir wohl nie abgewöhnen können. Ich kann nicht sagen, daß ich besonders aus mir herausging, aber plötzlich hörte ich mich sozusagen von außen, hörte mir ein wenig zu, und Teufel auch, ich sprach ja Deutsch. Das war ja freilich völlig unverständlich. Ich stutzte, sie merkte, daß ich es gemerkt hatte und begann zu kichern.

«Eu esqueci», stammelte ich, *«você não entende alemão»,*und wiederholte diesen Satz zur Sicherheit auf englisch.

«Oh yes, I understood», she said, sie war überzeugt, daß ich eine Unmenge von Liebenswürdigkeiten gesagt hatte. So viel Vertrauen in die Sprache, zumindest in eine Fremdsprache machte mich minutenlang glücklich. Zumindest dachte ich diesen Satz. Dann begaben wir uns auf die Fährte unserer Gerüche, und wie gern wäre ich dann gleich wieder nach São Paulo durch die Nacht und die Cassettenmusik zurückgefahren, aber es lag noch das Wochenende am Meer vor mir, wie ein verschnürtes Geschenkpaket, dessen Inhalt ich längst erraten hatte.

Am nächsten Tag sah ich den Strand sonnenklar. Während Vera, der die Szenerie vertraut war, mich, dem sie all die Pracht hier zeigte, ununterbrochen anlächelte, so als hätte sie dieses Paradies eigens für mich erschaffen, und ich mich höflich in einem kindlichen Staunen übte, fiel mein Blick auf eine mongoloide Frau, die schräg vor uns dicht am Meer saß. Kreideweiß und schwammig saß sie im Sand und klatschte wie ein riesiges Baby fortwährend nassen Sand auf eine bereits riesige skurrile Sandburg, und in ihren debilen Augen lag der Glanz eines verwunschenen Burgfräuleins.

And Vera asked: «Do you like it?»

Das werde ich mir merken, dachte ich, das und dieses Gefühl: ich bin nicht, was ich scheine.

Es wurde immer traumhafter. Alles war so selbstverständlich und zugleich fremd und nicht zu fassen. Ich möchte aber nicht sagen, daß ich das Leben, das ich führte, als einen Traum empfand. Ein solches Lebensgefühl wäre sogar mir antiquiert erschienen, um so mehr noch, wenn man es zu einer Erkenntnistheorie verkapselt, die man dann den krankhaft Traumlosen verschreiben will. Nein, ich glaubte nicht zu träumen und ich träumte nicht. Es gelang mir lediglich nicht, einen Zugang zu dem zu finden, das ich erlebte, dachte und empfand, weshalb sich alles in ein nebuloses So-Wie verklärte und auflöste, so wie ein Traum. Das hieß aber nichts anderes als: ich war nicht wach. So wie die meisten anderen auch. Was vor langer, kurzer Zeit das allgemeine Bewußtsein erhoben, wach gemacht hat und dann vergessen wurde in der Erschöpfung, die die Geschichte nach anstrengenden Geschäften erfaßt – das hatte auch einmal mich, einen Geistesgeschichtsstudenten, erhoben und wach gemacht, hatte mich beschwert und erschöpft, war abgesunken und hing nun in mir wie Blei, das mich träge und müde machte. Darum empfand ich das Nicht-Wach-Sein, während die, deren Denken schon aus dem Schoß des Vergessens kroch und dann nie auf dem Schoß des Ahnen den alten wachsamen Geschichten lauschten, ihren Geschäften nachgehen, genausowenig wach sind wie ich, aber ohne daß sie müde werden, es nicht zu merken.

Träume: das unterstellt keine Unwirklichkeit. Vielleicht hatte ich schon damals die Idee, daß ihr Ablauf, der Ablauf des Sonst-Nichts, wenn es gelingt ihn festzuhalten, ein Bild ergibt, durch das man wie durch ein Fenster auf den verbotenen Herzenswunsch blickt, weshalb er Traum heißt, der aber wirklich ist, obwohl oder weil man sich daraufhin nicht aus dem Fenster stürzt. Manchmal wurde es besser beziehungsweise schlechter, da fühlte ich mich so wie gerade aufgewacht, das heißt, ich hatte alles vergessen und stumm dröhnt nur ein dumpfes Gefühl, daß da irgend etwas war, aber man kann sich nicht erinnern.

So saß ich am Montag wieder in meinem Arbeitszimmer in der Universität, dachte nach, aus dem Fenster schauend. Ich versuchte über die vergangenen Tage nachzudenken, aber nicht, um zu ergründen, was ich vergessen habe, denn diese Suche wäre verlorene Zeit, sondern darüber, wie leicht ich vergaß und was das bedeutet.

Vor mir lag Hegels ‹*Phänomenologie*›, die ich, Professor Singers Vorschlag folgend, wieder lesen wollte. Ich las, aber nur die von mir schon einmal unterstrichenen Sätze, in Wahrheit las ich nicht Hegel, sondern mich, und ich las nicht, ich memorierte. Ich dachte an den Abend, an dem ich, zu Hause liegend, mir die vorangegangene Nacht, Beatriz, Yuki, zu vergegenwärtigen versucht hatte. Mir ging es, als ich nun an das vergangene Wochenende dachte, nicht viel anders. Ich konnte mir vorsagen, was ich von diesem Wochenende angeben kann, aber was ich sehe, ist ein Verschwinden. Es ist, als wende man sich ununterbrochen um, und man sieht nur das Verschwinden von allem. Was darin nicht verschwindet, ist Ich, als Allgemeines, an einem Meer von Allgemeinen. Es war so unvorstellbar, daß diese Bewegung zur Ruhe kommen und ein Bild plötzlich dastehen könne – es müßte die Erde aufhören sich zu drehen. Falls es überhaupt sie ist, die sich fortwährend abwendet.

Aber die Zeit steht still. So rasch steht sie still und nur wir vergehen. Ich saß da und rauchte. Es wäre natürlich lächerlich, was in mir vorging, wenn nicht auch so lächerlich wäre, was alles außer mir schwirrte: Baumeister, die Bienen sind, und Honig geben für Zukkerwasser. Das ist die Organisation des sozialen Lebens, oder nennt sich so, oder anders. Aber es war lächerlich, daß es das war, das mir ermöglichte, in diesem Zimmer zu sitzen, an diesem Tisch, mit diesen Gedanken oder anderen oder keinen. Und den Schlachtenlärm hören, der die Welt so sehr verändert, daß alles gleich bleiben kann, gleich gültig. Die ewige Gleichheit ist die der Geschichte, und die Geschichten verlieren sich darin auf immer wiederkehrende ungleiche Weise.

Wie heiß es war! Und dieses Surren. Meine Müdigkeit. Ich ging einen *cafezinho* trinken. Auf dem Gang begegnete ich der Frau a. o. Professor Ingrid.

Hager, spitz, stakend kam sie mir aus der Kaffeeküche entgegen. Sie schien ein preußischer Rohrstock, dem Leben eingehaucht war. Eine hochgradige Verletzbarkeit war hinter ihrer spitzen Hochnäsigkeit unverwundbar verborgen, die aufrechte, steife Härte, mit der sie schritt, atmete die dumpfe Funktionalität jedes Stocks, der ungerührt zu züchtigen weiß, wenn er sich in den richtigen Händen befindet. Hinter ihrer weißen, züchtigen Stirn flackerte eine markige Angst vor jenen falschen Händen, die solche Stöcke in eine Ecke stellen oder gar zerbrechen könnten. Wir sahen einander, aber grüßten nicht sofort. Wir waren noch zu weit voneinander entfernt und gingen aufeinander zu. Die straffe Förmlichkeit, die sie mit einer harten Elastizität erfaßte, als Vorbereitung für die Zeremonie des Grußes, der nach wenigen Schritten erfolgen mußte, erinnerte mich abstrakt, also rein und undeutlich, an das zynisch genüßliche Sirren, mit dem ein Stock zwei-, dreimal prüfend in die Luft geschlagen wird, bevor er auf dem Rücken des Opfers seinen Schmerz entlädt, zugleich zeigte ihre Förmlichkeit die Hilflosigkeit des Stocks, der ohne die richtigen Hände nichts ist.

Jetzt!

«Guten Tag!»

Sie zuckte mit ihrem Kopf, ihn gleichzeitig seitlich neigend, kurz spitz nach vorn, so als würde sie gleich auf mich niedersausen, aber nur sie selbst hatte sich in der Hand, kein anderer, so blieb nur ein leichtes Nachwippen, während sie meinen Gruß mit denselben Worten erwiderte, schamlos unverschleiert so förmlich eingebettet ins Förmliche, daß es selbst meiner Bereitschaft nach der harmonistischen Interpretation, daß der Austausch von Grußformeln und nichts weiter gar nicht der Erwähnung wert wäre, wie eine Parodie klang, worauf sie ein Lächeln ins Gesicht setzte, bei dem sie die Mundwinkel so krampfhaft auseinander- und nach oben zog, daß es ihr die Augen zudrückte. Diese schreckliche Grimasse, die aussagtc, daß sie sich mir gegenüber bloß zu einer solchen Höflichkeit verpflichtet fühle, die keinen Zweifel daran lasse, daß sie nicht dazu verpflichtet sei, trug sie hölzern an mir vorbei. Man muß versuchen, diese Grimasse nachzumachen, um das Beleidigende, das darin steckt, zu erahnen.

Unfaßbar, wie sie sich in der Hand hatte.

Ohne mich umzudrehen, ihr nachzulaufen und ihr wieder ins Gesicht zu sehen, wußte ich, daß sie nun ihr maskenhaftes Lächeln wieder abnahm, so daß nur noch ein leichtes Ziehen in der mimischen Muskulatur zurückblieb, das sie als Geübte allerdings kaum mehr spürte.

Ich empfand eine dumpfe Erinnerung, daß ich einmal gelernt hatte, daß der Arbeitsplatz, literarisch betrachtet, an sich nichts ist, sondern nur ein System von Bedeutungen und Verweisen, die auf ein außerhalb befindliches Vorwissen von gesellschaftlichen Verhältnissen zulaufen wie Fließbänder.

Oder aber diese Fließbänder stehen still, wenn der Arbeitsplatz nicht mit einer unmittelbaren gesellschaftlichen Bedarfsdeckung befaßt ist.

Aber das ist auch nur ein Gedanke, der lediglich aus Schlacken dessen zusammengesetzt ist, was ich eigentlich vergessen habe. Im Grunde war es so, daß ich mich flüchtig daran erinnerte, daß mich die Grimasse von Frau Prof. Ingrid an etwas erinnert hätte, wäre ich ihr woanders begegnet. Im selben Moment vergaß ich sie daher auch wieder, die Person, die Grimasse, die Situationen, in denen sich deren Bedeutung entfaltet.

Die Erinnerungen kamen nur als ihr Verschweben, so wie Schritte, die sich hinterrücks entfernen.

Ich spürte einen leichten Schmerz, der mich mit Stolz erfüllte. So wie ihn ein kleines Kind empfinden mag, das sein Lieblingsspielzeug zerstört hat, und das einen plötzlichen Schmerz mit der zunehmenden Erfahrung besiegt, daß es sich weiterentwickelt hat und dieses Spielzeug nicht mehr braucht. Es würde damit nicht mehr lernen, sondern nur noch seine Zeit füllen, die dadurch leer wäre, in die aber Neues nicht einfließen kann, weil sie gefüllt ist.

Ich ging in die Kaffeeküche, trank einen Kaffee und ging wieder in mein Zimmer. Ja, doch! Die Erfüllung ist außer sich. Wir wissen es nicht, aber wir tun nichts. Aber manche wissen nicht einmal das nicht.

Anscheinend hatte ich für mich ein Lieblingsspielzeug unter den sozialen Techniken zerstört, nämlich jenes ideologische Konzept, das einem bereits wieder fetischisierten Hier und Jetzt und Dieses mittels persönlicher Erinnerungen und Verweisen eine Geschichte geben will, die wenigstens so alt scheinen soll, wie man selbst ist. Ein irrwitzig-patriotischer Geschichtsschreibungsversuch, der die Heimat in sich selbst sucht, die man daher nirgends findet, wo man sich entäußert. Ich war dazu nicht mehr fähig. Und dadurch erst recht heimatlos auf Hier und Jetzt und Dieses fixiert. Und zugleich nicht einmal darauf: denn man wendet den Kopf und es ist verschwunden, man atmet und es ist vorbei, man macht einen Schritt und es ist passiert.

Die Täuschung, die darin liegt, ist deutlich, man hält sie aus oder nicht. Aber sie ist der Beginn.

Ich hielt sie aus und nicht.

Ich saß im Zimmer, las und rauchte. Hier und jetzt, damals. Dann hatte ich den sogenannten Übersetzungskurs zu leiten. Es ging alles so ineinander über, als würde es zusammengehören und auseinander hervorgehen, was es ja auch tut.

Natürlich konnte ich mit meinem Portugiesisch keine qualifizierten Übersetzungsübungen machen. Daher sollte ich mit den Studentinnen – es waren in diesem Kurs ausschließlich Mädchen – deutsche stilistische Figuren beim Aufsatzschreiben und rhetorische beim Diskutieren einüben. Die Phrasen des angeblich täglichen Lebens, die sich die Mädchen mit viel Fleiß aneigneten, verbürgten ihnen eigentümlicherweise ihre Qualifikation. So waren sie etwa stolz darauf, Wendungen wie «den Bock zum Gärtner machen» oder «vom Regen in die Traufe kommen» zu beherrschen. Welche Position sie mit diesen Sätzen bezogen, war ihnen weitgehend egal, sie waren jederzeit bereit, mit denselben Phrasen auch das Gegenteil zu sagen, oder mit anderen Phrasen, die sie von mir lernen wollten. Ich war der vergiftete Brunnen vor dem Tor, zu dem sie so lange mit ihren Krügen gehen sollten, bis das Faß ihrer Phrasen überläuft. In der Stunde zuvor hatte ich ihnen vorgeschlagen, über das Thema «Freigabe der Abtreibung» zu diskutieren und sie gebeten, daß sich die Befürworterinnen und die Gegnerinnen zusammensetzen und Argumente für ihren jeweiligen Standpunkt sammeln sollten, um sich so auf die Diskussion vorzubereiten.

An diesem Tag war ich sogar zu apathisch, um mich zu wundern, als mir die Studentinnen eröffneten, daß sie eigentlich alle gegen die Abtreibung seien, ausgenommen eine Kollegin, die aber nicht gekommen sei. Und was wir jetzt machen wollten.

Das fragten sie mich. Ich war sprachlos. Das verstanden sie falsch, weshalb einige erklärten, daß sie, damit die Diskussion doch zustande käme, «genausogut auch dafür sprechen» könnten. Bei der Diskussion sagten sie, die Feministinnen trieben den Teufel mit dem Beelzebub aus, wenn sie nicht gerade das Kind mit dem Bade ausschütteten.

Eine Kollegin erwähnte, daß es in São Paulo so gut wie keine Frauenbewegung gäbe, im Gegensatz zu Rio, wo ja weniger gearbeitet werde, alle nur am Strand liegen würden, wodurch sie eben viel Zeit hätten für alle möglichen Ideen.

Müdigkeit macht arglos und so lobte ich die Beobachtung dieser Studentin. Ich hatte zunächst geglaubt, daß sie darauf hinweisen wollte, wie wichtig viel freie Zeit sei, um zum Denken zu kommen. Als mir mein Fehler auffiel, versuchte ich ihn zu berichtigen, indem ich auf einige Argumente für die Freigabe der Abtreibung hinwies, die sie nicht erwähnt hatten. Sie nickten. Ich war niedergeschlagen. Wieso widersprachen sie nicht? Wenn sie einer Rede, auch wenn sie vernünftig ist, ohne Zweifel vertrauen, dann ist das kein Sieg der Vernunft, sondern der Ergebenheit, der Unterwerfung. Es gibt auch eine Unterwerfung unter vernünftige Ideen, diese einmal empfangene Lehre fiel mir eigentümlicherweise nun wieder ein. Es bleibt die Unterwerfung, und zuletzt triumphiert immer die Unvernunft, da sie mit Sich-Unterwerfenden besser umgehen kann.

Wenn ich die Studentinnen nun auch darauf hinweisen würde, täte ich dies wieder mit der Autorität, die ich vor ihnen als Lehrer habe, und unterwerfe auch diesen Gedanken derselben Unterwürfigkeit. Dazu war mein Mißfallen zu interesselos, dazu fehlte mir der missionarische Eifer, dazu war ich zu müde. Ich war schon zufrieden mit meiner trägen Zufriedenheit, daß ich an diesen Gedanken erinnert worden war. Wenn ich ihn nicht wieder vergesse, bin ich damit – und das war der Grund meiner Zufriedenheit – möglicherweise den monotonen Widersprüchen des Wunsches nach Wirksamkeit enthoben, dieses manischen Wunsches, etwas zu untergraben, während man depressiv merkt, es dadurch nur zu unterkellern.

Ich löste die Diskussion in einer freien Plauderei auf, denn ich liebte die Studentinnen, wenn sie mir von ihrem Leben erzählten, von der Stadt São Paulo, der großen Krake, die ihre Kinder mit unzähligen Fangarmen an ihre Vergnügungen und Nöte preßt, von den Schwierigkeiten, unter denen sie studieren müssen, und von den bescheidenen Hoffnungen, auf die sie ihr junges Leben zuschnitten.

Auch wenn das alles nichts sagt, alles nichts mehr sagt. Ich liebte sie nicht zuletzt auch dafür, daß sie eines meiner Vorurteile bestätigten: nämlich das, daß Menschen, die mit Fleiß und Hingabe fremde Sprachen studieren, keine andere Fähigkeit erwerben, als auch in anderen Sprachen nichts zu sagen zu haben. Ausgenommen das, wovon der Mund ohnehin übergeht, wenn das Herz Vertrauen faßt, und das nie auch nur annähernd so reflektiert und strukturiert ist wie die Grammatik, derer er sich bedient. Die subjektive Geschichte rotiert hilflos im kollektiven Gedächtnis anderer. In der Zeit, die reicht, um eine Fremdsprache zu erlernen, kann man die Sprache Hegels begreifen, auch wenn sie übersetzt ist.

Aber im Grunde ist das alles unwichtig. Allerdings: was ist schon wichtig? Nichts ist wichtig, wichtig ist also nur das Nichts. Das Paradies wäre eine Verbesserung, aber das Nichts ist die Vollendung.

Hinaus aus dem Universitätscampus, durch das Spalier der Prostituierten und nach Hause. Mein Leben war so dürr wie das Geäst eines toten Baumes. Gespenstisch wie die zum Platzen reifen Früchte darin hingen. Alles schien wirklich unwirklich zu sein. Die Erde ist eine Scheibe brotloser Metaphern.

Ein Fortschritt war nicht zu bemerken, sofern man das als Fortschritt bezeichnen kann, was nicht zu bemerken ist.

Ich war kaum zu Hause angekommen, als Vera anrief.

«How are you?»

Es ging mir *«fine»*, aber nicht gut.

Sie fragte, ob ich für heute, später am Abend schon etwas vorhabe und nahm mein Nein als Zustimmung, sie zu treffen. Sie vereinbarte die Zeit, zu der ich sie abholen sollte und sagte, sie freue sich schon.

Ich mich auch!

Mir kam das allerdings ein bißchen hektisch vor: wir hatten gerade erst das Wochenende gemeinsam verbracht und gleich am darauffolgenden Abend trafen wir uns schon wieder.

Ich wollte nicht gleich in eine verbindliche Beziehung mit Vera schlittern, aber ich wollte diesen Abend auch nicht allein verbringen. Und im Grunde wußte ich nur das, denn heute abend ist heute abend, und wenn ich imstande gewesen wäre, über diesen hinaus zu sehen, dann hätte ich schon ganz andere Probleme nicht lösen können als die, die sich daraus ergeben können, daß man nicht weiter sieht, als das Hier und Jetzt reicht.

Auf dem Weg zu Vera sah ich an einer Straßenecke einen zerrissen gekleideten und schmutzigen Mann, der auf dem Zeigefinger der rechten Hand einen Papagei sitzen hatte. Ich fuhr langsamer und schaute, der Mann streckte mir auffordernd den Papagei entgegen, er bot ihn zum Verkauf an.

Ich brachte mein Auto abrupt zum Stehen und stieg aus, ein Hupkonzert der nachfolgenden Autos auslösend, was aber den Papagei nicht aus der Ruhe brachte.

«Wieviel kostet der Papagei?»

«Drei Baron, Chef!»

Also dreitausend Cruzeiros. Auf dem Tausend-Cruzeiros-Schein war der Baron von Rio Branco abgebildet.

«Geh, Chef, kaufst? Gutes Geschäft, ist in Ordnung, das Tier, gesund.»

«Wie alt ist er?» fragte ich, während ich den Vogel genauer betrachtete. Er war ungepflegt, das Gefieder zerzaust, die Augen waren verkrustet, aber wach und hart, geradezu dogmatisch war sein Blick.

«Jung. Ganz jung. Und gesund. In Ordnung? Ein gutes Geschäft. Nur drei Baron! Chef.»

Der Mann nahm meine Hand und führte sie in die Höhe des Papageis, dicht vor dessen Schnabel, der Papagei schnappte in einer plötzlichen Bewegung nach einem meiner Finger und hielt ihn mit dem Schnabel fest, ohne wirklich zuzubeißen. Der Mann lachte, ich bewegte meine Hand ein paarmal leicht hin und her, und der Papagei ließ los und saß wieder so starr und unbeteiligt da, als hätte er das selbst auch nur beobachtet.

«Jung, gesund. Ist in Ordnung. Kaufst oder nicht, Chef?»

«Ist das einer, der sprechen lernt?»

«Ja, sprechen. Der kann sprechen. Jetzt noch nicht, ist noch jung, aber er kann sprechen. Klar. – Sprich!» sagte er plötzlich zum Papagei, und sofort wieder zu mir: «Der lernt's!»

«Zweitausend», sagte ich, obwohl ich schon die Geduld verlor, vor allem mit mir, weil ich aus unbegreiflichen Gründen im Begriff war, von diesem schmutzigen, nach Alkohol riechenden Menschen auf offener Straße einen völlig verdreckten Vogel zu kaufen. Auf der Straße spielten sich Schreckensszenen ab, da mein Wagen den Verkehr verstopfte, Autofahrer hupten und schimpften, sie mußten auf die Gegenfahrbahn ausweichen, von entgegenkommenden Autos angehupt und angeblendet.

Der Mann schüttelte den Kopf.

«Drei», sagte er, «ist ein guter Preis», und schon setzte er wieder zu einem Vortrag über die Qualitäten des Tieres an.

«Ist gut, ist gut», sagte ich und nestelte drei Tausender aus der Tasche, der Mann streckte das Geld ein und sagte:

«Danke, Doktor!»

Der Papagei war mit einer einfachen Schnur am Bein festgebunden, das andere Ende der Schnur war um das Handgelenk des Mannes gewickelt. Der Mann setzte den Papagei auf meinen rechten Zeigefinger.

«Halt mal fest! So nicht. So!»

Er korrigierte die Haltung meiner Hand. «So!» Er wickelte die Schnur um mein Handgelenk, sagte «Tschau, Doktor!» und war weg.

Ich stand da und schaute verwirrt auf den Papagei auf meiner Hand, der mich befremdet anstarrte. Als ich ins Auto einstieg, begann der Papagei wild zu flattern, ich bekam Angst und stieß meinen Kopf am Türrahmen, der Papagei versuchte wegzufliegen, wurde aber von der Leine abrupt gestoppt, stürzte ab und hing hilflos an der Schnur. Ich setzte ihn wieder auf meine Hand, er flatterte auf und ins Auto hinein, fiel auf den Fahrersitz, fast hätte ich mich auf ihn gesetzt. Ich schubste ihn auf den Nebensitz, mein Kopf schmerzte, auf meiner Stirn standen Schweißperlen.

Ich löste die Schnur von meinem Handgelenk und machte sie am Griff der Beifahrertür fest. Der Papagei flatterte wieder auf und setzte sich auf die Sitzlehne. Dort blieb er sitzen, verkrampft und starr, so ruhig er während der Autofahrt konnte. Es schien, als hätte er beschlossen, sich mit der ihm neuen Realität abzufinden, so lange, bis er sie verstanden hatte.

Der Zelador sah skeptisch den Papagei an, der skeptisch den Zelador anblickte.

«Dona Vera erwartet mich!»

Vom *«Pois não»* bis zum Drücken des Liftknopfes wieder dasselbe Ritual. Ich war plötzlich guter Laune, ohne mich allerdings beteiligt zu fühlen.

«Ich habe dir etwas mitgebracht!» sagte ich, als Vera die Tür öffnete.

«Ein Arara! Schöööön, so schööön!» sie sang es fast. «Der ist für mich?»

«Ja», sagte ich, «er heißt Lukács!»

Sie verstand den Namen nicht gleich, und ich mußte ihn wiederholen.

«Lukács? Wieso heißt er Lukács?»

Wenn sie nicht verstand, warum, dann konnte ich es auch nicht erklären.

«Das ist eben sein Name!» sagte ich. «Du solltest ihn morgen zum Tierarzt bringen und schauen, ob er in Ordnung ist. Ein Bad würde ihm auch guttun!»

Sie sagte, sie würde am nächsten Tag ihr Mädchen mit Lukács zum Tierarzt schicken. Sie war ganz begeistert, schon seit einiger Zeit wollte sie einen Vogel kaufen, Kinder sollten doch mit Haustieren aufwachsen, aber eine Katze oder ein Hund seien eben sehr problematisch in einem Apartment. Es stellte sich heraus, daß sie sogar schon einen Käfig besaß. Es war ein repräsentativer, großer Zierkäfig, der sofort herbeigeholt wurde und sich gut ausmachte in der Ecke des Wohnzimmers, die die Glasschiebetür zum Balkon mit der Längswand des Zimmers bildete. In der Glastür vermischte sich die dunkle Außenwelt mit dem Spiegelbild des erleuchteten Raums, und an der Wand, neben dem Käfig, hingen einige von diesen Spiegeln, auf denen Reklame aufgemalt ist. Da hatte Lukács genug zu schauen, in seinem Käfig sah er aus wie ein reicher Mieter, der sich optimal gegen Einbrecher geschützt hat.

«Ist er nicht süß? Danke!»

Vera gab mir einen Kuß.

Ich fragte sie, wo ihr Kind sei, ob es schon schlafe.

Sie sagte, es sei heute bei seinem Vater.

Sie brachte mir ein Glas Whisky und ich fragte, was wir unternehmen wollten.

«Ich habe an etwas typisch Brasilianisches gedacht», sagte sie, «ich möchte dir so viel zeigen, du kennst ja erst so wenig von São Paulo, du bist ja erst so kurz da.»

Ich dachte schon, sie wollte mich wieder in eines dieser Samba-Lokale schleppen, wie alle, die mir «etwas typisch Brasilianisches zeigen» wollten, aber wir fuhren in ein Motel.

Auf dem Weg klärte sie mich darüber auf, daß ein Motel in Brasilien nichts mit dem zu tun hat, was man eigentlich unter einem Motel versteht.

«In Nordamerika ist das eine Möglichkeit, billig zu übernachten, wenn man mit dem Auto reist. Hier nicht!» sagte sie und erklärte: in Brasilien fahre man in ein Motel ausschließlich um zu vögeln, wenn man es aus irgendeinem Grund nicht zu Hause machen kann oder will. Alles in den Motels sei auf körperlichen Genuß ausgerichtet, es gebe Motels mit kleinen Swimmingpools im Zimmer, mit Whirl-Pools, Sauna, Tanzfläche und flackernden bunten Lichtern, oder mit allem zusammen, Video mit Pornofilmen, runde Betten, vibrierende Betten, Wasserbetten, alles was man sich nur vorstellen könne.

Ich konnte mir natürlich nichts vorstellen, ganz abstrakt schwebten mir im grauen, nein, pastellenen Weihrauch meiner bemühten Phantasie Tempel entfremdeter Sexualität vor, denen gegenüber die Wiener Stundenhotels wie herabgekommene Wärmestuben der Heilsarmee verblaßten.

An der Peripherie von São Paulo befände sich ein Motel neben dem anderen, mit Namen wie «Swing», «Paradise», «Harmony», «L'Amour», «Desirée», sozusagen ein Unkeuschheitsgürtel um die Stadt. Ich war gespannt.

Nicht daß mir alles zunehmend unwirklich vorkam, auch wenn ich ein sich verstärkendes Gefühl spürte, das ich zunächst so interpretierte. Es war eher so, daß alles geradezu radikal verwirklicht schien. Jede Einzelheit war plötzlich ganz klar einer jeweils einzigen Funktion zugeordnet und alles zusammen verwoben zu einem geschlossenen System, in dem die Vielfalt der Dinge und der Reichtum ihrer Bedeutungen und Bedeutungslosigkeiten zu einer Einheit verbunden waren, die individuell zu verwirklichen dann nur noch ein tautologischer Akt sein konnte. Es war alles eins. Auto, Mauer, Papiere, Worte, Garage, Bett, Fernsehapparat, Schwimmbecken, Klimaanlage, überhaupt Sonne, Mond und Sterne, alles, alles Wirkliche und Unwirkliche, das wirklich mit Worten bezeichenbar und auseinanderhaltbar war, war auseinandergehalten bloß durch die bezeichnenden Erfahrungen einer widersprüchlichen persönlichen Geschichte, während sie sich in Wirklichkeit – wenn man keine Geschichten macht – zu Einheiten formten, die sich zu einer Einheit gruppieren. Ich hätte mir längst denken müssen, daß es nicht der Wert ist, den man einer Sache beimißt, auch nicht die Funktion, die man ihr zuschreibt, nicht der Gebrauch, den man von ihr macht und nicht die Situation, in der man sie sieht, was trotz ihrer unterschiedlichen Eigenschaften ihre Einheit herstellt, sondern eine sinnliche Abfolge, in der die Konturen einer Sache nahtlos in die Konturen der nächsten passen, und so weiter, wie es bei einem richtig zusammengesetzten Puzzle letztlich egal ist, welches Bild es schließlich zeigt. Nicht daß Sexualität das Wort wäre, in dem die Unterschiede sich aufheben und eins werden und das die Vereinigung bezeichnet, sondern sie ist auch nur ein Wort, das zur Illustration auf das Puzzle aufgedruckt ist. Das alles aufhebende Wort selbst gibt es nicht, es ist auch eins. Es gibt nur den Blick. Und mit diesem Blick ist man gegenüber den verschmolzenen Konturen der Dinge plötzlich ein Spiegel, in dem sich die äußere Einheit abbilden soll, aber gerade da wird der Spiegel blind.

Ich sollte das alles natürlich nicht schreiben, da ich es mir damals ja nicht wirklich gedacht habe, auch jetzt denke ich es nicht, es ist nur so, daß ich mich nicht so genau erinnern kann, nur dieser Nebel und dieses Gefühl, das ich zunächst für ein Fühlen von Unwirklichkeit hielt, und daß ich dann dachte: nein, das ist es nicht, im Gegenteil. Und Teil und Gegenteil ergeben eben das Ganze.

Wir fuhren die Consolação, dann die Avenida Rebouças hinunter zur Marginal, wir glitten in einem Strom von Autos, es war schön, dieses Gleiten, wie ein Versprechen.

Dann die Marginal, Richtung Santo Amaro, über die Brücke hinweg auf die andere Seite. Der Nebel. Da leuchteten auch schon die Neonschriften der Motels, eine neben der anderen.

Eine hohe Mauer, eine Einfahrt. Wir hielten an einer Mischung aus Wächterhäuschen und Autobahn-Mautstelle. Wir mußten die Ausweise abgeben und uns zwischen «Standard», «Spezial», «Luxus» und «Präsidentensuite» entscheiden. Dann bekamen wir den Schlüssel. Im Schrittempo fuhren wir ein langgestrecktes Gebäude ab, an dem sich eine Garageneinfahrt neben der anderen befand, jede mit einer großen leuchtenden Nummer. Bei den besetzten Apartments waren die Garagen durch heruntergeklappte Türen verschlossen.

Wir fanden unsere Nummer, fuhren in die Garage. Ich stieg aus und sah eine offene Tür. Ich ging hinein und tastete nach dem Lichtschalter. Das Licht war violett.

Der Mann rollte hilflos mit den Augen, um seine Ekstase auszudrücken, während die Frau mit jener Hektik, die Gier und Unersättlichkeit bedeuten sollte, seinen Schwanz saugte und lutschte und küßte, an ihm herumzüngelte und ihn sich wieder mit hämmernden Kopfbewegungen in den Mund stieß.

Ich lag mit hochgelagertem Kopf auf dem Bett und Vera kauerte neben mir, so verfolgten wir diesen Videofilm, in dem die Frau pausenlos den Schwanz des neben ihr liegenden Mannes mit ihrem Mund abarbeitete, in einer wilden mechanischen Geilheit, die so simpel war, wie der erste Hebel, und zugleich so überzüchtet wie die große Industrie.

Plötzlich beugte sich Vera über mich und begann wie verrückt meinen Schwanz mit dem Mund abzureiben, zu saugen und zu kauen. Das Leben ist eine ungeheure mimetische Anstrengung.

Ich würde lügen, wenn ich sagte, daß ich es nicht genoß. Aber mich störte: ich konnte es nicht genießen.

Rechts neben dem Bett ein Spiegel, an der Zimmerdecke ein Spiegel. Ich blickte auf den Videoschirm, auf den Spiegel neben mir, auf den Spiegel über mir, ich blickte an mir herab. Bin ich das, oder das, oder das?

Sex ist offensichtlich auch eine Auflösung des Ichs, also der Einsamkeit beziehungsweise der widersprüchlichen Partikularität, die das Ich in Metaphern auflöst, die feste Konturen haben, so daß der Wunsch nach Entgrenzung in den richtigen Platz eines größeren Bildes hineingesteckt werden kann, wo er, der Wunsch, dann weniger begrenzt erscheint.

Deshalb befriedigt Sex nicht: weil er viel mehr hält, als man sich davon versprochen hat. Versprochen hat man sich einen körperlichen Genuß, eine einfache Entgrenzung oder Verschmelzung, aber dann hält der Sex zuviel und man kann sich vor lauter Gehalten-Werden gar nicht befreien. Das Fleisch wird Wort und im Wort muß man beiwohnen. Die Frau auf dem Video-Schirm nahm den Schwanz des Mannes in die Hand, aber doch konnte sie es nicht, denn der Mann sagte: «Aaahh, das ist ein Steifer!» und so konnte sie ihn nur beim Wort nehmen, und Vera hielt meinen Schwanz und mußte unbedingt sagen: «So ein guter, dicker Schwanz!» und so mußte sie Wort halten.

Ich lag auf dem Rücken und blickte auf den Spiegel neben mir, über mir, auf den Video-Schirm, die Schauspieler liebten viele Worte, also auch wir, ich benutzte das nächstbeste Stichwort, um Vera das Wort aus dem Mund zu nehmen und mit ein paar ruckartigen Sätzen einen vorläufigen Punkt zu machen.

Ich glaube nicht, daß ich etwas unterstelle, wenn ich sage, daß wir wie zwei blinde Spiegel aneinanderrieben. Unser Vergnügen war, nachher zu preisen, was wir vorher ersehnt, dann nicht errungen, aber formal erfüllt haben.

Wir lagen ruhig nebeneinander und sahen uns über den Spiegel an der Zimmerdecke an und lächelten. Ich streckte mich und berührte versehentlich einen Knopf am Kopfende des Bettes, worauf das Bett surrend zu vibrieren begann. Vera lachte, und ich fühlte mich plötzlich geradezu heimelig in der Absurdität, die vibrierend zu einem Gefühl stockte, das so war, als könnte man fast in die Zukunft schauen. Sie ist ein Rückblick in keine Vergangenheit.

Vera nahm eine Zigarette aus ihrer Packung, ich sagte, ich möchte auch eine.

«Warte, ich habe etwas Besseres zum Rauchen!»

Über dem Aschenbecher wuzelte und zupfte sie den Tabak aus der Zigarette, bis nur noch die leere Papierhülle, mit dem Filter dran, übrig war. Dann nahm sie ein Briefkuvert aus der Tasche, öffnete es und ließ mich riechen. Marihuana.

«Der Stoff ist sehr gut. Noch besser als das letzte Mal!»

Sie schüttete einen Teil auf die Speise- und Getränkekarte, die sie vor sich aufs Bett gelegt hatte, und zerkleinerte geduldig die getrockneten Blätter, zwischen ihren Fingern reibend, bis sie ein Häufchen feines Pulver waren. Dieses zog sie mit der leeren Zigarette wie mit einem Strohhalm auf, bis die Zigarette fast voll war, drückte die Öffnung zusammen und brach den Filter ab.

«Das Problem hier in Brasilien ist das Zigarettenpapier, weißt du. Es gibt hier einfach kein anständiges Papier. Meines, das ich aus Argentinien mitgebracht habe, ist leider schon aus. Aber man findet immer einen Dreh!»

Sie kniff die Augen zusammen, als sie den Joint anzündete, und inhalierte gierig den ersten Zug.

Die Gier. Sie ist das Nachbarsteinchen zur Gier in dem großen Bild der Einheit.

Ich war auch gierig, nur wußte ich nicht, wonach. Vielleicht nach Erdbeeren, wenn ich daran gedacht hätte und nicht gewußt hätte, daß sie mich auch nicht befriedigen.

Ich mag den Geruch von Marihuana nicht. Er erinnert mich an Scheiße, auch wenn der Geruch von Scheiße mich eigentlich nie an Marihuana erinnert.

Wir setzten uns in das warme Wasser des Pools und rauchten. Plötzlich bemerkte ich, daß der Video-Film noch immer lief, beziehungsweise schon ein anderer.

«Fick mich, ja, fick mich!» rief die Frau.

Ich schaute hin, wie auf ein Opferritual, während wir rauchten wie in einer heiligen Handlung.

Mir fiel ein, daß ich einmal von einem gelesen hatte, der in Freudenhäusern betete und in Kirchen lachte.

«Ich bete dich an!» sagte ich zu Vera. Eigentlich wollte ich kichern.

«Liebst du mich?» fragte sie.

«Liebst du mich?»

«Ich will von dir hören, daß du mich liebst!»

«Ich will von dir hören, daß du mich liebst!»

«Lukács!» sagte Vera.

Jetzt mußte ich lachen. So war es richtig.

Nach einer bestimmten Zahl von Stunden öffnen sich die Augen. Die Hände liegen auf der Decke wie aus Wachs modellierte Tiere. Durch die Ritzen der Jalousien fallen Lichtstreifen, die das Bett und die Wand schraffieren. Im Licht ist Bewegung: tanzender Staub.

Fetzen von Körpern, Landschaften, Händen und Augen, Linien und Farben, die an nichts erinnerten, erschienen vor ihm, stiegen empor und entschwanden, als ob sie von einer Spule in Höhe seiner

Kehle abgehaspelt würden. Er hatte die Erfahrung gemacht, oder gelesen, daß dies, wenn eben möglich, gestoppt werden müßte, bevor die tieferen Schichten abgerollt würden. Die Hände, die er vor sich auf der Bettdecke liegen sah, gehörten ihm: er konnte sie bewegen, wenn er wollte. Er wollte aber nicht, also gehörte er sich nicht. Aufstehen, duschen, anziehen, zur Uni fahren, alles machte er mechanisch, sein Kopf begann zu arbeiten, sein erster Gedanke war: seltsam, ich denke gar nichts. Er – nein: ich, das war «ich», aber ich war von mir ebenso weit entfernt wie von zu Hause, wo immer das ist, zu weit, um mich zu beobachten, zu weit, um einzugreifen, ich war fortgegangen und mußte mich geschehen lassen, er also machte automatisch seine Arbeit, er hielt eine Vorlesung, die er wie ein Gerät abspielte, er fühlte sich wie eine Maschine, das heißt, den Menschen überlegen und unterlegen.

So geistlos er auch war, so war in seinem Inneren doch zugleich heftiger Aufruhr, ein Maschinensturm.

Das ist natürlich ein unkontrolliertes Bild, was aber keine Rolle spielt, da es ohnehin nichts bedeutet. Auch die kontrollierten bedeuten nichts, das heißt sie haben höchstens autonome Bedeutung, also keine für die Realität, die sie bebildern.

In seinem Arbeitszimmer traf er natürlich Monika Ahrens, und sie wechselten einige Worte, sie wechselten gespreizte Worte gegen Entfremdworte, was immer die sind.

Schließlich sagte Monika, daß sie hungrig sei, und Roman sprach wie in einem Reflex den Vorschlag aus, in irgendein Lokal in Uninähe zu fahren und gemeinsam etwas zu essen.

Sie schnalzte zweimal rasch mit der Zunge (die brasilianische Vokabel der Verneinung) und sagte, daß sie heimfahre, sie habe «avisiert», daß sie zu Hause essen werde.

«Aber du kannst gerne mitkommen», lud sie ihn auf wenig einladend klingende Weise ein.

Er sagte «Ja, gern» zur allgemeinen Überraschung, die aber vielleicht nur in ihm herrschte. Warum machte er das? In seinen Vorstellungen war kaum die Möglichkeit vorgesehen, daß ein gemeinsames Mittagessen mit Monika Ahrens ihn interessieren würde, noch dazu bei ihr «zu Hause». Es war sicher auch die Angst vor dem Allein-Essen, Allein-Bleiben, sich ganz zu verlieren, so sehr, daß es keinen Unterschied mehr ausmacht, ob man schläft, wach oder möglicherweise tot ist.

Sie wohnte in Brooklin, dem Viertel der deutschen Einwanderer, im Haus ihrer Mutter, ihr Vater war schon gestorben.

Von Brooklin hätte er dann wenigstens nicht weit zu sich nach Hause, in die Granja Julieta, das Nachbarviertel.

Sie gingen zu ihren Autos, sie fuhr voraus, in ihrer Fusca, dem VW-Käfer, ein Abbild bürgerlichen Wohlverhaltens, Blinken bei jedem Fahrspurwechsel, Beachten sämtlicher Geschwindigkeitsbegrenzungen, die deutlichen Drehungen des Kopfes bei jedem Blick in den Rückspiegel, die zögernd flackernden Bremslichter nach den Verkehrszeichen «Gefahr» oder «Fahrbahnverengung», das behutsame, schonende Hineingleiten und Herauskriechen des Autos bei Straßenlöchern, er fuhr hinter ihr her, ganz mechanische Nachahmung.

Ihr Haus: verglichen mit einem Apartment mochte es den Vorteil für sich beanspruchen, eben ein Haus zu sein, aber verglichen mit einem Haus hatte es den Nachteil, nur eine kleine, unbequeme, finstere Schachtel zu sein. Vielleicht eine von jenen Schachteln, in denen manche ihren persönlichen Kleinkram verschwiegen aufbewahren, wodurch sie zu ihnen eine innige ideosynkratische Beziehung wie zu einer Schatztruhe oder zu einer Schmuckschatulle bekommen. Aber ihm schien, daß dieses propere Kleinhäuschen, eingepaßt in eine Straßenreihe gleicher Häuser, harmonisch die Nachteile eines Hauses mit denen eines Apartments verband, ohne die Vorteile des einen oder anderen haben zu können. Der kleine Platz vor dem Haus war kein Garten, sondern eine betonierte Fläche, um als Autoabstellplatz dienen zu können, damit das Auto von der Straße wegkommt, was sicherer sein sollte, ohne daß es aber wirklich geschützt oder auch nur praktisch gewesen wäre.

Die Sala war dunkel und muffig, das einzige Fenster ging zur Straße hinaus, weshalb stets die Vorhänge zugezogen bleiben mußten, es könnte sonst jeder hereinsehen.

Eine alte Sitzgruppe mit Schondeckerln auf den Armlehnen. In dem einen Fauteuil saß eine alte Frau, die, die Brille abnehmend, aufstand, als Monika und Roman hereinkamen. Ein wuchtiger Bücherkasten mit einigen Buchclubbüchern und Reader's-Digest-Nummern, die, mit ihrem Reihencharakter ein ganzes Brett einnehmend, aussahen wie die Gesamtausgabe eines produktiven Schriftstellers. Daneben eine hölzerne Musiktruhe, die in den fünfziger Jahren wohl ein Symbol beginnenden Wohlstands gewesen sein muß, heute aber dastand als trutziges Monument der Erinnerung daran, daß man etwas schaffen wollte. Daß sie funktionslos geworden war, sah man daran, daß auf ihr, dort wo man sie öffnen mußte, um den eingebauten Plattenspieler zu bedienen, nun ein Fernsehapparat stand. Der Fernsehapparat war eingeschaltet, man sah den Staatspräsidenten Brasiliens mit einem zweiten Herren gemessenen Schritts und maskenhafter Miene eine Militärparade abschreiten.

«Ich sehe mir gerade den Staatsbesuch an! Es ist zwar nicht so schön wie damals die englische Königshochzeit, aber man will ja...» – «Das ist mein Kollege Roman Gilanian, ich habe ihn zum Essen mitgebracht. Das ist meine Mutter!» sagte Monika.

Sehr erfreut, sagte die Mutter. Die Ähnlichkeit mit ihrer Tochter war unverkennbar. So wie Monika könnte auch sie ihre eigene Mutter sein. Es begann eine Unterhaltung. Wie lange sind Sie schon in Brasilien? Von wo aus Deutschland kommen Sie?

Roman sagte, er komme aus Österreich, aus Wien.

«Das hätte ich mir gleich denken können, bei Ihrem Dialekt!»

Sie sagte, daß sie und ihr Mann aus Hamburg gekommen seien, «die Zeiten waren damals drüben so schlecht», dumpf fragte sich Roman, wann sie nach Brasilien ausgewandert sein mochten, wann «die Zeiten drüben so schlecht» für sie gewesen sein mögen, vor oder nach dem Krieg.

«Das sind meine beiden anderen Töchter!» sagte die Mutter, indem sie die Brille aufsetzte und auf Bilderrahmen deutete, die auf dem Sims eines falschen Kamins standen. Roman stand auf, ging zum Kamin und sah die Fotos an. Plötzlich stand die Mutter neben ihm und erläuterte die Fotografien.

«Das ist Andrea, meine älteste Tochter!» – eine Frau in mittleren Jahren, eiserne Gattin und Mutter.

«Sie ist noch in Deutschland geboren!» – Also doch nach dem Krieg ausgewandert. Seitlich in den Rahmen waren zwei Automatenfotos hineingesteckt.

«Meine Enkelkinder! Andrea ist schon verheiratet. Gut verheiratet, Gott sei Dank. Mit einem Arzt. Sie selbst ist auch Ärztin. Alle meine Kinder haben studiert. Das war das einzige, was wir machen konnten. Was wir ihnen mitgeben konnten. Es war nicht leicht, aber man will ja für seine Kinder – und das ist mein verstorbener Mann, ach ja –» ein schräg geneigter, sich förmlich ins Bild hineinneigender Kopf, in der Art, in der Fotografen früher gern die Köpfe drapierten, die sie fotografierten, harte, strenge Augen, aber ein sehr fleischlicher, lüsterner Mund, ein Widerspruch, den die Nase ausglich: sie schien Erfolge zu wittern, die mit der Härte seines Blicks errungen und mit der Lüsternheit seines Mundes genossen werden konnten.

«Mein Mann hat immer gesagt – und das ist Irene!»

Die Mutter sprach ihre Sätze nie fertig, wenn sie merkte, daß Roman schon das nächste Bild betrachtete. Roman sah die Mutter an, wie durch eine Nebelwand. Er hatte Kopfweh.

«Was hat Ihr Mann immer gesagt?»

«Wie? Ach ja!» Die Mutter schien glücklich. «Er hat immer gesagt, wenn er hätte studieren können, hätte ihm alles offengestanden. Aber er hat nicht studieren können, die Zeiten sind so schlecht gewesen damals. Und wie wir hierhergekommen sind, da hat man hier Fachkräfte gesucht, qualifizierte Köpfe, studierte. Die wurden mit offenen Armen empfangen. Aber mein Mann hat nicht studiert, er hat nur gelernt, ich meine, er hat nur eine Lehre gehabt.»

Diesen Satz muß ich mir merken, dachte Roman, nicht studiert, nur gelernt, das ist unglaublich. Er sah die Mutter an, die «Ach ja» sagte und fortfuhr:

«Und das ist Irene!»

Deren Gesicht sah aus wie eine Echowand: sie hatte nicht den harten Strichmund ihrer Schwestern und ihrer Mutter, sondern den ihres Vaters in einer sensibleren, verinnerlichten Variante, ihre Augenbrauen waren nicht so wie bei ihren Schwestern gezupft, und mit ihrem Wuschelkopf, der Nickelbrille und ihrer gelben Plastik-Tramperjacke hatte sie irgendwie das studenteske Aussehen der Siebziger-Jahre-Studenten. Aber doch auf eine sehr oberflächliche, unbestimmte Weise, man konnte sich vorstellen, daß dieses Gesicht von den folgenden Zeitgeistformen jeweils anders modelliert werden könnte. Sie stemmte sich offenbar nicht gegen die Zeit, sie warf sie zurück, so wie ein Spiegel seine Bilder. Wer sie zerbricht, hat sieben Jahre Unglück.

«Sie hat Dolmetscherin studiert, in Heidelberg. Sie ist Diplomdolmetscherin. Sie ist auch verheiratet, aber leider nicht so gut, ihr Mann studiert noch, so ein ewiger Student, wie man sagt», sie kicherte, «aber man hofft doch, daß es ihr gutgeht. Sie ist nach dem Studium in Deutschland geblieben, genauso wie Andrea. Nur die

Monika ist hiergeblieben, aber die ist ja auch hier auf der Universität untergekommen, eine schöne Stelle!»

Roman sah zu Monika hin, die starr auf der Bank saß, mit spitzem Mund rauchte und prüfend ihn und ihre Mutter beobachtete. Plötzlich wußte Roman, daß sie die ganze Zeit über so geschaut haben mußte, prüfend. Sie wollte sehen, wie weit er das alles akzeptieren würde. Aber ihm schien, daß die wenigen Schritte, die sie von ihrer Mutter und ihm entfernt saß auf ihrem Beobachterposten, keine kritische Distanz ausdrückten. Monika wollte, daß er das alles akzeptierte, so wie sie selbst, denn «was will man machen».

Roman fühlte sich wie von Sinnen, das heißt taub, stumm, blind, ruchlos. Er konnte nichts mehr aufnehmen, er war hier falsch, fremd, absurd. Als wäre er in einen strenggewebten, unverbrüchlichen Text geraten, von Ionesco, unter dem Pseudonym Wilhelm Raabe. Nur ohne deren biedere, geschweige denn hinterhältig-zynische Heiterkeit.

Was machte er hier? Aber was machte er woanders? Und was machte er hier, abgesehen von diesem konkreten Hier?

«Tja», sagte Monika und drückte ihre Zigarette aus. Das waren nicht einmal mehr Metaphern.

Die Fremdheit ermöglicht nicht das Erkennen, sondern nur das Erkennen der Fremdheit. Die Distanz ermöglicht nicht einen Blick auf das Ganze, sondern nur einen Blick auf noch mehr Einzelheiten. Tritt man wieder näher, werden sie groß und drohend und absurd und beschränkt und allmächtig, und man hat damit nichts zu tun und will weg.

Das Wohnzimmer ging L-förmig in das Eßzimmer über, daneben die Küche, die Küchentür war offen, und von Romans Platz am Tisch sah er den Kühlschrank, er war metallgrau und sah aus wie ein Safe. Das hat aber weiter keine Bedeutung.

Roman gegenüber saß die Mutter, rechts neben ihm Monika. Neben dem Kopf von Monikas Mutter ein Vogelkäfig in Form eines großen Astronautenhelms, aufgehängt auf einem galgenförmigen Ständer. Darin zwei blaue Wellensittiche, so blau wie die Augen der Mutter. Roman sah diese beiden Dinge, das Gesicht der Mutter und den daneben hängenden Vogelkäfig, das ewige besorgte Wiegen des Kopfes und das leichte Schaukeln des Käfigs, wie etwas, das er doppelt sah und durch Synchronisierung der Augen zur Deckung bringen mußte. Starr und entgeistert sah er auf die hüpfenden Augen der Mutter, nein, die hüpfenden Wellensittiche, auf das bedächtige Wiegen des Käfigs, nein, des Kopfes, bis er tatsächlich den Kopf im Käfig sah, das Gesicht der Mutter hinter Gittern.

Die Mutter seufzte.

Das alles will etwas bedeuten, aber es bedeutet nichts. Es will nur.

«Es ist leider nichts Besonderes, das wir heute zum Essen haben, aber ich habe ja nicht gewußt, daß Sie kommen!»

Roman beeilte sich, das Essen zu loben. Am liebsten hätte er alle zur Eile angetrieben, um diese Mahlzeit schneller zu beenden, damit er endlich gehen konnte. Aber nicht einmal seine eigenen Bewegungen, steif und apathisch, verrieten seine Hast.

Auch Monika und ihre Mutter fühlten sich fremd. Sie konnten natürlich auch nicht zu Hause, also bei sich, sein, da ja ein Gast da war. Nicht daß ein penetranter Eindruck herrschte, daß sie sich unnatürlich und gezwungen gaben, aber so wie sie waren, wie sie sprachen und sich bewegten, konnten sie natürlich auch nicht sein. Es war vielleicht eine Unnatürlichkeit, die in solchen Situationen schon so eingübt war, daß sie fast schon wieder natürlich erschien.

Jetzt begann die Mutter zu krächzen.

Nein, die Vögel. Die Mutter fragte ihre Tochter «wie es heute war», und Monika begann zu erzählen, es klang wie ein jubilierendes Klagen. Sie kletterte von den Tiefen zu den Höhen des Lebens und umgekehrt über eine Tonleiter, die die Gegensätze des Lebens, hauptsächlich sind dies: Freud und Leid, immer wieder zusammenführten.

Das Leben besteht aus zwei einander gegenüber befindlichen Spiegeln, Freud und Leid, und zwischen ihnen multipliziert sich alles ins Unendliche, zumindest, so weit das Auge bricht.

Monika klagte über die viele Arbeit. Natürlich wird sie mehr, wenn sie versucht, sie zu meistern. Aber Gott sei Dank sei der nächste Montag ein Feiertag, und da sie Freitag nicht unterrichte, könne sie ein langes Wochenende ans Meer fahren, von Donnerstag nach der Arbeit bis Dienstag in der Früh, wie nötig sie das habe und wie sehr sie sich darauf freue! Aber ach, wieviel Arbeit da liegenbleiben werde. Aber zumindest die Prüfungsarbeiten könne sie mitnehmen, um sie zu verbessern, obwohl sie eigentlich einmal ganz abschalten müßte. Aber im Urlaub, besonders am Meer, seien ja die

Tage so lang, da werde sie auch endlich, endlich dazu kommen zu lesen, was sie sich schon so lange zu lesen vorgenommen habe. Das werde sie genießen. Aber das Lesen tue ihren Augen nicht gut, es sei schrecklich, wie ihr heute die Augen wieder schmerzten. Sie habe gestern vorm Einschlafen noch gelesen, und heute wieder dieser Druck auf den Augen, noch dazu scheine heute nicht die Sonne, und diese Polution, ach sie brauche doch die Sonne, die tue ihren Augen so gut. Allerdings helfe sie nicht für ihr Rückgrat, ihr Arzt habe ihr empfohlen auf dem Bauch zu schlafen, was sie ja mache, aber gestern, durch das Lesen vor dem Einschlafen, sei sie prompt auf dem Rücken eingeschlafen, und wie ihr heute das Rückgrat wieder schmerze! Heute, im Unterricht, habe sie gar nicht mehr vor den Studenten stehen können, sie mußte sich niedersetzen. Aber ein paar Tage am Meer, auf dem warmen Sand, werden sie entschädigen. Eigentlich könne sie sich den Urlaub gar nicht leisten, es sei ja unglaublich, wie teuer alles geworden sei, was das alles koste: ein Hotel – im Grunde unbezahlbar. Aber Gott sei Dank falle das lange Wochenende auf den Monatsbeginn, und da habe sie schon ihr Gehalt mit der Erhöhung, endlich könne man sich wieder etwas leisten, man müsse sich ja ab und zu etwas leisten. Aber eigentlich dürfe man sich gar nichts leisten, die Inflation betrage 130 Prozent und sie bekäme nur 90 Prozent Korrektur, wo solle das hinführen, wo solle das enden. Aber was will man machen. Man müsse ja heutzutage schon froh sein, eine Arbeit zu haben, und wie froh sei sie, noch dazu diese zu haben, auch wenn sie immer schwieriger werde, heute zum Beispiel hätten die Studenten...

Ich weiß nicht, wie ich auf die Schnapsidee kam, zu sagen, daß ich auch vorhätte, das lange Wochenende über ans Meer zu fahren. Vielleicht nur, um irgend etwas zu sagen. Ich wollte weg, weg von hier, von diesem Tisch, diesem Käfig. Es war ich, der das wollte. Weg von den vielen Gottseidanks und Achs.

Es war eine simple, aber dennoch befremdliche Assoziation, daß ich mir plötzlich Monika in einem Bikini am Strand vorstellte. Ich dachte, daß sie eigentlich hübsch sein müßte, hübscher als in ihrer professoralen Kluft, vielleicht immer noch mütterlich und jungfräulich, aber nicht mehr so bieder.

Ich konnte es mir natürlich nicht wirklich bildlich vorstellen, bloß so schemenhaft, und die Worte gaben mir den Rest. Ich konnte gar nicht mehr staunen, ich war schon zu lange in der Fremde, so heimisch sie sich auch manchmal macht. Außerdem führt das anfängliche Staunen vor allem Fremden höchstens zu Verwechslungen, und selbst die vergißt man, wenn das Staunen abklingt.

Am Nachmittag rief Norbert an und fragte, ob ich am Abend zu einem Jazzkonzert mitkommen wolle. Eine deutsche Gruppe spiele im MASP, dem Museum für moderne Kunst auf der Avenida Paulista. Beatriz habe ihn angerufen und darauf aufmerksam gemacht und ausdrücklich gesagt, er solle auch mich anrufen und fragen, denn das werde mich sicher interessieren.

Ich lag gerade auf dem Bett, döste und rauchte und hörte Norberts Stimme aus der Ferne. Ich fragte mich, wie weit es wohl noch bis zu der Bewußtlosigkeit ist, in der man nicht einmal mehr automatisch den Hörer abhebt, wenn das Telefon läutet.

«Und? Was ist? Kommste mit oder nicht? Die Beatriz ist schon ganz scharf auf dich, hier!»

Das konnte ich mir natürlich ebensowenig vorstellen, wie irgend etwas anderes. Ich sagte, ja, das Jazzkonzert interessiere mich, ich käme gern mit.

Ob es mich wirklich interessierte ist natürlich so uninteressant wie mein Interesse an Literatur, egal, welche Autoren ich gerade nicht las, oder an Liebe, wo auch immer ich sie gerade nicht fand. Ich war auch interessiert am Leben im Allgemeinen: ich steckte Zitronenkerne in Blumentopferde und pflegte die kleinen Pflanzen, die daraus wuchsen, mit all meiner Zuneigung und neugierigen Ergriffenheit, bis sie wieder eingingen. Ich hatte viele Interessen, ich hatte sie in allen Möglichkeiten, in Wirklichkeit hatte ich mein Interesse an meinen Interessen längst verloren.

Aber das ist ja ganz egal. Worum es geht, ist, daß die Scherben, die sich manchmal zu Einheiten zu gruppieren scheinen, die sich zu einer Einheit gruppieren, immer wieder zu Scherben zerfallen, denn es sind Scherben von etwas, das nie ein Ganzes war, und es scheint nur so, daß es ein Ganzes sein soll. Bekanntlich trügt der Schein nicht.

Aber es kann nie wirklich ein Ganzes werden, denn nichts kann etwas werden, das man als etwas Totes sieht, zum Beispiel als Scherben. Es scheint nur so, aber der Schein ist so schwach geworden. Ach, ich möchte mit Blindheit geschlagen sein und mit sensiblen Fingerkuppen über die Konturen der Ereignisse und Begierden streichen können, und dann sehen. Und dann sehen. Plötzlich geblendet sein vom schon so schwachen Schein des Zusammenhangs, geblendet die Augen schließen, einschließen ein Bild von Dauer.

Aber nein, es gibt kein Bild von Dauer, weil ich dauernd auf sich wechselnde Einzelheiten blicke, deren Schein eines Zusammenhangs Interpretationen bloß suggeriert, die sich allerdings immer als richtig herausstellen, weil jede Interpretation richtig gewesen wäre, und dann zerbricht das Bild wieder, das ich mir gemacht oder nicht gemacht habe, so ist es dauernd, bis man mir Scherben auf die Augen legt. Wer hier geteilter Meinung ist, hat diese Meinung also auch schon geteilt, was soll's, wir alle sind Mitteiler.

Das Jazzkonzert, dieser Abend, diese Nacht. Diese Worte sind große Samtüberwürfe über Ereignisse und Gefühle, die so bruchstückhaft waren, als wären sie schon im Moment des Erlebens nichts anderes als Fixpunkte bemühter, doch vergeblicher Erinnerung. Und wie ausführlich auch immer man sie zu formulieren versuchte, die Sprache der Ereignisse war nur noch die des Telegramms. Dumpf und erwartungslos warten, auf- und abgehend unter dem MASP. Ja, *unter* dem MASP. Das Museumsgebäude, ein großer Beton-Glas-Kasten, steckt zwischen vier seitlich hochstrebenden Stützsäulen in der Luft und scheint zu schweben, ein Betonhimmel zwischen dem Asphalt der Erde und dem Himmel, der vielleicht auch aus Beton ist.

Dann kam Norbert mit einer Freundin, die er als Maria vorstellte. Sie sah so hübsch und bedeutungslos aus, wie eine Schwalbe, die noch kein Schwarm ist.

Endlich kam Beatriz, sie war in der Woche, seitdem ich sie kennengelernt hatte, natürlich wieder nicht gealtert, ein unnahbares Ebenbild der Intimität.

Einige freundliche Worte, unverkrampfter, ich gab mich so, wie ich war: abwesend, und die Verkrampftheit hatte ich offenbar dorthin mitgenommen.

Das Konzert: das «Compact-Trio» aus der Bundesrepublik, eine schöne, reinigende Musik, nur wußte ich nicht: reinigend von was? Es war schön, daß sie schön war und man die Augen schließen konnte und doch an etwas teilhatte.

Das Knie. Ich saß zwischen Norbert und Beatriz. Plötzlich ein leichter Druck seitlich gegen mein Knie: das Knie von Beatriz. Ich erschrak. Breitete ich mich zu ungebührlich aus? Höflich verlagerte ich meine Beine auf die andere Seite. Später wurde mir diese Position zu unbequem und ich spreizte meine Beine vorsichtig wieder ein wenig. Und da war wieder das Knie von Beatriz an meinem. Zufall? Aber warum zog sie dann nicht ihr Bein wieder zurück, wenn es an meines stieß? Absicht? Ich konnte mir nicht vorstellen, daß ich bei Beatriz Erwartungen darauf haben dürfte, wofür mir im Zusammenhang mit ihr die richtigen Worte fehlten. Plötzlich hatte ich Angst, sie könnte mich für so unverschämt halten, daß ich es war, der diese Situation bewußt hergestellt habe, heiß und nervös beeilte ich mich, meine Beine, ohne eine große auffällige Bewegung zu machen, von ihr wegzuschieben. Es war ganz still im Raum, aber nur in dem, der unmittelbar mich umgab, das Konzert ging weiter. Ich hätte Beatriz gerne angeschaut, aber ich befürchtete, daß sie, falls sie das Knie-an-Knie-Drücken mir zugeschrieben haben sollte, auch das als weitere kindische Aufforderung interpretieren werde. Und ich wollte mich nicht noch dessen schämen, was ich tat, mir genügte es, mich dessen schämen zu müssen, was ich interpretierte. Schließlich aber blickte ich sie doch kurz an, ich bemühte mich um eine Kopfbewegung, die «wie zufällig» aussehen konnte. Beatriz hatte den Kopf erhoben, ihn in Richtung Bühne gewandt und lächelte mit geschlossenen Augen. Wie durfte ich das verstehen? Ich durfte nicht, denn sie ließ mich nicht. Ich blickte wieder zur Bühne, schloß auch wieder die Augen, die Musik begann wieder einzuströmen in meine Schädelhöhe, und da war es wieder, ihr Knie, ihr linker Oberschenkel, der unmißverständlich, aber immer noch mißverständlich genug, seitlich an meinem rechten Oberschenkel ruhte.

Ich schaute: Beatriz hatte ihre Beine weit in den Raum vor meinem Sitz hineingestreckt, es gab keine Möglichkeit mehr auszuweichen, wenn ich nicht meine Beine an die von Norbert pressen wollte. Beatriz saß leger, bequem ausgebreitet da und schien die Musik zu genießen. Jeder kleine Ruck bewirkte einen sanften Druck, so blieb es bis zum Ende des Konzerts, als ich endlich steif und verspannt aufstehen konnte. Beatriz fragte, ob es mir gefallen habe, und ihre Zähne blinkten unschuldig und der kleine Durchschlupf zwischen ihren Schneidezähnen schien so sauber, als wäre nichts dahinter gewesen.

Hunger. Alle hatten Hunger. Norbert schlug vor, japanisch essen zu gehen. Wir fuhren nach Liberdade, das japanische Viertel von São Paulo, das so aussieht wie ein Viertel von Tokio. Ich war noch nie in Tokio.

Wir nahmen im Restaurant eines von den kleinen durch Papierwände separierten Eßzimmer, zogen die Schuhe aus und legten uns an den niedrigen Tisch.

Die Speisekarte war ausschließlich auf japanisch. Aber nur ich blätterte sie durch, während die anderen lachten. Sie kannten die Namen der Speisen und hatten ihre Vorlieben. Sashimi. Akisoba. Sukiyaki. Yakizakana. Dazu Sake, den Reisschnaps.

Es herrschte natürlich ein gewisses Bedürfnis nach einer ausgelassenen Stimmung, aber sie war noch nicht so recht eingetreten. Norbert allerdings hat die Gabe, stets im richtigen Augenblick, nämlich im ersten, mit der richtigen Bemerkung, nämlich einer heiteren, das Eis zu brechen, das wenig später vielleicht von selbst geschmolzen wäre. Die Tür unseres Zimmerchens wurde zur Seite geschoben, ein Japaner erschien, um die Bestellungen aufzunehmen, mit weitauseinandergezogenem Mund über das ganze Gesicht lächelnd.

«Unglaublich, wie viele Zähne die haben, hier!» meinte Norbert. «Sechsunddreißig oben, sechsunddreißig unten!»

Ein japanisches Mädchen brachte die Eßstäbchen und heiße, feuchte Handtücher.

«Darum haben die so große Zahnstocher, hier!»

Norbert fuchtelte mit den Eßstäbchen herum. Und so heiter...

Das Füttern. Maria lag neben dem Tisch, Beatriz saß wie eine Statue im Schneidersitz, Norbert und ich fanden jeweils ein Mittelding davon, ich das unbequemere. Vom Sake schon längst betrunken als das Essen kam. Norbert begann Maria mit seinen Eßstäbchen zu füttern, Bestandteil der heiteren Stimmung. Ich fühlte mich schon wieder so starr. Rechts von mir Beatriz, links von mir der Maria-fütternde Norbert.

«Gibst du mir etwas von dem Sashimi?»

Der Sashimi-Teller war für Beatriz, so wie sie saß, nicht erreichbar. Ich klemmte also ein Stück von dem rohen Fisch zwischen meine Eßstäbchen, führte meine Hand langsam wie ein Kran in Beatriz' Richtung, die mir den Kopf entgegenneigte und die Lippen öffnete.

Nun war auch ich dazu verhaftet, zu füttern und gefüttert zu werden, so komisch es mir auch vorkam. Ich hatte plötzlich den Wunsch, so lange hier zu liegen und Reisschnaps zu trinken, bis ich mich wieder zu einem unschuldigen Kind zurückentwickelt hatte, das heißt, bis ich schlafe und winzig mich verliere in großen, abstrakten Träumen von Farben, Gerüchen und Tönen.

Als Beatriz mir einen Bissen in den Mund schob, strich sie dann mit ihren Stäbchen sanft über meine Lippen. «Das ist ja wie –» dachte ich und wußte nicht wie was, aber genierte mich für meinen Gedanken.

Nach dem Essen unschlüssiges Stehen auf der Straße vor dem Restaurant, zwischen Lampions und japanischen Schriftzeichen. Beatriz schlug vor, noch in eine Bar zu gehen, auf einen Abschlußschluck.

«Wir nicht», sagte Norbert und nahm Maria um die Schulter, und auf deutsch: «Wir gehen lieber mal bumsen!»

Dann lachte er wie ein kleiner Junge mit dem silbernen Heiligenschein seines Haares.

Wir waren alle gemeinsam in Norberts Auto in die Liberdade gefahren, Norbert brachte uns zurück zum MASP, und Beatriz und ich stiegen um in ihr Auto.

Wir fuhren in die Bexiga, ein Teil des alten italienischen Viertels Bela Vista. Unglaublich, wie viele Grenzen ich passierte.

Die Bexiga: eine Bar neben der anderen, ein Disneyland für Alkoholiker, ein Potemkinsches Dorf für die anrückenden Eroberer einsamer Herzen. Eine Duft- und Klangwolke aus Pizza und *musica popular, maconha* und dem Schmatzen der Würmer in den Äpfeln der Erkenntnis, ein Paradies.

Beatriz und ich an einer Theke: Oberflächlich in ein Gespräch vertieft, in der Tiefe uns versprechend.

Die Aggression. Die Wand hinter dem Barmann verspiegelt, so sah ich vor mir, was hinter mir lag. Ich trank Whisky, ich weiß nicht, warum. Ich sah vor mir in den Spiegel, sah hinter mir die Menge brodeln und vibrieren, in den Wogen der Musik, die unsere Worte wegspülte, so wie der Alkohol. Da tauchte ein Kopf auf, der sich durch die dichtgedrängten Menschen zwängte, wie durch Gitterstäbe, Schultern, Ellbogen, hüpfende Augen, sie sprangen Beatriz an, ein Mann, er preßte sich näher, plötzlich stand er neben Beatriz. Seine und ihre Begrüßungsworte sah ich noch im Spiegel, dann drehte ich mich langsam um.

«Das ist Roman», sagte Beatriz, und der Mann nickte nur kurz, nahm Beatriz am Oberarm, sagte etwas, Beatriz zischelte zurück, er schwieg, sie schwieg.

«Und sonst?» sagte er, mich plötzlich fixierend.

«Alles wie immer!» sagte sie, sich umdrehend.

Der Mann war von der Art, die völlig aus der Fassung zu bringen wären, würde man ihnen gegen den Strich durch das Haar fahren. Jedes seiner glatten, schwarzen, öligen Haare lag an seinem Platz, kein Kräuseln duldend. Seine Augen hüpften, als wären in seinen großen Tränensäcken Federn versteckt.

«Tudo bem?» – Beatriz.

«Tudo bem!» – der Mann.

Ich sah Beatriz an, sie wirkte glatt, kalt und hart, wie eine Eisheilige.

«*Tudo bem!*» sagte sie nochmals, es klang wie ein Tschau. Ich drehte mich wieder weg und sah auf den Spiegel, der glatte, kalte und harte Spiegel wie eine Eishöhle, davor die Flaschen der Spirituosen wie Tropfsteine. Ich sah in die Höhle des Spiegels, hinter mir flackerte Licht. Die Spiegelbilder wie zuckende Schatten. Ich war gefesselt.

«Das war mein Ex-Mann!» hörte ich Beatriz sagen, sie lehnte nun neben mir an der Theke, Schulter an Schulter.

«Ach ja?» sagte ich. «Du warst verheiratet?»

«*Yessss*. Aber wir haben uns zerstritten und beschlossen, nur noch gute Freunde zu sein!»

Ich betrachtete sie vermittelt über den Spiegel und wiederholte in Gedanken ihren letzten Satz. Wir haben uns zerstritten und beschlossen, nur noch gute Freunde zu sein.

«Willst du noch zu mir nach Hause mitkommen?» fragte Beatriz. Ihr Angebot überraschte mich seltsamerweise nicht mehr, vielleicht weil es zum unanregendsten und schlechtesten Zeitpunkt kam.

«Ich will noch etwas trinken!»

«Ich habe auch zu Hause etwas zu trinken. – Also? Gehen wir?»

Hinter dem Spalt ihrer Zähne bewegte sich ihre Zunge wie ein gefährliches Tier.

Ich ließ meinen Blick an der Theke stehen und verschwand hinter Beatriz im Spiegelbild der Menge und hinaus aus der Bar.

Die Aggression. Beatriz' Auto stand eingeknickt am Rinnstein, wie ein Betrunkener an der Theke. Beatriz fluchte lächelnd. Ich sah ungläubig auf die zwei platten Reifen, sie waren offensichtlich mit einem Messer aufgeschlitzt.

Ein *Manobrista*, der das Einparken und Bewachen der Autos von Gästen der Nachbarbar besorgte, lief aufgeregt herbei:

«Ist das Ihr Auto?» fragte er eifrig, Beatriz bejahte. Er könne aussagen, bezeugen, bot der *Manobrista* beflissen an.

«Tudo bem», sagte Beatriz abwehrend und zu mir: «Das war mein Ex-Mann!»

Er habe den Kerl gesehen, sagte der *Manobrista* hektisch. *«Tudo bem, tudo bem!»* Er habe die Nummer des Autos notiert, mit dem der Kerl weggefahren ist, sagte der *Manobrista*, Beatriz schaute die Straße hinunter, so ein Messer habe er gehabt, zeigte der *Manobrista* mit den Händen.

«*Tudo bem*, das spielt keine Rolle, morgen lasse ich das Auto holen!»

«Ich habe die Autonummer, *Senhora*, wenn die *Senhora* Anzeige machen will, ich kann aussagen, das ist seine Nummer!» sagte der *Manobrista* und hielt Beatriz seine flache Hand hin, als erwarte er jetzt Geld, aber ich sah, daß er mit Kugelschreiber die Nummer auf seiner Handfläche notiert hatte. Beatriz warf einen kurzen Blick auf die Hand des *Manobrista*, danke, sagte sie, und: alles in Ordnung!

«Wenn die *Senhora* Anzeige machen will –» da kam ein Taxi vorbei und Beatriz hielt es an, mit der Hand dem Taxi winkend, während die Hand des *Manobrista* immer noch vor ihr herumwischte.

Während auch ich ins Taxi einstieg, sah ich noch diese starr ins Leere gestreckte Hand, auf der mit Kugelschreiber eine Autonummer geschrieben stand.

«War das die Nummer von deinem Ex-Mann?»

Sie nickte.

«Und was wirst du jetzt machen?»

«Morgen schicke ich den *Boy*, das Auto holen!»

Sie wohnte in einem kleinen Haus mit Garten in der Nähe des Ibirapuera-Parks. Die Sala war der wohnliche Spiegel von Beatriz, von ihrer gereiften, altklugen Jugendlichkeit. Eine aus Altem und Edlem geschöpfte Modernität, Wohngeschichte ohne Firnis, ohne alte Spuren, gestylt. Ich sah Beatriz zu, wie sie ein Glas Whisky einschenkte. Vielleicht ist es nicht so, daß sie jünger aussieht, als sie tatsächlich ist, sondern nur irgendwie «aktueller», dachte ich. Ich weiß nicht, was ich damit meinte. Ich setzte mich in einen Schaukelstuhl vor den offenen Kamin, auf dessen Öffnung ich schaute, wie auf einen Fernsehschirm.

Beatriz drückte mir das Glas in die Hand, setzte sich neben mich auf den Boden und legte, sich an den Schaukelstuhl anlehnend, ihren Kopf auf meinen Oberschenkel.

Nun mußte ich wohl zärtlich sein. Mechanisch durch ihre Haare streichend mimte ich Zärtlichkeit, sie mimte starr das Genießen.

Die Hände und der Zerfall. Als Beatriz nackt war und sich an mich schmiegte, und ich an ihrem Körper entlangstrich, erschien sie mir plötzlich kleiner. Sie war keine kleine Frau, aber doch kleiner, als sie war. Ihr Körper: schmal, straff und elastisch, wie man wohl sagt, ausgenommen ihre Hände: erst jetzt, als sie nackt war, sah ich, daß ihre Hände, die immernackten, grob, faltig, steinalt waren. Die Haut ihrer Hände, schrumpelig und zerfurcht wie übergroße Handschuhe. Es war, als hätte sie mit ihren Fingerspitzen an das Altern wie an etwas Infektiöses angetippt und dessen Ausbreitung an den Handgelenken abbinden können. Ihr Altwerden war reine Handarbeit. Ich sah zu, wie sie mich streichelte. Ich lag mit einem Mädchen im Bett und sah den Handbewegungen einer Greisin zu, die mich liebkoste. Wieso hatte ich diese Hände nicht früher bemerkt? Sie hatte sich ausziehen müssen, damit ich ihre Hände sehe. Sie wollte nicht, daß ich schaue. Sie drückte meinen Kopf nieder, auf ihren Busen, sie schlang ihre Arme um mich und preßte mich fest an sich, sie drehte sich zur Seite und präsentierte mir ihren Rücken und rieb mit ihrem kleinen runden Po an meinem Glied. Sie rollte herum und setzte sich auf mich drauf, mit ihren Händen ungeduldig an mir manipulierend. *Yessss,* zischelte sie fordernd. Ihr Bauch war flach und hart wie die Metalltür eines Spinds im Umkleideraum ihres Sportclubs. Alles zerfiel: ich sah den Bauch, oder die Brüste, oder die Schenkel, oder die Hände, oder den Rücken, ihren Hals, ihre Beine, es schien nichts mehr zusammenzugehören, ich spürte eine trotzige Angst und ein aussichtsloses Pflichtgefühl und eine lähmende Verwirrung, als hätte ich eine skurrile Mutprobe zu bestehen, bei der Körperteile irgendeine geheimnisvolle, einschüchternde Rolle spielen.

«Was ist denn los?»

«Ich weiß nicht!»

«Hast du Angst vor mir?»

«Teilweise.»

Mein Leben war vielleicht so dürr wie das Geäst eines toten Baumes. Aber es war zugleich unendlich reich: eine unendliche Reihe von Menschen, Orten, Dingen tanzte um den toten Baum. Sie alle waren verschieden, weil es der Blick so will, während das Erleben sie uniformiert. Die Vorstellungslosigkeit ist zu beeindrucken, während die Sehnsucht rebelliert: so ist sie nicht zu befriedigen. Und die Unfähigkeit, sich in der Weite zu weiten, preßt die Menschen, Orte und Dinge zusammen zu lächerlichen Zusammenhängen, hängend an klebrigen Unds, die man hineinschiebt zwischen all das, was man neben- und nacheinander sieht.

Wäre die Geschichte nicht Ansichtssache, also eine Konsequenz des Sehsinns, gäbe es nur noch einen Wirbel von Molekülen und Atomen, und sie wären nicht unsichtbar.

Und Vera rief an und fragte, was ich am Abend machen werde.

Ich sagte, ich gehe in die *Aspirina-Bar,* Yuki, eine der Kellnerinnen, habe Geburtstag, und aus diesem Anlaß gäbe es ein Fest. Ein Fest in der *Aspirina,* sagte Vera, sei eine gute Idee. Sie fragte, ob ich mich freuen würde, wenn sie auch hinkäme. Ich sagte, es würde mich freuen. Hätte ich sagen sollen, es sei unerfreulich, wenn sie zu einem Fest in die *Aspirina-Bar* ginge oder wenn wir uns dort sähen?

Und dann rief Beatriz an. Sie erzählte, daß die Reifen ihres Wagens in Ordnung gebracht seien, sie habe auch mit ihrem Ex-Mann gesprochen, natürlich sei er es gewesen. Er sei immer noch so schrecklich eifersüchtig, aber er müsse eben lernen, mit den Tatsachen fertig zu werden. *Yessss.* Sie hoffe, daß ich mir über die Ereignisse der vergangenen Nacht keine Gedanken mache – Nein, sagte ich, ich mache mir keine Gedanken.

Sie fragte, was ich an diesem Abend vorhabe.

Ich sagte es ihr.

Sie sagte, sie würde auch gern hinkommen, ob ich etwas dagegen hätte? Ich sagte, nein. Hätte ich sagen können, daß ich etwas dagegen habe, wenn Beatriz in die *Aspirina-Bar* gehe?

Am späteren Nachmittag fuhr ich ziellos in die Stadt, parkte ab und zu das Auto und lief die Straßen auf und ab. In einem Trödler-Laden fand ich eine Marionette, die sehr hübsch war, aber im Vergleich zu denen, die ich bei Yuki gesehen hatte, erschien sie mir allzu primitiv und beschränkt. Ich glaubte nicht, daß Yuki an einer Marionette Freude haben würde, die lediglich dekorativ ist.

In einem Antiquariat fand ich eine alte Ausgabe von Kleists

«Über das Marionettentheater», aber Yuki konnte nicht Deutsch. Als ich nach langem weiteren Herumgerenne nichts mehr fand, das ich mir zumindest theoretisch als Geburtstagsgeschenk für Yuki vorstellen konnte, wurde mir klar, daß ich Yuki einfach viel zu wenig kannte, um ihr wirklich ein persönliches Geschenk machen zu können. Ich trank einen *cafezinho* in einer Eckbar und sah mich schon mit Blumen zu ihrem Fest kommen. Blumen sprechen ja bekanntlich aus, daß man kein Wort gefunden hat, das konkret aussagen kann, was ein Mensch für einen repräsentiert, sondern daß alles so diffus und abstrakt ist wie ein Duft.

Doch da fiel mir das Wort für Yuki ein: Lächeln. Und mit diesem Wort war es ein Leichtes, doch noch ein Geschenk für sie zu finden. In einem Geschäft, das eigentümlicherweise *«much more»* hieß und allerlei Kleinkram feilbot, fand ich einen kleinen, runden Taschenspiegel in einem Messingrahmen. Was ich bei diesem, meinem Geschenk selbst nicht verstand, war, daß in den Rahmen, wie bei einer Uhr, die Stundeneinteilung eingraviert war. Vielleicht sollten die Gesichtslinien, wenn man in den Spiegel schaute, die Lebenszeit, oder was weiß ich, angeben.

Jedenfalls stellte ich mir Yukis Lächeln wunderschön vor in diesem Spiegel, doch vom Rahmen unsicher gemacht, kaufte ich noch einen Strauß Blumen.

Das Geburtstagsfest. Die Mienenspiele. Ich kam zufällig zur selben Zeit wie Vera zur *Aspirina-Bar.* Wir trafen einander am Eingang. Ihre Augen leuchteten vor Freude so dunkel wie edles Holz. Ein Lächeln lackierte glänzend ihren Mund wie mit einem schwungvollen Pinselstrich.

Da wir die Bar sozusagen als Paar betraten, bekamen wir eine gemeinsame Konsumationskarte, «Vera + Roman» schrieb das Mädchen an der Kasse drauf. Ich dachte nicht daran, was das implizierte, es war eben so.

Ein Geburtstagsfest, kein Kostümfest. So machte die Bar den Eindruck einer gut besuchten Bar und nicht den eines Festes.

Yukis Lächeln. Es war so weich und unnachgiebig, wie steter Tropfen. Ich drückte Vera den Blumenstrauß in die Hand, sie bedankte sich.

«Gib ihn Yuki!» sagte ich, ich wollte, daß alle ihr etwas schenken.

Yuki küßte uns beide auf die Wangen, als ich ihr mein kleines

Päckchen und Vera ihr die Blumen gab. Sie freute sich und lächelte, als dachte sie die Bewegungen weiter, die ich fahrig abhackte.

Sie schwirrte weiter. Alle Welt wollte bestellen oder ihr gratulieren.

Die Live-Musik vermittelte das Gefühl von langsamem Gehen auf einem Kiesweg, frischaufgeworfener Erde, verwelkenden Kränzen, von scharzem Tuch in feuchtkühlem Wind.

Vera sah mich hölzern an.

«I'm very happy!» she said.

Das ist ja schön. Da sie allerdings auch *feliz* zu sein schien, wollte ich ihr doch klärend... aber da legte sie mir den Finger auf den Mund und sagte: «Pst! Ich weiß schon! Sag jetzt nichts! Es muß nicht noch gesagt werden, was wir schon fühlen!»

Ich fühlte mich überfordert. Sie produzierte ihre Täuschungen schneller, als ich sie enttäuschen konnte.

Meine einzige Rettung war, daß sie auch, wie ich befürchtete, ihre Enttäuschungen schneller produzierte, als ich sie täuschen konnte. Ich konnte überhaupt nichts mehr machen.

Wie ein junges Liebespaar oder ein altes Ehepaar saßen wir schweigend nebeneinander.

Von irgendwo fiel ein Schattenstreifen über ihre Augen, es sah aus, als wäre sie maskiert und wollte mir den Verstand rauben. Vielleicht würde ich damit der Notwendigkeit beraubt, die Momente herzuerzählen, die den Kreis derselben ausmachen. Sie werden zwar unterschieden, ihr Unterschied wird aber zugleich, kein Unterschied der Sache selbst zu sein, ausgedrückt, und daher selbst sogleich wieder aufgehoben. – Ich konnte schon nichts mehr erklären, aber vielleicht gelange ich so zu Selbstbewußtsein. Wir saßen schweigend nebeneinander, ohne daß unsere Unterschiede sich unterschieden.

Beatriz! Sie kam herein, sich umsehend, und der Lichtstrahl eines aufblitzenden Spots traf ihr Gesicht, gerade als sie mich erblickte. Es sah so aus wie jene plötzliche, das Gesicht erhellende Freude des Wiedererkennens. Sie kam auf mich zu, und ihr Gesicht verdüsterte sich, nein, sie war natürlich aus dem Lichtstrahl getreten.

Veras Blick ließ glücklich von meiner Gegenwart ab und richtete sich besorgt auf das Kommende. Ich stand auf und begrüßte Beatriz, Küßchen auf die Wangen.

«Setz dich doch!» sagte ich, und sie begann schon aufgeräumt zu konversieren, während sie Platz nahm, wie es mir gehe, was ich heute Schönes gemacht hätte, als ihr Blick auf die Konsumationskarte fiel, die vor mir auf dem Tisch lag, «Vera + Roman» stand drauf. *Yessss*, sagte Beatriz.

Ich machte Beatriz mit Vera bekannt, die beiden tauschten ein paar höfliche, eiskalte Floskeln, mit ostentativem Desinteresse voneinander ablassend. Sie zeigten eine Unbeteiligtheit, die ich gerne für mich beansprucht hätte, wenn sie nicht zugleich so aggressiv gewesen wäre.

Da saßen wir drei nun.

Das waren Farcen, in denen sich Dinge wiederholten, die ich noch nie erlebt hatte. Farcen ohne vorangegangene Tragödien. Original-Kopien.

Yuki kam, um Bestellungen aufzunehmen. Ich lächelte unschuldig. Ihr Lächeln war das Spiegelbild des Spiegelbilds ihres Lächelns, eine unendliche Geschichte. Sie schwirrte davon wie ein Paradiesvogel.

Beatriz saß starr und abwartend da, ich hatte das Gefühl, daß sie erwartete, daß ich etwas mache, die Situation irgendwie kläre. Aber was sollte ich machen?

«Hör mal», sagte ich, «es ist so, daß –»

«Du bist ein Kind, hast du es gewußt?» schnitt sie meine Worte ab, die mir ohnehin nicht eingefallen wären. Sie saß so monumental da wie ein Ölgemälde. Sie hatte überhaupt keine Ähnlichkeit mehr mit der Frau, die ich in der *Sandwich-Bar* kennengelernt hatte. Dieser Ärger, dieses lächerlich wohlgefällige Interesse, das Salti mortales schlagend sich wuchtig selbst erschlägt, alles kippte, es selbst bleibend, in sein Gegenteil um: so wie ihre Mimik mit mir abrechnete, rechnete sie mit sich selber ab: sie schien nun ihr eigenes Abbild zu sein, jenes, das an ihrer Statt alterte.

Yessss. Sie stand auf, beleidigt lächelnd. Die Zahnreihe blitzte wie eine abweisende Mauer, die Zunge verschloß die kleine Ritze, den Durchschlupf. Sie ging weg.

Vera sah sich selbst erst jetzt so richtig ähnlich.

Dieses Pathos, in das ihre Gesichtszüge, ihre Haltung eingemeißelt waren, dieses starre Modelliert-Sein in einem geduldigen, leeren Triumph, der ihre Irritation aufsaugte, bebend und triefend. Sie saß neben mir wie ein Monument in Schwamm gehauen.

Ich konnte mich selbst nicht mehr leiden. Aber was hat das zu sagen? Ich empfand mir selbst gegenüber eine solche Taubheit, als wäre ich gar nicht anwesend, ein stumpf gewordener, ferner Voyeur.

Plötzlich sah ich Norbert und Maria, aber wozu das alles erzählen, er widmete mir rasch mal ein diebisches Vergnügen, bevor er sich wieder ins Getümmel warf, das natürlich ein anderes Getümmel war als meines. Aber dann setzten sich er und Maria doch kurz an unseren Tisch, und ich nützte diese Gelegenheit, um aufstehen zu können, wegzugehen von Vera.

Im anderen Raum sah ich Beatriz an einem Tischchen sitzen, mit einem jungen Burschen, der angeregt auf sie einredete. Ich ging zu ihr hin, sagte «Entschuldige!» und wollte ihr etwas erklären, was gar nicht einsichtig zu erklären war, weil jede Erklärung zugleich das Phänomen war, das es erklären sollte, aber ich war eben offenbar doch noch selbstverliebt und daher ein Freund der Harmonie.

Daß ich Yuki versprochen habe, zu ihrem Geburtstagsfest zu kommen, daß ich deswegen hier sei, erklärte ich Beatriz, und nicht weil ich mit Vera oder mit ihr oder mit beiden hier verabredet sei, ich habe das sowohl ihr als auch Vera am Telefon gesagt, und ich könne ihnen ja nicht verbieten, ebenfalls hierher zu kommen, versuchte ich zu erklären und wiederholte die Worte, die wir am Telefon gewechselt hatten, aber wozu das alles erzählen. Es interessierte nicht einmal Beatriz. Der Junge neben ihr blickte unwirsch wie ein Fischer auf einen lärmenden Spaziergänger, der seinen Fang verscheuchen könnte.

Du bist ein Kind, du mußt noch viel lernen, sagte sie; es interessierte mich so wenig, wie das, was ich gesagt hatte.

Alles, was du in deinen Jahren gelernt hast, habe ich schon viel schneller aus Büchern gelernt gehabt und auch schon widerlegt, bevor ich es mitsamt meinen Widerlegungen vergessen habe, hätte ich am liebsten gesagt. Aber ich ging.

Ich will gehen, sagte ich zu Vera und wollte mich von ihr verabschieden. Also gut, gehen wir, sagte sie verständnisvoll, und nahm unsere gemeinsame Konsumationskarte.

Ich wollte mich noch von Yuki verabschieden, aber fast kam ich gar nicht an sie ran. Ich war so apathisch und sie doppelt beschleunigt: als Geburtstagskind und als Kellnerin. Sie wurde hin- und hergetrieben zwischen Bestellungen und Glückwünschen. Als ich ihren geschmeidigen Körper verfolgte, wie er grazil zwischen den vielen Menschen durchtänzelte, erfaßte mich, wie man es nicht anders sagen kann, ein großer Schmerz. Diese sinnliche, grazile Unschärfe zwischen Schwerkraft und Schweben, die sie von allen anderen unterschied und die doch zugleich nur aussagte, daß sie ohne die anderen gar nicht sichtbar wäre, wodurch nichts bewiesen war, nichts. Das sagte so lebendig aus, daß keine Versprechen mehr eingelöst werden und wir umkehren müssen auf unserem Weg, ob wir nicht wollen oder nicht. Wir kommen nämlich nicht an, und wenn wir doch ankommen, dann hat es nur als Metapher funktioniert und damit das Versprechen nur wiederholt, das nicht gehalten werden kann.

Die Ausnahmen bestätigen nur noch die Regel, daß es keine mehr geben wird. Endlich stand ich vor Yuki und fragte sie trotzdem, ob ich sie wiedersehen könne, vor allem: wie, da sie ja nicht mehr hier arbeiten werde. Sie sagte nur:

«Schau, du hast doch jetzt offenbar genug anderes zu tun, *viu*?»

Sie nahm mich am Oberarm, lächelnd, drückte kurz, es war eine freundliche Geste, mehr und weniger als ihre Marionetten vermocht haben. Ich sah ihr nach, und die Entfernung, die zwischen uns anwuchs, war die Veräußerung der in mir wachsenden inneren Leere. Sie war groß genug, daß einige Selbstkritik darin Platz hatte. Aber diese war so leer wie die Leere, in der sie sich ausbreitete.

Ich drängte mich zum Ausgang, wo Vera schon ungeduldig wartete. Norbert zum Beispiel – ich winkte ihm zu! – wurde von Vera, Beatriz, Yuki auf der Basis seines Unernsts durchaus ernstgenommen. Er hatte, wieder zum Beispiel – doch wozu das erzählen. Es steht nichts mehr auf dem Spiel, und so werden auch Vorspiel, Beispiel und Nachspiel bedeutungslos.

Vera hatte inzwischen bezahlt, wir gingen.

Ich ging zu meinem Auto, Vera ging einfach immer neben mir her. Ich war nicht imstande, irgend etwas zu sagen. Als ich zu Hause ins Bett ging, war Vera immer noch neben mir. So schlief ich auch diese Nacht wieder in einem fremden Bett.

Daß ich so viel Verschiedenes erlebte, sagt nicht aus, daß etwas geschah, sondern daß beliebig war, was ich machte. Und daß sich alles in der Weise aneinanderreihte, als wären die Abfolgen Konsequenzen, verweist auf keine Zusammenhänge, sondern lediglich darauf, daß die vorbeireibende Zeit die Unähnlichkeit der vielen Ereignisse ineinander verwischte. Es sah nur noch nicht deutlich so aus. Manchmal wischte die Zeit ein bißchen rascher und sanfter hinweg, dann wurden die kleinen Abenteuer ein wenig poliert und schienen zu glänzen. Doch die Tage ließen alles zurück, alles blieb zurück, und nichts war da, weder als Ungleiches noch als Ähnliches. Viele, viele Begebenheiten und dennoch keine Geschichte. Es sieht nur manchmal so aus. Eine tote Grimasse des Lebens ist dieser Reichtum im Nichts. Sieht man einen Augenblick nicht hin, verschwindet er wie ein aufgesetztes Lächeln.

Ich flüchtete. Wo versammeln sich die Flüchtlinge? In der *Bar jeder Hoffnung*. Da saßen sie, mit dem, was sie am Leibe trugen. Und mit dem, was sie in ihren Köpfen durch die Zölle geschmuggelt haben. Professor Singer zum Beispiel. Im Hochziehen seiner Augenbrauen war mehr Erstaunen ausdrückbar, als die Welt an Überraschungen und Ungeheuerlichkeiten je produzieren konnte.

Oder Judith Katz. In ihrem Gesicht hatte sich mehr überlebt, als in dieser Welt jemals entstehen kann, ist mehr zugrunde gegangen, als es jemals gute Gründe geben wird. Ihr Lächeln war der Wahrheitsbeweis gegenüber der Geschichtslüge vom Fortschritt, der nur eine fortschreitende Ästhetisierung des Zerfalls ist. Daß die beiden, als ich kam, nicht an der Theke standen, sondern bei der Spiegelvitrine, auf der sie ihre Gläser abgestellt hatten, konnte nur bedeuten, daß auch sie geflüchtet waren, weg von der Bartheke, wo sie sich normalerweise einfanden.

Ich winkte ihnen zu und ging zur Theke, um auch Oswald guten Abend zu sagen. An der Theke lehnte Schatzmann, wahrscheinlich der Grund für Singers und Judiths Ausweichen zur Vitrine.

Hallo! sagte ich.

«Ach ja. Sie sind's! Hallo! Wie geht's?»

Ich nickte, als Oswald fragend auf den Bierzapfhahn deutete, er begann, ein Bier für mich abzuzapfen, mit der Konzentration des Wirts, der sich von den Gesprächen, die er mitanzuhören erwartet, nicht das Mindeste versprach.

«Das ist Cristal, haha!» sagte Schatzmann, während er eine neben ihm stehende Mulattin zu sich hinzog, indem er einen seiner langen Arme um ihre Taille warf.

Daß er, einen Menschen mit den Worten «das da» vorstellend, förmlich einen Heiterkeitsanfall hatte, wurde noch befremdender durch die Tatsache, daß er, anstatt wirklich zu lachen, einfach die Silben Haha dröhnend ausstieß.

«Freut mich. Roman!» sagte ich.

«Roma?» fragte sie. «Wie die Stadt?»

Ja, sagte ich.

Ach, sie liebe Rom, sagte sie, als mache sie mir ein Kompliment.

Ihr festes, krauses Haar war an einer Seite ihres Kopfes bis über das Ohr hinauf wegrasiert, sonst wie eine Hecke in einem Schloßpark geschnitten, mit einer präzisen Kante auf ihrer anderen Kopfseite, so daß es wie ein schräg aufgesetzter Würfel wirkte. An dem Ohr der ausrasierten Seite baumelte ein großer asymmetrischer Anhänger aus rotem Kunststoff und ergänzte den Anschein einer Extravaganz, an der sie so zu hängen schien wie ein Todesmutiger an einem Fallschirm. Ihr schönes, braunes Gesicht war so leer wie ungebrauchtes Geschenkpapier.

Ich liebte die Menschen wie mich selbst.

Schatzmann sah mich an mit diesem Blick, der «Und was sagen Sie jetzt» sagte.

«Ist das Ihr Schokomädl?» fragte ich ihn also.

«Wie bitte? Ach so. Sehr gut. Ja. Haha!»

Er blickte bedeutungsvoll genießerisch in Cristals weit und rund ausgeschnittene Bluse, wo zwei pralle braune Brüste lagen wie teures Obst in Seidenpapier.

Ha ha, wiederholte er aufgeräumt und nippte an seiner Caipirinha, mit den harten, aber selbstgerechten Lippen eines Mannes, der glaubt, etwas geschafft zu haben.

Cristal lehnte neben ihm an der Theke, in einer Weise, die den Körper in Teile zerlegte, die bewußt entweder vorgestreckt oder eingezogen oder abgewinkelt oder angespannt werden, um sie dann solcherart zu einer Pose zusammenzufassen, die vorbildlich, weil von Bildern der Herrenmagazine her bekannt ist.

Sie sah mich an, um danach Schatzmann anzulächeln. Das heißt, sie spannte ihre Lippen zur Seite und entkleidete ihre Zähne, statt zu lächeln.

Es schien, daß sie Begehren bei anderen Männern zu erregen versuchte, um es der Befriedigung ihres Schatzmanns hinzuaddieren zu können. Schatzmann blickte in der Tat recht zufrieden, während sie den kokett-zynischen Blick hatte, der alles schon gesehen zu haben glaubt. Alle Bilder dieser Welt waren für sie nur altbekannte

Plakate, die sie schon auf den Litfaßsäulen der männlichen Genitalien so oft gesehen hatte.

Schatzmann erzählte, daß sie das kommende lange Wochenende gemeinsam ans Meer fahren würden.

Ich fragte höflich, wohin.

Cristal sagte, daß sie dem *gringo* (so nannte sie den unaussprechlichen Bernhard Schatzmann) Maceió zeigen wolle.

Ob ich Maceió schon kenne? Dort sei es superschön, also so was von superschön, echt superschön. Die Strände soooo schönschönschön. Sie liebe sie. Das Wasser supersauber. Und gleichzeitig habe man in Maceió alles, was man brauche: superangenehme Hotels, Restaurants, Geschäfte, sie liebe Maceió, liebe es wirklich.

Du wirst es lieben, sagte sie zu Schatzmann, ein paar Tage am Strand, sonnen, superangenehm.

Ein bißchen weit für ein Wochenende, wandte ich ein.

«Wie? Ja. Wir fliegen. Haha!»

Schweigen. Ich nahm einen Schluck Bier und fragte Cristal, was sie sonst noch mache.

«Wie? Was ich sonst noch mache?»

«Beruflich.»

Ich wollte zwar nicht konversieren, aber ich wollte mich doch unter dem Vorwand, schon mit ihnen konversiert zu haben, wieder von ihnen absetzen.

Cristal verzog lächelnd den Mund und sah Schatzmann an. Sie liebte offenbar ein Leben, das sich in der Sonne rekelte, dessen Wurzeln aber hübsch im Schatten blieben.

Das alles mag gehässig klingen, aber es ist doch nur einfach der Tanz der Bilder mit den von ihnen aufgeforderten Worten.

Ich nahm mein Glas und gesellte mich zu Judith und dem Professor. Singer verlor kein Wort über Schatzmann. Wir tranken schweigend. Ich betrachtete zum erstenmal von nahem und eingehend das Spiegelbild der Vitrine, auf dem alles, was sich in der Bar befand und von diesem Spiegel reflektiert sein müßte, aufgemalt war, ausgenommen natürlich die Gäste, die Menschen. Ich hatte mir das Bild noch nie so genau angeschaut, da ich immer entweder an der Theke gestanden oder an einem Tisch gesessen hatte und es mir als Schmokerei erschienen wäre, nur zur genaueren Betrachtung des Bildes davor hinzutreten und davor zu verweilen. Nun, da ich doch einmal knapp davorstand, fiel mir plötzlich auf, daß doch auch ein

Mensch darauf abgebildet war: hinter dem Bücher- bzw. Flaschenschrank der Bar schaute, im Schatten des Möbels, ein Gesicht hervor, mit erstaunt hochgezogenen Augenbrauen.

Ich machte Judith und Professor Singer darauf aufmerksam, und sagte, daß mir das zum erstenmal aufgefallen sei.

Ja, sagte Singer, hier habe sich der Künstler selbst verewigt, in der Art unseres Meister Pilgram im Stephansdom.

Judith lachte hektisch auf.

«Doch bei Meister Pilgram», sagte Singer, «wenn ich diesen Vergleich weiterführen darf, obwohl er mir nur gerade so jetzt einfällt, sind die Augen leer und der Dom ist voll, von Menschen, die nur noch physisch anwesend sind. Hier aber, diese Augen sind voll, zumindest voll von einem großen Erstaunen, und die Bar ist leer, d. h. er scheint die Geister zu sehen, deren physische Präsenz in diesem Bild ausgelöscht ist. Man selbst kommt sich vor diesem Bild wie eine Art Vampir vor, wie ein Geist, man steht davor und hat kein Spiegelbild. Was das Bild also spiegelt, ist sozusagen nur die materielle Voraussetzung für Geistesleben. Und auch das Selbstbildnis des Künstlers, der sich als einziger hier auf diesem Bild porträtiert hat, ist vergänglich, löscht sich letztendlich selbst aus, um aufzugehen in der geisterhaften Atmosphäre der Bar: das Gesicht ist so perfekt in den Schatten des Schranks eingearbeitet, daß es sich schon bei drei Metern Abstand für einen Betrachter völlig im Schatten auflöst und auch nicht mehr sichtbar ist.»

Judith fand das alles unglaublich komisch, sie lachte auf, ich merkte plötzlich, daß sie vibrierte, als schösse ihr das Blut dünn und reißend schnell durch die Adern, sie bewegte sich ununterbrochen, trippelte, trank gierig ihren Wodka, fuhr sich fahrig mit der Hand durch ihr zerzaustes Haar, das wie elektrisch aufgeladen wegstand, sie winkte mit dem leeren Glas zu Oswald hin, er möge ihr ein neues bringen, immer wieder wischte sie sich mit dem Handrücken über die Nase, dann zog sie hoch, fletschte die Zähne und sagte eruptiv angriffslustig:

«Götter, Geister, Geistesleben. Professorchen, du bist auch schon geistreicher gewesen!»

Singer zog die Augenbrauen hoch, schob sich die Brille ins Haar und sagte:

«Das Geistreiche ist auch nur die lackierte Variante der Binsenweisheit!»

Oswald kam mit dem Wodka für Judith und frischem Bier für uns, blieb bei uns stehen. Cleusa, die Kellnerin, kümmerte sich um die Gäste an der Theke.

«Nein, aber jetzt im Unernst meiner ehrlichen Meinung», sagte Singer, «ich liebe diesen Spiegel, weil er die abendländische Tradition, von allem ein Bild zu machen, verbindet, mit der Überlebensnotwendigkeit, kein Bild mehr zu machen.

Du sollst dir kein Bild mehr machen!» sagte er dozierend. «Man kann auch formulieren: notwendig ist die Einsicht, daß man sich gar keines mehr machen kann. Die sogenannte Realität verschleudert schon dessen Kopien, bevor du dir noch dein Bild fertig gemacht hast. Du kommst nur zu falschen Ansichten, während die Katastrophen sich nicht-bildhaft ereignen.»

«Ich würde sagen», entgegnete ich, ohne zu wissen, ob ich ihn überhaupt verstanden hatte, «daß wir von Bildern überflutet werden, und was notwendig wäre, ist, die Bilder zum Stillstand zu bringen – diese sinnlose Prozession der Bilder», zitierte ich.

«Oiso i waaß net! Von was für Büder redts ihr eigentli?» Oswald schüttelte unwillig seinen schrägen Kopf, Rauch ausstoßend wie ein fauchender Drache, der die finstere Höhle von Judiths Mund bewachte, denn Judith lachte mit weit aufgerissenem Mund, Oswald umarmend.

«Ich bin auch nicht ganz im Bild. Ich glaub, ich verschwinde mal kurz von der Bildfläche!» Und weg war sie.

Ich sah ihr nach, wie sie aufs Klo ging, wie mager sie war! Haut und Knochen, wie man sagt.

Das Gespräch war entglitten, wenngleich ich auch nicht wußte, wem, und überhaupt: worüber?

Wir tranken. Judith kam zurück. Als sie an der Theke, an Schatzmann und Cristal vorbeikam, schwenkte sie übermütig zynisch ihre dürren Hüften. Aber in ihr steckte etwas Berstendes, ihre Knochen schienen eine trügerische Version von langen, kraftvollen Muskeln zu sein.

Auch Professor Singer hatte sie beobachtet.

«Du bist ein Bild für die Götter, meine Liebe!» sagte er.

«Redet ihr noch immer von Bildern?» fragte sie lächelnd.

Sie hatte jetzt auch etwas Wiederauferstandenes, etwas Geisterhaftes in einem Friedhof, ihre Zähne die Grabsteine.

Ich wandte mich an Professor Singer und sagte ihm, daß ich seiner Empfehlung folgend wieder die ‹*Phänomenologie des Geistes*› zu lesen begonnen habe, aber ich hätte, wenn ich ehrlich sein dürfe, den genauen Grund dafür vergessen, warum er sie mir so ausdrücklich ans Herz gelegt habe, und es habe sich auch während der Lektüre kein Gedanke gefunden, den ich plötzlich zu irgend etwas von dem in Beziehung gesehen hätte, was wir in letzter Zeit besprochen hatten.

Er fragte mich, ob nicht ich es gewesen sei, der durch eine erstaunliche Bemerkung, wie er sagte, den Anlaß dazu gegeben habe, an Hegel zu denken, eine Bemerkung ungefähr des Inhalts, daß alles, was wir sehen, uns kein Wissen über die äußere Welt brächte, sondern zunächst nur ein Vorwand für ein allgemeines Wissen von uns selbst sei. Er habe darauf bemerkt, daß dies ein Charakteristikum des gegenwärtigen Entwicklungsstandes des allgemeinen Bewußtseins, ja, wenn er sich recht erinnere, des Endpunkts der Entwicklung des Bewußtseins darstelle, und er habe mir deshalb die ‹*Phänomenologie*› Hegels empfohlen, weil ich dieses und entsprechende Phänomene dort präzis dargestellt finden würde. Er habe mich im besonderen auf das Kapitel über die «Sinnliche Gewißheit» hingewiesen. –

Ja, versetzte ich, das war es, was mich wohl verwirrt haben mag, daß er vom ersten Kapitel der ‹*Phänomenologie*›, also dem Ausgangspunkt der geistigen Entwicklung gesprochen, sie aber gleichzeitig als Endpunkt der Entwicklung bezeichnet habe. Eine Bemerkung, die sich, trotz meiner dunklen Erinnerung daran, beim Wiederlesen der ‹*Phänomenologie*› nicht erhellt, ein Zusammenhang, der sich für mich nicht hergestellt habe.

Es scheine, versetzte er, indem er sich eine Zigarette anzündete, daß ich das erste Kapitel der ‹*Phänomenologie*› Hegels nicht mit aller Aufmerksamkeit gelesen habe. Und wer diese erste Periode aller menschlichen Bildung nicht genau studiert habe, mit dem könne man also schwerlich über die folgenden, um wieviel weniger noch über die letzte sprechen.

«Sie erlauben», sagte er weiter, «daß ich ein wenig brilliere und Hegel wörtlich zitiere, aber ich habe die Dinge, mit denen ich mich beschäftige, eben im Kopf parat.»

Judith vibrierte, trippelte, sie schien zu tänzeln, während sie mit den Stecknadeln ihrer Pupillen stechend auf den Professor schaute. Oswald stand massig da, mit dem schräg geneigten Kopf, in der Pose, in der er Bestellungen aufnahm.

«Hegel beschreibt doch im ersten Kapitel der ‹*Phänomenologie*›», sagte Professor Singer, auf eine für viele vielleicht unerträglich belehrende Weise, gar den rechten Zeigefinger hebend, «jene Bewußtseinsform, die sich unmittelbar und aufnehmend verhält, das heißt, die die Dinge so nehmen will, wie sie sind, ohne etwas zu verändern oder wegzulassen. Diese Bewußtseinsform, die er Sinnliche Gewißheit nennt, und die eine unendlich reiche Erkenntnis zu verbürgen scheint, denn der Fülle der Dinge sind ja keine Grenzen gesetzt, und die auch die wahrhafteste zu sein scheint, denn es soll ja nichts weggelassen werden – diese Bewußtseinsform, zeigt Hegel, drückt in Wahrheit die abstrakteste und ärmste Wahrheit aus, denn sie kann von dem, was sie aufnimmt, letztlich nur aussagen, daß es ist. Ihre Wahrheit enthält nur das Sein der Sache. Und es zeigt sich sogar, daß dieses Sein nicht einmal das konkrete Sein des Gegenstands ist, sondern nur als ein Allgemeines ausgesagt werden kann. Was immer wir jetzt aufnehmen wollen, dieses da, oder dieses da, da, da, da –» er schoß seinen Zeigefinger in verschiedene Richtungen ab.

«Aha, aha, aha!» – Judith.

«Was wir sagen, ist: *Dieses*, das heißt: das allgemeine Diese. Oder: *es ist*, das heißt: das Sein überhaupt. Sie erinnern sich doch an die Beispiele, die Hegel gibt. Der Baum, Sie erinnern sich doch!»

Ich nickte.

«Das hier ist zum Beispiel der Baum!»

Er deutete auf die Vitrine.

Oswald schüttelte den Kopf.

«Ich wende mich um», Singer wandte sich um und blickte erstaunt zur Bartheke, «aber nein, nein, das hier ist ja kein Baum, hier ist ein Haus! Tja!»

Er rieb sich die Hände.

«Der Baum ist verschwunden, hier ist ein Haus. Aber nein, was ist denn HIER?»

Er wandte sich Oswald zu und sah ihn verblüfft an:

«Hier ist ja Oswald. Auch das Haus ist verschwunden!» sagte er mit gespieltem Bedauern und zeigte seine leeren Handflächen, wie ein Zauberer, keine Tricks, kein doppelter Boden.

«Alles, was nicht verschwindet», sagte er nun triumphierend, «ist das HIER selbst. Das HIER selbst verschwindet nicht, sondern es IST bleibend im Verschwinden des Hauses, des Baumes und so fort, und dem Hier ist es egal, Haus oder Baum oder Oswald zu sein. Das *Dieses*, was auch immer –» wieder stieß er da, da, da, da seinen Zeigefinger in verschiedene Richtungen – «zeigt sich nur als Allgemeines, also als etwas, das hier ist, also ist. Sie erinnern sich doch an das alles, nicht wahr, na eben! Wozu das dann so genau ausführen? Der Schluß, den wir ziehen, ist –» er stieß mir den Zeigefinger gegen das Brustbein.

«Ich ... ich –» stotterte ich, ich wollte sagen, daß ich jetzt nicht wisse, worauf er hinauswolle, wollte dann aber doch nichts sagen.

«Richtig!» sagte Singer befriedigt. «Die Wahrheit der Sinnlichen Gewißheit liegt also im Ich, in der Unmittelbarkeit meines Sehens, Hörens und so fort. Das Verschwinden des einzelnen Jetzt und Hier, das wir meinen, wird dadurch abgehalten, daß *ich* sie festhalte. Das Jetzt ist Nacht, weil ich sie sehe. Das Hier ein Baum, eben darum. *Ich* sehe den Baum, und behaupte den Baum als das HIER. Meine Wahrheit ist: Baum. Ein anderes *Ich* aber sieht das Haus und behauptet, das HIER ist nicht ein Baum, sondern vielmehr ein Haus. Beide Wahrheiten haben dieselbe Beglaubigung, nämlich die Unmittelbarkeit des Sehens, und die Sicherheit und Versicherung beider über ihr Wissen. Die eine verschwindet aber in der anderen. Was darin nicht verschwindet, ist *Ich*, als Allgemeines. So allgemein, wie das *Dieses*, das ich sehe, höre, erlebe, mache, und so fort, und das ich daher nie in seiner Konkretheit, in seiner Besonderheit erleben, aussagen, hererzählen kann.

Das *Ich* will sich aufnehmend verhalten, treu die Dinge so nehmen, wie sie sind, wie er sie sieht und sonst nichts, aber alles fällt auf ihn zurück, auf *Ich*, ich, ich, ich. – Und auf eine sehr ähnliche Weise haben Sie selbst», er deutete auf mich, «es auch, aus eigener Erfahrung heraus, formuliert, worauf ich Ihnen geraten habe, Ihre Kenntnisse der *‹Phänomenologie›* aufzufrischen, um den heutigen Zeitgeist zu begreifen. Ja, den heutigen! Denn was sind Sie? Sind Sie der erste Mensch, der bis heute überlebt hat, um sich als Beispiel für die historisch erste Stufe des menschlichen Bewußtseins ausstellen zu lassen?»

Judith lachte schallend und rauchig.

«Nein. Sie sind ein Kind dieser Zeit, noch dazu ein studierter Mann, durchaus ein Exempel für das Bewußtsein am Stand unserer Zeit. Und darum habe ich gesagt, die Bewußtseinsform, die Hegel im Kapitel über die Sinnliche Gewißheit beschreibt, ist ein Charakteristikum unserer Zeit, diese Bewußtseinsform, in der der Einzelne nicht mehr weiß, als rein Dieses, das Einzelne, aber als Allgemeines, das ihm, ohne daß er es erfassen könnte, lediglich ein allgemeines Erleben eines allgemeinen Ich vermittelt. Sie haben doch, mein junger Freund, selbst hier in dieser Bar unzählige Male erlebt, wie die Einzelnen ihre Einzelheiten hererzählen, weil sie sie nicht fassen können – das war ja der Anlaß zu Ihren goldenen Worten! – wie die Besonderheiten, die sie begreifen und ausdrücken wollen, ihnen unter der Hand zu etwas Allgemeinem werden, ohne daß sie aber in eine reiche, wahre Allgemeinheit hinausdenken können, weil sie nur Ihren partikulären Besonderheiten, auf die sie fixiert sind und die ihnen als lächerlich allgemeine entgleiten, nachhecheln – und nun denken Sie über diese Bar hinaus, prüfen Sie Ihre Eindrücke, die Sie im gesellschaftlichen Leben – äääh, ja! – im Allgemeinen – ja! hhkm! – machen, und Sie werden zugeben müssen, ohne daß ich das noch länger ausführe, daß das alles im Kapitel über die Sinnliche Gewißheit präzis beschrieben ist, ja!»

Singer nickte bekräftigend, als wäre er sein eigener übereifriger Schüler, während ich den Blick zu Boden schlug.

Ich sagte, daß, so geschickt er auch die Sache seiner Paradoxe führe, er mich doch nimmermehr glauben machen würde, daß in der heute erreichten Formation des menschlichen Geistes nicht mehr enthalten sein solle, als schon in der von Hegel beschriebenen primitivsten Stufe des menschlichen Denkens.

Mein Einspruch entsprang gewiß meinem Erlösungsbedürfnis: wenn das, was Singer gesagt hatte, wahr wäre, das heißt, auch in dem Sinn, daß ich von mir auf die anderen schließen müßte, dann war ich verloren.

Er versetzte, daß er nicht behauptet habe, daß «die Menschheit» (er sagte dieses Wort tatsächlich mit Anführungszeichen) sich nie über die Stufe der Sinnlichen Gewißheit erhoben habe, es sei vielmehr so, daß sie heute wieder auf diese Stufe zurückgekehrt sei.

Ich erstaunte immer mehr und wußte schon nicht mehr, was ich darauf sagen sollte.

Da sagte Judith – die hastigen ersten Worte ihrer Rede mit gehobener Stimme wiederholend, als müsse sie sich in einem Stimmengewirr Gehör verschaffen –, daß sie sehr wohl wüßte, sehr wohl wüßte, in welch radikale Regredierung das menschliche Bewußtsein, an einem sehr hohen Punkt seiner Entwicklung, plötzlich umschlagen könne. Eine junge Frau aus ihrer Bekanntschaft hätte, bloß einem Einfall nachgebend, vor ihren Augen gleichsam das Bewußtsein verloren und es über die primitivste Stufe hinaus, auf die es zurückgefallen sei, nachher niemals wiedererlangt.

Doch wenn man nun annehme, daß dieser Einzelfall zwar radikal, aber doch exemplarisch sei und durchaus eine allgemeine Entwicklung illustrieren könne, dann müsse man doch daraus die Folgerung ziehen, daß . . .

Singer unterbrach sie, indem er fragte, welchen Vorfall sie meine.

Vor einiger Zeit habe sie mit Drogenexperimenten begonnen, erzählte Judith, gemeinsam mit einer Freundin, über deren geistige Fähigkeiten ein wunderbarer Ruf verbreitet war, und die sich schon relativ jung eine enorme Reputation als Wissenschaftlerin und Intellektuelle erworben hatte. Erst ganz von fern ließen sich, durch den verdächtig kritiklosen Beifall des breiten Publikums ebenso wie durch nach und nach einsetzende scharfe Kritik von einzelnen wissenschaftlichen Autoritäten hervorgerufen, die ersten Spuren von Zweifel an den eigenen intellektuellen Fähigkeiten bei dieser Freundin entdecken, als sie immer besessener nach Möglichkeiten suchte, ihren Geist noch brillanter zu entwickeln und Wissen noch umfassender, tiefer, rascher zu akkumulieren. So begannen sie, erzählte Judith, gemeinsam auch Drogen dahingehend auszuprobieren, wieweit sie einer Bewußtseinserweiterung förderlich sein können, die produktiv in intellektuelle Arbeit umsetzbar sei. Vor allem mit Kokain meinten sie gute Erfahrungen zu machen, und besonders ihre Freundin sei von den so dichten wie weiten Assoziationsnetzen begeistert gewesen, die jeder Gedanke im Kokain-Rausch auswerfe, und die aus absoluter Klarheit und Frische gewebt erscheinen.

Judith habe, erzählte sie, als sie ihre ersten Kokainerfahrungen diskutierten, leichthin, eher im Spaß, gesagt, daß die Sensation, in alle Richtungen gleichzeitig zu denken zu vermeinen und alles mit allem in plötzlich so klar scheinende Beziehungen setzen zu können, ihr das Gefühl vermittelt habe, unmittelbar vor der Tür zum absoluten Wissen, zum Erfassen der Totalität zu stehen.

Sie sei ganz überrascht gewesen, mit welchem Ernst ihre Freundin erwidert habe, daß das genau ausdrücke, was sie selbst empfunden habe, und daß sie entschlossen sei, diese Tür zu öffnen. Nachdem nun eine größere Menge Kokain besorgt war, trafen sie einander wieder, im Haus von Judiths Freundin, mit dem ausgesprochenen Ziel, in der Extase gesteigerter körperlicher und geistiger Kräfte gründlich alle geistigen Grenzen zu durchbrechen.

Judith erzählte, daß sie Angst bekam und nur sehr zurückhaltend schnupfte, als sie sah, mit welcher Gier und Unersättlichkeit ihre Freundin nach immer mehr verlangte, in der fixen Idee, das absolute Wissen zu erringen.

Die erste Wirkung zeigte sich in sanft und schnell sich ausbreitender geistiger und körperlicher Frische, die sich in einem starken Bewegungs- und Rededrang ausdrückte. Vor allem ihre Freundin, erzählte Judith, sei rastlos im Zimmer auf- und abgeeilt und habe in atemberaubender Geschwindigkeit Ideen entwickelt, wissenschaftliche Projekte geschmiedet, Konzepte entworfen, Methoden, Ausgangspunkte, Schlußfolgerungen angedeutet, sie habe in einer knappen Stunde regelrecht das Lebenswerk einer ganzen Wissenschaftlergeneration skizziert und in abenteuerlichen Thesen und Assoziationen verknüpft. Anfänglich habe sie in fliegender Hast auch Notizen angefertigt, dies aber bald sein gelassen, weil sie sich davon aufgehalten fühlte und zugleich das irrwitzige Selbstvertrauen zu empfinden begann, daß sie das alles ohnehin im Kopf behalten werde.

In immer kürzeren Abständen habe sie nachgeschnupft, ungeduldig den großen Durchbruch, eine besondere, alles in den Schatten stellende Erleuchtung fordernd, sie habe den Eindruck einer extatisch betenden Heiligen gemacht, in Erwartung der Offenbarung Gottes.

Die Diskussionen gipfelten schließlich in der Idee ihrer Freundin, eine «Geschichte der Welt und der Zukunft» zu schreiben, wobei sie in dieser Arbeit von einer Analyse der Tageszeitung ausgehen wolle, die sie an dem Tag, an dem sie mit dieser Arbeit beginne, zum Frühstück lese. Und sie wolle zeigen, daß, wenn man die Totalität erfaßt habe, es egal sei, von welchem Faden her man das große Knäuel der Geschichte aufrolle.

Judith konnte die Euphorie ihrer Freundin nicht mehr teilen, in ihr steigerte sich die Angst, sei es durch die ungewohnt hohe Dosis, die sie eingenommen haben, sei es durch den selbstmörderischen Verlust von Selbstkontrolle, der ihr in Gestalt ihrer Freundin in beinahe fratzenhaft drohender Deutlichkeit vor Augen stand.

Um deren übersteigertem, größenwahnsinnigen, nachgerade den eigenen Tod vorwegnehmenden Selbstbewußtsein, mit dem sie schon wieder mit einer Rasierklinge das feine weiße Pulver auf dem Teller bereitete, ein wenig heilsam zu begegnen, sagte Judith, daß sie dann wohl nur noch eine Frage nicht gelöst habe, nämlich warum das Absolute Wissen für sie eine solch hypertrophierte Attraktion darstelle.

In der Tat stutzte ihre Freundin und sah still und nachdenklich den zusammengerollten Geldschein an, den sie schon zur Hand genommen hatte, um damit das Kokain die Nase hinaufzuziehen. Dann lachte sie schallend, schnupfte eine Linie und begann diese Frage zu beantworten, mit zunächst so verächtlicher Stimme, als hätte Judith sie gefragt, wieviel zwei mal zwei ergebe. Die Freundin erzählte, daß sie es bei ihrer letzten größeren Arbeit erstmals als tief peinigend empfunden habe, einen Gedanken nur bis zu einem gewissen Punkt denken zu können, und, um ihn überhaupt so weit voranzutreiben, ihn immer mehr aus seinen Kontexten lösen, ihn sozusagen spezialisieren müsse. In dieser Isolation, in dieser Abstraktion von den Kontexten wird der Gedanke allerdings leichter durch Kritik verwundbar, und als ihr diese Arbeit prompt scharfe Kritik von Kollegen eingetragen habe, wurde sie von einem Gefühl der Ohnmacht befallen, obwohl sie wußte, daß die Kollegen, die kritische Abrechnungen mit ihren Thesen veröffentlichten, noch nicht annähernd dies geleistet hätten, was sie in ihrer Arbeit entwikkelt habe, die nur deshalb beschränkt sei, um radikaler sein zu können.

Damals habe sie erkannt, daß das Postulat «Wissen ist Macht» eine abgefeimte Idiotie sei. Nur absolutes Wissen ist Macht, habe sie gedacht, denn nur dieses könne so viel enthalten, daß es gegen alle Kritik schon a priori immunisiert sei und allen anderen das Maul stopfe.

Nun müsse man aber fragen, fuhr sie fort, warum sie Kritik nicht ertrage und woher ihr Wunsch komme, allen das Maul zu stopfen – um das zu erklären, müsse sie aber einen Schritt zurück machen, sagte sie, und erzählte eine früher stattgefundene Begebenheit. Diese warf aber neue Fragen auf, die sie zwangen, noch weiter zurückzugehen in ihrer Geschichte, doch was immer sie erzählte, sie sah sich gezwungen, es mit etwas Davorliegendem zu begründen, noch weiter auszuholen, um es erklären zu können, und jede Erklärung verwies auf etwas Früheres, das sie noch rasch vorausschicken müsse, wie sie sagte, und so begann sie, in ihrer Geschichte immer weiter, immer rascher zurückzugehen, so rasch, wie sie zuvor auf das absolute Wissen zulaufen wollte, von dem sie, wie sie gemeint hatte, nur noch ein kleiner Abstand getrennt habe. Aber um dessen Bedeutung für sie zu erklären, lief sie in die entgegengesetzte Richtung, zurück zu den Ausgangspunkten ihres Denkens. Die Wirkung des Kokains sei für sie, erzählte Judith, in das Gefühl von radikaler Trägheit, ja, des Gelähmtseins umgeschlagen, und sie habe sich auf den Boden, auf Kissen hingelagert und hörte reglos ihrer Freundin zu und sah, daß auch deren Bewegungen träger zu werden schienen: ihr Gang wurde unsicherer, schließlich setzte sie sich auf den Boden, aber immer noch hatte sie mehr Energie, weshalb sie sich wieder etwas hochrappelte, wodurch sie auf allen Vieren zu krabbeln schien, dann legte sie sich neben Judith auf den Rücken, zuletzt auf den Bauch. Während der ganzen Zeit habe sie aber nicht zu reden aufgehört, immer weiter habe sie von sich erzählt, in ihrer Geschichte zurückgehend, und an jedem Punkt der Erzählung habe sich die Notwendigkeit ergeben, noch einen Schritt weiter zurückzugehen, um etwas zu erklären, verständlich zu machen, zu begründen.

Plötzlich sei Judith aufgefallen, daß die Sprache ihrer Freundin immer einfacher, immer simpler wurde, und mit einer Mischung aus Faszination und Entsetzen habe sie plötzlich den Eindruck gewonnen, daß ihre Freundin, sowohl in ihrer Sprache, ihrem Denken, als auch in ihren Bewegungen, ihren Stellungen, die sie einnahm, im Begriff war zu regredieren.

Sie ging nicht nur in ihrer Erzählung immer weiter in ihrer Lebensgeschichte zurück, ja, sie wurde vielmehr tatsächlich in jeder Minute Jahre jünger und entwickelte sich psychisch und geistig zurück.

Als ihre Freundin auf dem Bauch lag und nur noch unverständliche Laute ausstieß, wurde Judith von unvorstellbarem Entsetzen gepackt. Sie begann ihre Freundin zu schütteln, die daraufhin wie ein Baby zu schreien begann, mit angestrengt hochgehobenem Kopf und an den Schläfen hervortretenden Adern.

In kopfloser Panik sei Judith aus dem Haus gestürzt und viele Straßen weit gelaufen. Aber sie wußte nicht wohin und was tun, und bekam eine geradezu paranoide Angst, daß für jeden Entgegenkommenden ablesbar sei, daß sie mit Kokain vollgepumpt war. Sie lief die ganze Strecke zurück und kam, von dieser Anstrengung erschöpft und ernüchtert, zum Haus ihrer Freundin zurück, die sie friedlich schlummernd, mit dem Daumen im Mund, vorfand.

Diese Geschichte sei vor drei Jahren passiert, schloß Judith, ihre Freundin lebe heute in einer Anstalt und habe das Bewußtsein eines dreijährigen Kindes.

Das würde aber zu der Schlußfolgerung führen, sagte sie plötzlich in einer atemberaubenden Assoziation, daß die von dir, Professor, angesprochene Überlebensnotwendigkeit der Welt nicht darin liege, kein Bild mehr zu machen, sondern darin, in den Bildern die Ursprünge der dargestellten Bewegungen erkennen zu lernen, ohne die Bilder zurückzudrehen.

Nun war es Professor Singer, der die Augen zu Boden richtete. Dann hob er langsam den Kopf, lächelte verdutzt und sagte:

«Das war eine wunderschön erfundene Geschichte, Judith, beziehungsweise eine schöne Paraphrase einer wunderschönen Geschichte, allerhand, meine Liebe!»

Im Anschein einer plötzlichen, unsagbaren Erschöpfung umarmte Judith den Professor und sagte:

«Mein Liebling, leider ist die Welt eine Scheibe, und wir werden daher nie wieder zusammenkommen. Wenn die Welt rund wäre, würden sich unsere Wege wieder kreuzen, auch wenn wir in verschiedene Richtungen gehen... Es kommt darauf an, sie zu verändern...» Sie nahm ihre Handtasche von der Vitrine, trank ihr Glas aus und ging.

Da stand ich und sah den Professor und Oswald an. Das Leben scheint wirklich unwirklich zu sein. Die Erde ist eine Scheibe brotloser Metaphern. Der Erfahrungshunger bettelt noch um die Brosamen der satten Bilder, um das Als-Ob und Wie.

Im falschen Spiegel schaute aus dem Schatten erstaunt der Künstler hervor.

«Bei dieser Gelegenheit», sagte Oswald plötzlich versonnen, «muß ich euch eine andere Geschichte erzählen, von der ihr vielleicht begreifen werdet, wie sie hierher gehört.

Wie ich weg bin von Wien», erzählte er, «hat mir ein Freund, mit dem ich studiert habe – ich war ja damals auf der Kunstakademie –, hat mir der gesagt: wenn du wirklich nach Brasilien kommst, dann besuch den Daher und richt ihm schöne Grüße aus von mir, der wird dir sicher helfen. Diplom-Ingenieur Rudolf Daher, ich weiß nicht, ob ihr den kennt: ein Wiener, der in São Paulo die brasilianische Niederlassung einer österreichischen Firma leitet. Er war schon seinerzeit in Wien bekannt als Kunstliebhaber, so ein Mäzen. Na gut, ich hab mir seine Adresse aufgeschrieben, und wie ich herkomm, da nach São Paulo, besuch ich ihn, und er war sehr gastfreundlich, echt leiwand, ich hab sogar die erste Zeit bei ihm wohnen können, hat ja ein Riesenhaus, er. Dann hat er mir sogar zwei Bilder abgekauft, ich habe ja damals noch oder wieder gemalt, und so habe ich mich die erste Zeit über Wasser halten können. Nachher hat er mir sogar eine Ausstellung in einer Galerie in der Rua Augusta vermittelt, und mit dem, was ich da verkauft hab, hab ich die Basis für die Bar da gehabt. Aber was ich erzählen wollte: ich wohn also im Haus vom Daher und der hat zwei Söhne, die sich damals auch unheimlich für Kunst interessiert haben, denen ist irgendwie eine Karriere als Künstler oder so vorgeschwebt. Martin, der jüngere, hat gemalt. Thomas, der ältere, fotografiert. Die haben natürlich pausenlos Diskussionen gehabt, fast einen Streit, ich glaub, die haben da über die Kunst ihr persönliches Konkurrenzverhältnis ausgetragen, der Ältere hat sich vielleicht als Kind, nach der Geburt des Jüngeren, irgendwie zurückgesetzt gefühlt, sozusagen überholt vielleicht, und später hat er der Aufmerksamkeit, die der jüngere Bruder mit seinen Malversuchen in der kunstnarrischen Familie errungen hat, sein Fotografieren entgegengesetzt. Ich stell mir vor, daß der Thomas mit seinem Fotografieren seinen jüngeren Bruder sozusagen vor der Geschichte wenigstens zum Antiquierten machen wollte, zum Überholten, weil er hat das so gesehen, daß die Malerei von der Fotografie abgelöst worden ist, künstlerisch überholt, nur noch Dekoration und so. So wollte der Ältere also mit der moderneren Kunstrichtung vielleicht der Jüngere sein, irgendwie so vielleicht, daß er in seinem Unterbewußtsein geglaubt hat, der Jüngere hat die Privilegien, und der jüngere Bruder mit seiner Malerei bleibt plötzlich als der Ältere, der Veraltete, über. Der Jüngere aber, der Martin, hat natürlich den künstlerischen Wert vom Thomas seiner Fotografie angezweifelt, von Fotografie überhaupt, dem is nur darum gangen, was Kunst ist und was nicht, und Fotografieren ist keine Kunst, und da wäre also plötzlich der Ältere übrigblieben, also als einer, der gar nicht zählt. Außerdem ist Kunst das, was bleibt, was weiterlebt oder überlebt, was weiß ich, also der Martin hat sozusagen darauf bestanden, daß er als der Jüngere seinen älteren Bruder überlebt. So psychologische Sachen haben da sicher mitgespielt, aber ist ja egal. Ich habe jedenfalls immer bei diesen Diskussionen den Schiedsrichter machen sollen, ich habe ja damals noch als Kunststudent gegolten.

Also ehrlich gesagt, nicht weil ich selber male, aber der Martin, also der gemalt hat, ist mir immer als der Talentiertere vorgekommen, nicht nur weil er schon eine ziemlich gute Technik gehabt hat, und ich andererseits ein Foto gar nicht so beurteilen kann in der Hinsicht, sondern weil er der Ernsthaftere war, der hat wirklich nachgedacht und probiert und sich entwickelt, aber der Thomas ist immer auf denselben Sachen herumgeritten, der hat wirklich geglaubt, sein Haupttrumpf ist die historische Entwicklung, und da ist er seinem Bruder automatisch voraus, so daß er nichts anderes mehr machen braucht, als schöne Bilder knipsen. Das war immer das gleiche. Aber, wie gesagt, der Martin, der war irgendwie ernsthafter, wie soll ich das erklären, also er hat zum Beispiel sogar bei den absurdesten Argumenten seines Bruders irgendwie geschaut, ob das nicht vielleicht einen vernünftigen Kern hat, und er war imstande, wenn ihn was überzeugt hat, was sein Bruder gesagt hat, das durchaus in seine eigene Theorie und in seine Versuche aufzunehmen.

Damals hat der Martin einen Zyklus gemalt, ich weiß nicht mehr, wie der heißen sollte, jedenfalls hat er da verschiedene Sachen, die ihm für São Paulo wesentlich oder typisch waren, also São Paulo jetzt gleichzeitig als Exempel für Großstadt im Allgemeinen, gemalt, hauptsächlich haben ihn die Gegensätze interessiert, die es da gibt, und die Schnelligkeit, mit der sie ineinander übergehen und sich doch nicht aufgeben, so irgendwie. Und wie er den ersten Teil von dem Zyklus fertig hat, hat er ihn hergezeigt, dem Thomas und mir, und der Thomas hat die Bilder ziemlich runtergemacht. Er hat gesagt, also der Thomas, daß er überhaupt nicht versteht, warum der Martin soviel Arbeit in diese Bilder gesteckt hat, denn die Bilder zeigen überhaupt nichts von São Paulo oder sonst was, sie zeigen nur die alte Unfähigkeit der Malerei überhaupt, nämlich etwas abzubilden, was in Bewegung ist. Aber das ist ja so bekannt, also hätte sich der Martin diese Arbeit sparen können. Der Thomas hat gesagt, daß die Malerei seit der Erfindung der Fotografie funktionslos geworden sei, nicht nur weil die Fotografie letztlich dasselbe Ziel wie die Malerei, nämlich die Realität abzubilden, auf Grund ihrer modernen Technik rascher, effizienter, treuer und so weiter schafft, also nicht nur, weil die Fotografie einfach moderner und schneller ist, ist die Malerei überflüssig geworden, sondern vor allem deswegen, weil erst die Fotografie das geschafft hat, was die Malerei überhaupt nie zustande gebracht hat und worüber die Malerei sich in ihrer ganzen Geschichte hinweggeschwindelt hat: das Problem der nicht-abstrakten Malerei ist nämlich, hat der Thomas gesagt, daß sie ihre Kunst auf das Fundament einer Lüge stellen muß, bzw. zu müssen glaubt, und sich nie dagegen gewehrt hat, nämlich daß Ausschnitte aus Bewegungsabläufen als Momente der Ruhe erscheinen, als Erstarrungen inmitten der Bewegung. Aus dem Grund, hat der Thomas gesagt, hat es ja auch immer in der Malerei diese Ausweichversuche in bestimmten Epochen gegeben auf Stillleben, ruhende Akte, Schlafende und so weiter, und dann überhaupt die abstrakte Malerei, er hat gesagt, daß die kleinbürgerliche Reaktion auf die Abstrakten, so nach der Art Das-kann-ich-auch und Das-ist-ja-keine-Kunst, insofern ihre Berechtigung hat, als diese Malerei ja wirklich nichts abbildet, daher auch nichts vermittelt, keinen Wahrheitsanspruch mehr hat und daher so wenig Kunst ist wie a gemusterte Tapete im Wohnzimmer. Das alles bedeutet nur, daß die Malerei versagt hat, er hat gesagt, er kennt kein Gemälde, wo zum Beispiel ein Mann dargestellt ist mit irgendeiner Gestik, zum Beispiel mit aus irgendeinem Grund vorgestreckten Händen, also um sie jemandem zu reichen, oder um etwas zu zeigen oder anzubieten, ist ja auch egal, es soll ja nur ein Beispiel sein, und bei dem man das Gefühl hat, dieser dargestellte Moment ist bildimmanent soeben zustandegekommen und zugleich flüchtig, das heißt, er wird gleich wieder verschwinden und ist nur durch das Bild festgehalten. Nein, hat der Thomas gesagt, man hat den Eindruck, immer, die dargestellte Person selbst hat beschlossen: so stell ich mich jetzt hin und bleib die nächsten hundert Jahr so stehen. Und genau dasselbe, sagt er, kann man auch auf diesen Bildern vom Martin sehen, diese Lüge, als wäre die Welt eine Ansammlung von denkmalgeschützten Erstarrungen.

Wenn man aber a Foto anschaut, schon einen simplen Schnappschuß mit einer einfachen Kamera, dann sieht man, daß da auch ein Bewegungsausschnitt verewigt ist, wie auf einem Gemälde, aber man sieht das Augenblickliche der Bewegung sofort, man kann sich sofort ihr Zustandekommen und ihr Weitergehen vorstellen, versteht's, und das ist so, auch dann, wenn die bewegten Körper oder Körperteile, also zum Beispiel wieder die Hände, nicht verwischt und aufgefächert sind, weil vielleicht die Belichtungszeit zu lang war.

Nein, auch wenn das Foto völlig scharf ist, keine Linie zweideutig ist, und daher scheinbar nicht zuläßt, etwas anderes zu sehen, als das, was ist und wo es ist, sieht man doch in den meisten Fällen die Bewegung mit, durch die diese Konstellation zustandegekommen ist, und man sieht die Fortsetzung, vor der sie, also die abgebildete Konstellation, nur ein flüchtiger Zwischenmoment ist. Man sieht also oder kann sehr oft auf einer Fotografie sehen, daß die Statik nur durch das Bild hergestellt ist, aber nicht wirklich existiert. Aber in Gemälden, vor allem diesen Ölschinken, hat der Thomas gesagt, scheint schon das Dargestellte statisch zu sein, so bewegt es sich auch aufführt, und das Gemälde scheint diese Statik nur wiederzugeben und nicht erst herzustellen und als hergestellt zu zeigen.

Der Martin hat sich das angehört und seine Bilder weggeräumt. Und wie das oft so war, hat er sogar dem Thomas recht gegeben. Der Thomas hat dem Martin nie recht gegeben. Aber der Martin war eben der Nachdenklichere, irgendwie auch unsicher und offener daher, na egal, jedenfalls sagt er, der Martin, daß da wirklich was dran sei an dem, was der Thomas gesagt hat. Er hat gemeint, daß die Begründung dafür vielleicht die ist, daß die Maler den Moment der Bewegung, den sie malen, idealisieren, weil der Kunst eben etwas Idealisierendes, Komponierendes innewohnt, und eben, weil sie idealisieren, gibt das Auge sich damit zufrieden und ruht willig in diesem schönen Idealmoment. Die Fotografie hingegen erwischt höchst selten einen solchen Idealmoment, weil sie ihn ja nicht so bewußt aussuchen und komponieren kann, wenn sie etwas Bewegtes fotografiert. Im Grunde hat sie immer nur irgendeinen Moment in irgendeiner Konstellation der Bewegung, einen Moment der deshalb oft absurd erscheint, weil wir ihn nicht kennen, das heißt, weil wir ihn nie sehen, weil er beim Zusehen immer völlig in der gesamten Bewegung verschwindet. Und wenn wir dann also ein Foto anschauen, dann fordert dieser zufällig festgehaltene Moment der Bewegung eine Erklärung, das Auge ist irritiert und unruhig, auch wenn es belustigt ist, und es stellt das Zustandekommen dieser Bewegung wieder her, rekonstruiert sie, zieht sie durch. Das ist ja alles also relativ leicht zu erklären, hat der Martin gesagt, und auch wenn er nicht der Meinung ist, daß man heute nicht mehr malen kann, nur weil es die Fotografie gibt, so gibt er zu, daß man von der Fotografie fürs Malen lernen kann und er wird das versuchen.

Na gut, es vergeht eine Zeit, und der Martin zeigt neue Bilder her, in denen er sozusagen versucht hat, eine Lehre aus dem Thomas seiner Kritik zu ziehen. Aber der Thomas hat, wie er die Bilder anschaut, nur zum Lachen angefangen und hat gesagt, das ist die totale Ohnmachtserklärung der Malerei.

Die Bilder von Martin waren deutlich von Fotos abkopiert oder inspiriert, aber das Phänomen, daß etwas Bewegtes in einer Abbildung als Bewegung empfunden wird, geht völlig verloren, wenn man die Konstellation von einem Foto auf die Leinwand kopiert.

Es ist wirklich so: beim Foto weiß man und denkt man mit, daß es das Dargestellte aus einer Bewegung herausreißt, die Sehgewohnheit gegenüber einem Gemälde bewirkt aber, daß man an eine bewußte Komposition glaubt, man will das Dargestellte in sich und in seiner Statik sehen und nachvollziehen, und man glaubt an eine innere Bedeutung dieser Konstellation, so wie sie ist.

Der Martin hat nur genickt und seine Bilder weggeräumt und gesagt: na, dann muß ein Gemälde, wenn es die Wirkung von einem Foto erzielen will, diese Wirkung eben ganz anders als ein Foto erzielen.

Wie der Thomas weg war, hab ich zum Martin gesagt, du, vergiß das, laß den Thomas anglahnt, des verwirrt dich nur und bringt dir gar nichts, aber der Martin hat gesagt, na, im Gegenteil, ich bin jetzt direkt erleichtert, sagt er, denn welchen Sinn soll es wirklich haben, wochenlang etwas zu malen, das dann nur dasselbe erreicht wie ein Schnappschuß von einer sechzigstel Sekunde! Aber wenn ein Gemälde die ihm mögliche Lösung findet, dann kann es, wenn es das schafft, was ein Foto schafft, sogar mehr erreichen als ein Foto, nämlich: ein Foto kann, wie gesagt, die Empfindung von Bewegung erreichen, aber eben einer letztendlich zufälligen, oft unerklärlichen, jedenfalls partikularen Bewegung. Ein Gemälde aber, wenn es auf seine Weise das auch schafft, kann, da der Kunst eben die Idealisierung und die Deutung und der Bedeutungsverweis innewohnt, durch eine besondere Darstellung eines Bewegungsausschnitts nicht nur auch das Gefühl von Bewegung erzeugen, sondern zugleich auch dieser Bewegung erst ihre Bedeutung entreißen, ihre innere Konstellation von Motiven, Wünschen, Zielvorstellungen, ihre Grenzen und Determinanten andeuten. Mit anderen Worten, hat er gesagt, ein Foto kann etwas zeigen, das ist, genauer gesagt, einen Moment davon, was im Prozeß des Seienden war, und auch zeigen, daß es sich eben bewegt hat. Aber ein Gemälde könnte, wenn es das irgendwie vom Foto lernt und auf seine eigene Weise umsetzt, in dem, was ist, zeigen, was wird. Nicht nur, daß es sich bewegt, sondern auch, wohin es sich bewegt.

Warum schaust dir keine Comic-Heftln an, hab ich zum Martin gesagt, da gibt's das schon: da siehst Figuren, die sich bewegen, zum Beispiel sind sie so gezeichnet, daß sie aus sich heraustreten und ein Vorher und ein Nachher gleichzeitig abgebildet ist, durch Kondensstreifen mitsammen verbunden.

Mach dich nicht lustig über mich, hat der Martin gesagt, es geht mir nicht um Bildergeschichten, sondern um die Geschichte, ich werde die Bewegungen der Gegenwart so abbilden, daß man die Bewegungen bis zum Geschichtsziel weiterdenkt.

Na servas, hab ich mir gedacht, der Thomas wollte seinen Bruder nur ein bißl reizen, wie immer, und der schnappt über und will gleich das Geschichtsziel malen. Na, jedenfalls, es vergeht die Zeit, und immer, wenn ich den Martin gesehen habe, habe ich gemerkt, der macht da was und schafft das nicht.

Na, und ich, ich habe auch einiges gemalt in der Zeit, der alte Daher hat mir die Ausstellung verschafft, ich habe recht gut verkauft und die Idee gehabt, die Bar da aufzumachen. Der Martin und der Thomas haben auch Geld reingesteckt, als stille Teilhaber, ein Freund von ihnen, ein Brasilianer, hat seinen Namen hergegeben, als mein Partner, weil es muß ja immer ein Brasilianer dabei sein, damit man die Lizenz kriegt, und so hat die Bar da angefangen. Wir haben ein paar Tische und Sessel gekauft, die Bartheke haben wir machen lassen, viel Geld für die Einrichtung haben wir ja nicht gehabt. Eine Woche vorm Aufsperren hat der Martin den Spiegelkasten da angeschleppt und hat gesagt, den hat er bei einem Trödler gefunden, den will er da in der Bar aufstellen.

Ich hab gesagt, was willst mit der Kistn, die Spiegel sind total blind, und wenn das Holz an Wert hat, dann höchstens an Heizwert. Aber er hat gesagt, laß mich nur machen. Es war in der Bar soweit alles fertig, wir wollten am nächsten Freitag eröffnen, und der Martin hat sich die Tage vorher da eingesperrt und hat das Bild, also das Spiegelbild da, auf die Spiegel gemalt. Der Thomas hat gar nichts gewußt davon, er hat sich auch nicht so interessiert, was da gemacht wird, er hat ein bißl Geld gegeben, und für ihn war die Sache erledigt. Am Eröffnungstag ist der Thomas natürlich gekommen, und der Martin sagt: Komm, ich möcht dir was zeigen, und zeigt ihm das Bild da. Der Thomas schaut sich das Spiegelbild an, dreht sich um und schaut sich um in der Bar, schaut wieder auf den Spiegel, es kommen einige Gäste, eh lauter Freund von uns, bauen sich auf an der Theke, im Raum, zwischen dem Spiegel und den Sachen, die der Spiegel zeigt, der Thomas schaut auf den Spiegel, nickt und sagt überhaupt nichts, trinkt a bißl dann mit uns und geht.

Ich habe den Thomas dann eine Zeit nicht mehr gesehen, und wie ich ihn wieder einmal treff, erzählt er mir, daß er jetzt hauptsächlich auf der Fazenda lebt, die sein Vater gekauft hat, und daß er dort a Pferdezucht aufbauen will, so ein Gestüt. Zum Fotografieren, hat er gesagt, hat er aufgehört. Aber wenn er auf einem guten Pferd galoppiert, draußen auf der Fazenda, keinen Menschen sieht, und alles an ihm so vorbeifliegt, und diese Bewegung, die nicht die seine ist, aber mit der er irgendwie verschmilzt, dann ist das, wie wenn alles stillsteht, aber nicht so, wie wenn alles ganz ruhig ist und nichts sich bewegt, sondern es steht alles still in der Energie und in der Bewegung, ich weiß auch nicht mehr, wie er das alles lang und breit erklärt hat, jedenfalls, das ist für ihn das Schönste, was gibt. Na, und der Martin ist mit der Zeit ein bekannter Maler geworden, unter einem Pseudonym, das ihr kennt, ihr habt ja auch nicht gewußt, daß der in Wirklichkeit Martin Daher heißt. Und der Martin hat mir gesagt, den Durchbruch hat er damals gehabt, in der Zeit, wie wir diese Diskussion gehabt haben und wie wir die Bar da aufgesperrt haben und er die Spiegel da bemalt hat, weil, damals ist er draufkommen, daß man Bewegung nur abbilden kann, wenn man sie dem Bild gegenüber beläßt, und das Aug nicht einen Bewegungsausschnitt weiterdenkt oder eben nicht weiterdenkt, sondern die Bewegung völlig ergänzen muß. Weil, die Bewegungen, die stattfinden, sind sowieso leer und ziellos, also kann das Bild gleich leerbleiben von der Bewegung. Na, jedenfalls – naaa, des war's, das war eh a lange Geschicht!»

Oswald stürzte das halbe Glas Bier hinunter, das in seiner Hand ganz warm geworden sein dürfte, und schüttelte sich.

«Eine schöne Geschichte, Oswald!» sagte Singer. «Auch die von Judith, beides Geschichten nach meinem Geschmack, das erste und das letzte Kapitel der Geschichte der Welt! Im Grunde handelten ja beide Geschichten vom selben Gegenstand.»

«Mußt schon wieder interpretieren?» fragte Oswald.

«Ja, um meinem Freund vielleicht noch einen nützlichen Hinweis für seine Hegellektüre zu geben», sagte Singer, auf mich deutend, «Judiths Freundin wollte das absolute Wissen erreichen, und es ist ihr gelungen. Allerdings nur, indem sie die Bewegung umgedreht hat und zurückgegangen ist. Dadurch hat sie nämlich die Vollkommenheit des Bewußtseins erreicht, das heute, ja?, heute möglich ist, nämlich die Sinnliche Gewißheit, und in ihrer radikalsten Form ist das das Bewußtsein des Kindes.

Und Martin hat das Geschichtsziel künstlerisch ausdrücken wollen, und schließlich ist es ihm gelungen: so wie die Sinnliche Gewißheit nur eben ein Haus sieht oder einen Baum, kann das Kunstwerk, wenn es die stattfindende Bewegung spiegeln will, in letzter Instanz nur noch wiedergeben, was sich unmittelbar vor ihm befindet, zum Beispiel eben diese Bar. Und das Leben, die Bewegung, die zu nichts mehr führt, weil sie nur noch zurückführt, verbleibt als leerer Wechsel in dieser Distanz zwischen dem Seienden und seiner Abbildung, seinem Zeichen. Aber ich hoffe, bald detaillierter und überzeugender dies alles referieren zu können!»

Ich nickte. Schweigen.

Und malst du noch immer? fragte ich Oswald.

Ja, sagte er, klar, das unbekannte Meisterwerk.

Und er lachte in seiner typischen Art, lautlos, mit zurückgeworfenem Kopf, vibrierend.

Der Beginn eines neuen Monats. Wie Blutstropfen fielen die Blüten von den Azaleensträuchern, die die Straße säumten.

Man ließ die Dienstmädchen vor der eigenen Tür kehren, Maria fegte den Bürgersteig vor dem Haus, die roten Blüten stockten in der Gosse.

Ich ging die Miete bezahlen. Dona Ilse öffnete die Tür und bat mich ins Wohnzimmer. Seu Eurico saß in einem Ohrenfauteuil und las die Zeitung. Er sah keinen Grund, damit aufzuhören. Er würde sonst womöglich in ein Gespräch gezogen, und an diesem Tag ist schon zu viel zu tun gewesen.

Dona Ilse gab mir eine schon vorbereitete Aufstellung meiner Miete und meines Anteils an der Stromrechnung des Hauses. Während ich das prüfte, bot sie Coca-Cola an, stellte eine Schüssel mit Kartoffelchips auf den Tisch und begann wie immer, eine Konversation über «den Brasilianer».

Die Blumen vor dem Haus, am Zaun, fast alle ausgerissen. Ob ich das gesehen habe. Der Brasilianer kann bei Blumen nicht vorbeigehen, ohne sie auszureißen. Hundert Meter weiter wirft er sie weg. Der Brasilianer glaubt, das wächst alles einfach so, von selbst. Er denkt gar nicht daran, daß diese Blumen das Ergebnis von Arbeit, von Pflege sind, weil man sich freuen will, wenn man aus dem Fenster schaut und man sieht die Blumen. – Der Brasilianer wird dieses nie verstehen, jenes nie begreifen, nein, das begreift er nicht, der Brasilianer.

Ich schrieb meinen Scheck, Eurico saß wie immer hinter seiner Zeitung und versteckte sich vor dem Gespräch. Aber vielleicht hörte er es nicht einmal, weil es die Welt war, und in der schien er ja nicht zu leben. Vielleicht brauchte er diese breite, starke, dirndlbewehrte Frau, neben der er kaum Luft zu bekommen schien, als Schutzschild vor der Welt, und das, was sie zu hören gab, waren nur dünne Echos der Welt, vor der sie ihn abschirmte.

Ich weiß es nicht und es interessiert mich auch nicht.

Wenn ihn Dona Ilse direkt ansprach («Erich!!!»), dann senkte er kurz die Zeitung und sagte nur: «Es ist unglaublich!», offenlassend, was er unglaublich finde.

Und dann wundert sich der Brasilianer, sagte Ilse, daß dieses Land sich nicht entwickelt, daß es in Dreck und Elend versinkt. Wie soll auch etwas wachsen, wenn man immer alles ausreißt?

Zum Thema «der Brasilianer» wußte ich nichts zu sagen, die Brasilianerin, die Europäer, die Deutschen oder Österreicher gar. Ich fühlte mich noch nicht wirklich in Brasilien angekommen, ich war nur geographisch da, und die Heimat, die man überallhin als Getto mitnehmen kann, hatte ich schon verloren.

Übrigens, sagte ich, das kommende lange Wochenende werde ich nicht hier sein, ich fahre ans Meer und komme wahrscheinlich sogar erst nächsten Dienstag zurück.

Danke, sagte sie, während sie meinen Scheck nahm, gut daß Sie mir Bescheid gesagt haben. Wenn ich also hinten bei Ihrer Tür etwas höre – Sie können es dann nicht sein! Aber es wird schon nichts passieren!

Nein, es wird schon nichts passieren, sagte ich.

Wie es dazu kommen konnte, daß ich mit Monika Ahrens auf ein paar Tage ans Meer fahre, konnte ich mir gar nicht mehr erklären. Ich hätte damals, beim Mittagessen bei ihrer Mutter, den Mund halten sollen. Und ich hätte nicht, verlockt von der Möglichkeit, ein paar Tage aus der Stadt rauszukommen, das Thema wieder anschneiden dürfen, als ich Monika wieder auf der Uni traf. Aber ich hätte von ihr noch viel weniger als von mir erwartet, daß der Vorschlag ausgesprochen und ihm sogar nachgegeben würde, ein paar Tage gemeinsam zu verreisen.

Es war ein heißer Tag. Wir fuhren mit ihrem Auto, da, wie sie sagte, ihr Käfer sparsamer sei, das komme uns dann billiger. Außerdem sei ihr Auto neu, also sicherer. Sie holte mich, wie ausgemacht, nach dem Mittagessen ab. Ich trug Shorts und hatte das Gefühl, daß sie, als ich aus dem Haus kam, abschätzend meine Beine betrachtete. Sie hatte so einen taxierenden Zug um den Mund, ihre Augen konnte ich nicht sehen, da sie hinter großen, schwarzglänzenden Sonnengläsern versteckt waren. Alles, was sie sagte, klang dadurch so, als würde es aus ihrem Inneren durch eine Maske hervortönen, also intim und zugleich geschützt, mit einem Wort: persönlich.

Der Tag schien irgendwie unwiderruflich und zugleich unerreichbar. Die Luft schien zu stehen, flirrte, die Menschen liefen durch die Stadt wie Mäuse in einem Laufrad. Wir fuhren los, schon beim nächsten Supermarkt blieb Monika stehen. Sie wollte Sonnencreme kaufen. Es sei hier sicherlich billiger als am Strand.

Wir kauften zwei Flaschen Sonnenmilch und zwei Stangen Zigaretten. Monika zahlte, «Laß mal, das zahle ich, ich habe auch schon das Benzin gezahlt, nachher rechnen wir ab!» und notierte die Ausgabe in einem Notizbuch.

Wir fuhren nach Juquehi, einen Strand zwischen Santos und Rio de Janeiro. Monika erzählte, daß sie dort einen Deutschen kenne, der ein billiges und doch angenehmes Hotel direkt am Meer habe. Es war so heiß, daß die Straße vor uns wie eine ununterbrochen steigende Quecksilbersäule glitzerte.

Ich sah Monika zu, wie sie sorgsam und zugleich in mechanisch verselbständigten Bewegungen lenkte. Ab und zu wandte sie den Kopf, richtete ihre großen schwarzen Gläser auf mich. Dahinter sah ich ihre Augen nicht, nur mich selbst, ganz klein. Ich zupfte meine kurze Hose, die beim Sitzen noch weiter meine Oberschenkel hinaufgerutscht war, etwas länger.

Sie plauderte. Ich saß neben ihr wie vor einem verlassenen und versperrten Zimmer, aus dem allgegenwärtiger Medienlärm gespenstisch herausdröhnte. Sie war menschenleer, hermetisch und plärrend von fremden Stimmen. Sie begann immer schneller zu fahren, mit einem geradezu grenzenlosen, kindischen Vertrauen auf ihre und des Autos Reaktionsweisen, während sie starr durch die Windschutzscheibe blickte wie auf einen Videoschirm, auf dem eine Autofahrt simuliert wird. Ich bekam Angst und bat sie, langsamer zu fahren. Sie sagte, sie wolle nicht in die Nacht hineinkommen, nach Bertioga sei die Straße zum Teil noch nicht ausgebaut, man fahre da zeitweise unmittelbar auf dem Strand, und wenn es dunkel sei, sei da nichts mehr zu erkennen, das Meer und der Sandstrand, alles gehe ineinander über und sehe gleich aus, keine Beleuchtung, naturgemäß keine Markierung, alles was man sehe, sei eine große unstrukturierte schwarze glitzernde Fläche, da seien schon öfters Autos steckengeblieben, ja, sogar versunken.

Monika saß steif da, an die Sitzlehne gepreßt, mit durchgestreckten Armen steuernd.

«Was will man machen?» sagte sie.

Ich konnte mir dazu nichts vorstellen.

Wir fuhren über die Brücke nach Guarujá, durchquerten die Insel und nahmen die Fähre nach Bertioga. Vor der Fähre mußten wir zwanzig Minuten warten. Die Sonne begann unterzugehen und schickte durch Wolkenritzen lange, schräge rote Strahlen auf das Bild vor meinen Augen, in das wir in der Autokolonne langsam hineinrückten. Auf der Fähre nahmen wir unsere Sonnenbrillen ab, eine Sekunde lang schien es wieder heller zu werden, schien der Tag sich wieder zurückzuspulen. Aber es wurde rasch dunkel, und wir kamen zu dem von Monika gefürchteten Streckenabschnitt just, als wirklich fast nichts mehr zu sehen war.

Bei Tageslicht, sagte Monika, sei diese Strecke nicht nur ungefährlich, weil man eben eine gute Sicht habe, sondern vor allem auch ein Spektakel für einen Touristen, der so etwas noch nie gesehen habe. Aber jetzt, sagte sie, könne ich nicht nur keinen Genuß aus der bizarren Situation ziehen, daß wir unmittelbar am Meer entlang über den Sandstrand fahren, die Fahrt sei jetzt vor allem auch idiotisch gefährlich.

Ich fragte mich, aus welchem Lehrbuch sie wohl solche Formulierungen wie «Genuß aus etwas ziehen» habe, und blickte angestrengt durch das Fenster.

Vor uns blitzte und schimmerte im Licht der Autoscheinwerfer der feuchte Sandstrand, ging links von uns in das starre Dunkelgrau kleiner Sanddünen und das Schwarz der Vegetation über, rechts in die hin- und hergleitenden dunkelgrauen bis schwarzblauen Rippen des Meeres, dessen entfernter schwarzer Rand sich plötzlich zum wolkenbefleckten Firmament aufschlug, das sich wieder über uns wölbte.

Es schien zunächst alles ganz einfach zu sein, man muß nur über den Streifen fahren, der vor uns glitzerte, es war, als würden wir über die Milchstraße kriechen, aber es glitzerte überall dort, wo die Schnauze des Käfers mit seinen Scheinwerfern hinzeigte, schließlich schien es, als wäre es ganz egal, in welche Richtung man fährt, jede führte in der unendlichen schwarzen Fläche auf einen winzigen schwarzen Punkt zu, der uns dann verschlucken und im Nichts verschwinden lassen würde. Ach du liebe Scheiße, sagte Monika, wenn das nur gutgeht.

Sie fuhr ganz langsam, kam manchmal zu nahe ans Meer und das Wasser rauschte und spritzte unter dem Wagen auf, dann wieder fuhr sie zu weit vom Wasser weg, und die Räder begannen im trokkenen Sand durchzudrehen. Manchmal stießen wir an kleine Rinnsale, die den Strand durchschnitten und ins Meer flossen, Monika suchte die Stellen, wo Autospuren in diese kleinen Flüsse hineinführten, um zu sehen, wo man sie durchqueren konnte, ohne an einer zu tiefen Stelle im Wasser steckenzubleiben.

Ich hätte gerne das Autoradio abgeschaltet, um besser das schwarze Rauschen zu hören, durch das wir langsam vorwärtsschlüpften, aber bevor ich das tun konnte, stellte Monika es gar lauter, die laute Musik banalisierte krampfhaft die Situation, so wie das laute Vor-sich-hin-Pfeifen, mit dem sich ängstliche Menschen angeblich Mut machen, wenn sie allein durch einen finsteren Wald gehen müssen. Mir macht Pfeifen oder Musik in solchen Situationen noch mehr Angst, so als würde man durch den Lärm das Unheil erst recht auf sich aufmerksam machen. Das Radio spielte schon zum drittenmal das Lied ‹*Reggae night*›, und ich wußte plötzlich, daß sich dieses Lied zu einem künftigen Auslöser von Erinnerungen beziehungsweise Gedanken an Monika und diese Reise promovierte.

Die Schwierigkeiten, die man mit dem Sich-Erinnern hat, werden offenbar auch dadurch bewiesen, daß man es so selbstverständlich und widerspruchslos mit einer zufälligen Begleitmusik verbindet, die mit dem, was sie später an Gedanken und Gefühlen auslösen wird, zwar nichts zu tun hat und es doch erst irgendwie möglich macht. Ich weiß noch, daß ich *‹I can get no satisfaction›* hörte, als ich das professionelle Onanieren entdeckte und zum erstenmal bewußt einen Samenerguß herbeiführte (eine Koinzidenz, die ich vielleicht einmal untersuchen sollte), und es war *‹Yellow river›*, als ich zum erstenmal zungenküßte (auch eine Koinzidenz, denn es geschah mit einem Mädchen, das offenbar ein gewisses Vergnügen darin hatte, große Mengen von Speichel hin- und herfließen zu lassen, so daß ich wohl buchstäblich trunken vor Glück war, aber in Zukunft ein eher trockenes Verhalten bezüglich Zärtlichkeiten entwickelte).

Doch ich weiß nicht, ob ich jemals wieder an zum Beispiel diese Ereignisse gedacht haben würde, wenn nicht noch immer diese Lieder gelegentlich zu hören wären. Wer sich mit der Geschichte der modernen Musik auskennt, wird festgestellt haben, daß zwischen *‹I can get no satisfaction›* und *‹Yellow river›* ein großer zeitlicher Abstand klafft. Ein solcher ist auch unbedingt nötig, wenn die Erinnerung auf ihren Krücken einen gewissen Fortgang haben soll. Denn als ich so weit war, daß ich bei jedem neuen Hit ein neues Erlebnis hatte, konnte ich sehr bald nicht mehr die Titel der Hits, die Erlebnisse und die Namen der damit verbundenen Menschen auseinanderhalten.

Dann bedarf es schon wieder eines besonders unvergleichlichen, noch nicht vorgeschmeckten Ereignisses, damit Geschehen und Begleitmusik eine unverwechselbare Symbiose eingehen, wie beim Film.

‹Reggae night›, der Motor heulte plötzlich auf, der Wagen brach seitlich aus, schwamm einmal hin und her und steckte im Sand fest, in dem sich die Räder bösartig surrend festfraßen.

«Ich habe es gewußt, ach, ich habe es ja gewußt, warum muß uns das passieren, ach, warum nur, so ein verdammtes Pech...» begann Monika mit ihrem gespreizten Singsang und lehnte ihre Stirn an das Lenkrad, dann legte sie den ersten Gang ein und versuchte, langsam aus dem Sandloch herauszukriechen, aber die Räder gruben sich nur noch mehr in den Sand ein. Hör auf, sagte ich und sprang aus dem Wagen und sah mir die Bescherung an. Monika war zu weit nach links abgekommen, in den trockenen pulvrigen Sand, der nicht vom Meer glatt und hart abgeschliffen war, ich begann mit den Händen die Räder freizugraben, in diesem Augenblick fing es auch noch zu regnen an. Ich knirschte mit den Zähnen, der Sand, überall war ich voll Sand, er kroch überall hin, in die Haare, die Nase, die Ohren, den Mund, er rieb und schmerzte in den Schuhen, ich zog sie aus. Mein Gesicht war naß, ich wußte nicht ob vom Regen oder vom Schweiß, wenn ich mir mit dem Handrücken das Gesicht abwischte, kratzte der Sand auf der Haut. Monika stand neben mir und sah sich um. Ach du liebe Scheiße, sagte sie wieder. Dort vorn ist Licht, ein Haus, siehst du, sagte sie, wir müssen Hilfe holen. Sie ging fort, und ich grub wie besessen weiter, in einer leeren und erfüllten Konzentration, so als wäre ich nur dazu auf die Welt gekommen, um in Regen und Finsternis mich neben einem Auto im Sand zu wälzen und mit den Händen zu schaufeln. Plötzlich kam Monika wieder zurück, sie hatte ein Stück weiter vorn ein Holzbrett gefunden, das sie unter einen Reifen schob. Ich stand keuchend auf und sah seitlich von uns einige Bananenstauden. Ich ging hin und brach ein großes steifes Bananenblatt ab, das ich unter den zweiten Reifen schob, den Monika inzwischen einigermaßen freigegraben hatte.

Monika setzte sich ans Steuer, startete, ließ die Kupplung springen, während ich anschob, der Wagen machte einen Satz und schob sich schlingernd nach rechts auf den harten Teil der Piste.

Ich setzte mich in den Wagen, Monika sah mich keuchend an. Sie schaltete die Scheibenwischer ein, die die Scheibe heillos verschmierten. Benommen sahen wir auf die trüben Schlieren – Gott sei Dank sind wir bald da, es ist nicht mehr weit! sagte Monika.

Langsam und vorsichtig fuhr sie weiter, manchmal streckte sie ihren Kopf weit aus dem Seitenfenster hinaus, um besser zu sehen. Wir waren etwa eine Viertelstunde gefahren, als sie plötzlich abbremste. Vor uns türmte sich eine langgezogene Sandverwehung auf, die im Scheinwerferlicht so forciert fremd blinkte wie die Mondlandschaft in einem Science-Fiction-Film. Ich will nicht wieder steckenbleiben, nur nicht wieder steckenbleiben, ach du liebes Bißchen, begann Monika wieder mit ihrem Singsang.

Was willst du machen? fragte ich. Mir war schon alles egal. Irgendwann wird es wieder Tag werden, und alles, was diese Nacht in meine Lebensgeschichte eingeschrieben haben wird, wird schal geworden sein, plötzlich spielte das Radio wieder ‹*Reggae night*›, ich ertappte mich dabei, wie ich mitzusummen begann.

Was will man schon machen? sagte Monika. Mit Schuß durch! Nur nicht wieder steckenbleiben!

Sie legte den Rückwärtsgang ein, schob ein Stück zurück, um einen längeren Anlauf zu nehmen, dann gab sie Gas und raste auf die Verwehung zu, der Wagen schoß hinein, schlingerte, brach aus, stieß schräg durch, einen Moment lang schienen die Räder wieder auf feste Unterlage zu kommen, der Mond kroch plötzlich aus einem Wolkenloch hervor, die Dunkelheit begann zu glänzen, die Radiomusik erschien mir absurd laut, ich sah aus dem Fenster und sah zu meiner tauben Überraschung rechts von uns eine Brücke, eine von diesen schmalen Holzbrücken ohne Geländer, genauso breit wie ein Auto, sie führte über einen kleinen Fluß, der unter uns ins Meer floß.

Ich sah die Brücke rechts von meinem Seitenfenster, genau in dem Sekundenbruchteil, in dem die Situation konsequenzlos erschien.

Der Blick aus dem Fenster, auf die Brücke, unser schweres Schweben, ach du Scheiße, sagte Monika ganz ruhig, während sie in einer absurden Reaktion das Lenkrad nach rechts riß. Wieso stürzen wir nicht ab, fragte ich mich, wie ist das möglich? Es schien alles so langsam zu gehen, daß das Bild geradezu zu stehen schien. Unser Sehen und Empfinden war in einem Seufzer festgehalten, stehengeblieben in einem flüchtig-ewigen Balance-Moment, der gar nicht wirklich existierte, weshalb das alles vielleicht gar nicht real war.

Dann kippte das Auto seitlich nach links um und stürzte ab, was noch viel unwirklicher war, als das Gefühl zuvor, daß nun alles zu einem erschreckenden und unlogischen Stillstand gekommen zu sein schien.

Ich fiel mit voller Wucht auf Monika, wir berührten einander zum erstenmal. Es ging nun alles so rasend schnell und doch so absurd langsam, daß ich mir einbildete denken zu können, daß ich später erzählen werde, daß ich mir in diesem Augenblick gedacht hatte, daß ich sterben werde. Wieso war die Todesangst, wenn es sie wirklich gab, nicht so unmittelbar wie der Aufprall jetzt? Im selben Moment zersplitterten die Scheiben, fielen aus dem Rahmen, der Schlag, das bedrohliche Knirschen, Schmerz, Stöhnen, eine taube beschlagene Stille, das alles war in mir und außer mir, ich sprang durch die zerbrochene Windschutzscheibe aus dem Auto, das halb im Fluß, halb auf einer Sandbank lag.

Ich half Monika aus dem Auto zu klettern, und sah zur Brücke hinauf: wir waren etwa drei Meter tief abgestürzt. Mich wunderte, daß mir auffiel, daß das Radio aufgehört hatte zu spielen. Bist du in Ordnung, fragte ich Monika, bist du in Ordnung?

Mein schönes neues Auto, jammerte sie, was ist nur mit meinem Auto passiert, es ist doch ganz neu, mein schönes Auto, ach du verdammte Scheiße, mein Auto...

Bist du in Ordnung? fragte ich, ich sah, daß ihr rechtes Knie blutüberströmt war, eine Hand hielt sie komisch von sich weg. Was ist mit deinem Knie? fragte ich. Sie jammerte in einem fort: mein Auto, mein Auto!

Ich sah an mir hinab, ich fühlte mich wie anästhesiert, mein linkes Knie und das Schienbein bluteten, ich stampfte auf, es tat mir nicht weh.

Mein Auto, mein schönes neues Auto, ach verdammt!

Scheiß auf das Auto, das kannst du vergessen, sagte ich, frag lieber mich, wie es mir geht!

Plötzlich tauchte vor der Brücke ein anderer VW-Käfer auf, ein Mann stieg aus, sah zu uns herunter.

«Tudo bem?» rief er.

Wir kletterten zur Brücke hinauf und sahen starr und keuchend auf das so seltsam umgekippt liegende Auto hinunter.

«Mein Gott», sagte der Mann, und fragte, ob wir einen Arzt bräuchten. Ich hatte keine Ahnung, ob wir einen bräuchten, aber Monika verneinte sofort. Er fragte, wie das denn passiert sei. Monika erzählte es, so eigentümlich sachlich, als machte sie schon einen Entwurf für den Bericht an die Versicherung. Ich wußte nicht, ob sie einen unzerrüttbaren Realitätssinn oder einen schweren Schock hatte.

Der Mann, er hieß Sergio, sagte, daß es um diese Uhrzeit wohl nicht mehr möglich sei, eine Werkstatt zu finden, die den Wagen abschleppe, das könne erst morgen früh organisiert werden. Er bot uns an, uns in ein Hotel zu bringen.

Die Taschen! rief Monika plötzlich. Unsere Reisetaschen! Wir rutschten den Abhang wieder hinunter und zerrten irgendwie die Taschen aus dem Auto heraus, wobei ich mich, als ich durch die zerborstene Windschutzscheibe wieder in das Auto hineinkroch, an einem Glassplitter schnitt. Ich spürte den Schnitt und wunderte mich zugleich, daß ich nichts spürte.

Kriechend zogen wir die Taschen hinauf zum Auto Sergios, und schon saß ich wieder in einem VW-Käfer, der nun langsam über die Brücke rollte, ich blickte aus dem gleichen Seitenfenster wie zuvor, auf das gleiche Bild, wie es vorhin so abrupt stehengeblieben schien, bevor wir von der Brücke stürzten, nur die Perspektive war etwas anders, so als wäre ich lediglich ein wenig näher an das Bild herangetreten, und es war so, als sei seitdem gar nichts passiert, sondern es setzte sich das Bild jetzt, wo wir langsam weiterfuhren, nur wieder in Bewegung. Jetzt sagte ich, was ich in jenem Moment des Absturzes gewußt habe, daß ich sagen werde, ohne gewußt zu haben oder zu wissen, ob es wahr ist oder nicht, den Satz, der klarer da war, als die Empfindung, die er formulierte: ich habe geglaubt, daß ich sterbe, sagte ich.

Monika, die auf dem Rücksitz saß, streckte ihre Hand nach vorn und legte sie mir auf die Schulter. Hoffentlich spült der Fluß mein Auto bis morgen nicht ins Meer! sagte sie.

Das ist doch wohl nicht möglich, sagte ich.

Sergio brachte uns zu dem Hotel, das Monika kannte und das nur wenige Kilometer entfernt war, es waren aber alle Zimmer besetzt.

Der Nachtportier sagte, daß am nächsten Tag jedoch eines frei werden würde.

Sergio schlug uns vor, das Zimmer zu reservieren und diese Nacht in seinem Haus zu verbringen, er wohne ganz in der Nähe.

Ein kleines, einfaches Wochenendhaus, trotzig abgespart stand es da auf einer winzigen, zurückgedrängten Parzelle, von der aus man das Meer zwar nicht mehr sehen, aber noch riechen konnte.

Sergios Frau brachte ein Mittel, mit dem wir unsere Wunden reinigen und desinfizieren konnten und fragte, ob wir etwas essen oder trinken wollten.

Sie machte Caipirinhas und hörte kopfschüttelnd zu, wie Monika noch einmal den Unfall schilderte.

Während sich für Monika das, was sie erzählte, mit dem, was passiert war, offenbar völlig deckte, machte mich ihr Vertrauen in die Möglichkeit, das Geschehene so unmittelbar wiederzugeben, zweifeln, ob es wirklich passiert war. Ich hatte plötzlich die seltsame, zugleich aber auch unbedrohliche und unwirkliche Angst, daß wir gleich als Lügner entlarvt würden, die sich lediglich im Schlamm gewälzt und etwas aufgekratzt hatten, um Monikas Geschichte glaubwürdiger erscheinen zu lassen. Er hat geglaubt, daß er stirbt, sagte Monika, mich am Arm nehmend, nicht wahr? Alle lächelten. Der Tod ist offenbar auch nur eine der Anekdoten, die wir erleben.

Sergio und seine Frau wußten natürlich noch andere Geschichten, was hier schon alles passiert oder fast passiert sei, aber Gott sei Dank werde da jetzt endlich eine ordentliche Straße gebaut, so konnte es ja wirklich nicht mehr weitergehen. Ich stand völlig apathisch mit meinem Schnapsglas in diesem kleinen, sauberen Wohnzimmer, in dem anscheinend alles in erster Linie die Funktion hatte, leicht abgewischt und gereinigt werden zu können. Auch der Schmutz, den ich machte, würde morgen einfach weggewischt werden. Alles, was vorfällt, fällt sofort in Wegwischbedingungen hinein, es ist zwar alles möglich, aber dafür dann gleich wieder unwirklich.

Monika fragte wieder, ob ihr Auto nicht durch den Fluß bis morgen ins Meer gespült werden könnte. Ein ganz neues Auto, sagte sie, von diesem Jahr!

Ich trank meine Caipirinha und hörte nicht mehr zu, bis Sergios Frau mich plötzlich fragte, ob ich in Ordnung sei, ich sei so blaß.

Er ist immer so blaß, sagte Monika, er geht offenbar nie in die Sonne. Dabei tut die Sonne so gut. Ach, wie sehr habe sie sich schon auf diese Tage am Strand gefreut, aufs Sonnenbaden, und jetzt «diese Geschichte mit meinem neuen Auto»!

Sergio zeigte uns, wo wir schlafen könnten, ein winziges Zimmer hinter der Küche, mit einem Stockbett und zwei Stühlen.

Ich fragte nach dem Bad. Da gebe es ein kleines Problem, sagte Sergio, während er uns in das Badezimmer führte. Es gebe nämlich kaum Wasser. Die Trockenheit der letzten Zeit. Seit Wochen habe es schon nicht mehr geregnet. Die Dusche werde wohl nicht funktionieren, sagte er, den Hahn aufdrehend. Ein wenig Wasser begann aus der Dusche zu rinnen, ging in ein Tröpfeln über und versiegte ganz. Er habe es ja gewußt, sagte er achselzuckend, es täte ihm leid.

Dann waren Monika und ich allein in unserem Zimmer. Unsere erste gemeinsame Nacht. Schmutz- und blutverkrustet standen wir da.

So kann ich nicht schlafen, so schmutzig kann ich doch nicht ins

Bett gehen, sagte sie, kramte in ihrer Reisetasche, fand ihren Waschbeutel, nahm der Reihe nach Gesichtswasser, Reinigungsmilch, Seife heraus und blickte die Dinge verzweifelt an.

Ich schaute aus dem Fenster, der Regen war stärker geworden. Setzen wir uns raus in den Regen, sagte ich.

Monika sah mich mit ihrem Was-will-man-denn-machen-Gesicht an und sagte «Ja». Wir zogen uns aus und setzten uns in die Gartensessel hinter dem Haus. Wir saßen im Regen und rauchten, die Zigaretten in unseren Handhöhlen schützend. Monikas feuchter Körper schimmerte wild und schön in der Dunkelheit. Sie warf die Zigarette weg und begann mit ihren Händen über den Körper zu streichen, um den Schmutz runterzuwischen. Ich folgte ihrem Beispiel. Gern hätte ich gehabt, wenn wir das einander gemacht hätten. Das habe ich auch nicht erwartet, sagte ich, daß wir die heutige Nacht damit verbringen werden, im Regen zu sitzen.

Was hast du denn erwartet? fragte sie. Hast du geglaubt, daß wir gleich miteinander ins Bett gehen?

Bei jeder anderen hätte das kokett oder ironisch geklungen. Hast du vielleicht geglaubt, ich bin so eine? fügte sie noch hinzu.

Wir saßen noch lange so da, nackt, in der Nacht, im Regen.

In mir war eine Frage, aber ich wußte nicht welche.

Am nächsten Morgen brachte uns Sergio zu einer Autowerkstatt mit Abschleppdienst. Dort verabschiedete er sich von uns und lud uns ein, ihn und seine Frau wieder in seinem Haus zu besuchen. Mit zwei Männern der Werkstatt und dem Abschleppwagen fuhren wir dann zu der Brücke, von der wir in der Nacht abgestürzt waren. Als wir dort ankamen, sahen wir eine Gruppe von Menschen, die sich an Monikas Auto zu schaffen machte. Monika begann zu klagen: O Gott, was machen die denn, die bauen mir ja alles aus dem Auto aus, das darf doch nicht wahr sein.

Sie stürzte den Abhang zum Auto hinunter, ich ihr nach, die Menschen wichen ein wenig vom Auto zurück und standen neugierig herum, unter dem Vorwand, neugierig herumzustehen. Das erste, das Monika entdeckte, war, daß das Radio gestohlen war. Wahrscheinlich fehlt auch schon der Ersatzreifen, sagte sie auf Portugiesisch, doch ein Mann, der in ihrer Nähe stand, sagte Nein, der Ersatzreifen sei noch da, die Kühlerhaube sei nämlich nicht aufgegangen!

Ich war im weiteren wieder einmal überflüssig. Unter Anleitung der Mechaniker und mit der tatkräftigen Hilfe aller, die zuvor an der versuchten Ausschlachtung des Autos beteiligt waren, wurde der Käfer nun aus dem Flußbett gezogen.

Zu meiner Überraschung war der Wagen sogar noch einigermaßen fahrtüchtig. Er wurde in die Werkstatt gebracht und durchgecheckt. Der Mechaniker sagte, daß er ihn bis zum nächsten Tag soweit provisorisch herrichten könne, daß wir nach São Paulo zurückfahren können. Denn glücklicherweise sei das Chassis nicht verzogen. Dann brachte er uns zum Hotel.

Wir nahmen unser Zimmer, duschten ausgiebig, danach hätte ich mich am liebsten sofort ins Bett gelegt. So erschöpft war ich von den Ereignissen, die meine Unbeteiligtheit so seltsam hart involvierten. Monika drängte, daß wir endlich zum Strand gingen.

Nun lag ich wieder im Sand, so wie bei der Herfahrt, als das Auto steckengeblieben war, nun allerdings als einer der Glücklichen, über denen der Smog verdampfenden Sonnenöls liegt. Ich hatte nicht mehr den Anspruch, noch irgend etwas als wirklich zu empfinden.

Der Strand sah aus wie ein Gemälde. Die zwischen den Wolken durchbrechende Lichtpyramide der Sonne, die Schattenkegel unter den fünf pastellbunten Sonnenschirmen, das Versickern des Lichts auf der Wasserfläche des Meeres, sein glitzerndes Herausschäumen auf den sich brechenden Wellen. Die kleinere, näher beim Strand befindliche Insel noch in einem diffusen Licht, die größere dahinter schon in einem diesigen Schatten. Zwei Frauen, eine weiß, die andere tiefbraun, lagen, wie soeben an den Strand gespülte Schiffbrüchige, halb im Wasser, das sie umspülte und sich wieder zurückzog. Die Weiße sah aus wie der matte Schatten der Braunen.

Monika räkelte sich neben mir in der Sonne. Die Schnittwunden auf ihrem rechten Knie waren wulstig verkrustet, auf ihren Beinen begannen einige blaue Flecken zu schimmern.

Ich untersuchte mein zerschnittenes Knie. Es würden Narben zurückbleiben, und ich wußte, daß ich ewig, wenn ich die Narben auf meinem Knie sehen werde, an Monika und diesen Unfall denken würde. Diese stille Bucht, die Sonne, das glitzernde Meer mit seinen weißen Streifen der sich brechenden Wellen. Es ist natürlich nicht wahr, daß, wenn das Ambiente romantisch blinkt, ein entsprechendes Gefühl sich automatisch einstellt. Ergriffen vom äußeren Anschein, wachsend in dessen Händen, beugte ich mich über

Monika und wollte sie küssen. Doch sie wehrte mich ab, setzte sich auf, zündete sich eine Zigarette an und sagte: Ach, ist es nicht schön hier?

Es wird natürlich keine Liebesgeschichte, auch wenn wie von fern die Möglichkeit dazu nahe schien. Es wird überhaupt keine Geschichte, es beginnt immer nur alles wie eine Geschichte, aber kein Antrieb ist geschichtsmächtig genug. Als ich ein paar Tage nach dem Urlaub in meinem Zimmer auf der Uni das Foto betrachtete, das Monika mir in einem Kuvert auf den Schreibtisch gelegt hatte, hatte ich, obwohl die Sonne dieses Urlaubs noch auf meiner Haut glühte und die Wunden auf meinem Knie noch nicht vernarbt waren, schon wieder Mühe, mir mehr vor Augen zu halten, als das, was dieses Foto zeigte, die Ereignisse, deren Chronologie, Zusammenhänge, Bedeutungen. Es war ein diesiger Tag, und durch das Fenster fiel ein seltsames Licht auf das Foto in meiner Hand, auf das ich starrte, als würde ich es studieren. Es war typisch für Monika, dachte ich, daß sie, die in diesem Urlaub einen ganzen Film verknipst hatte, mir dann lediglich ein einziges Foto auf den Schreibtisch legt. Sicherlich nicht, weil es das einzige Foto war, das «etwas geworden» ist, wahrscheinlich war es bloß so, daß Monika nicht mehr Geld für mich auslegen wollte und sie der Meinung war, daß dieses eine Foto ein ausreichendes Andenken an diese Tage für mich sei, da, wie sie wohl sagen würde, «ohnehin alles drauf» sei: wir zwei (sie hatte einen anderen Urlauber gebeten, das Foto von uns zu machen), die Terrasse des Hotels, in dem wir gewohnt haben, ein Stück des Strandes, auf dem wir gelegen hatten, neben dem Hotel Monikas rundum verbeultes Auto.

Ich wurde immer zorniger, je länger ich dieses Foto betrachtete. Während mir alles in unzusammenhängende Scherben zu zerfallen drohte, schien dieses Foto nun das Gegenteil auszusagen und damit auch die Sehweise Monikas zu bestätigen: alles, was passiert, ergibt ein Ganzes, gehört zusammen, der Ablauf der Geschehnisse ist eine Bewegung im Stillstand, so, wie man etwa bei der Betrachtung eines Bildes mit den Augen von einem Detail zum anderen wandert, so wie es ist, ist es, man kann das akzeptieren oder nicht, sie akzeptiert es und ist entsprechend im Bilde. Schließlich war sie es, die einen anderen Urlauber gebeten hatte, das Foto von uns zu machen und die gesagt hatte: hier stellen wir uns her, und dort soll er sich hinstellen, um das Foto zu machen, damit das und das auch alles drauf ist. Die Zusammenhänge sind ein logisches Konstrukt, eine Technik des Sehens, eine Grammatik des Lebens. Aber so ist es eben. Das Bild erschien mir allerdings wie ein ausgelaugter Satz dessen, was sich alles durch diese Tage gefiltert hatte. Seinen Geschmack hatte es längst abgegeben, und jetzt war es ein Bild, ein leeres Ornament, das man lesen konnte oder auch nicht, wie Kaffeesud.

Ich steckte das Foto in die Seitentasche meines Sakkos, legte Monika eine Nachricht auf ihren Schreibtisch, in der ich mich für das Foto bedankte und ihr vorschlug, an diesem Abend gegen neun in die *Bar jeder Hoffnung* zu kommen.

Dann ging ich in den Hörsaal, um meine Vorlesung zu halten. Mir war, als würde ich in dieser Grammatikvorlesung mein Leben erzählen: alle Sätze, die ich verwendete, sollten bloß Konstruktionen vorführen, deren Inhalt war belanglos und mußte, um die Konstruktion einzuüben, stets variiert werden. In den Übungssätzen hoben sich gegensätzliche Bedeutungen wechselseitig in der immer gleichbleibenden grammatikalischen Struktur auf, beliebige Kausalitäten wurden zu richtigen Kausalsätzen.

Halb beschämt, halb erleichtert und erfaßt von falschen Vorsätzen, so als hätte ich gebeichtet, fuhr ich anschließend in die *Bar jeder Hoffnung*.

Es war noch früh und kaum ein Gast da. Professor Singer stand an der Theke, Oswald dahinter, wie Schrebergartennachbarn an der niedrigen Hecke, die ihre Gärten trennt, und die an einem trägen Sonntag über Neuigkeiten aus ihrer Siedlung und ihrer Tageszeitung plauderten, ein friedliches Bild, in dem der Winkel zur Welt wird und die Welt zu einer nur unwesentlich gestörten Heimat.

Als ich nach meinen Zigaretten kramte, hatte ich plötzlich wieder Monikas Foto in der Hand und zog es heraus, um es in die Brusttasche zu stecken.

«Zeig her!» sagte Oswald, nahm mir das Foto aus der Hand, betrachtete es eine Weile, legte es dann auf die Theke und sagte «Siehst!» zum Professor.

«Des is wie a Illustration zu dem, was i unlängst erzählt hab!»

Zu meinem Erstaunen beugten sich Oswald und Singer über das Foto und begannen darüber zu reden wie über ein Bild einer Ausstellung.

«Die zwei haben sich da, wie das so ist, postiert, um fotografiert zu werden», sagte Oswald, «aber trotzdem ist das Bild nicht statistisch, siehst die Bewegung?»

Ja, die beiden haben sich offenbar gerade im Moment des Geknipstwerdens bewegt, sagte Singer, das sei deutlich.

Der Urlauber, den wir gebeten haben, das Foto zu machen, habe sich mit dem Apparat nicht ausgekannt, sagte ich, ich wollte gerade nochmals zu ihm hin, um ihm zu zeigen, wo er draufdrücken solle, aber genau in diesem Moment habe er schon abgedrückt und so –

Des is ja uninteressant, darum gehts ja nicht, sagte Oswald. Und wieder zu Singer: das Wesentliche sei, daß die beiden sich bewegt haben, und das Foto fixiere natürlich einen winzigen Moment dieser Bewegung, aber es werde nicht bloß dieser Moment festgehalten, sondern der Anschein von Bewegung überhaupt. Und diese Bewegung denke man weiter, weil die abgebildete, festgehaltene, absurde Verrenkung das Auge beunruhige, deswegen sei in einem Bild, das Bewegung abbilde, immer auch miteingebildet, wohin sie führen werde, auch wenn die Bewegung selbst das gar nicht wisse.

«Sie erinnern sich doch an die Geschichte, die Oswald letztes Mal, vor ihrem Urlaub, erzählt hat!» sagte der Professor zu mir.

Und der festgehaltene Moment erscheine dann als etwas buchstäblich Vorbildliches, als die Idee, die dem Sein in seinen scheinbar so ziellosen Bewegungen zugrunde liege.

Schau, sagte Oswald, er da – er deutete auf mich auf dem Foto – hatte offenbar seinen Arm um ihre Schulter gelegt gehabt, aber in dem Moment, in dem geknipst wurde, hat er die Hand wieder zurückgezogen, wahrscheinlich auch, weil er gerade den Schritt da nach vorne machte. Sein Arm scheint aber daher irgendwie ins Leere zu greifen, so als könnte er sie nicht fassen, als wäre da etwas um sie herum, durch das er nicht zu ihr durchkommen kann.

Die andere Hand hebt er zum Gesicht, siehst, es schaut so aus, als werde er die Hand vors Gesicht schlagen, seine Augen bedecken, seine Augen sind geschlossen, er will nichts mehr sehen, in sich versinken.

Ich habe gegen die Sonne geschaut, sagte ich, ich war geblendet, ich wollte meine Augen abschirmen, und ich habe gedacht, daß das Foto ohnehin nicht zustandekommt, weil der Typ sich mit der Kamera nicht ausgekannt hat, und –

Und was macht sie? sagte Oswald. Sie streckt ihren Arm seitlich weg, vor ihn hin, um ihn zu hindern, nach vorn zu gehen –.

Ja, warf ich nochmals ein, ich sag ja, der Typ hat sich mit der Kamera nicht ausgekannt und ich wollte eben zu ihm hin – Er greift bei ihr seltsam ins Leere, aber ihr gelingt es ganz selbstverständlich ihn zurückzuhalten. Warte! Laß es geschehen! drückt ihre Haltung ihm gegenüber aus, aber sie sieht ihn nicht an, sondern gerade nach vorn, ihre Augen sind übrigens offen, durch die Falten an ihrer Nasenwurzel wirkt ihr Blick geradezu streng und konzentriert auf das gerichtet, was unmittelbar vor ihren Augen geschieht, geduldig und abwartend. Ja, sie hat eben gerade bemerkt, sagte ich, daß der Typ jetzt doch den Auslöser gefunden hat und endlich abdrücken wird und darum –

Darum geht's ja nicht, sagte Oswald, es geht ja nur um die Verweise, die wir aus Bewegungen herauslesen können, wenn wir einen ihrer Momente fixiert haben, der die Bewegung spüren läßt. Das Foto da ist ja als Beispiel banal – er wischte es mir verächtlich über die Theke zu –, aber es ging ja nur um ein Beispiel.

Und was ist nun die Idee, die unseren hier abgebildeten Bewegungen zugrunde liegt? fragte ich mit jener Mischung aus Neugier und überheblicher Ungläubigkeit, wie man sie etwa Wahrsagern gegenüber hat.

Bei ihr ist es offenbar die Idee des konzentrierten Geschehenlassens, sagte Singer, und bei Ihnen die des blinden Vorgehens und nicht Eingreifen-Könnens. Ich kenne diese Dame zwar nicht, sagte er, aber es scheint, als hätten Sie beide nicht gut mitsammen können.

Da können Sie recht haben, sagte ich, und bemühte mich ironisch zu lächeln.

Das Ziel der Bewegung... sagte Singer nachdenklich, das Ziel... hm... Wenn wir jetzt aber endlich diesen allgemeinen Begriff Bewegung durch einige allgemeine Attribute etwas konkretisieren – gesellschaftliche Bewegung zum Beispiel, ökonomische, politische, künstlerische Entwicklung... hm! Nun, dann können wir auf Grund der Hinweise, die dieses kleine zufällige Beispiel gibt – er nahm das Foto wieder zur Hand –, das Ziel der Entwicklung auf eine konkretere und zugleich allgemein verbindliche Weise benennen: das Ziel der Entwicklung, die auch die kleinsten kapillarischen Bewegungen, wie etwa auch die auf dem Foto hier abgebildete, in ihrem Sinn ausrichtet, ist die reine Anschauung und das Geschehenlassen – er deutet auf Monika auf dem Foto –, und daneben die blinde Negation – er klopfte mit dem Zeigefinger nun auf mich auf dem Foto.

Oswald lachte, anscheinend vom philosophischen Vokabular Singers amüsiert, aber ihm durchaus zustimmend.

Nun würde Judith aber sagen, fuhr Singer fort, daß man den Blick zurückwenden, den Ausgangspunkt der Bewegung begreifen müsse.

«Aber woher denn!» knurrte Oswald, das Ziel sei das Interessante, also die Bestimmung der Bewegung und nicht, wo sie herkomme.

Nein, Judith würde argumentieren, sagte Singer, daß der Ausgangspunkt das Entscheidende sei, weil, wenn wir ihn verstünden, verstünden wir sozusagen jeden weiteren Schritt des Fortschritts, während das Ziel nur eine von vielen möglichen Varianten sei, die der Ausgangspunkt determiniere.

«I waaß net, was du da jetzt dauernd mit der Judith hast!» sagte Oswald, außerdem sei sie gar nicht da, also sei dahingestellt, was sie sagen würde. Gestern, so Oswald, habe Singer gesagt, daß es die Aufgabe der Kunst, genauso wie der Wissenschaft sei, jede auf ihre Weise, durch eine analytische Darstellung des Bestehenden das Künftige vorblitzen zu lassen. Vorblitzen, habe er gesagt, was zwar ein komisches Wort sei und auch ein wenig ungenügend, aber im Grunde habe er ihm damit rechtgegeben. Er verstünde jetzt also seine Einwände nicht, Judith würde sagen hin, Judith würde sagen her, vor und zurück, «das Gespräch ist ja der reinste Breaktanz!»

«Ich gebe dir ja recht, Oswald, es ist nur so, daß Judith auch recht hat. Allerdings nicht in dem Sinn, daß beide Seiten etwas für sich haben, und da müsse man nun abwägen, auch nicht in dem Sinn, daß es ja jeder halten könne, wie er wolle, sondern ganz einfach in dem simplen, banalen und doch überraschenden Sinn, wie ich es schon letztesmal angedeutet habe, daß der Ausgangspunkt und das Ziel der Entwicklung identisch geworden sind, das Geschichtsziel ist offensichtlich nichts anderes, als die Rückkehr zum Ausgangspunkt der Geschichte, nur mit dem Unterschied, daß wir mit diesem, den wir so unglücklich verlassen haben, nun mit Hilfe des hohen Entwicklungsstandes der Produktivkräfte zufrieden sein sollen. Der historische Skandal ist, daß die ganze Entwicklung der Produktivkräfte, egal in welchem Organisationsverhältnis sie sich heute hier oder dort befinden, global nur den Punkt wieder einholt, von dem sie zu Beginn ausgezogen ist. Das Leben des einzelnen, das heißt aber auch das, was der einzelne zu denken imstande ist oder sein wird, ist unter dem Vorwand einer unendlichen Vielfalt so reduziert und beschränkt und dumm, wie auf der primitivsten Stufe des menschlichen Geistes. Das herrschende Bewußtsein ist ein Baby-Bewußtsein, weil das Fortschrittsdenken übergeschnappt ist, so wie in Judiths Geschichte von ihrer Freundin.

Daß die Erde eine Kugel ist, sieht man ja nur auf den Bildern, die von Satelliten gesendet werden, aber der Einzelne handelt so, wieder so, als wäre sie eine Scheibe. Davon war ja hier in der Bar auch schon die Rede. Das Bewußtsein wird so grenzenlos, so reich, so unendlich in seiner Dummheit, wie auf dem Stand der Sinnlichen Gewißheit, dem Ausgangspunkt von Hegels ‹*Phänomenologie des Geistes*› – aber damit kommen wir wieder in eine Diskussion, die zu weit führte, oder im Kreis ginge, ich will darüber jetzt auch gar nicht plaudern, ich müßte das einmal detailliert zeigen, aber wir befinden uns jetzt doch immerhin in einer Bar, also Prost Servus!»

Ich zog straff meine Augenbrauen hoch, am liebsten hätte ich einen Kopfstand gemacht. Auf der Universität hörte ich Phrasen und in der Bar akademische Diskussionen.

Ich muß allerdings sagen, daß ich mir zu dem, was der Professor vortrug, nicht viel dachte, es erschien mir ein wenig simpel kulturpessimistisch und allzu ideosynkratisch in seinem Blick und den Schwerpunkten, die er setzte. Es blieb nur eine gewisse Neugier, doch den Hegel wieder weiterzulesen, in den ich, von der Sinnlichen Gewißheit vielleicht selbst schon angekränkelt, ab und zu hineinschaute, so wie man auf einen Baum oder ein Haus schaut.

So wird das natürlich keine Geschichte, der ich aber noch immer die Liebe der Leser wünsche, die sich täuschen und enttäuschen lassen.

Ich sah den Professor an und merkte plötzlich, daß ich betrunken war. Ich mußte wohl schon drei Caipirinhas getrunken haben, viel zu rasch, und in der schwankenden Schärfe des berauschten Blicks schien sich der Professor irgendwie zu verwandeln. Das ölige schwarze Haar schien plötzlich ein schwarzer Schatten auf einer glatten Glatze zu sein, nein, eine mephistophelische Maske, aus der weiß das Gesicht herausblitzte, ich schwankte ein wenig, plötzlich spiegelte ein Lichtstrahl in seinen Augengläsern auf, ein blindes Aufflammen im schwarzen Rahmen seiner Brille, die Ecken der

Brille warfen Schatten, die wie kleine Hörner auf seiner Stirn wuchsen, und wieder verschwanden, als ich mich aufrichtete und an die Theke lehnte, ich versuchte mich zu konzentrieren und wieder zu fangen, Professor Singer lächelte freundlich, da begann mir schon wieder alles zu verschwimmen, seine Gesichtszüge entgrenzten sich, die Warze auf seiner Nase begann wie ein kleines Tier zu krabbeln. Der Mund war bald ein riesiges Maul, breite Lippen, die einander wie in einem obszönen Spiel suchten, erdrückten und dann wieder weit auseinanderflohen. Bald war es ein lippenloser Mund, der immer kleiner wurde – ein schmaler Strich, der die krampfige Verschlossenheit des sinnlichen Asketen andeutete. Plötzlich spitzte Singer die Ohren –, nein, seine Ohren waren wirklich oben spitz, das fiel mir zum erstenmal auf.

«Wo bleibt denn heute nur Judith?» hörte ich ihn fragen. Ich sah vor mir auf der Theke das Foto liegen – und Monika? frage ich mich, die personifizierte «reine Anschauung» –, wo bleibt sie? Ich sah auf die Uhr: halb zehn, Monika wird also nicht kommen, dachte ich erleichtert und verärgert. Wahrscheinlich hat sie noch etwas zu verbessern, und morgen muß sie früh aufstehen, und sie braucht ja ihren Schlaf, und ihre Augen tun ihr weh. Mit ihnen und mit so vielem anderen hat sie ihre liebe Not. Was das ist, die liebe Not, habe ich bei Monika gelernt: wenn man aus der Not zwar keine Tugend macht, aber auch keine Lust. Wenn es lediglich befriedigt zu wissen, etwas gemacht zu haben, was nötig war. Austern so zu essen wie einen Hamburger – weil man hungrig ist, dann den Mund abwischen und sagen: «Das war jetzt wirklich nötig.» Und eventuell hinzufügen: «Ich habe noch immer Hunger. Jetzt brauche ich aber was Anständiges!» In der Nacht sich im Bett an einen Menschen drücken, weil die Nacht plötzlich kühl geworden ist. Das wärmt! Aber dann sich wieder rasch aus der Umarmung lösen, aus dem Bett springen, Pullover, Höschen, Socken anziehen, zurück ins Bett und schnurren: so sei es noch angenehmer!

Professor Singer nahm die Brille herunter und sah mich streng besorgt an. Jetzt sah er aus wie Hegel nach dem Friseur.

Welche Gestalt wird er noch annehmen?

Als Germanist kam mir das natürlich bekannt vor, er wird mir seine Theorie auseinandersetzen und einen Pakt vorschlagen, ich wandte mich ab, tief durchatmend, Oswald stellte eine neue Caipirinha vor mich hin, ich war betrunken und Monika lag zu Hause wahrscheinlich schon im Bett, mit Socken und brav auf dem Bauch, damit ihr morgen das Rückgrat nicht schmerze.

Ich lehnte mich mit dem Rücken an die Theke, sah, daß das Lokal mittlerweile voll geworden war, ein voller Wartesaal. Ich versuchte einen Fuß an der Fußstütze unten an der Theke einzuhaken, rutschte aber ab und rempelte dabei eine Frau an, die, ohne daß ich es vorher bemerkt hatte, neben mir an der mittlerweile dicht bevölkerten Theke lehnte. Ich entschuldigte mich, sie lächelte und sagte etwas, das ich gar nicht auffaßte, ich war erst bemüht, sie scharf anzusehen, das heißt, sie nicht verschwommen zu sehen. Aber ich sah nicht mehr als eben dies: das Gesicht ciner Frau.

Ich nahm das Foto von der Theke und versuchte meinen Blick darauf zu beruhigen. Was Singer gesagt hatte, was dieses Bild hier zeigen solle, vonwegen, daß alles entweder in reine Anschauung oder blinde Negation führe, oder sich dorthinbewege, kam mir jetzt geradezu lächerlich vor. Das Bild zeigt nicht nur das nicht, was eine Unterstellung durch Interpretation ist, sondern überhaupt gar nichts. Nicht einmal das, was darauf abgebildet ist.

Denn selbst das ist ja nie nur DAS, ES, sonst nichts, sondern nur in einem bestimmten Kontext von Abläufen DAS, mir war das selbst jetzt nicht ganz klar, aber irgendwie gab es doch eine reale Gewordenheit dieser abgebildeten Konstellation, aber die ist natürlich nicht abgebildet oder abbildbar, und nur deshalb ist überhaupt Interpretation möglich, jeder, aber auch schon jeder Deutung Tür und Tor geöffnet. Aber die realen Abläufe verschwimmen in der ohnmächtigen Erinnerung, wie die Gesichter der Menschen in meinem alkoholisierten Blick. Ich erinnere mich an ein Ereignis, dann an ein anderes Ereignis, ein früheres oder späteres, aber beide erscheinen gleichzeitig. Die Gestalten, die ich anrufe, haben keinen Glanz, nicht den Bruchteil des Glanzes dieses Fotos. Alles ist verschwommen, verworren. Dann entfernen sich diese beiden Ereignisse und andere treten hervor, die größer und größer werden und mir einen leidlichen Eindruck der Wirklichkeit zu vermitteln scheinen. Deren Züge werden deutlicher, wenn ich sie in Worte fasse, und wieder undeutlicher, wenn ich mich frage, was diese Worte bedeuten. Von all diesem Leben haben sich in meinem Geist nur undeutliche Vorstellungen erhalten können. Aus diesen Erinnerungen steigen Verwirrungen auf, die die Phantasie vervollständigt. Ich steckte das Foto endlich wieder ein und sagte zu Singer, nicht mehr unaggressiv: Hören Sie mal, Professor! Diese fixe Idee, diese Sucht, Bewegungen und Abläufe des Lebens zu ersetzen durch Denkbewegungen, durch Interpretationen, ist, wie soll ich sagen, ist ein Reflex auf die Unfähigkeit sich zu erinnern, sagte ich zornig, wieso zornig? Das Bewußtsein für Geschichte wird gesellschaftlich ausradiert – «Warum?» unterbrach mich Singer.

Ja, sagte ich, das ist die Frage, die gehört untersucht, was weiß ich, das Bewußtsein für Geschichte wird jedenfalls ausradiert, und deren Moleküle, die Geschichten, werden aufgelöst in stehende Bilder, die, sogar wenn sie wirklich festgehaltene Momente von Bewegung sind, Bewegung nur ersetzen, suggerieren, uminterpretieren, wie auf diesen Modefotos zum Beispiel, wo jemand dasteht, der gerade einen Schritt macht, aber der Schritt ist unwesentlich, uninteressant wohin er führt oder woher er kommt, er kommt nirgendwoher und führt nirgendwohin, der Schritt ist eine Lüge auf dem Bild, das ihn festhält, weil das Bild nicht ihn darstellt, sondern nur eine Pose, in der die Bügelfalte der Hose oder der Faltenwurf des Kleides und der Hintern des Mannequins besonders attraktiv erscheinen, also das Ornamentale, oder die Ästhetik, die die Prozesse ersetzt. Aber in Wirklichkeit, oder sagen wir besser in der ersten Wirklichkeit, denn diese ästhetisierende, geschichtsauslöschende Verfälschung der Prozesse ist ja auch Wirklichkeit, also in der ersten Wirklichkeit macht ja kein Mensch einen Schritt deswegen, um einen bestimmten Faltenwurf seiner Kleidung zu erreichen, sondern sehr wohl deswegen, um irgendwohin zu gelangen, und sei es nur, um aufs Klo zu gehen, und das Interessante daran ist, daß in der Automatisiertheit, mit der man diese Bewegung durchführt und dieses Ziel anstrebt, alle Male enthalten sind, in denen man jemals in seinem Leben aufs Klo gegangen ist, sozusagen die ganze Geschichte des Kloaufsuchens enthalten ist, während im Bewußtsein nur dieses eine, jetzige, konkrete Mal lebendig ist und man sich gar nicht mehr erinnern kann, wann und wie und wo man das letzte Mal aufs Klo gegangen ist, es hat sich ununterscheidbar in irgendwelchen anderen Malen und in diesem jetzigen Mal ausgelöscht, und deshalb – mir begann alles zu entgleiten, ich schwankte –, deshalb, deshalb, ich meine, mir kommt das so vor, Professor, als hätten Sie die Sehnsucht, endlich einmal endgültig, ein für allemal aufs Klo zu gehen und dies auch noch dokumentiert zu haben – während es darauf ankäme die Geschichte zu dokumentieren, wirklich die Geschichte, die ganze Bewegung, und nicht eine durch Interpretation als exemplarisch festgehaltene Darmbewegung, ich meine –

«Das habe ich nicht gesagt», sagte der Professor, «aber Sie geben mir trotzdem recht, insofern, als sich Ihre Argumentation im Kreis bewegt, und ich habe gesagt –»

Ich weiß nicht mehr, was Sie gesagt haben, unterbrach ich ihn, ich weiß nur, daß ich recht habe, denn ich weiß auch nicht mehr, was ich gesagt habe!

Ich hielt mich an der Theke fest, sah tief in mein Glas, das vor mir stand, nein, das werde ich nicht mehr trinken, aber auch diesen Vorsatz werde ich gleich wieder vergessen.

«Wo nur Judith bleibt?» fragte Singer wieder, er fragte Oswald, er fragte mich, ob wir etwas von ihr wüßten, ob wir mit ihr gesprochen hätten, und ob sie etwa gesagt habe, daß sie heute nicht kommen werde, doch wir wußten nichts von Judith.

Der Professor hörte kaum unseren Antworten zu, er reckte den Hals, um den Eingang im Auge behalten zu können, setzte die Brille wieder auf, schüttelte den Kopf, so nervös und unruhig hatte ich ihn noch nie erlebt. Was hat er nur? fragte ich mich. Ist er vielleicht in Judith verliebt? Sicherlich ist er in sie verliebt, es schaut ganz danach aus, sie ist nicht da und er sagt, was sie gesagt hätte, er machte sie, indem er für sie sprach, anwesend, gleichzeitig ist er, da sie nicht da ist, selbst gleichsam abwesend, er wartet auf sie und kann sie kaum mehr erwarten, jetzt, da sie nicht da ist, zeigt sich, daß sie für ihn eine Bedeutung hat, neben der alles andere unwichtig wird, und bislang nur wichtig war, weil, wenn sie da war, Strahlen ihrer Bedeutung auf alles andere gefallen sind, und sie seine Augen, die er auf sie geworfen hat, geschärft hat für auch all das, was sie sah und sie umgab.

Denn früher hätte er mich nie, nach dem, was ich vorhin gesagt hatte, so ungeschoren gelassen, so fahrig mir das letzte Wort gelassen und statt dessen eine so private, geradezu intime Sorge gezeigt.

«Ich rufe noch einmal bei ihr an!» sagte er zu Oswald und ging zum Telefon.

Ja, Liebe, dieses uralte Wort für das, was uns immer nur gerade jetzt fehlt.

Sie haben völlig recht! sagte ich, als ich mich wieder umdrehte und erneut in das Gesicht der Frau blickte, die ich vorhin angerempelt hatte. Völlig recht! sagte ich, als wäre das die natürliche Antwort auf das, was sie zuvor gesagt und das ich gar nicht aufgefaßt hatte. Sie sah mich erstaunt an und ihr Mund verzog sich in einer Weise, als würde sie eine Sprechblase von sich geben, in der eine freundliche Phrase steht, die mich zum Weiterreden ermuntert. Sie blies Rauch aus.

Meinetwegen! sagte ich. Gerne! Reden wir miteinander!

Sie lächelte. Sie mochte jung sein, vielleicht zwanzig oder zweiundzwanzig, sie war nicht nur jung, sie mochte es.

Ich bin der Roman, sagte ich, und wie heißen Sie?

«Alexandra», sagte sie.

Freut mich, sagte ich, und worüber wollen wir uns unterhalten? Welches Thema haben Sie präpariert?

Sie lachte.

«Präpariert?»

Sie lachen, Alexandra! Ja, präpariert! Wir wollen doch nicht ein Thema anschneiden, bei dem wir gar nicht mitreden können, nicht wahr. Sagen Sie mir vielleicht, was Sie machen. Sie studieren? Sie arbeiten? Beides?

«Ich bin Mannequin!» sagte sie.

Ich schwankte und hielt mich an meinem Caipirinha-Glas fest. Wie idiotisch sich die Splitter der Ereignisse, so als ob sie zusammengehörten, zusammensteckten. Soeben hatte ich noch zu Professor Singer etwas von Modefotos gesagt, und schon sprach ich mit einem Fotomodell.

Daß sie Mannequin ist, war wie ein Nadelstich, und nun begann eine hinter einer dünnen Haut geblähte Aggression häßlich zischend zu entweichen. In diesem Fall, sagte ich, ist es doch besser, wenn wir unser Gespräch anders gestalten: Ihre Funktion als Mannequin ist es, einfach schön zu sein. Sie halten den Mund. Reden werde nur ich, denn meine Funktion, als Philosophie-Dozent an der Universität, ist die intelligente Rede. So wird sich eine gewisse Harmonie in unserer Konversation einstellen, weil jeder nur das beiträgt, wozu er qualifiziert ist. Ich machte einen Schritt zurück, um sie abschätzig von oben bis unten zu betrachten. – Lassen Sie sich anschauen, sagte ich, das ist Ihr erster Beitrag für unsere Kommunikation!

Aber ich war so betrunken, daß ich doppelt und gar nichts sah, die Konturen ihres Körpers verschwammen und entgrenzten sich vor meinen Augen wie Erinnerungen.

Rasch lehnte ich mich wieder an die Theke, mit beiden Händen Halt suchend, als ich plötzlich merkte, daß sich mein Gesicht ganz knapp vor dem ihren befand. Für einen Zuschauer muß es so ausgesehen haben, als würden wir einander jetzt sofort küssen. Ihre Augen waren schmal, abschätzig, oder irritiert vom Zigarettenrauch.

«*Tudo bem!*» sagte sie zu meiner Überraschung. «Ich bin einverstanden.» Nur ich sollte reden und sie werde still sein. Das sei eine glänzende Idee, denn auf diese Weise werde sich unser Verhältnis umkehren: sie werde am Ende als Philosophin dastehen, weil sie geschwiegen habe, aber ich werde nach all den Blödheiten, die ich von mir gäbe, bestenfalls nur noch als hübsche Larve gelten können. So, und nun könne ich beginnen, sagte sie, warf den Kopf zurück und lächelte zynisch.

Ich starrte sie ungläubig an. Alexandras intelligente, ja, geniale Antwort machte sie wirklich schön, ernüchternd schön, und wieder berauschend schön, ich sah, daß sie in Wirklichkeit so schön war, wie anderen nur schien, daß sie es sei, wenn sie sie sahen. Ich wollte mich entschuldigen. Ich erklärte ihr, daß ich betrunken sei und zudem verärgert, weil die Bekannte, mit der ich verabredet war, nicht gekommen sei. Alexandra sah mich nur zynisch lächelnd an. Außerdem, sagte ich, habe ich wirklich Vorurteile gegenüber Mannequins, überhaupt gegenüber Menschen, die zufällig einen schönen Körper haben und ein leeres Gesicht, und daraus gleich einen Beruf machen. Die etwas so Selbstverständliches wie gerade Glieder herumtragen wie eine Qualifikation und sich damit eine wirkliche ersparen.

Alexandra zog in Nein-so-was!-Art eine Augenbraue hoch. Sie stützte ihr Kinn in die Hand und sah mich an. Sie sagte kein Wort. Ich möchte mich also entschuldigen, sagte ich, ich war beleidigend, das sei einer unglücklichen Konstellation entsprungen, aber – Alexandras Mund, diese gewisse leichte Krümmung der Mundwinkel, jedes weitere Wort war schon durchschaut, nackt, und bebte vor Scham. Aber ich mußte weiterreden. Wenn ich eine Kommunikation aufrechterhalten wollte, dann mußte ich weiterreden. Ich alleine. Reden. Vorträge. Nur ich. Sie sagte kein Wort. Sie hörte nur konzentriert zu und lächelte. Ich bebte vor Zorn, in mir raste eine eingekerkerte Begeisterung. Ich hatte Angst, daß ich plötzlich diesen Mund nicht mehr sehen darf, dieses Lächeln, weil sie weggeht, weil ich aufhöre zu reden, und ich hatte nur den

Wunsch, daß sie ihren Mund wieder öffnet, mir etwas sagt und mich erlöst.

Ich sagte, daß ihr doch sicher das Vorurteil bekannt sein müsse, daß Mannequins dumm seien. Dieses alte, hartnäckig sich haltende Vorurteil beruhe nicht bloß auf der Verachtung, die intelligente Menschen gegenüber solchen hegen, die bloß aus ihrem Aussehen Kapital schlagen, sondern beruhe darauf, daß es ein gesellschaftliches, historisch gewachsenes Wissen davon gebe, daß nur die Dummheit zur Schönheit befähige.

Alexandra klapperte mit den Wimpern und schmunzelte. Ich atmete tief durch, ich glaube, daß ich seufzte.

Dummheit, fuhr ich fort, sei ja nichts anderes, als blinde Übereinstimmung mit dem äußeren Schein der Welt, was ein Gefühl von Harmonie schaffe, das sich natürlich auch physisch ausdrücke. Intelligenz hingegen sei Negation des äußeren Scheins, steter Widerspruch zu den Erscheinungsformen des äußeren Lebens «wie es eben ist» (und darum, schoß es mir jetzt in den Kopf, ist auch Monika dumm und zugleich eine Bikini-Göttin, der Teufel soll sie holen!) und dieses andauernde Spannungsverhältnis zum Leben grabe sich natürlich auch in die eigene physische Erscheinung ein, vor allem in die Physiognomie, oder, weil es ja wesentlich eine innere Spannung sei, in die inneren Organe, deren unharmonisches Funktionieren dann eben die äußere Gestalt des intelligenten Menschen verwüste. Ein Beweis für diesen Sachverhalt sei auch der Spruch vom «gesunden Geist in einem gesunden Körper», denn der als gesund apostrophierte Geist sei in jenen Gesellschaften, in denen diesem Spruch ein hoher Wert beigemessen werde, stets ein irgendwie faschistischer, zumindest radikal affirmativer, also ein verblödeter. Aber keiner der wirklich bedeutenden Denker in der Geschichte sei zugleich Sportler oder Mannequin gewesen, und warum das so sei, könne sie sich jetzt also selbst beantworten.

Ich wollte sie mit aller Kraft provozieren, ihr Schweigegelübde brechen, das ja alles, was ich sagte, von vornherein widerlegte, diese eingeigelte Intelligenz, die mir am Ende aller Abhandlungen, die ich jetzt durcheilen mochte, immer ein «Bin schon längst da!» zurufen werde.

Aber sie sagte nichts, kein Wort. Nur konzentrierte Augen, zynisch lächelnder Mund. Ich stellte Fragen, sie öffnete erwartungsvoll die Augen, wartend, daß ich meine Fragen selbst beantworte.

Ich bat sie, etwas zu sagen, sie schüttelte lächelnd den Kopf. Ich ging einfach weg, bebend, stellte mich zur Spiegelvitrine. Sie kam mir nach, stellte sich vor mich hin und sah mich an. Ich redete weiter, sie lächelte. Ich ging zurück zur Theke, bestellte noch eine Caipirinha. Da war sie wieder. Ich flehte sie an, sie war erheitert. Ich beschimpfte sie, ihr Gesicht wurde hart, bekam einen Ich-habs-ja-gewußt-Ausdruck, aber sie gab keine Antwort, kein Wort, kein t.

Ich redete und kam mir mit jedem weiteren Satz immer mehr wie ein Idiot vor. Ich liebte sie und konnte die idiotische Ironie der Situation nicht zerstören, daß ich Bewunderung für sie und Sucht nach ihr erst empfinden konnte, nachdem sie, von mir provoziert, sich vor meinen Augen in eine Ferne und Unerreichbarkeit begeben hatte, so als lächelte sie mich vom Titelblatt einer Illustrierten an.

Ich sagte, daß ich sie liebe. Sie lachte lautlos. Ich sagte, daß sie sich geirrt habe. Das Verhältnis Philosoph – Mannequin sei zwar umgeschlagen, so wie sie es prophezeit habe, aber dabei bleibe es nun offenbar nicht. Es kehre sich nun nochmals um. Sie habe meine Unterstellung, daß Mannequins dumm seinen, auf intelligenteste Weise beantwortet und damit tatsächlich erreicht, daß ich als ein Dummkopf dastehe und sie als Intelligenzperson. Zugleich habe sie damit aber eine Prämisse gesetzt, derzufolge sie wieder ausschließlich das wird, was sie eben dadurch zunächst negieren konnte, nämlich Mannequin, ein Mensch also, der so stumm und schön und fern vor meinen Augen posiert wie ein Modell auf einem Foto, und daß sie tatsächlich intelligent sei, könne sich, da sie nur ein Bild sei, das schweigt, nicht verifizieren. Ich hingegen habe mich durch die Dummheiten, die ich von mir gegeben habe, wohl zunächst disqualifiziert und mich dümmer als eine Puppe gezeigt, aber nun, da ich gezwungen sei immer weiterzureden und ein Mensch, wenn er gebildet und betrunken ist, nicht ununterbrochen Dummheiten sagen kann, beginne ich nun also immer öfter und immer deutlicher Intelligentes zu sagen, somit habe sich die Negation der Negation, ich meine, statt der ursprünglichen Aggression habe sich nun gegenseitige Bewunderung für das, was wir nun wieder wirklich sind – – –

Alexandra lachte auf, ich – hörte auf einmal «Hallo, Roman, wie geht es dir? Wartest du schon lange? *Oi, Alexandra, como vai? Tudo bem?*»

Monika war gekommen, und, ich faßte es nicht, sie kannte sogar Alexandra.

Monika fragte Alexandra, was sie jetzt mache, sie habe sie ja mindestens ein Jahr nicht mehr gesehen.

Mit einem Gesicht, das nüchtern war und alles selbstverständlich fand – daß sie so sehr zu spät kam, daß sie jetzt da war, daß ich noch da war, daß ich mittlerweile offenbar eine andere Frau kennengelernt hatte, daß sie diese andere Frau kannte –, stellte sie diese Frage so rasch und mit einer Mimik von solch gründlich interessierter Freundlichkeit, als wäre sie eigentlich nur um diese Frage stellen zu können doch noch hierhergekommen.

Alexandra hatte es aber plötzlich sehr eilig, wegzukommen. Sie begrüßte Monika und verabschiedete sich in einem. Ich wollte sie noch um ihre Telefonnummer bitten, aber sie winkte nur und war weg.

Ich fragte Monika, woher sie Alexandra kenne.

Sie sagte, von der Universität. Sie habe sie aber bald wieder aus den Augen verloren, wahrscheinlich habe sie zu studieren aufgehört.

«Sie ist ziemlich dumm. Sehr hübsch, aber wirklich dumm!» sagte Monika. Sie sah sich im Lokal um, auf diese frische, geradezu strotzende Weise, mit der sie immer schaut, fast berauscht von der eigenen Nüchternheit.

Ich bestellte eine Caipirinha für sie und drückte ihr das Glas in die Hand. Sie bedankte sich, nippte, seufzte zufrieden. Herrlich, die Caipirinhas hier! sagte ich.

«Wie? Ja, sicher. Mein Mund war vom Rauchen ganz trocken, es ist jetzt so angenehm, ihn zu benetzen, das hat es wirklich gebraucht!» sagte sie.

Ich war vom Alkohol schon ganz aufgeweicht, aber Monikas gespreizte Art bewirkte, daß ich mich wieder ganz hölzern fühlte. Was machte sie überhaupt hier? Sie war doch gar nicht gekommen, und jetzt war sie plötzlich doch da. Ich wußte gar nicht, was ich mit ihr reden sollte. Nichts reden. Ich trauerte Alexandra nach, die von Monika vertrieben worden war, die jetzt mich stumm machte. Monika sagte, es tue ihr leid, daß sie mich so lange habe warten lassen, das habe sie nicht gewollt. Aber sie habe sich, als sie von der Uni nach Hause gekommen sei, eine Stunde hinlegen müssen, so erschöpft sei sie gewesen, sie brauche das einfach. Normalerweise lege sie sich eine Stunde nieder, schließe die Augen, entspanne sich, und dann sei sie wieder völlig fit. Nur sei sie diesmal leider wirklich eingenickt, zwei Stunden habe sie geschlafen, es tue ihr leid, aber es habe ihr so gut getan, es sei wirklich nötig gewesen.

Ich nickte.

Professor Singer kam vom Telefon zurück, ich fragte ihn, ob er mit Judith gesprochen habe. Er schüttelte den Kopf.

«Es hebt niemand ab!» sagte er betrübt.

Ich sagte, daß das vielleicht bedeute, daß sie auf dem Weg hierher sei. Er glaubte das nicht. Ich machte ihn mit Monika bekannt.

«Sehr erfreut!» sagte Singer und deutete Oswald, daß er zahlen wolle. Ich war enttäuscht. Ich hatte erwartet, daß Singer Monika wiedererkennen würde, nachdem er vorhin das Foto so eingehend kommentiert hatte, ja, daß er sogar eine entsprechende Bemerkung machen würde.

«Was für ein Professor ist er?» fragte Monika.

«Philosophie!»

«An welcher Universität?»

«Hier.»

Ich weiß nicht, was sie unter «hier» verstand, aber sie nickte und trank.

Ich winkte dem Professor nach, der gezahlt hatte und ging.

Bei der dritten Caipirinha sagte Monika nur noch:

«Ich bin blau, blau, blau!»

Sie schaute zur Spiegelvitrine hin, wiegte den Kopf, «blau, blau, blau».

Ich war auf einen Barhocker geklettert und schauderte bei dem Gedanken, wieder auf eigenen Beinen stehen zu müssen.

Kannst du noch Auto fahren? fragte ich Monika.

«Ich bin blau, blau, blau», sagte sie, «aber ich glaube schon!»

Dann bring mich nach Hause!

Als ich merkte, daß sie zu sich nach Hause fuhr, sagte ich, daß sie zu mir fahren solle.

Sie sagte, daß ihre Mutter verreist sei, ich könne auch bei ihr schlafen.

Monikas Zimmer war wie eine Robinson-Insel: alles, was notwendig ist, um die Welt zu ersetzen, der man wartend fern ist, war in diesem kleinen Zimmer angesammelt: Fernsehapparat, Stereoanlage, Bücher, Zeitschriften, Bilder, die Landschaften aus aller Welt zeigten – schneebedeckte Berge, flirrende Wüsten, Meere, Wolkenkratzer und Fachwerkhäuser, Beduinenzelte, Strohhütten, es waren Ansichten alter Wandkalender, die Monika hatte rahmen lassen. Einige Spiegel, die die Landschaften vermischt reflektierten. Puppen, Stofftiere. Eine Unzahl von Gegenständen, Steine, Muscheln, Schächtelchen, Tiegelchen, die keine Funktion hatten und wahrscheinlich Erinnerungen waren.

Das erste, was Monika machte, als sie ins Zimmer kam, war, den Fernsehapparat einzuschalten, der auf einem kleinen Wägelchen schräg neben dem Bett stand. Es spielte gerade ein Kriegsfilm. Getarnte Menschen befestigten Sprengmaterial an einer Brücke. Ich warf mich auf das Bett. Die Brücke explodierte. Nun führte kein Weg mehr zurück. Ich schloß die Augen. Ich spürte Monikas Hände an meinen Füßen. Sie zog mir die Schuhe aus. Dann zündete sie sich eine Zigarette an, legte sie in einen überquellenden Aschenbecher, der auf einem roten Plastikschminkoffer neben dem Bett stand. Sie verschwand. Die Zigarette begann von dem vollen Aschenbecher runterzukippen, es gelang mir, sie aufzufangen, bevor sie auf den Schminkkoffer fiel. In seinem roten Plastiküberzug sah er aus wie eine brutal in eine geometrische Form gebrachte Flamme. Es muß alles seine Form haben, schlichtbar sein. Das war ein Hinterhalt. Die getarnten Menschen begannen plötzlich wie verrückt zu schießen. Ich zog mich aus und legte mich flach auf das Bett. Monika kam zurück und zog sich ebenfalls aus. Sie war mit einer Duftwolke aus Zahnpasta und Seife umhüllt. Muß das sein? Der Fernseher? sagte ich.

«Hättest du lieber Musik?» fragte sie. «Ja? Warte!»

Sie zog einen Kopfhörer unter dem Bett hervor, steckte das Kabel in das Radio auf dem Nachtkästchen und setzte mir den Kopfhörer auf. Ich faßte es nicht. Den Fernseher schaltete sie nicht ab, sie kam ins Bett, setzte sich auf mich drauf, so daß ich ihren Rücken und sie den Film im Fernsehen sah, ich hörte Musik, sie begann gedankenverloren an meinem Schwanz zu nesteln, wie an einem Rosenkranz.

Ich rollte die Augen. Die Wüste Gobi. New York. Ein Spiegel, in dem sich ein Bild mit Schnee und Eis spiegelte.

Ich mit dem Kopfhörer Musik hörend, sie fernsehend. Ich war betäubt von Alkohol und Müdigkeit und zugleich übersensibilisiert vom bläulichen Morgengrau der Entfremdung, das in das Zimmer flutete. Erstmals fühlte ich mich nahe dran am Genuß. Nahe dran. Monika begann sich auf mir zu bewegen, in einem so rhythmischen und zugleich verkrampften Auf und Ab, so wie man im Kino Popcorn ißt. Dann zündete sie sich eine Zigarette an, ihre roten Wangen waren wie Reflexe der aufglimmenden Glut vor ihrem Mund. Sie war nun völlig überdreht, sie hielt, ohne es zu merken, die Zigarette so, daß sie sich beinahe verbrannte, oder mich, aber nur beinahe, sie stellte den Aschenbecher auf den Stuhl neben dem Bett, aber so knapp, daß er zu kippen und runterzufallen drohte, aber nur drohte. Ich bat sie, die Musik etwas lauter zu drehen, sie machte es und verschob dabei das Radio, so daß es halb in der Luft hing, aber nur halb. Nein, das ist zu laut! schrie ich, beim Leiserdrehen schien das Radio endgültig runterzufallen, aber sie schob es dabei unbewußt wieder in die alte Position, dann sprang sie aus dem Bett und streifte dabei die Fernsehantenne, so daß sie schwankte, aber sie fiel nicht, sie zündete sich eine neue Zigarette an, das Zündholz knickte, aber es brach nicht ganz ab, fiel nicht auf ihren Bauch und verbrannte sie nicht, sie nahm einen Schluck Wasser, stellte das Glas neben sich auf das Bett und setzte sich auf, das Glas schwankte auf der Matratze wie ein Pudding, aber es fiel nicht um und ergoß sich nicht ins Bett, ich wurde angespannt erschöpft nur vom Registrieren der Gefahren, denen wir ununterbrochen entkamen.

Aber ich war nahe dran am Genuß. Nie zuvor bin ich so nahe dran gewesen.

Als Monika einschlief, steckte sie den Daumen in den Mund. Ich wurde beinahe zornig. Da war er wieder, der falsche Zusammenhang. Das war doch eine ganz andere Geschichte. Die Geschichte, die Judith erzählt hatte. Wie paßt das alles zusammen?

Wenn der Sinn überall, wo ich ihn suche, abwesend ist, habe ich ihn schon halb gefunden, das heißt, er muß woanders stecken. Und ist er auch dort nicht, dann heißt das, daß der Sinn gar nicht dort ist, wo er sich versteckt, sondern darin, daß er sich versteckt. Frau Doktor Ahrens, schlummernd, mit dem Daumen im Mund. Das schräge Licht, das durch die Jalousien ins Zimmer fiel. Am Fußende des Bettes ein Äffchen aus Plüsch.

Ich stand auf und wollte mich anziehen. Ich wollte weg.

Monika schlug die Augen auf, sagte:

«Bleib da. Ich kann nicht alleine sein!»

Ich legte mich wieder ins Bett, schmiegte mich an sie.

Das Disparate hält zusammen.

Ich konnte aber nicht einschlafen. Vielleicht deswegen, weil ich versuchte, mit weit aufgerissenen Augen zu schlafen, so verwundert war ich.

Ich setzte mich im Bett wieder auf, zündete mir eine Zigarette an und schaute ins Zwielicht. Ich beschloß, noch nachzudenken, dabei würde ich sicherlich rasch ermüden und einschlafen.

Ich fragte mich, wieso sich die Ereignisse so schamlos als Anekdoten tarnten, die sich dann so selbstverständlich traditionell herzählten.

Das Ich dessen, was ich erlebte, scheint einem Autor zu gehören, dessen Leser ich lediglich bin. Aber mit all ihren suggerierten Zusammenhängen fügen sich die Ereignisse zu keinem Bild zusammen, allerdings zu einem abstrakten.

Ich weiß natürlich nicht, ob ich, als ich so im Bett saß und rauchte, wirklich diese Fragen formulierte, auf jeden Fall aber fand ich auf sie keine Antwort, nichts.

Ich sah mich um, betrachtete die neben mir schlafende Monika, die Dinge in diesem Zimmer, aber nicht nur, daß mir das alles nichts sagte, auch dieses Nichtssagende sagte mir nichts.

Ich wollte so gerne genau sein, den blinden, unzusammenhängenden, oberflächlichen Blick mit einer Genauigkeit speisen, die dem Nichts, das er sieht, wenigstens durch die reiche Fülle der Details eine Art Lebensgewicht gibt, aber alles wich vor mir zurück, tauchte weg in das neue Dämmern des Tages, in dem es den Zauber verliert, den es nie hatte, und zu einem irritierenden Ärgernis wird, das es auch nie ist, das man dann aber so betrachtet, als würde man davor die Augen verschließen.

Die Augen verschließen!

Der Schlaf, in den ich dann doch fiel, war der Ersatz für die Antwort auf die Frage, wann allein die Unübersehbarkeit des noch prächtig vor mir liegenden Lebens eine Art Garantie für einen guten Sinn gewesen ist.

Daß Monika plötzlich aufstand, wie eine Schlafwandlerin im Kasten herumkramte, Tennissocken herausholte, sie anzog und dann wieder zu Bett ging, sah ich, weil ich schon schlief, fast nicht mehr.

Als wir am späten Vormittag die Augen aufschlugen, beleuchtete das Tageslicht kalt und grau unsere beiden Körper im Bett, als wären sie verwinkelte Korridore in einem Labyrinth, in dem es nur durch einen unglaublichen Zufall möglich wäre, bis in dessen Herz vorzustoßen, wo man dann nichts finden würde, außer keinen Rückweg.

Monika blieb mit offenen Augen eine Minute liegen, sah mich an, ohne sich zu bewegen. Auf ihrer Stirn glänzte ein kalter Schweißfilm, kringelten sich feuchte Haarsträhnen. Als ich sie berühren wollte, über ihre Hüfte strich, sprang sie aus dem Bett und verschwand im Bad. Ich hörte sie Zähneputzen, hörte das Rauschen der Dusche. Sie kam ins Zimmer zurück, zündete sich eine Zigarette an und legte sie im Aschenbecher ab. Dann öffnete sie ihren Kleiderschrank und blickte nachdenklich hinein.

In der Art, wie sie eine Binde in ihr Höschen einlegte, das Höschen anzog, elastisch und straff eine Strumpfhose an ihren Beinen hochzerrte, den Büstenhalter anlegte, breitete sich eine forsche Funktionalität und Routine aus, in der die Ideen der Scham und Vertrautheit völlig verschwanden, so wie ihr schöner mädchenhafter Körper in dem mütterlichen Kleid, das sie nun anzog. Ich sah ihr zu, wie sie sich bewegte, als wäre ich gar nicht da.

«Willst du dich nicht auch anziehen?» sagte sie plötzlich. Ich stand auf und drückte ihre Zigarette aus, die sie im Aschenbecher vergessen hatte. In den Spiegeln, die zwischen den Kalenderbildern hingen, sah ich, daß mein Gesicht vom Alkohol aufgedunsen, meine Augen verschwollen waren. Ich wäre so gerne gerade jetzt besonders schön gewesen, zur Strafe. Während Monika sich schminkte, duschte ich mich rasch und schlüpfte achtlos in meine Hose und mein Hemd, die kalt und scharf nach Zigarettenrauch, Alkohol und Schweiß rochen.

«Komm, trinken wir Kaffee!» sagte Monika und wir gingen hinunter in die Küche. Ich fragte, ob ich frische Brötchen und eine Zeitung holen solle, aber sie sagte, das sei nicht notwendig. Sie öffnete diesen seltsamen Lebensmittelsafe, den metallgrauen Kühlschrank, nahm einen Kuchen heraus, von dem sie zwei Stücke abschnitt. Die Wellensittiche begannen aufgeregt im Käfig zu hüpfen und zu tschilpen, Monika schüttete ihnen etwas Futter in das Schüsselchen, der Käfig begann, an seinem galgenartigen Ständer hängend, zu schaukeln, darin die hüpfenden und flatternden Vögel, die Kaffeemaschine blubberte und fauchte, Monika aß ein Stück Kuchen im Stehen, wobei sie einen Teller unter ihr Kinn hielt, um den Küchenboden nicht vollzubröseln. Mit malmenden Backen deutete sie mit dem Kopf auf das andere Kuchenstück – ich solle doch auch essen!

Wieder war alle Bewegung außer mir.

Monika stürzte eine halbe Tasse Kaffee hinunter und sagte «Pronto!» Sie müsse in die Uni, sagte sie, einen Kurs halten.

Ob sie mich zu meinem Auto bringen solle?

Ich sagte, nein, ich wolle auch in die Uni, um die Prüfung für den Grammatikkurs des nächsten Tages vorzubereiten. Ich bat sie, mich mitzunehmen.

Als wir das Haus verließen, hatte ich den Eindruck, daß Monika sich ein bißchen zu viel umschaute, so als hätte sie Angst vor dem Gerede der Nachbarn. Vielleicht tat sie es aber nur wegen des grellen Tageslichts, plötzlich ließ sie hinter ihrer großen schwarzen Sonnenbrille den letzten Rest ihrer Nacktheit, ihre Augen, verschwinden.

Den Weg zur Uni fuhr sie wie auf Schienen, mit ihren mechanisch verselbständigten, sorgsamen Bewegungen, ich sah aus dem Fenster und merkte plötzlich, daß ich höllische Kopfschmerzen hatte, ich merkte es erst jetzt, als hätten mich die Rituale in Monikas Haus zunächst noch betäubt gehabt.

Kannst du nicht langsamer fahren! sagte ich.

«Ach, Roman», sagte sie in einem forciert geduldigen Tonfall, «ich fahre diese Strecke jeden Tag, ich habe alles unter Kontrolle!» Das kann ja sein, daß du alles unter Kontrolle hast, es kann aber auch nicht sein und du glaubst nur, alles unter Kontrolle zu haben, sagte ich. Ich weiß nur, daß ich nichts unter Kontrolle habe, der Beifahrer ist ja bekanntlich machtlos und hilflos dem Fahrer ausgeliefert, ich kann also auch nichts unter Kontrolle bringen. Ich habe Angst, und deswegen kannst du doch, verdammt noch mal, ein wenig langsamer fahren, so viel Rücksicht wirst du doch aufbringen können, oder nicht? Also bitte fahre lang-sa-mer...

«Ist ja gut, Roman, ist ja gut!»

Bitte, sagte ich, fahr doch etwas langsamer, mir zuliebe! Monika sah mich kurz an durch ihre schwarzen Schilder vor den Augen. «Dir zuliebe?» sagte sie und schmunzelte plötzlich. Ohne das Tempo zu verringern, begann sie zu reden, in einem Tonfall, der wohl beruhigend sein sollte.

«Du kannst mir glauben», sagte sie, «daß ich vorsichtig fahre, oder glaubst du, ich will wieder einen Unfall haben? Die Reparatur des Autos nach unserem Unfall am Strand hat zwar ohnehin die Versicherung bezahlt, aber man hat ja doch immer einen Selbstbehalt, was will man machen. Außerdem wird das Auto ja durch Unfälle nicht besser, man muß schon aufpassen, man will das Auto ja noch länger haben, wer weiß, wann man sich wieder eines leisten kann, die Zeiten werden ja immer schwieriger, deswegen passe ich sehr auf mein Auto auf, ich bringe es auch regelmäßig zum Service, nicht nur, weil man ein gepflegtes Auto wieder besser verkaufen kann, sondern auch wegen der Sicherheit, Bremsen, Lenkung, das alles muß bei mir immer tipptopp sein, ich will mich ja sicher fühlen in meinem Auto, nur schade, daß ich bei meinem Haus keine geschlossene Garage habe, nicht nur wegen der Diebstahlgefahr, es ist ja unglaublich, wie viele Autos in dieser Stadt gestohlen werden, noch dazu hauptsächlich Volkswagen, nein, auch wegen des Lacks, das Klima in São Paulo und wahrscheinlich auch die Pollution schaden ja unglaublich dem Autolack...» –

und so weiter, ich hatte den Eindruck, auf den Luftpolstern ihrer Rede ans Ziel zu gleiten.

In der Uni fanden wir auf unseren Schreibtischen die Mitteilung, daß am kommenden Montag eine Sitzung des Lehrpersonals des Germanistischen Instituts stattfinden werde.

Monika ging in den Hörsaal, und ich setzte mich an meinen Schreibtisch, massierte meine Schläfen.

Unschlüssig öffnete ich der Reihe nach die Schreibtischladen und schaute hinein. In einer Lade fand ich Aspirin-Tabletten, die ich einmal hineingetan und dann vergessen hatte, und die mir jetzt geradezu als Rettung erschienen.

Ich ging in die Kaffeeküche, um mir ein Glas Wasser zu holen. Zum Glück traf ich niemanden, alle Wohnungstüren des Instituts waren zu. Als ich mit dem Wasser in mein Zimmer zurückkam, hatte ich plötzlich Angst, Magenschmerzen zu bekommen, wenn ich auf nüchternen Magen Aspirin nehme. Also ging ich hinunter, vor dem Institutsgebäude wurden Hot-Dogs verkauft, ich schlang diszipliniert einen hinunter, worauf mir so schlecht wurde, daß ich, als ich schließlich in meinem Zimmer das Aspirin schluckte, hoffte, daß es auch gegen die Übelkeit wirke.

Ich begann wahllos die Bücher, die auf dem Schreibtisch lagen, aufzuschlagen und hineinzuschauen, um zu warten, daß das Medikament wirkt, bevor ich mit meiner Arbeit anfinge.

Hegels *‹Phänomenologie›*. Wie seltsam Professor Singer gestern nacht war! Allerdings war sein Verhalten auch wieder nicht das Seltsamste der vergangenen Nacht.

Jetzt ist es Nacht. Dieses Jetzt hat allerdings jetzt schon wieder völlig aufgehört zu sein, sogar die Kopfschmerzen ließen nach. Ich blätterte im ersten Kapitel, «Die Sinnliche Gewißheit» herum, zufällig blieb ich an dem unterstrichenen Satz hängen:

«Es erhellt, daß die Dialektik der Sinnlichen Gewißheit nichts anderes, als die einfache Geschichte ihrer Bewegung oder ihrer Erfahrung, und die Sinnliche Gewißheit selbst nichts anderes als nur diese Geschichte ist.»

Als Student, als ich diesen Satz unterstrichen hatte, mußte ich mir wohl etwas dabei gedacht haben. Aber was, das wußte ich nicht mehr.

«Geschichte ihrer Bewegung oder ihrer Erfahrung.» Mir fiel ein, daß Singer, Oswald und Judith in ihren Diskussionen, vor allem Singer, Bewegung immer mit Geschichte gleichsetzten, das «Ziel der Bewegung» mit «Geschichtsziel». Hegel setzt hier allerdings Bewegung mit Erfahrung gleich, und diese hat ihre Geschichte. Und diese Bewegung, diese Erfahrung – was immer sie jetzt auch sei – der «Sinnlichen Gewißheit» hat aber kein unmittelbares Geschichtsziel, kein Ende, sie geht über in die nächste Stufe der Entwicklung, in die – ich blätterte einmal um – in die «Wahrnehmung». Dann der «Verstand», ich blätterte zurück zum Inhaltsverzeichnis, einfach so, ich hatte keine großen philosophischen Überlegungen vor, ja: «Kraft und Verstand», und das ist alles noch innerhalb des «Bewußtseins», erst dann geht die Entwicklung über in das «Selbstbewußtsein», «Vernunft», «Geist» und so weiter bis zum «absoluten Wissen», also ein ganz schöner Weg, es ist wohl ein bißchen viel verlangt, in der Bewegung der Sinnlichen Gewißheit schon das «Geschichtsziel» zu erkennen, so wie der Professor es immer wieder andeutete. Allerdings erinnerte ich mich jetzt, behauptete Professor Singer ja, daß die Geschichte («der Erfahrung»?) sich vom «absoluten Wissen» wieder zurückentwickelt habe, zurückgekommen sei zur Sinnlichen Gewißheit – und was also sei das Geschichtsziel, von der anderen Richtung her betrachtet? Was kommt nach der «Sinnlichen Gewißheit», wenn wir zurücklesen, also vor ihr? Was ist das Ziel? Das Inhaltsverzeichnis? Das Deckblatt? Nichts? Der Tod? Ich lehnte mich zurück. Wessen Tod? Der

Menschheit, der Gattung? Oder der Tod ihres Bewußtseins? Wie sollte das möglich sein? Oder der Tod der Klassengesellschaften? Der war aber schon vom absoluten Wissen, als es praktisch zu werden versuchte, angekündigt. Nichts.

Ich hielt es für absurd, mir solche Fragen zu stellen, noch dazu in dem Zustand, in dem ich mich befand – ich griff mir an den Kopf –, und in Anbetracht der Arbeit, die ich noch zu machen hatte. In wissenschaftlichen Untersuchungen und in Bars behaupten wir alles mögliche.

Hier waren die Grammatikbücher, und ich hatte eine Grammatikprüfung vorzubereiten. Ich machte mich an die Arbeit. «Bilde Kausalsätze!...»

Am frühen Nachmittag war ich mit dem Ausarbeiten der Prüfungsfragen, dem Tippen und Fotokopieren der Prüfungsbögen fertig, fuhr mit dem Circular-Bus bis zum Ausgang des Uni-Campus und nahm dort ein Taxi zur *Bar jeder Hoffnung*, um mein Auto zu holen.

Zum erstenmal sah ich die *Bar jeder Hoffnung* bei Tageslicht. Das hinter die Häuserfront zurückversetzte kleine Gebäude in der dünnen, ohnmächtigen, künstlichen Nacht des Schattens der Bäume davor. Das Haus sah so verlassen aus, verlassener noch als ein Geisterhaus, von allen Geistern verlassen.

Es war bedrückend. Und dennoch: am liebsten hätte ich mich hier auf dem Vorplatz unter einen Baum gelegt und gewartet, bis es Abend wird und die Bar wieder aufsperrt, das Zentrum des Wiederspiegelns des Sichtbaren, in dessen toten, bemalten Spiegeln ich mich wenigstens nicht suchen mußte. Ich stand vor der Bar, sah zum Schild auf, *«Bar Esperança. Bar e Lanches Ltda.»*, die dunkle, verkommene Fassade des toten Hauses, drehte mich um, das taube Gedröhne, das immer wieder grelle Aufblitzen von in der Sonne blinden Autofenstern des vorbeirauschenden Verkehrs.

Ich fuhr nach Hause. Maria nahm im Garten gerade die Wäsche ab, als ich kam, mit Wäscheklammern im Mund lächelte sie mir zu. In meinem Zimmer war es unerträglich heiß. Ich ließ die Jalousie herunter und wartete, bis sich meine Augen an die Dunkelheit gewöhnten. Ich stand da wie ein Fremdkörper. An diesem Tag hatte Maria auch mein Zimmer saubergemacht, alle Spuren von Leben waren vertilgt. Die Aschenbecher waren sauber, die alten Zeitungen weggeworfen, das Bett gemacht, keine herumliegende

Schmutzwäsche oder gebrauchte Gläser und Teller zu sehen. In den dürftigen Lichtstrahlen, die durch die Ritzen der Jalousie fielen, tanzte kein Staub.

Du schaust. Was soll das alles. Ich lebe körperlich seit dreißig Jahren. Alles ist in mir eine einzige Qual und war nie anders? Sie leben. Er schaut. Du bist müde. In Ruhe betrachtet ist es – nichts.

Ich begann meinen Fremdkörper zu entkleiden, ich wollte mich im Bett vergraben.

Ich erschrak. Das Telefon, es läutete. Es läutete so oft, bis ich endlich abhob.

«Roman?»

Ja, sagte ich, ohne die flüsternde Stimme zu erkennen.

«Wo waren Sie den ganzen Tag? Ich habe schon so oft –»

«Wer spricht?»

«Schon so oft angerufen, schon seit der Früh. Ich... ich –»

«Wer spricht denn?»

Das Flüstern steigerte sich zu einer heiseren Kastratenstimme:

«Singer. Ich wollte, ich muß –»

«Professor! Was gibt's denn?»

Ich hörte ein Räuspern. Dann nichts.

«Was ist passiert?»

Nichts.

«Professor!»

«Hier spricht Leopold Singer.»

«Ja.»

«Judith.»

«Was ist mit Judith?»

«Es ist etwas, Fürchterliches, passiert.»

«Was ist passiert?»

«Judith ist tot.»

«Was heißt, sie ist tot?»

«Sie ist tot. Ich bin gestern in der Nacht von der Bar noch zu ihr gefahren, weil sie ja, nicht, gekommen ist. Ich habe sie, gefunden. Tot.»

Seine Worte hallten so seltsam, wie Schläge auf einer kaputten Trommel. Ich stand angespannt beim Telefon, setzte mich nieder.

«Es ist so, so –»

Singer weinte. Ich hatte weder Tränen noch Worte. Was Singer gesagt hatte, war noch so unklar und unwirklich.

«Das mußte... ich Ihnen sagen. Das Begräbnis, das Begräbnis ist morgen.»

«Hören Sie mal, Leo, wie ist das möglich, ich meine, sind Sie sicher? War es ein Unfall?»

«Ja. Nein. Ein Unfall. Kein Unfall.»

«Professor, ich bitt Sie, Leo, bitte, was reden Sie da? Was ist passiert?... Wo sind Sie? Soll ich zu Ihnen kommen?»

«Nein. Ich bin am Gerichtsmedizinischen Institut. Der Totenschein. Ich muß mich, kümmern, um alles. Morgen soll –»

«Leo, sagen Sie mir bitte, warum, ich meine, wie ist sie – gestorben?»

«Wie, ist sie, gestorben. Ja. Erschossen. Hat sie sich.»

«Was? Sie hat – Selbstmord begangen?»

«Ja.»

«Warum?»

«–»

«Können wir uns treffen?»

«Ja.»

«Jetzt gleich?»

«Ja. Gleich. Später. Um sieben, halb acht. Beim Oswald.»

«In der Bar?»

«Ja.»

«Glauben Sie nicht, daß –»

«Ja. Bis später.»

«Professor! Hallo!»

Die Leitung war, Judith war tot. Selbstmord. Warum? Ihre Pistole in der Handtasche, warum?

...Ich trank mein Bier und fragte Judith, was er da erzählte. Sie lachte und sagte: sein Leben. Dann kramte sie in ihrer Handtasche, die auf der Theke lag, nach ihrem Päckchen Zigaretten, und plötzlich sah ich, wie eine kleine Pistole aus ihrem Täschchen rutschte, die sie wieder rasch zurücksteckte, worauf sie die Tasche schloß und bei Cleusa, der gerade vorbeikommenden Kellnerin, Zigaretten bestellte. Ich hätte jetzt gern die Bedeutung dieser Pistole gewußt, aber ich wußte nicht gleich, wie ich danach fragen sollte. Während ich dies dachte, ging Judith auch schon fort und verschwand auf der Toilette. Ich lehnte mich an die Theke, wo Judith gestanden hatte und befand mich jetzt unmittelbar neben Professor Singer und dem Deutschen, der schon wieder «Verstehen Sie das? Ich nicht!» sagte.

...Judith kam vom Klo zurück und lächelte. «Na, *padre,* haben Sie schon die Absolution erteilt?» sagte sie zu Professor Singer, wandte sich mir zu und sagte: «Der Junge redet um sein Leben, so als hinge sein Leben davon ab, daß es erzählt werden könne...»

Ich irrte in meinem Zimmer umher, was sollte ich machen, wie die Zeit bis sieben, halb acht überbrücken? Trinken. Ich hatte eine Flasche Zuckerrohrschnaps. Ich ging in die Küche, nahm die Eiswürfel aus dem Gefrierfach des Kühlschranks, löste sie knackend aus ihrer Plastikform, ließ sie in ein Glas fallen.

...Judith zuckte plötzlich zusammen, als Cleusa die Getränke brachte, die Eiswürfel in Judiths Wodka schlugen gegen das Glas, wie ein schüchterner Klopfgeist, als wollten sich jetzt auch noch unsere Toten zu Wort melden...

Ich weiß nicht mehr wie die Zeit verging, bis ich kurz nach sieben, einigermaßen betäubt, endlich in die *Bar jeder Hoffnung* fuhr. Das Lokal war um diese Zeit natürlich noch fast leer. Cleusa stand hinter der Theke, an der zwei Männer mit Anzug, offenem Hemd und heruntergezogener Krawatte lehnten, die offenbar gleich nach der Arbeit auf ein Bier hierhergekommen waren und nun mit Cleusa schäkerten. Sie wischte mit einem Tuch auf der Theke herum und bediente die Männer mit einem Als-ob-Glanz von begehrender Begehrtheit.

Am Schachtisch saß Singer, sah starr auf die eingelegten Felder und die eingefressenen Ringe, die die abgestellten Gläser darauf hinterlassen hatten, als könnte er, wenn er unsichtbare Figuren hier strategisch geschickt bewegte, etwas doch noch gewinnen, das ohnehin nur ein Spiel ist.

Ich setzte mich zu ihm, er nickte und starrte auf das Spielbrett. Dann hob er sein Glas, nahm einen Schluck und stellte es auf ein anderes Feld. Er schnaufte matt. Diese seltsame Warze auf seiner Nase! Von der Theke her kam ein Lachen. Diese spitzen Ohren Singers! Ich schüttelte innerlich den Kopf. Manchmal beobachtete man etwas, nur um irgend etwas zu beobachten, ich sah weiter auf Professor Singer und das Spielbrett, aber ohne mehr etwas sehen zu wollen, ohne etwas zu denken. Manchmal denkt man, nur um irgend etwas zu denken, so wie man manchmal irgend etwas redet, nur weil man glaubt, es sei besser, als nichts zu reden. Ich fragte, wo Oswald sei. Singer deutete mit dem Zeigefinger ein paarmal senkrecht hinauf in die Luft. Ich dachte schon, er sei vielleicht übergeschnappt, es sah so aus, als wollte er deuten: oben im Himmel. Aber er sagte:

«Oben in seinem Zimmer. Er malt.»

Er malt? Singer nickte.

Cleusa kam und fragte, was ich trinken wolle, ich bestellte eine Caipirinha. Als Cleusa das Glas brachte, nahm ich einen tiefen Schluck, der kalte Schnaps mit der Zitrone betäubte den schalen Geschmack in meinem Mund, und ich bat Singer, mir zu erzählen, was passiert sei.

«Ich habe sie gefunden», sagte Singer, «ich bin gestern nacht noch zu ihr hingefahren, weil es mir komisch vorgekommen ist, daß sie nicht hierhergekommen ist. Gestern nachmittag hatten wir noch telefoniert, und sie hatte gesagt, daß sie kommen werde. Aber dann ist sie nicht gekommen und hat auch nicht mehr angerufen. Darum bin ich hingefahren.»

Er stockte.

«Ich komme hin, zu ihrem Haus. Das Auto steht dort. Die Vorhänge ihres Wohnzimmers zugezogen, aber ich sehe Licht. Ich läute, sie macht nicht auf. Ich läute, sie macht nicht auf. Ich gehe hinein. Ich, ich hatte von ihr einen Schlüssel... In der Sala –» er schluchzte auf.

Ich wartete, ich hatte einen Klumpen im Hals, wie man sagt, ich wußte nicht, was ich sagen, was ich machen sollte, die beiden Männer an der Theke sahen zu uns her.

«Judith, saß, verkrümmt, im Sofa, sie, sie, hatte offenbar, die Pistole, an die Stirn.» Seine Stimme, die immer heiserer geworden war, setzte aus. Angesetzt und abgedrückt.

Er räusperte sich.

«Warum? Warum? Darum. Kokain. Ich sah –» Kokain?

«Am Schreibtisch. Ich sah plötzlich am Schreibtisch einen kleinen Spiegel mit etwas Kokain drauf, eine Rasierklinge und einen eingerollten Geldschein. In der Schreibtischlampe, in der Innenseite des Lampenschirms war auch noch ein Päckchen Kokain befestigt. Das erste, das ich – gemacht habe –» er zog auf – «war, daß ich alles im Klo runtergespült habe, und...»

Kokain? sagte ich. Wie ist das möglich, ich meine, ich habe geglaubt, Kokain macht euphorisch, sie kann sich doch nicht –

«Nein. Ja. Euphorisch, ja, macht Angst. Ich habe seit einiger Zeit gewußt, daß sie schnupft. Ich weiß von ihr, daß aber, wenn man über einige Zeit hindurch nimmt, und wenn man zuviel nimmt, daß man plötzlich Angst bekommt, wahnsinnige Angst, Verfolgungswahn. Als ich wußte, daß Judith schnupft, habe ich alles über Kokain gelesen, was ich finden konnte.»

Der Professor erzählte, was er gelesen hatte und wirkte wieder professoraler. Die Euphorie, die Ekstase ist kurz, es folgt Depression. Je länger und je mehr man schnupft, um der Depression zu entrinnen, um so unkontrollierter werden die Sinnestäuschungen, um so beunruhigender. Man bildet sich ein, daß Tiere über den Körper krabbeln. Aber das ist nicht das Schlimmste. Man bildet sich ein, daß hinter dem eigenen Rücken oder seitlich von einem sich etwas bewegt, man fühlt sich beobachtet, bespitzelt, glaubt, daß jemand plant, einen zu verraten, zu erpressen, umzubringen. Kokainisten fühlen sich verfolgt, schaffen sich Waffen an. Der gesteigerte Mißbrauch der Droge steigert die Angst und die Depression. Das Schrecklichste an der Angst ist ihre Anonymität, ihre Objektlosigkeit, gegen die man keine Verteidigung aufbauen kann. Es wird daher versucht, sie zu konkretisieren. Daraus erwachsen die Halluzinationen, geschlossene Systeme von Unterstellungen, denen zufolge sich die Welt völlig gegen einen kehrt, die in der Intoxikationspsychose wahnhaft verzerrt wahrgenommen wird, dazu kommt die motorische Unruhe, die nach einem Ventil sucht, «sucht, sucht –»

Professor Singer, der in den dozierenden Tonfall eines Volksbildners hineingeraten war, brach ab.

Sie meinen also, sagte ich, daß Judith in einer, in einer, Intoxikationspsychose –?

«Sich erschossen hat. Sich erschossen. Soviel zum modus morendi, zum modus morendi. Verfolgungswahn, Angst, was weiß ich.

Erschossen. – Ich habe das Kokain ins Klo –» geworfen, Singer schob die Brille ins Haar, rieb sich mit den Fäusten die Augen, die schwarzen Härchen auf seinen Handrücken und Fingern sahen aus wie kleine Tierchen, die auf seiner Haut krabbelten.

Auch ich rieb mir die Augen.

...Judith fletschte ihre Zähne und tippte mit dem Nagel ihres linken Zeigefingers auf ihre obere Zahnreihe. Sie drehte sich halb zu dem Deutschen um und sagte: «Verstehen Sie das? Sie nicht!»

«Den Spiegel», sagte Singer, «also den Spiegel habe ich abgewaschen und abgewischt und in den Badezimmerschrank gelegt, und dann, und dann, den Brief, habe ich den Brief gefunden.»

Einen Abschiedsbrief?

«Ja. Nein. Ein Abschiedsbrief. Kein Abschiedsbrief. Der Brief auf dem Eßtisch. An Leo Singer, an mich.»

Und? Was hat sie geschrieben? Was hat sie geschrieben, Professor?

Er sah mich an, die Pupillen schienen auf Milchglas aufgemalt, er zuckte die Achseln.

Was hat sie geschrieben, Professor? Sie muß doch etwas geschrieben haben.

«Ja. Etwas geschrieben.»

Er atmete tief durch.

«Nichts.»

Er griff in seine Brusttasche und zog zwei Blatt Papier heraus, sie waren zerknüllt, wieder geglättet und gefaltet.

«Ich habe sie zerknüllt, aus, aus Wut!»

Er legte die Blätter auf den Tisch.

Darf ich das lesen? Er nickte.

«Mein Liebster Leo,
mitten in dem Triumphgesang, den meine Seele in diesem Augenblick des Todes anstimmt, muß ich noch einmal Deiner gedenken und mich Dir, so gut wie ich kann, offenbaren: Dir, dem einzigen, an dessen Gefühl und Meinung mir etwas gelegen ist.

Alles andere auf Erden, das ganze und einzelne, habe ich völlig in meinem Herzen überwunden. Ja, es ist wahr, ich habe Dich hintergangen, oder vielmehr ich habe mich selbst hintergangen. Wie ich Dir aber tausendmal gesagt habe, daß ich dies nicht überleben würde, so gebe ich Dir jetzt, indem ich von Dir Abschied nehme, davon den Beweis. Ich habe Dich mit einer Freundin vertauscht, aber, wenn Dich das trösten kann, nicht eine, mit der ich auch nicht leben kann, wie mit Dir, sondern mit der ich sterben kann. Mehr Dir zu sagen, läßt mein Verhältnis zu dieser Droge nicht zu. Nur soviel wisse, daß meine Seele, durch die Berührung mit ihr, zum Tod ganz reif geworden ist, daß ich die ganze Herrlichkeit des menschlichen Gemüts an ihr ermessen habe, und daß ich sterbe, weil mir auf Erden nichts mehr zu lernen und zu erwerben übrigbleibt. Lebe wohl! Adieu! – Rechne hinzu, daß ich eine Freundin gefunden habe, die meine Seele wie einen jungen Adler fliegen läßt, wie ich es in meinem Leben noch nicht ähnlich erlebt habe, die es mir erlaubt, meine Traurigkeit als eine höhere, festgewurzelte und unheilbare zu begreifen, und deshalb, obwohl sie Mittel genug wäre mich hier zu beglücken, mir zu sterben ermöglicht, die mir die unerhöhte Lust gewährt, mich, um dieses Zweckes willen, so leicht aus einer ganz wunschlosen Lage, wie ein Veilchen aus einer Wiese, herausheben zu lassen: Und Du wirst begreifen, daß meine ganze jauchzende Sorge nur sein kann, einen Abgrund tief genug zu finden, um mit ihr hinabzustürzen. – Adieu noch einmal! –

N. S. Nebstbei findest Du vier Dinge, die ich Dich herzlichst zu besorgen bitte:

1. einen Brief an die Hofrätin Müller nach Wien

2. die Reproduktion des Angelus Novus von Klee gib bitte Oswald

3. Die Giorgione-Reproduktion gib bitte Roman

4. Die drei blauen Mappen sind für Dich. Sie enthalten alle fertiggestellten Kapitel, Notizen und Entwürfe meines neuen Buches «Die Kehrtwendung des Engels der Geschichte». Es ist, wie Du weißt, das siebente Buch, das ich zu schreiben begonnen habe – ich scheide also aus meinem siebenten Leben. Verfahre damit nach Deinem Gutdünken!

Deine
Judith»

Das ist doch –! sagte ich, fast hätte ich gesagt: ein Scherz?

Hören Sie mal, Professor, das ist doch – Singer winkte ab und schüttelte den Kopf.

...Judith fand das alles unglaublich komisch, sie lachte auf, ich merkte plötzlich, daß sie vibrierte, als schösse ihr das Blut dünn und reißend schnell durch die Adern, sie bewegte sich ununterbrochen, trippelte, trank gierig ihren Wodka, fuhr sich fahrig mit der Hand durch ihr zerzaustes Haar, das wie elektrisch aufgeladen wegstand, immer wieder wischte sie sich mit dem Handrücken über die Nase, dann zog sie auf, fletschte die Zähne...

Singer stand auf, ging zur Theke und sagte etwas zu Cleusa, die daraufhin zwischen den Flaschen ein eingerolltes Poster hervorzog und es ihm gab. Singer kam zurück, legte die Rolle auf den Tisch und sagte: «Das soll ich Ihnen also geben!»

Ich rollte den Bogen auf, es war eine wunderschöne Reproduktion von Giorgiones «Drei Philosophen». Ich sah über das Bild hinweg den Professor an, er weinte.

Es waren die großen, zögernden Tränen eines Mannes, der schon sehr, sehr lange nicht mehr geweint hatte, und sie sprangen so gleichmäßig aus seinen Augen, als wären sie ebensolang vorbereitet und in seinen Tränensäcken gespeichert gewesen.

Wie verloren lag seine rechte Hand auf dem Tisch, neben seinem Glas. Er schob seine Hand zwei Felder vor.

Was tun?

...Im Anschein einer plötzlichen, unsagbaren Erschöpfung umarmte Judith den Professor und sagte: «Mein Liebling, leider ist die Welt eine Scheibe und wir werden daher nie wieder zusammenkommen. Wenn die Welt rund wäre, würden sich unsere Wege wieder kreuzen, auch wenn wir in verschiedene Richtungen gehen... Es kommt darauf an, sie zu verändern...» Sie nahm ihre Handtasche von der Vitrine und ging...

«Entschuldigen Sie meinen Zustand, Roman, aber – ich wollte, ich würde so gern reden, es gibt so viel zu erzählen, zu lange nicht gemacht, Sie wissen: das Beichten!» er lachte plötzlich hinter seinem Tränenvorhang hervor. «Diese Sucht zu reden, man fühlt sich aufgehoben, die falsche Ex-, die Exklusivität scheint überlistet, ich meine, es ist ja nicht so, daß ich, Leo Singer, eine Frau verloren habe, die ich – nicht so, wie könnte ich sie verlieren, wie kann ich sie verlieren», er wischte sich mit dem Handrücken über das Gesicht, «ich bin ja selbst schon tot, seit langem, das ist es nicht, ES lebt weiter, das kann man sich nicht nehmen, wie das Leben, in drei blaue Mappen stecken, sagen: Verfahre damit nach deinem Gutdünken... ich, sie ist, war viel stärker als ich, ein Blitz und dann die Nacht, es war ganz klar zu sehen, ihre Liebe, ihr Talent, warum schläft sie nicht, wacht auf und es ist Tag, alles ganz sonnenklar. Aber nein, drei blaue Mappen, und eine Einsamkeit, zu der wir keinen Zugang mehr haben – Roman, bitte, lassen Sie mich allein, jetzt, bis morgen, morgen werde ich –»

Ich nahme seine Hand, benommen, ich meinte, die Erdumdrehung zu spüren.

«Morgen um vier», sagte er, «auf dem Friedhof Morumbi.»

Er zog ein Taschentuch aus der Hose, putzte seine Brille, lange und gründlich, er putzte sie noch, als ich schon gezahlt hatte und ging.

Zu Hause angekommen zog ich die Jalousien hinauf, um das Licht der Nacht ins Zimmer zu lassen. Am Himmel schwebte die auf dem Rücken liegende Mondsichel. In Österreich steht die Mondsichel immer aufrecht, hier in Brasilien liegt sie auf dem Rücken, es gibt dafür sicherlich eine simple Erklärung, aber nicht einmal die wußte ich.

Die Dunkelheit der Straße, das hineingegossene Licht der Laterne. Es sah aus wie schlecht umgerührt.

Ein Auto fuhr vorbei und der Nachtwächter des Hauses gegenüber schickte ihm mißtrauisch wachsame Blicke nach, um seinem öden Herumstehen eine Funktion und einen Sinn zu geben.

Vom Sinn geht aber auch kein Zauber mehr aus, er ist, als leere Haltung, ein Ausdruck des Leids.

Neben der Palme im Garten streckte sich die Katze, sie machte ihren Körper ganz lang und ihre Beine steif. Dann schärfte sie am Stamm ihre Krallen. Knisternd löste sich ein dürres Blatt der Palme und fiel krachend zu Boden. Es bestand da sicherlich kein Zusammenhang. Erschrocken sauste die Katze weg.

Die Orchideen verblühten.

Das Pfeifen. Der Nachtwächter des Viertels kam mit seinem Fahrrad die Straße herauf, ab und zu in sein Pfeiferl blasend. Beim Wächter des Hauses gegenüber blieb er stehen, um einige Worte zu wechseln. Das Bild einer geheimnislosen Verschworenheit. Ich suchte Reißnägel in meinem Schreibtisch und befestigte «Die drei Philosophen» an der Wand seitlich von meinem Lehnsessel. Dann zog ich mich aus. Ich stutzte, als ich meinen nackten Körper plötzlich so gespenstisch im Spiegel des offenen Kleiderschranks sah, diesen weißgedunsenen Körper, der dort, wo er plötzlich dunkler, sonnengebräunter wurde, an den Oberarmen und am Hals, wie abgeschnürt und verschrumpelt erschien. Der Kopf und die Hände nur Schemen, die mit dem hell schimmernden Rumpf auf lächerliche Weise kein Ganzes ergeben. Die Hülle des Stoffwechsels brilliert, während Arbeit und Wissen beschattet verschwinden. Aber das ist auch nur eine optische Enttäuschung. Ich lag im Bett, schlaflos wie der Mond.

Ich habe Farbenvorstellungen vager Art im Hinterkopf, höre Tonfälle ohne Worte, sehe Gesten ohne Sinn, denke an wünschbare Gruppierungen von nicht benamten Gestalten und so weiter. Die Vorstellungen sind reichlich unbestimmt, keineswegs aufregend, ziemlich oberflächlich, aber sie arbeiten in mir immer weiter, auf der Suche nach dem, was ihnen fehlt, in einem Gefühl von Vertrautheit, die aber von ganz fern zu kommen scheint, Judith, Professor Singer, Oswald.

Zeitig in der Früh rief ich Monika an. Ich sagte ihr, daß ich krank sei und bat sie, mich im Grammatikkurs zu vertreten. Ich erklärte ihr, daß sie nichts anderes zu tun hätte, als die Prüfungsbögen, die schon vorbereitet auf meinem Schreibtisch auf der Uni lägen, im Hörsaal zu verteilen, nach eineinhalb Stunden wieder einzusammeln und mir wieder auf den Schreibtisch zu legen.

«Das kann ich schon machen!» sagte sie.

Dann mit streng-komplizenhafter Stimme:

«Roman!?»

«Ja?»

«Bist du sehr krank?»

«Ja!»

«Dann kuriere dich rasch aus, hörst du! Du mußt am Montag unbedingt zur Sitzung kommen, du weißt, daß Jakob nicht mag, wenn da jemand fehlt!»

«Ja.»

«Hast du Fieber? Kopfschmerzen? Halsschmerzen? Ja? Das ist auch kein Wunder, bei diesem Klima hier. Man schwitzt in der Sonne, dann kühlt es plötzlich wieder ab. Man sagt, in São Paulo gibt es täglich alle vier Jahreszeiten.»

«Ja. Kein Wunder.»

«Zitronen. Hast du Zitronen im Haus?»

«Ja.»

«Dann mache dir eine heiße Zitronenlimonade und versuche zu schwitzen. So mache ich es immer. Das wirkt Wunder. Keine Bange, das geht schnell vorbei. Aber mache dir die heiße Zitronenlimonade. Mit Honig!»

«Ja, ich weiß, das wirkt Wunder.»

«Ja. Und vergiß nicht die Sitzung am Montag! Wegen heute brauchst du dir keine Sorgen zu machen, das übernehme ich. Hast du schon Ingrid angerufen?»

«Nein. Warum?»

«Damit sie Bescheid weiß!»

«Warum?»

«Na, sie ist doch verantwortlich für die Koordination der Kurse. Und wenn jemand ausfällt, dann muß sie eine Vertretung bestimmen. Aber laß mal, ich rufe sie an!»

«Warum? Du hast ja schon gesagt, daß du mich heute vertrittst!»

«Ja, sicher. Das werde ich ihr auch sagen. Damit ist das Problem gleich gelöst und sie muß niemand anderen finden, der dich vertritt.»

«Ja, aber warum – ich meine –»

«Warum, warum, warum, sag, bist du krank, Roman, oder was? Kannst du fragen! Weil sie verantwortlich ist, darum! Na, trink jetzt deine heiße Zitrone, leg dich ins Bett und mach dir keine Sorgen, das geht schnell vorbei. Baldige Besserung!»

Erschöpft fiel ich ins Bett zurück, Monika ist übergeschnappt, dachte ich, und wohl deswegen der Inbegriff der Lebenstüchtigkeit. Ich hatte jetzt wirklich Kopfschmerzen. Natürlich war ich nicht krank, ich hatte die Nacht nicht geschlafen und vor allem keine Lust, vor Judiths Begräbnis eine Grammatikprüfung zu beaufsichtigen.

Ich starrte zur Decke und fragte mich, ob ich zum Begräbnis wohl einen schwarzen Anzug anziehen sollte. Aber ich hatte keinen. Wenigstens eine schwarze Krawatte. Aber nicht einmal die hatte ich. Ich konnte mich zu nichts entschließen, weder dazu aufzustehen und eine schwarze Krawatte kaufen zu fahren, noch dazu, vor mir zu begründen, daß ich keine brauchte. Ich konnte nicht einmal glauben, daß Judith wirklich tot war.

Der Abschiedsbrief, das war doch ein Witz. Die ausgedachte Geschichte eines Geschichtenhassers. Ist nicht Karnevalszeit? Nein. Es würde mich nicht wundern, dachte ich, wenn ich zum Friedhof käme, und weit und breit kein Begräbnis, keine tote Judith, kein Sarg, oder der Sarg hat einen doppelten Boden. Ich hatte einen weißen Anzug, fiel mir ein, einen weißen, leichten Leinenanzug, den ich für den Sommer gekauft und dann aber nie angezogen hatte, weil ich noch nie einen weißen Anzug besessen hatte und ich mir, als ich ihn das erste Mal zu Hause anprobierte, fremd und irgendwie lächerlich damit vorgekommen bin.

Fremd und lächerlich, würde das zu Judiths Begräbnis passen?

Konnte man einen weißen Anzug zu einem Begräbnis anziehen? Das Nicht-glauben-Können, daß Judith wirklich tot sei, wurde schwächer, machte dem Gedanken Platz, daß es, falls es stimmen sollte, idiotisch ist. Idiotisch von ihr, sich umzubringen. Was macht der Tod besser? Nichts. Das Nichts macht er besser, aber der – natürliche? – Impuls ist doch, aus dem Nichts herauszukommen, nicht in das ewige Nichts hinein. Die Liebe Singers war doch so ein Impuls. Ihre drei blauen Mappen, das war ein Impuls, das hätte sie fertigmachen sollen, nicht sich selbst. Ich überlegte, ob ich überhaupt zu dem Begräbnis hingehen sollte. Trauern über dem Sarg und es damit gutheißen, akzeptieren. Oder nicht hingehen und es verächtlich dahingestellt sein lassen, ob sie tot ist oder in einem Irrenhaus. Für mich ist sie gestorben! dachte ich und erschrak über die zweite Bedeutung dieses Satzes, die nicht stimmen konnte.

Natürlich ist sie für sich selbst gestorben. Ein solcher Tod soll wahrscheinlich der erste große Erfolg eines Lebens, die erste gelungene Vollendung sein. Ein Versuch zu herrschen, ohne etwas anderes zu unterdrücken, als das, was nicht ist, nämlich die eigene Zukunft. Der Versuch, eine Freiheit zu erringen, die, weil an kein bestimmtes Dasein mehr geknüpft, nicht mehr negativ, nicht mehr bloße Wahl zwischen keinen Möglichkeiten ist.

Herrschaft ohne Unterdrücken, Freiheit ohne Verzichtleistung und natürlich Ewigkeit. Was will man mehr? Höchstens noch das Ende des Philosophierens. Aber das Philosophieren ist ohnehin schon aus dem Leben verschwunden und flackert offenbar nur noch kurz auf, wenn es notwendig wird, Tautologien wie etwa «sinnloser Tod» zu verstehen. Doch der Tod geht schnell vorbei: ein Begräbnis und schon beginnt das Nachleben.

Dösend lag ich da, ab und zu rauchte ich. Judith war tot und ich bemitleidete mich selbst. Zugleich dachte ich aber, daß Judiths Tod, so wenig ich ihn akzeptierte oder weil ich ihn nicht akzeptierte, irgendwie auch mein Nicht-Leben beendet hat, denn, so seltsam es scheint, ich empfand Tatendrang.

Ich tat natürlich nichts, ich setzte ihn nicht um, ich empfand ihn nur.

Plötzlich hatte ich Hunger. Ich ging in die Küche, begann mir Wurstbrote zu machen und gierig zu essen. Da fiel mir mein nacktes Spiegelbild ein, dieser schwammigweiße Rumpf, und augenblicklich dachte ich, daß mir der Bissen im Hals steckenbleibe. Aber ich aß so hastig weiter wie zuvor, in Wahrheit hatte ich kaum innegehalten. Der Gedanke, daß mir der Bissen im Hals steckenbleibe, war wohl eher literarisch.

Rastlos ging ich wieder in meinem Zimmer auf und ab. Mir schwebte nichts vor, aber in mir war ein Flattern. Manchmal schüttelte ich sogar den Kopf. Ich legte mich wieder ins Bett. Da ich nicht schlafen konnte, wälzte ich mich hin und her, doch das kam mir etwas übertrieben oder gespielt vor, so als hätte ich es nirgends gelesen und versuchte nun es nicht nachzuahmen.

Und als es Zeit wurde, mich zu duschen und anzuziehen, hatte ich schon Angst, daß ich beim Begräbnis meine Trauer würde mimen müssen, nur weil ich in diesem zähen Ablauf ewiger Stunden meine spontanen Reaktionen schon verbraucht hatte. Was anziehen? Die Kleidung, die ich sonst immer trug, wollte ich nicht verwenden, aber «Trauerkleidung» oder zumindest eine schwarze Krawatte zu kaufen, ging sich, selbst wenn ich es hätte begründen können, nun zeitlich nicht mehr aus. Also doch der weiße Anzug. Ich zog ihn an, mit einem hellblauen Hemd und blauen Schuhen, und sah mich im Spiegel an. Ich fühlte mich fremd und unsicher in diesem ungewohnten Kleidungsstück, zugleich kam mir mein Spiegelbild aber seltsam bekannt, ja, fast vertraut vor, ich begann mich unschlüssig etwas zu bewegen, mich im Spiegel beobachtend, – da wußte ich plötzlich, an wen ich mich in dieser Aufmachung erinnerte: an die Marionette Yukis!

... Ein Mann in einem leichten weißen Anzug, blauem Hemd und blauen Schuhen. Gesichtszüge ohne besondere Merkmale. Augen, Nase, Mund, Ohren, ein unbestimmter, eher junger Mann, mit kurzem, brünettem, leicht gewelltem Haar. Mit dem Gesichtsausdruck eines Schlafenden, doch mit offenen Augen.

Diese Puppe ist nicht sehr kompliziert, hatte Yuki gesagt, aber auch nicht simpel, man kann viel mit ihr machen, schau!...

Ich sah im Stadtplan nach, wie man zum Friedhof Morumbi kommt und machte mich auf den Weg. Ich fuhr über die Brücke Morumbi, dann die Avenida Morumbi, die zum Gouverneurs-Palast hinaufführt, ein Stück hinauf, zählte die Querstraßen und bog die neunte links ab. Am Ende dieser Straße sollte der Friedhof sein. Kurvig, hügelauf und -ab wand sich die Straße dahin, aus der Stadt hinaus, Wiese, Heide, Gstätten, verwildertes, brachliegendes Land, nur ab und zu Villen hinter hohen Mauern. Plötzlich, hinter einer

Biegung, sah ich wieder Hochhäuser, weiß flimmernd am Horizont, wie eine Luftspiegelung, kein Weg schien hinzuführen. Die asphaltierte Straße hörte auf, ging in eine Erdstraße über, die sich in der Wildnis verlor. Links eine kleine Niederung, in der ich ein kleines, flaches, irgendwie vornehm wirkendes Gebäude sah, an das sich eine sanft hügelige gepflegte Rasenfläche anschloß, es sah aus wie ein nobler Golfclub.

Ich dachte schon, daß ich, ohne es zu merken, am Friedhof vorbeigefahren war und fuhr die Zufahrt zu dem Clubgebäude hinunter, um nach dem Weg zu fragen. Da sah ich das Schild *«Cemitério da Paz»*. Also war das der Friedhof. Jedoch weit und breit kein Grabstein, kein Kreuz, kein Grabhügel zu sehen, nur der sich dahinstreckende Rasen.

Vor dem Gebäude ein Parkplatz voll Autos. Ich erkannte Singers Wagen mit dem Österreich-Pickerl. Ich ging in das Gebäude hinein, kam in einen großen Raum, eine Art Empfangshalle oder Clubraum mit Sitzgarnituren und Tischchen, in der Mitte stand aufgebockt der Sarg. Menschen standen in kleinen Gruppen herum, dunkel gekleidet, einige aber auch in einfacher Alltagskleidung, in Jeans und Hemd. Ich verfluchte meine Schnapsidee, den auffälligen weißen Anzug angezogen zu haben, in dem ich mich schon unter normalen Umständen nicht wohl fühlte.

Ich spürte, daß man zu mir hersah und sah mich um, ohne wirklich etwas zu sehen, weil ich im forcierten Gestus des Sich-Umsehens gefangen war, ohne die Courage zu haben, wirklich aufzunehmen, was zu sehen war. Vor allem an dem so dominant mitten im Raum stehenden Sarg huschte ich so schnell mit meinen Augen vorbei, daß sich auf meiner Netzhaut nur die verwischten Streifen meiner raschen Kopfdrehungen abbildeten, Bewegungen ohne Inhalt. Jemand legte mir die Hand auf die Schulter, ich drehte mich um, es war Oswald, der mir finster blickend zunickte. Ich sah ihn an und zuckte mit den Schultern, womit wieder ein paar Sekunden totgeschlagen waren, die allerdings in einem trägen Zombi-Tanz auf der Stelle traten.

Es wurden Getränke serviert, eine absurde Party, deren Gastgeberin im Sarg lag, eine Situation, die noch peinlicher und peinigender dadurch wurde, daß offenbar ein Konsens herrschte, so zu tun, als hätte man nichts dergleichen erwartet und sei nur irrtümlich hier hereingeraten. Nun war man zwar anwesend, aber zu schauen bemühte man sich abwesend. Bewegung gab es nur in einer Gruppe, die sich um eine ältere Dame in schwarzem Kostüm gebildet hatte, Menschen beugten sich zu ihr hinunter, um etwas zu sagen, manche umarmten sie, andere drückten ihr die Hand. Neben ihr stand Professor Singer, wie ein Zeremonienmeister, manchen, der zu der Gruppe dazutrat, am Arm fassend und ihn der alten Dame vorstellend.

«Das ist die Mutter von Judith», sagte Oswald.

«Ah ja», sagte ich, ging hin und stellte mich zurückhaltend in die Reihe derer, die ihr kondolierten.

Ein seltsamer Glanz ging von der alten Dame aus, ihr Gesicht strahlte, ich fragte mich, ob ich verrückt sei, aber auf mich wirkte sie geradezu glücklich.

Ich schätzte sie auf etwa 65 Jahre, ein Alter, das sie in glänzend konservierter und polierter Form repräsentierte. Sie plauderte angeregt, musterte interessiert die Anwesenden, allerdings wirkte ihr Blick tot, ihre Augen schienen leer eingemeißelt, wie bei einer Statue, Augen, die nicht die Funktion hatten, wirklich zu schauen, sondern den Blicken der Betrachter ewig standzuhalten.

Die Ähnlichkeit mit ihrer Tochter war deutlich. Wenn ich allerdings Judith als belebt überlebte Statue, die von Vandalenakten zerstört war, in Erinnerung hatte, so schien mir ihre Mutter eine Statue zu sein, an der eine perfekte Restauration gelungen war, die sie geradezu beseelte und bewegte.

Die schlanke, harte Gestalt, die darin glänzte, daß sie ausgestellt war. Professor Singer stellte ihr einen Mann in dunkelblauem Anzug vor, der seitlich vor ihr stand, sie wandte sich ihm zu, mit einer Bewegung des ganzen Körpers, so als hätte nicht sie sich bewegt, sondern ein drehbarer Sockel, auf dem sie stand. «Ach ja», sagte sie, «Judith hat mir von Ihnen erzählt», und sie sah ihn an mit ihren leeren Augen, die die Verwirrung, Trauer und das Unverständnis des Mannes nicht anders als mit dem frischen Schimmer des restaurierten Ausdrucks eines stolzen Glücks reflektieren konnte.

Singer zerrte mich am Ärmel meines Sakkos näher und sagte:

«Das ist Doktor Roman Gilanian, ein lieber Freund von Judith und mir!»

Frau Katz nahm die Hand, die ich ihr hinstreckte, in ihre beiden Hände, hielt sie ruhig und fest:

«Es freut mich, Sie kennenzulernen, Herr Kilian», sagte sie und wiederholte auch zu mir: «Judith hat mir von Ihnen erzählt.»

«Gilanian, mein Name ist Gilanian», verbesserte ich verwirrt, sie sagte:

«Natürlich, Herr Gilanian. Judith hat oft von Ihnen gesprochen!»

«Ach ja?» sagte ich ungläubig.

«Ja!» sagte sie, und leise, aber bestimmt: «Sie hat mir von Ihnen erzählt!... Wo sind Sie her?»

«Wie bitte?»

«Na, ich meine, Brasilianer sind Sie ja nicht, von wo kommen Sie?»

«Ach so. Aus Wien.»

«Wien! Nein, wie schön. Genauso wie wir! Na ja, guuut, Judith ist natürlich schon hier geboren, aber trotzdem, im Grunde ist sie auch eine Wienerin, sie war ja lange drüben, sie wollte unbedingt in Wien studieren. Wie lange sind Sie schon hier?»

«Noch nicht lange. Etwa ein halbes Jahr.»

«Ach ja, na guuut. Mein Mann und ich sind vor dem Krieg gekommen. Da konnte man ja nicht mehr drüben bleiben, wir mußten weg. Werden Sie hierbleiben oder gehen Sie zurück?»

«Ich arbeite hier auf der Universität. Wenn mein Vertrag aus ist, gehe ich sicher zurück.»

«Ja? Na guuut.»

Sie sah mich an. Es war mir unangenehm. Ich hatte das Gefühl, noch etwas sagen zu müssen, aber was?

«Haben Sie nie daran gedacht, wieder zurückzugehen?» fragte ich. «Ich meine, nach dem Krieg, als –»

«Zurück? Nein. Warum? Mein Mann, wissen Sie, der war viel zu sehr Wiener, ein typischer Wiener. Nein, nein, wir haben nie mehr daran gedacht, zurückzugehen.»

Ich verstand gar nichts mehr.

«Wieso, ich meine, wenn Ihr Mann so ein typischer Wiener war, hat es ihn dann nicht irgendwie nach Wien zurückgezogen, als wieder alles in Ordnung war, ich meine –»

«Nein. Warum? Mein lieber Herr Doktor, Sie wissen doch, wie es ist. Wenn ein Wiener ein Stammcafé hat und dieses Kaffeehaus sperrt aus irgendeinem Grunde zu, dann wechselt er eben in ein anderes Kaffeehaus. Und wenn Jahre später das erste Kaffeehaus unter neuer Leitung doch wieder aufsperrt, dann geht der echte

Wiener nicht zurück, sondern bleibt jetzt in dem Café, in dem er die letzten Jahre verbracht hat, wo er bei den Kellnern schon bekannt ist, wo auch schon seine Freunde sitzen, wo er die anderen Stammgäste kennt. Nein, wirklich, Herr Doktor, wir haben auch nie daran gedacht zurückzugehen, es war uns immer klar, daß wir nun also in diesem Kaffeehaus bleiben...»

Sie lächelte. Zu meiner Verwirrung hatte sie bei den Worten «in diesem Kaffeehaus» eine ausholende Handbewegung gemacht, so als meinte sie diesen Aufbahrungsraum.

«Na ja. Guuut.»

Sie blickte sich wieder um, jemand nutzte die Gelegenheit, ihre Hand zu nehmen und etwas von Bestürzung und Beileid zu murmeln. Frau Katz fragte ihn nach seinem Namen und sagte wieder:

«Ach ja. Judith hat mir von Ihnen erzählt!»

Ich fühlte mich hölzern und steif, wagte kaum mich zu bewegen, aber merkte plötzlich, daß ich beinahe tänzelte, ich pendelte meine innere Anspannung aus, indem ich ununterbrochen von einem Bein aufs andere trippelte. Augenblicklich stand ich starr da, schaute an allen vorbei, über den Sarg hinweg. Der Raum schloß mit einer Glaswand ab, hinter der sich ein anderer, kleinerer Raum befand, mit hölzernen Sitzreihen und einem Altar, eine schmucklose, einfache Kapelle. In der Kapelle aber befand sich niemand. Im rechten hinteren Eck, dort wo die Glaswand auf die Seitenwand dieses Raumes stieß, war eine große offene Tür, durch die man einen Weg, einige Bäume und die Rasenfläche sehen konnte.

Durch diese Tür kam jetzt ein Priester herein, er durchquerte mit eiligen und traurigen Schritten den Raum, senkte den Kopf, als er am Sarg vorbeiging und stand plötzlich zwischen Singer und Frau Katz, hüstelte, breitete die Arme aus und nickte. Singer sagte etwas zu ihm, Frau Katz sagte «Na ja. Guuut!» Der Priester nickte nochmals und ging wieder weg, um den Sarg herum, an dessen Kopfende er stehenblieb.

«Roman, wären Sie wohl so freundlich, uns zu helfen... den Sarg zu tragen?» sagte Singer zu mir, winkte Oswald und gab auch dem Mann mit dem dunkelblauen Anzug ein Zeichen, der ernst nickte. Wir gingen zum Sarg, ich befand mich auf dessen rechter Seite vorn, hinter mir Oswald, auf der anderen Seite neben mir Singer, hinter ihm der Mann mit dem dunkelblauen Anzug.

Ich hatte ein Gefühl im Kopf, als hätte ich einen Schlag gegen die Stirn bekommen. Ich drehte mich zu Oswald um und zischelte:

«Hör mal, was macht denn der Priester da? War Judith nicht Jüdin?»

Oswald schüttelte den Kopf.

«Ihr Vater war Jude. Die Mutter ist katholisch und Judith war eine Taufscheinkatholikin!»

Ich drehte mich noch einmal zu ihm zurück.

«Trotzdem, überhaupt, sie hat doch Selbstmord gemacht und die Kirche tut doch Selbstmord –» mir fiel nur das Wort «verdammen» ein, sprach es aber nicht aus.

Ich sah, wie die anderen sich schon hinunterbeugten und unterfaßten, um den Sarg zu schultern, im Bücken zischelte Oswald zurück: «Ja, sicher, aber der da is Spiritist!»

Wir balancierten den Sarg durch die Tür hinaus, auf den Weg, der durch die Wiese führte, vor uns ging der Priester, hinter dem Sarg Judiths Mutter und hinter ihr alle anderen Anwesenden. Ich kannte mich überhaupt nicht mehr aus. Was war ein Spiritist? Und was war das für ein Friedhof, in dem kein Grabhügel, kein Grabstein, nichts zu sehen war, nur die diskrete Fläche der Wiese, wie das Gelände eines Nobelclubs, Golf oder Reiten? Der Sarg war nicht schwer, ich vergaß ihn fast, es war, als wäre ich ein Kind, das, gezügelt von der Hand eines Erwachsenen auf seiner Schulter, vor sich hingeht.

Beim Gehen sah ich den wehenden weißen Stoff um meine Beine, und mir fiel ein, daß ich mich als Kind stets unwohl und unsicher in meiner Kleidung gefühlt hatte, weil sie mir immer einige Nummern zu groß gekauft wurde, damit ich «hineinwachsen» konnte, statt «zu schnell rauszuwachsen».

Nun betraten wir die Rasenfläche, die in der Sonne plötzlich metallisch zu glitzern begann wie ein Minenfeld, beziehungsweise so, wie ich mir ein Minenfeld vorstellte. In den Rasen waren, wie ich jetzt sah, in regelmäßigen Abständen kleine Metallplatten eingelassen, in die Namen, Geburts- und Sterbedaten eingraviert waren, diese Plättchen zogen sich über die ganze Wiese dahin, wir begannen einfach darüber hinwegzuschreiten, über die Toten hinweg. Unwillkürlich stutzte ich, wir kamen außer Tritt mit dem Sarg, der kurz auf unseren Schultern schwankte. Nun sah ich auch eine frisch ausgehobene Grube vor uns, auf die wir zugingen, über der Grube ein Baldachin auf einem Aluminiumgestell.

Was meine Verwunderung noch weiter steigerte, so, daß es sie schon wieder betäubte, war, daß hinter der Grube, dort wo bei einem herkömmlichen Grab der Grabstein wäre, eine Staffelei stand, mit einem Bild darauf.

Mittels zweier Taue senkten wir den Sarg in die Grube, mit ruhigen, blinden Handbewegungen, so als hätten wir dieses Geschäft schon hunderte Male erledigt.

Horch! Der Sarg versinkt mit dumpfigen Geschwanke, wimmernd schnurrt das Totenseil empor!

Dann war es wieder so still, daß man das Flattern eines Schmetterlings hören zu können glaubte.

Ich betrachtete das Bild auf der Staffelei.

Ein Engel ist darauf dargestellt, der aussieht, als wäre er im Begriff, sich von etwas zu entfernen, worauf er starrt. Sein Rücken ist dem Betrachter zugewandt und seine Flügel sind ausgespannt. Das muß der Engel der Geschichte sein. Er hat das Antlitz auf die Zukunft gerichtet. Wo eine einzige Katastrophe vor uns erscheint, da sieht er einen Idealzustand, der, weil er nie erreicht wurde, vor ihm in Trümmer zerfällt. Er möchte wohl verweilen, die Toten wecken und nochmals versuchen, sich dem Ideal zu nähern. Aber ein starker Sturm geht vom nie erreichten Paradies aus, der sich in seinen Flügeln verfangen hat und so stark ist, daß der Engel sie nur mit großer Anstrengung ausbreiten kann. Dieser Sturm treibt ihn unaufhaltsam in die Vergangenheit zurück, der er den Rücken kehrt, während vor ihm in immer bizarrere, unverständliche Trümmer zerfällt, worauf er hinauswollte. Das, was wir die Bewegung oder die Geschichte nennen, ist dieser Sturm.

Plötzlich bemerkte ich, daß nur noch ich alleine mit dem Priester neben dem offenen Grab unter dem Baldachin stand, Singer, Oswald und der Mann im dunkelblauen Anzug hatten sich zu Judiths Mutter und den anderen Trauernden gestellt, die vor dem Grab in der prallen Sonne standen. Rasch zog ich mich aus meiner exponierten Stellung zurück, ging um die Menschengruppe herum und blieb ganz hinten stehen, hinter allen anderen. Ich spürte, wie mir der Schweiß den Rücken hinunterlief, am liebsten hätte ich den Anzug ausgezogen. Unmittelbar vor mir war ein Kind, ein kleines Mädchen, das ich zuvor noch gar nicht gesehen hatte. Es hüpfte, an der Hand seiner Mutter, desinteressiert an den äußeren Vorgängen, mal auf dem einen Bein, dann auf dem anderen, als würde es Tempelhüpfen, vom Himmel in die Hölle und wieder zurück, immer auf derselben Stelle. Die Mutter hielt das Kind an der Hand, kümmerte sich aber weiter nicht darum, sie blickte nach vorne mit starrem Nacken, in dem Schweißtropfen glitzerten.

Das offene Grab konnte ich von hier, hinter all den Menschen, nicht sehen, nur den Priester, über ihm das Baldachinzelt, das Himmelszelt.

Der Priester begann zu reden.

Ich konnte ihn nicht gut verstehen, er sprach ein biblisches Portugiesisch, außerdem kam zu meiner Erleichterung ein Wind auf, der Priester sprach gegen den Wind, der viele seiner Worte vertrug, über die Wiese hin mit ihren eingelegten Namenstäfelchen der darunterliegenden Toten. Ein namenloses Heer von Namen. Der Priester sagte etwas von Erschütterung und festem Glauben. Unsere Schwester Judith... von eigener Hand... nur ihre leibliche Hülle... aber die Seele... erst dann in den Frieden eingehen, wenn der ihr wirklich zugedachte Zeitpunkt gekommen sein wird. Denn der Herr hat das Leben gegeben und nur er kann es auch wieder nehmen. Er ruft seine... zu sich, wenn sie ihre... auf Erden erfüllt haben. Der Geist unserer Schwester Judith wird weiterhin in Erscheinung treten(?)... in dieser Welt... Der Geist muß weiterwandern(?)... bis er an das Ziel gelangt, das er erreichen sollte... der Geist... auf seiner Wanderung... wird in Verbindung treten mit uns Lebenden... erfüllen, was der Plan des Herrn... ihr bestimmt hat, bis zum letzten Tag. Erst an diesem Tag, an dem ihre wahre... vom Herrn festgelegte Zeit abgelaufen sein wird... die nicht von eigener Hand unterbrochen werden kann (?), wird die Seele erlöst... Friede... von ihrer Wanderung... und so weiter und von Staub und zu Staub... Amen.

Nun warf der Priester mit einem kleinen Schauferl etwas Erde auf den Sarg hinunter und reichte das Schauferl Judiths Mutter. Dann trat einer nach dem anderen zum Grab, um dasselbe zu tun. Aber das wollte ich auf keinen Fall, ich weiß nicht warum. Vielleicht weil gerade in diesem Ritual die Akzeptierung liegt, Erde drüber, Gras drüber, und dann nicht einmal mehr hören wollen, wie das Gras wächst.

Die Erde wird dem Erdboden gleichgemacht.

Ich ging unschlüssig ein paar Schritte rückwärts, mich erfaßte Erleichterung bei diesem Zurückweichen, und so ging ich immer weiter, mit dem Rücken voran und den Blick auf die Menschengruppe beim Grab, von dem ich mich entfernte. Erst als ich einmal beinahe stolperte, drehte ich mich um, lief zu meinem Auto und fuhr nach Hause.

Sofort zog ich mich aus und ging in die Dusche. Lange und ausgiebig duschte ich mich, immer wieder seifte ich mich ein und strich mit den Händen über meinen Körper, um mich zu fassen und zu begreifen. Dann ging ich in meinem Zimmer auf und ab. Was tun? Ich nahm mein Lexikon aus dem Bücherregal und sah unter «Spiritist» nach. «Spiritismus: Lehre, nach der die Geister Verstorbener in Verbindung mit Lebenden treten können.» Aha. Und? Was tun? Ich stellte mich ans Fenster, sah hinaus. Der Wächter des Hauses gegenüber hörte Radio. Ich sah, daß er hörte. Ein Messerschleifer kam vorbei. Er schob sein Schleifrad auf einem Wägelchen vor sich her und bimmelte mit einem Glöckchen, niemand reagierte darauf. Ein Lastwagen, vollgeladen mit Gasflaschen, bog im Schrittempo in die Straße ein, zwei Männer in roten Hemden und blauen Latzhosen liefen neben dem Lastauto her und läuteten an allen Häusern.

«Gas! Gaaas!» riefen sie.

Dona Ilse erschien vor dem Haus, «Gaaas!» der Lastwagen blieb stehen, die Männer zerrten zwei Gasflaschen von der Ladefläche, schulterten sie und trugen sie gebückt ins Haus, kamen mit zwei leeren Flaschen zurück, die aber genauso aussahen wie die vollen und wie durch einen Zaubertrick nun beinahe federleicht auf den Lastwagen geschwungen wurden. Der Wagen fuhr langsam weiter, blieb schon beim nächsten Haus wieder stehen, wieder dasselbe Kunststück mit den Flaschen, die zunächst so schwer waren, daß die Männer von ihnen niedergedrückt wurden und dann plötzlich so leicht, daß die Männer mit ihnen herumschlenkerten und sie einander geradezu zuwarfen.

Jetzt tauchten zwei farbige Kinder auf, vielleicht sechs oder sieben Jahre alt, mit einem plump gezimmerten hölzernen Handwagen, auch sie läuteten bei allen Häusern, sie sammelten Altpapier. Wieder kam Dona Ilse heraus, der eine Junge fragte etwas, Dona Ilse nickte und verschwand, kurz darauf kam Maria mit einem Stoß alter Zeitungen, die sie den Kindern gab.

Die Kinder luden die Zeitungen auf ihren Karren und zogen weiter. Noch drei Kinder, etwa im selben Alter, aber besser gekleidet, mit Schultaschen auf dem Rücken. Für sie war die Welt nicht Altpapier, sondern noch ein unbeschriebenes Blatt, auf das sie ihre Streiche eintragen konnten. Sie läuteten an unserem Haus und liefen kichernd weg. Sie waren längst verschwunden, als Dona Ilse endlich herauskam. Sie schüttelte den Kopf und ging, an ihrem Haarkranz drückend, ins Haus zurück. Auch der müde Wächter hatte die Szene beobachtet, ohne ein Auge zuzudrücken, während er unbeirrt sein Transistorradio ans Ohr hielt.

Plötzlich tauchte ein Kolibri vor meinem Fenster auf und stand mit schwirrenden Flügeln reglos in der Luft, in Höhe meiner Augen. Er bewegte sich so schnell, daß er schon wieder völlig stillstand. Dann drehte er ab und flog weg. Ich trat vom Fenster zurück und ging wieder im Zimmer auf und ab. Was tun? Der Tatendrang. Ich wollte die Zeit nicht mehr totschlagen, ich wollte etwas tun. Ich wollte doch eine Geschichte erzählen. Nichts. Aber wenn ich es nicht aufschreibe, ist es nicht einmal Nichts. Ich lag auf dem Bett und rauchte, sah den Rauchwolken zu, die zur Decke schwebten. Das Leben, oder was wir so nennen, fordert von uns die Tautologisierung, damit es eines ist, beziehungsweise war: wir müssen den Fall zu einem Fall machen, damit er wirklich einer ist, das heißt, zu sich kommt, zu Fall.

Was tun? Während ich mir diese Frage stellte, ist mir ihre Beantwortung längst abgenommen worden, und die Beantwortung der Fragen, die sich aus der schon gegebenen Antwort ergaben, und auch die Antwort und die Fragen und die Antworten und die Fragen, die sich nach den Antworten auf die Fragen nach den Antworten auf die Fragen stellten, und ich glaube dazustehen und zu fragen: was tun? Da stand ich, rauchend, blöd aus dem Fenster gaffend, in einem Zimmer eines Hauses in dem ruhigen, vornehmen Viertel Granja Julieta der Stadt São Paulo und verdiente das Geld, das ich brauchte, um die Zigaretten, die ich rauchte, die Miete des Zimmers, in dem ich stand, das Gewand, das ich am Körper spürte, das Essen, das ich verdaute, zu bezahlen, indem ich uninteressante Deutsch-Grammatikkurse gab. Ich hatte lange und gründlich studiert, aber was ich weitergab, wovon ich lebte, war nichts von alldem, sondern lediglich das, was mir schon in die Wiege gelegt worden war: meine Muttersprache. Daß es eines Tages mein Alltag sein würde, in einer solch geistlosen Nachdenklichkeit, mit einer solch apathischen Kopfwehmut in einer brasilianischen Großstadt ein

Zimmer mit Zigarettenrauch auszufüllen, das war mir doch gewiß nicht an der Wiege gesungen worden. Da ist etwas anders gekommen, als ich es mir damals ausgemalt hatte, als ich mein Leben noch als eine aufstrebende und immer reicher werdende Entwicklung empfunden hatte, und es ist sehr rasch und plötzlich zu jenem vorläufigen Ende gekommen, ab dem sich nur noch Enden an Enden reihen.

«In die Wiege gelegt», «an der Wiege gesungen» – wie kam ich auf diese Formulierungen? Sie könnten von Monika sein, oder von Studentinnen meines «Übersetzungskurses». Ich bin ein blinder Spiegel fremden Gelingens. Ein beschriebenes Blatt. Ich wurde erst dreißig und mußte schon, wenn ich mir die Frage «Was tun?» stellte, meinen Blick in die Vergangenheit richten. Wie ist es dazu gekommen? Ein Wissen, das mir einst absolut und reich erschienen ist, ist mir zu einer bescheidenen Sammlung abstrakter Kalendersprüche geworden, etwa: Wissenschaft (Philosophie, politische Ökonomie, Psychoanalyse) und Kunst sind die beiden Wege zur Erkenntnis. Liebe, Arbeit und Wissen sind die Grundpfeiler des Daseins, sie sollen es auch regieren. Emanzipation ist schmerzhaft, aber das Versprechen des größten Glücks. Erringen muß man: Bewußtsein und den Orgasmus. Das Ziel ist: nicht unterdrückt zu sein.

Aber sie sind befremdlich, fern, die Sprüche eines verjährten Kalenders, auch wenn die Zeit seitdem möglicherweise stehengeblieben ist. Denn die Zeit, die steht, zerfällt wie der Körper eines Toten. Und was noch geschieht, ist bedeutungslos und absurd, wie das Weiterwachsen der Haare und Nägel eines Toten. Vielleicht, dachte ich, ist es schon an der spezifischen Form des Denkens, an den Eigentümlichkeiten gelegen, die für das studentische absolute Wissen und damit auch für das meine damals charakteristisch waren, daß alles, was uns möglich schien und das wir zu verwirklichen versuchten, sich sofort umkehrte, regredierte, zum Gegenteil wurde. Unsere Denkmethode war, in Gegensätzen zu denken, aber wir haben uns nicht vorgestellt, daß auch unser eigenes Denken, wenn wir es zu verwirklichen versuchen, ins Gegenteil umschlagen werde, daß es das Unmögliche sein werde, das Mögliche möglich zu machen.

Wie wurden damals etwa individuelle Zukunftspläne formuliert? Schnell fertigstudieren und dann möglichst viel Geld verdienen?

Das war nicht die Vorstellung von mir und den Leuten, die ich kannte. Was wir studierten und womit wir uns beschäftigten, Kunst, Philosophie, politische Theorie, Psychoanalyse, waren für uns nicht Gegenstände, in denen wir uns für einen späteren Beruf qualifizierten, sondern Mittel der Emanzipation, und was wir uns wünschten, war, daß der Prozeß der Emanzipation nicht zum Stillstand komme, sondern im Gegenteil sich gesellschaftlich verallgemeinere.

Unsere Vorstellung von der individuellen Zukunft war daher, nach dem Studium auf einer tendenziell nicht-entfremdeten Arbeit zu bestehen, damit die Notwendigkeit Geld zu verdienen nicht die Interessen und die weitere Entwicklung ersticke. Meine Lösung des Problems, wie man Geld damit verdienen könne, indem man sich weiter mit den Dingen beschäftigt, mit denen man sich als Student beschäftigt hatte, war, nach dem Studium auf einer Universität zu arbeiten, und wenn es in Wien nicht möglich sein sollte, dann eben irgendwo auf der Welt. Das ist mir gelungen. Aber die Verwirklichung der Möglichkeit tendenziell nicht-entfremdeter Arbeit machte sie zu einer um so entfremdeteren und beliebigeren: weil ohne gesellschaftliche Bedeutung, und, weil fernab von der individuellen Lösung, dort wo die gesellschaftliche Bedeutung produziert wird, mittlerweile der Jargon geändert wurde, der festlegt, wie die gesellschaftlichen Notwendigkeiten reflektiert werden.

Ich zündete mir eine neue Zigarette an und schaute dem Rauch nach. Mit Verwunderung stellte ich fest, daß es mir wohltat, so vor mich hinzudenken und mich zu erinnern, aber ohne nach Erinnerungsbildern zu kramen, sondern einfach einige Begriffe, in denen ich früher gedacht hatte, auszuwerfen wie ein Netz, es in die Gegenwart zu ziehen und zu sehen, was an Denken sich noch darin verfängt.

Dem dialektischen Denken, dachten wir, sei alles möglich, in Klammern hätte man hinzufügen können: (zu denken). Die Klammern wurden nie geöffnet, das Denken blieb umklammert, und was damals möglich war, ist heute nicht wirklich, und was heute wirklich ist, zeigt an, was nicht mehr möglich ist. Was wir spüren ist der Sturm, der vom Paradies herweht, zu dem wir hinwollten und in dem wir recht haben sollten, weil dort alle Gegensätze ineinanderfallen, eins und aufgehoben sind. Der Sturm ist gesättigt von dieser Idee, er ist so stark, daß er alles, worauf er trifft, in seinem Sinn ausrichtet, wie Grashalme zurückbeugt. Gegensätze sind ihm identisch, es ist ihm gleich, ob er unmöglich macht oder unwirklich macht. Was wir den Rückschritt nennen, ist dieser Sturm.

Mir fiel ein, daß ich schon vor längerer Zeit einmal die Idee gehabt hatte, einen Roman über den Rückschritt zu schreiben, sozusagen einen umgedrehten Entwicklungsroman, einen Rückentwicklungsroman, der am Beispiel eines Individuums zeigt, wie dessen Hoffnungen, Fähigkeiten, Talente, während er redlich strebend sich bemüht, dazu verurteilt sind zu verkümmern und – sofern er sie nicht vergißt – zu banalen, durchschnittlichen Idiosynkrasien werden, mit denen er einen Alltag meistert, oder auch nicht, der lediglich an Beliebigkeiten unendlich reich ist.

Durch die Erinnerung an diese Idee überkam mich nun die brave Wollust, zu konkretisieren, was ich zuvor so abstrakt, so unsystematisch allgemein und zufällig vor mich hingedacht hatte, und so begann ich mir eine Geschichte auszudenken, von den Erlebnissen, kleinen Abenteuern und Erfahrungen eines jungen Mannes, der sich von der studentisch-marxistischen Allwissenheit zurück zum Bewußtseinsstand der – wie Singer es zu benennen mir nahegelegt hatte – Sinnlichen Gewißheit entwickelt. Ich fabulierte munter vor mich hin, natürlich ohne etwas zu schreiben, weil mein Kopf so voll war. Schreiben kann ich nur, wenn der Kopf leer ist. Was mir dann nach und nach doch einfällt, kommt in der richtigen Geschwindigkeit. Der Roman nahm immer umfangreichere Gestalt an, was nicht überraschend war, denn die beiden Dinge, die am leichtesten zu erfinden sind, sind das Wirkliche und das Unwirkliche.

Als es dunkel wurde, schaltete ich die Schreibtischlampe ein und machte sogar einige Notizen, und zwar solche, die ich am besten kann: ich notierte mögliche Kapitelüberschriften. Als ich nach einiger Zeit innehielt und das Blatt mit den Kapitelüberschriften noch einmal durchlas, war ich schon fast davon überzeugt, daß ich mir tatsächlich vorgenommen hatte, diesen Roman zu schreiben. Was tun? Diesen Roman schreiben. Warum nicht? Dem Fleiß, über den ich verfügte, wenn ich ihn mir befahl, traute ich es zu, auch wenn meine Faulheit lieber eine Kurzgeschichte daraus machen würde.

Aber ich empfand Tatendrang und mich dürstete plötzlich nach dem Repräsentativen.

Und ein wichtiger Anstoß sollte just in diesem Moment noch kommen. Es läutete an meiner Tür.

Ich war überrascht. Ich bekam selten Besuch, lud aus Untermieterdiskretheit nie zu mir nach Hause ein. Ich schaute aus dem Fenster. Es war nicht zu erkennen, wer da in der Dunkelheit unten beim Tor stand. Vielleicht ein Bettler? Ich wartete noch ein wenig, denn wenn die Gestalt beide Klingelknöpfe gedrückt hatte, würde Dona Ilse jetzt wohl hinausgehen, und ich konnte es mir ersparen, die Treppen hinunterzulaufen.

Da beugte sich die Gestalt über die Klingelknöpfe und die danebenstehenden Namen, verharrte einen Moment und wieder läutete es bei mir. Kein Zweifel. Das war für mich. Ich lief hinunter, aus dem Haus hinaus, zur Gartentür.

Hallo, Sie sind's, Professor, rief ich, kommen S' rein!

«Ich hoffe, ich komm nicht ungelegen, ich –»

Aber nein, kommen S' weiter, hier entlang, nein, nein, hier! Die Treppen hinauf! Ich wohne oben, unter dem Dach!

Ich eilte ihm voran, in meine Wohnung hinein, verschloß die Tür, nachdem Singer eingetreten war. Er stand unschlüssig mitten im Zimmer, preßte mit beiden Armen drei blaue Mappen an seine Brust, die drei blauen Mappen!

Setzen Sie sich doch! Nehmen Sie Platz! sagte ich, deutete auf meinen Lehnstuhl. Hier! Das ist mein bequemster Platz, bitte! Er setzte sich nieder, ich setzte mich aufs Bett, sprang gleich wieder auf und fragte, ob er etwas trinken wolle.

Er sagte nichts, sah sich um, «Die drei Philosophen», er nickte, wanderte mit den Augen im Zimmer weiter, seine Hände lagen schwer auf den drei blauen Mappen auf seinem Schoß.

Wollen Sie etwas trinken? Ich habe Wein im Kühlschrank, und Bier, ich habe auch Pinga im Haus, vielleicht ein Bier mit einer Pinga? Oder Tee? Ich habe englischen Tee hier –

«Nein, danke», sagte er, «nur keine Umstände, ich wollte Sie nicht stören, ich geh gleich wieder, ich sehe, Sie arbeiten gerade!»

Er deutete mit dem Kopf zu meinem Schreibtisch, und mir fiel auf, daß die Schreibtischlampe die einzige eingeschaltete Lichtquelle im Zimmer war.

Nein, nein, sagte ich, arbeiten! Nur ein paar Notizen, ich habe nur ein paar Notizen gemacht, aber es war schon aus, ich meine, ich war schon fertig, Sie stören überhaupt nicht! Ich schaltete die Stehlampe neben dem Lehnstuhl ein, Singer schaute auf:

«Sie waren plötzlich verschwunden, beim Begräbnis, und ich wollte noch mit Ihnen reden, und da habe ich gedacht –»

Er brach ab und schaute nirgendwohin.

Ich setzte mich wieder aufs Bett und wartete, aber Singer sprach nicht weiter. Ich ertrug es nicht und begann zu plappern, angespannt hoffend, daß er sein Schweigen beenden werde. Vielleicht doch ein Glas Wein? Warten Sie, ich hole die Flasche aus dem Kühlschrank! – Ich sprang wieder auf.

«Bitte, Roman, nur wenn Sie Wein trinken wollen, aber wegen mir brauchen Sie keine Flasche zu öffnen!»

Grad vorhin, sagte ich, hatte ich mir gedacht, daß ich Lust hätte Wein zu trinken, wenn Sie eine Minute später gekommen wären, wäre die Flasche schon offen gewesen, ich trinke gern Wein ab und zu, man kann ja aus seiner Haut nicht raus, ich meine als Wiener, nicht wahr, es sind wirklich keine Umstände, ich meine – ich holte die Flasche und den Korkenzieher, öffnete die Flasche.

Ich habe leider nur einen brasilianischen Wein hier, die Weine hier sind ja nicht besonders aufregend, ich habe schon verschiedene brasilianische Weine durchprobiert, manche sind ja ganz schrecklich. Vor allem die mit den deutschen Namen. Nicht zu trinken. Aber der da ist ganz vernünftig. Noch der beste. Ich kaufe nur noch diesen, er ist wenigstens einigermaßen trocken, trocken und leicht. Die importierten Weine sind ja leider wahnsinnig teuer, die chilenischen zum Beispiel, gut, sie sind schon viel besser, aber unverschämt teuer. Ach ja, die Gläser! Entschuldigen Sie! So, hier! Ich habe nicht einmal richtige Weingläser, nur diese alten Marmeladengläser, die waren schon da, als ich hier eingezogen bin. Ich bin noch gar nicht dazugekommen, mich hier besser einzurichten, ich bin ja noch nicht so lange da, eigentlich so kurz auch wieder nicht, ich glaube nur immer wieder, daß ich noch gar nicht richtig da bin. Manchmal wache ich auf in der Früh und schau mich um, mir ist das alles noch immer nicht vertraut, und ich glaube, ich bin gerade erst angekommen, das ist mein erster Morgen hier. Aber das kennen Sie sicherlich auch!

«Nein, eigentlich nicht!»

Ja, sicher, manchmal wieder kann ich mich gar nicht mehr richtig erinnern, wie das wirklich war, als ich hierhergekommen bin, was ich mir gedacht habe, wie ich mich gefühlt habe, und so weiter, und da habe ich wieder den Eindruck, als sei ich schon eine Ewigkeit hier, und das Provisorium, in dem ich lebe, ist ein Provisorium für die Ewigkeit.

An den Tagen, an denen ich mich wie eben erst angekommen fühle, denke ich mir, ich habe noch so viel Zeit vor mir, ich muß ja nicht gleich heute alles lösen, das mache ich in Ruhe. Sehen Sie die Kiste dort, das ist die Kiste mit den Büchern, die ich aus Wien mitgebracht habe, aber hier habe ich kein Bücherregal, das kleine Bücherbrett dort beim Schreibtisch reicht gerade für die Bücher, die ich jeweils zum Arbeiten brauche, und dann nehme ich mir vor, ich werde mich einmal in Ruhe umschauen, um ein hübsches und günstiges Bücherregal zu finden, aber nicht gleich heute, ich bin ja erst angekommen. Aber dann, wenn ich mich wieder so fühle, als wäre ich schon eine Ewigkeit hier, und als sei alles schon eine Ewigkeit so wie es ist, dann frage ich mich, wieso soll ich heute plötzlich alles ändern und zum Beispiel ein Bücherregal kaufen, es war doch immer schon so, und tatsächlich kommen mir dann die Bücher in einer Kiste am Boden viel normaler vor, als wenn sie in Regalen stehen würden. Aber so oder so, es bleibt immer, wie es ist, obwohl man sich pausenlos fremd fühlt, aber das ist es vielleicht, Fremdheit, ich meine, Fremdheit ist unter Umständen etwas, das nicht am Ort liegt, an dem man sich befindet, etwa weil er weit weg ist – weit weg von wo? Nicht wahr? –, sondern an der Zeit, die immer falsch ist, die man immer falsch empfindet, weil sie so provisorisch und kurzlebig ewig in sich rotiert. Aber das ist eben vielleicht doch auch São Paulo, nicht? Denken Sie an die Jahreszeiten. Jeden Tag alle vier Jahreszeiten, aber im Jahr, sehen Sie da Jahreszeiten? Das Jahr ist überhaupt nicht strukturiert, der dauernde schnelle Wechsel ist wie überhaupt kein Wechsel, na ja, zum Wohl. Mmmmmh, nicht schlecht, von den brasilianischen Weinen ist der also zweifellos der beste, natürlich, wenn man wirklich gute Weine kennt, kann sich der da nicht vergleichen, kein Abgang, aber wenigstens kriegt man von ihm keine Kopfschmerzen –

Nun ging mir mein Schwätzen selbst schon auf die Nerven und ich brach ab. Singer lächelte mit traurigen Augen und nippte an seinem Glas Wein.

Er hatte vorhin das Begräbnis angesprochen und ich habe diesem Thema ausweichen wollen. Aber natürlich konnte man nicht ausweichen. Das Thema war da, auch wenn man nicht darüber sprach, es war dann eben da als das, dem man auswich. Und alles andere, über das wir sprechen konnten, wurde dadurch erst recht hinfällig, beliebig. Es konnte genausogut auch nicht gesagt werden.

Schweigen.

Vielleicht wäre es besser, dachte ich, doch das Begräbnis direkt anzusprechen und damit abzutun, den Weg freizumachen für etwas anderes. Aber was konnte man über das Begräbnis schon sagen? Daß es ein schönes Begräbnis war? Oder ein seltsames? Sozusagen Begräbniskritik? Es war so lächerlich und so schwierig. Die Tatsache, daß Singer zu mir gekommen war, aber jetzt so beharrlich schwieg, mußte doch bedeuten, daß er anderes sagen wollte als das, was er sonst doziert, wenn er bei erstem Anlaß aus seinem Schweigen ausbricht. Singer trank sein Glas leer, ich schenkte ihm nach.

Sie haben vorhin gesagt, ich sei beim Begräbnis plötzlich verschwunden gewesen, sagte ich, ja! Ich muß mich wohl entschuldigen. Aber ich habe es einfach nicht mehr ausgehalten.

«Ich verstehe!»

Er versteht? Ich nicht. Gut. Und jetzt? Er sagte nichts mehr. Das Thema Begräbnis schien aber erledigt. Die drei blauen Mappen auf seinem Schoß. Wenn er gekommen war, um sie mir zu zeigen, würde er es tun.

Er sagte nichts, trank Wein, ich hielt die Stille schon fast nicht mehr aus, da sagte er:

«Schön ruhig haben Sie es hier, der Garten –»

Ja, sagte ich, soll ich Musik machen? Warten Sie, ich lege eine Platte auf. Was hören Sie gern? Ich habe sogar eine Platte mit Wiener Liedern hier, ja, und Strauß-Walzer, in der von Schönberg entkitschten Version. Ich spiele sie manchmal sehr gern, als Gemütsersatz für das, was ich mir immer wieder so sehnlich wünsche, nämlich irgendwas, das mir nicht fremd ist –

«Ach, Roman, lassen Sie. Ich bin zu lange von Wien weg, als daß mir solche Dinge noch vertraut wären. Gott sei Dank, denn der Patriot ist weltfremd, und wer, der nicht ähämm daheim ist, könnte *diese* Fremdheit ertragen?»

Ja, ich weiß nicht, sagte ich und setzte mich wieder nieder. Wie lange sind Sie eigentlich schon hier, Leo? Ich weiß, wie ungern Sie von sich selbst erzählen, aber –

«Ich könnte Ihnen gar nicht von mir selbst erzählen, wie ich das erste Mal hierhergekommen bin, ich weiß es nämlich selbst nur aus Erzählungen –»

Wie bitte? Ich meine, warum sind Sie hierhergekommen und was machen Sie eigentlich hier? (Außer daß Sie manchmal in der Bar dozieren). Ich hoffe, daß Ihnen meine Fragen – (nicht indiskret erscheinen.)

«Ich bin das erste Mal schon als kleines Kind nach Brasilien gekommen, mit meinen Eltern, auf der Flucht vor dem Faschismus. Ich kann mich daran nicht erinnern», sagte der Professor, legte die Mappen auf das Tischchen neben dem Lehnstuhl und schlug die Beine übereinander.

Nach dem Krieg sei die Familie wieder zurück nach Wien, erzählte er, aber der Vater habe das in diesen Jahren hier verdiente Geld in Grundstücken angelegt gehabt, am damaligen Stadtrand von São Paulo, beziehungsweise außerhalb der Stadt, wo Grund und Boden damals äußerst billig zu haben gewesen sein soll. Diese «nun ja, Liegenschaften» hätten durch das rasche Wachsen von São Paulo – «ich glaube, es ist die am raschesten wachsende Stadt der Welt» – mit den Jahren eine enorme Wertsteigerung erfahren, und als sein Vater Ende der sechziger Jahre gestorben sei, sei Singer wieder hierhergekommen, um diese Grundstücke zu verkaufen.

Das habe länger als vorgesehen gedauert, da es eine Menge rechtlicher Schwierigkeiten gegeben habe, zum Beispiel sei auf einer Parzelle in der Zwischenzeit eine *Favela* gewachsen, bei einigen Grundstücken habe es keine oder gefälschte Grundbucheintragungen gegeben, und so weiter, und als das Wichtigste nach Jahren geregelt gewesen sei – «In Brasilien hat manchmal eine Woche sieben Jahre, manchmal ein Jahr zwölf Stunden!» sagte er, habe er festgestellt, daß er hier hängengeblieben sei.

Ich schenkte Wein nach, er trank und sprach weiter. Ich lehnte mich zurück, gespannt und erleichtert hörte ich zu.

Er habe, sagte er, von den Verkäufen genug Geld, um in Ruhe leben zu können, ihm sei «nie eine andere Existenz als die eines Privatgelehrten vorgeschwebt».

«Ich sage das natürlich ironisch, meine es aber durchaus ernst!»

Und als solcher, habe er sich gedacht, könne er hier in São Paulo genausogut leben wie in Wien, ja, vielleicht sogar ungestörter und ruhiger, weil fernab von den Lemuren –

«Das habe ich von Oswald gelernt, er hat nicht unrecht: Wien ist eine Stadt der Lemuren!»

Und doch auch gefordert, animiert, gerade auch in geistiger und künstlerischer Hinsicht.

«In gewisser Weise ist São Paulo ja, wie Sie vielleicht nicht wis-

Man sollte sich gut überlegen . . .

... ob man sein Geld in Grundstücken – in «Liegenschaften», wie Professor Singer es nennt – anlegt. In fernen Ländern kann das zu Problemen führen.

Der Gedanke, sein Kapital mit bleibendem Wert anzulegen, ist auf jeden Fall gut. Es kommt nur auf die richtige Anlageform an und ob die Zinsen stimmen.

sen, die produktivste und eigenständigste aller Wiener Subkulturen! Denken Sie nur an George Sperber, Roberto Schwarz, Paulo Singer, mit dem ich übrigens nicht verwandt bin, ich weiß nicht, ob Sie die alle schon kennengelernt haben, aber gehört haben Sie sicherlich schon von ihnen, alles emigrierte Österreicher oder deren Nachkommen, die eine bedeutende Rolle im intellektuellen Leben Brasiliens spielen, ach ja, und vergessen Sie nicht, daß der bedeutendste Kunsttheoretiker und Literaturhistoriker, den Wien je hervorgebracht hat, nach seiner Flucht vor den Nazis hier in Brasilien eine enorme Bedeutung erlangt hat und vor gar nicht langer Zeit als berühmter Mann gestorben ist, während er in Wien völlig vergessen und unbekannt ist, Otto Maria Carpeaux, recte Karpfen. Oder denken Sie an Oswald, an den Martin Daher, oder an Judith –»

Womit wir also bei Judith angelangt waren. Ich schwieg. Er war zu mir gekommen, um mit mir zu reden. Also sollte er weiterreden.

Aber er sagte nichts. Ich holte noch eine Flasche Wein aus dem Kühlschrank, meine letzte, und sagte, während ich den Korkenzieher ansetzte: Sie haben Judith geliebt, Leo, nicht wahr?

«Haben Sie Judith vielleicht nicht geliebt?»

O ja, natürlich, aber ich meine – ich zerrte angestrengt am Korkenzieher, der Korken schlüpfte aus dem Flaschenhals mit einem leisen, deutlichen Plop.

«Ja. Natürlich habe ich Judith geliebt. Wir haben uns in Wien kennengelernt, sie hat ja in den sechziger Jahren dort studiert. Sie ist dann hierher zurück, bald darauf bin ich auch wieder hierhergekommen. Da haben wir uns natürlich wieder getroffen. Eine Zeitlang habe ich bei ihr gewohnt, aber es ist irgendwie nicht gutgegangen.»

Warum?

«Ja, warum? Roman, wie kann ich das erklären? Will ich das erklären, erklären können? Wenn eine Beziehung nicht aus einem bestimmten Grund scheitert, scheitert sie aus dem gegenteiligen Grund. Ein Sachverhalt ist als Grund dafür, daß eine Beziehung scheitert, so gut wie der gegenteilige Sachverhalt. Eine Beziehung kann scheitern, weil Liebe in Gleichgültigkeit umschlägt, aber auch, weil Gleichgültigkeit in Liebe umschlägt, eine Beziehung kann am Fehlen von Intensität zerbrechen, sie kann aber auch plötzlich an der Intensität zerbrechen, das ist ja alles ganz trivial. Das ist es vielleicht: die Trivialität ist der gemeinsame Nenner aller Widersprüchlichkeiten, an denen eine Beziehung zerbricht. Ich weiß nicht.

Die Liebe ist ja, wenn man sie spürt, ein unglaublich exklusives, ein besonderes Gefühl, aber die Triumphe, die sie feiern will, sind immer unglaublich trivial. Ich kann mich zum Beispiel erinnern, daß ich einmal zu ihr gesagt habe – was natürlich nichts erklärt, aber immerhin illustriert –, daß ich ohne sie nicht mehr leben könne. Das heißt, das war das, was ich vielleicht empfunden habe, aber sagen wollte ich es so nicht, nicht so banal, und so sagte ich, um stärker und gelassener zu erscheinen, daß ich zwar ohne sie auch leben, aber mit ihr viel besser leben könne. Sie hat gesagt, daß sie sich dadurch beleidigt fühle. Man könne auch mit einem Kühlschrank besser leben als ohne Kühlschrank und mit Waschmaschine besser als ohne Waschmaschine und so weiter. Da sehen Sie, wie egal es ist, welche Banalität man sagt, hätte ich gesagt, daß ich ohne sie nicht mehr leben könne, dann hätte sie geantwortet, daß es Menschen gibt, die glauben, ohne Kühlschrank oder ohne Auto oder was weiß ich nicht mehr leben zu können. Ihre Antwort ist auf alle Fälle richtig, egal, wie ich mein Gefühl, das sich nur banal formulieren läßt, formuliere, und dadurch einen Menschen mit einem Gebrauchsgegenstand gleichsetze. Es ist auch egal, daß ich das nicht so gemeint habe, und es ist auch egal, daß sie genausogut anders hätte reagieren können, etwa, daß sie sagt: ich kann auch ohne dich nicht mehr leben – und irgendwann kommt man natürlich drauf, daß man sehr wohl ohne den anderen leben könnte, und dann war auch alles eine banale Lüge, also was soll's.

Ich habe sie so bewundert, ihre Stärke, ihre Intelligenz, ihre Unduldsamkeit gegenüber allem Trivialen, daß ich, bei Auseinandersetzungen, dann immer auf das eingeschwenkt bin, was sie gesagt hat, nicht aus Harmoniebedürfnis, sondern weil ich wirklich immer das Gefühl gehabt habe, erst durch sie das Betreffende plötzlich richtig zu sehen, entschleiert und in einem umfassenderen Licht, und das hatte natürlich alles hinfällig gemacht, was ich vorher gesagt habe, weshalb ich es dann eben zurückgenommen habe, aber sie hat dann etwa gesagt, daß mein Verhalten sie an die Demutsgesten erinnere, wie die Verhaltensforschung sie bei den Wölfen kennt. Ich weiß nicht, ob Sie wissen, daß die Wölfe –»

Ja, ja, sagte ich. Ich muß gestehen, daß mich langweilte, was der Professor erzählte, der Wein tat ein übriges, daß ich ihm ohne Mühe nicht folgen konnte.

Meine Generation ist ja leider die Generation der Beziehungsphilosophie. Undeutlich und unangenehm dämmerten in meinem Kopf wieder die Studentenzeiten herauf, in denen eine marginalisierte Linke ihre Wunden von Beziehungstheorien lecken ließ. Ich selbst hatte ja damals auch, wenn ich mich nicht täusche, an Beziehungen rascher gelitten, als ich sie eingehen konnte.

Das gehört natürlich auch in meinen Roman, dachte ich kraftlos. Mich wunderte, wie Singer, dieser fast Fünfzigjährige, gebildete, erfahrene Mann, sich in Plattitüden verlor, kaum daß er einmal von sich zu erzählen begann, das heißt, mich wunderte nicht mehr, daß er es haßte, Geschichten aus seinem Leben zu erzählen, denn um dies in angemessener Weise zu können, müßte man sich klüger stellen, als man ist, das hieße aber: schweigen. Er redete weiter, erzählte die zweite Flasche Wein leer. Erzählte, daß er von ihr ausgezogen sei und sie eine Zeitlang nicht gesehen habe, die Liebe sei so groß gewesen, daß auch die Unerfülltheit dementsprechend groß, ja, unerträglich gewesen sei, sie hätten sich dann wieder getroffen, in der Folge täglich, aber ein neuer Versuch zusammenzuleben sei auch gescheitert –

...Judith wandte sich mir zu und sagte: «Er redet um sein Leben, als hinge sein Leben davon ab, daß es erzählt werden könne...» sie fletschte die Zähne, ihre Augen waren so starr. «Die Liebe geht auf, die Liebe geht unter, nein, nein, das Ich dreht sich um die Liebe... sich ausreden, damit es aus ist, zu einem Ende kommt, dieser Widerspruch, das muß man doch verstehen, ich nicht!»...

Plötzlich stockte Singer, als er den Satz sagte:

«Sie war eben viel zu stark, um mit mir leben zu können.» Vielleicht hatte dieser Satz in seinem Kopf in den Spiegel geschaut: sie war zu schwach, um (ohne ihn) leben zu können.

Das hatte aber unmöglich etwas zu bedeuten.

Warten Sie, Leo, ich mach Kaffee, sagte ich.

«Sie hat mir auch immer meinen Müßiggang vorgehalten, mein Nichtstun», sagte der Professor beim Kaffee, «sie hat immer gesagt: Du redest von Projekten, dozierst, wälzt Ideen, aber du machst nie etwas fertig, nie wirst du etwas fertigbringen. Du bist ein Narziß, der sich an dem, was er machen kann, nicht messen will, aus Angst, daß es ernüchternd, ja, lächerlich ist, verglichen mit deinen Ankündigungen.

Wir haben nächtelang alles mögliche diskutiert, getrunken und geraucht, aber während ich dann Räusche ausschlief, den ganzen Tag mit Kopfweh herumging, Kamillentee trank, Inhalationen machte –» er lächelte – «ist sie schon längst wieder in der Bibliothek gesessen. Sie hat mehr Bücher fertiggeschrieben, als ich überhaupt nur angefangen habe. Sie war so viel stärker als ich. Und sie hat auch schon längst, seit Monaten, an dem gearbeitet, sich abgerakkert, geschrieben, worüber wir in der Bar immer nur geredet haben. Sie war mir so sehr voraus. Ja, das war es eigentlich, was ich Ihnen zeigen wollte, weshalb ich zu Ihnen gekommen bin. Sie waren ja in letzter Zeit in der Bar meistens dabei, als ich immer wieder gewisse Theorien vor mich hingeplaudert habe, und daher habe ich mir gedacht, daß Sie das da vielleicht interessieren würde.»

Er nahm die Mappen wieder zur Hand.

Ich fragte ihn, ob das die Mappen seien, die Judith in ihrem Brief erwähnt hatte. Er nickte. Er öffnete eine der Mappen, sie war prall gefüllt mit Papier, ich beugte mich hin, Judith hatte mit der Hand geschrieben, in einem winzigen Gekritzel, mit vielen Einfügungen am Rand und zwischen den Zeilen, vielen Streichungen.

Können Sie das lesen? fragte ich.

«Natürlich. – Das Faszinierende an diesen Mappen ist, mit welcher Konsequenz Judith einen relativ akademischen Ausgangspunkt im Lauf der Arbeit völlig hinter sich gelassen hat, beziehungsweise ihn, so wie jeden möglichen anderen, als Teil der Fragestellung plötzlich begriffen hat, die uns in letzter Zeit auch immer in unseren Gesprächen in der Bar beschäftigt hat. Ursprünglich hatte Judith einfach eine Arbeit über Laurence Sterne schreiben wollen, einen ihrer Lieblingsautoren. Diese erste Mappe ist voll von Entwürfen zu dieser Arbeit, fertigen und halbfertigen Passagen, Interpretationen von Sternes Werk. Das alles ist sehr interessant, das Interessanteste ist aber, wie es plötzlich abbricht. Das fällt in die Zeit, als sie angefangen hatte, Kokain zu schnupfen, weiß der Teufel warum. Sie hat stets sogenannte Ideenblätter angelegt, auf denen sie alles notiert hat, was ihr durch den Kopf gegangen ist und was ihr für ihre Arbeit wichtig erschien, oft auch hat sie hier die Situation beschrieben, in der sie die Ideen gehabt hatte, beziehungsweise wie sie auf die Ideen gekommen ist. Und da kommt nun also dieses

Ideenblatt, auf dem sie einen Kokainrausch beschreibt, die Wirkung, die Kokain auf sie hatte. Diese Wirkung beschreibt sie zunächst als Zustand der Euphorie und Sensation besonders klarer Gedanken und intensiver Empfindungen. Aber das Wesentliche sei, schrieb sie, daß die Gedanken und Empfindungen durch die starke Tendenz gekennzeichnet seien, zurückzuweichen und zurückzufluten. Sie habe sich eine Zigarette angezündet und begonnen nachzudenken, vor sich hin zu assoziieren. Aber die Gedanken sind immer zurückgeschweift, zurückgegangen in die Vergangenheit, sie konnte nur zurückdenken und nicht nach vorn, beziehungsweise, wenn sie versuchte nach vorn zu denken, etwa an ihre Pläne und Projekte und an ihre Vorstellungen von der Zukunft, dann habe sie sich die Zukunft auch nur als Zurückweichen von den Zielen vorstellen können, das Zurückfluten, Begründen, Ausholen, Zurückweichen war die prinzipielle Bewegung gegenüber allem Vorstellbaren. Sie habe ‹gebrannt vor Geilheit›, schrieb sie, das sind ihre Worte, nun ja, und habe begonnen zu masturbieren, aber auch hier war der Ablauf spiegelverkehrt, je länger, intensiver, konzentrierter und schließlich verbissener sie masturbiert habe, desto aussichtsloser wurde es fertigzuwerden. Statt sich dem Orgasmus zu nähern und ihn zu erreichen, sei er immer weiter zurückgewichen, wurde er immer ferner. Das Gefühl der Lust, das Verlangen, habe sie durch das Kokain viel stärker empfunden, zugleich aber auch seltsam betäubt, anästhesiert, keine Steigerung erlaubend, sondern sich vom Höhepunkt immer weiter entfernend, so als wolle eine fast unerträgliche Gier, um sich erst adäquat realisieren zu können, zuerst einen enormen Anlauf nehmen, der dann aber nicht mehr aufhört.

Plötzlich, schreibt sie, habe sie ‹ganz klar gesehen›, daß der Roman *‹Tristram Shandy›* von Laurence Sterne – kennen Sie dieses Buch? –»

Ich nickte.

«Daß also der *‹Tristram Shandy›* ein Denkmal des Kokains, Tristram eine Allegorie des Kokains ist, das Uhrenproblem seiner Eltern während des Akts seiner Zeugung, am Anfang des Romans, verweise schon darauf, was – wie sie hier schrieb – dem Kokain mitgegeben sei: nie eine Erfüllung zu erlauben, nie ein Ankommen, der Zwang immer zurückzuweichen, gegen die Uhrzeigerrichtung zu marschieren, das sei das eigentliche Problem des Buches, das wahrscheinlich unter Kokain geschrieben das Kokain anthropomorphisiere. Ihre Worte. Diese Idee ist in ihrer Absurdität, die sich selbst luzid erscheint, wohl typisch für Kokainisten, glaube ich. Jedenfalls hat Judith in der Folge tatsächlich ihre Laurence Sterne-Interpretation unter diesem Blickwinkel neu begonnen.»

Singer öffnete die zweite Mappe, die, wenngleich weniger prall gefüllt, doch auch eine Unmenge handbeschriebener Zettel und Blätter enthielt.

«Sie hat da mit einiger Fixiertheit ziemlich viel sinnlose Arbeit hineingesteckt. Viel Zeit muß sie allein mit dem vergeblichen Versuch verloren haben, zu begründen, daß Laurence Sterne schon um –» er blätterte suchend in der Mappe, «um 1760 herum Kokain gekannt hat, obwohl die chemische Isolierung des Kokains erst 1860, also hundert Jahre später, durch Niemann gelang. Judith ging der Möglichkeit nach, daß Koka-Blätter im 18. Jahrhundert als Tee nach England gebracht worden sein könnten, und so weiter, aber diese wahnhafte Anstrengung ist weniger interessant. Judith hat sich jedenfalls nach einiger Zeit selbst eingestehen müssen, daß dieser ihr neuer Ansatz zur Interpretation des ‹*Tristram Shandy*› unhaltbar war. Aber sie hat natürlich weitergekokst und in ihren Ideenblättern vor sich hinphilosophiert, alles notiert, was sie im Licht des Kokainrausches jeweils plötzlich so scheinbar klar sah. Und dann kommt das Blatt, mit dem sie aus dem Absturz, den ihre Arbeit erlitten hatte, wieder herausfand.»

Singer zog die letzten beiden Seiten der Mappe hervor und überflog sie still.

«Das Blatt», fuhr er dann fort, «beginnt relativ uninteressant, man sieht, daß ihr die Ideen, die sie in der Folge entwickelte, erst beim Schreiben gekommen sind. Sie notierte zunächst, daß sie soeben ein neuerliches Quantum Kokain gekauft und, gerade erst wieder nach Hause gekommen, sofort ausprobiert habe. Sie merkte den hohen Preis des Stoffes an und begann plötzlich über die ‹Klassenzuteilung von Drogen› vor sich hinzuschreiben. K., schrieb sie, sei gewiß keine Proletarierdroge wie etwa der Alkohol. Während Alkohol dumpf mache, daher lenkbar, im Rausch billige Mächtigkeitsräusche vorspiele und daher für die reale Machtlosigkeit konditioniere, mache K. innovativ und sei zugleich die schöne Verlokkung des Rückschritts, das weiße Pulver sei, schrieb sie, gleichsam eine Destillation der Dialektik von immens wachsenden Produktivkräften und unaufhaltsamem Rückschritt, der Mechanismus der

Managerentscheidungen, DIE bourgeoise Droge. Und wie das offenbar so ist bei Intellektuellen im Kokainrausch, begann Judiths Phantasie, von den Koka-Flügeln getragen, sofort in absurde Höhen aufzufliegen, und sie notierte die ‹Idee›, wie sie es nannte, ‹die Geschichte, also die Geschichte der Klassenkämpfe, noch verallgemeinerter: die Entwicklung des Herr-Knecht-Verhältnisses unter dem Gesichtspunkt des klassenspezifischen Drogengenusses neu zu schreiben.›

Sie phantasierte einiges in dieser Richtung und gelangte zu dem unglaublichen Satz: ‹Mit der Machtergreifung der Bourgeoisie und der Entdeckung des Kokaingenusses hat sich der Engel der Geschichte (Klee, Angelus Novus) in einer plötzlichen Euphorie umgedreht und begann nun, mit klarem Blick in die Zukunft, in Richtung Vergangenheit zurückzuschreiten.›

Sie mußte selbst gestutzt haben, als ihr dieser Satz aus der Feder geflossen war, denn nun begann sie ihn zu interpretieren und gelangte zu der, wie sie es formulierte: ‹Erleuchtung› – diese Formulierung ist meiner Ansicht nach natürlich auch wieder typisch für eine Kokain-Euphorie –, zu der Erleuchtung also, daß ihr das Nachdenken über ein letztlich beliebiges, weil wahllos herausgegriffenes Buch, nämlich *‹Tristram Shandy›*, und eine zufällige Bewußtseinserfahrung mit einer Droge, Kokain, nichts weniger als die Mechanik der neuen Geschichte enthüllt habe. Und wenn man diese einmal begriffen habe, dann könne man hernehmen, was man wolle, irgendein Buch, irgendeine Zeitung, irgend etwas aus der unendlichen Menge der menschlichen Entäußerungen, und man werde immer und überall die Spuren des umgedrehten Engels der Geschichte entdecken. Das Gesetz des progressiven Rückschritts!»

Singer schnaufte.

Die Geschichte, die Judith einmal in der Bar erzählt habe, sagte ich, von ihrer Freundin, die ausgehend von einer Analyse einer Tageszeitung –

«Ja», sagte Singer, «diese Geschichte war sehr gut erfunden, es war nämlich offenbar ihre eigene! Gut. Nun begann sie ihr Buch also wieder neu, wieder alles von vorn –»

Singer nahm die dritte Mappe, öffnete sie, die von Manuskripten geradezu barst. Er wog die Mappe in der Hand und fuhr fort:

«An dem hier hat Judith wohl das ganze letzte Jahr und offenbar sehr intensiv gearbeitet. Zunächst gab sie ihrem Buch einen neuen

Titel: ‹Die Kehrtwendung des Engels der Geschichte›, auf dem ersten Blatt notierte sie, daß sie sich als Anfang dieses Buches ein Bild wünsche, wie den Angelus Novus von Klee, nur eben umgedreht–»

Das Bild auf der Staffelei beim Grab –! rief ich.

«Ja, sie hat es sich gewünscht, und Oswald hat es ihr in der Nacht vor dem Begräbnis gemalt! Nun gut, dieses Bild also, und als Motto notierte sie:

‹Der Engel der Geschichte: während ihn früher der Sturm des Fortschritts in eine Zukunft trieb, die er nicht kannte, weil sein Antlitz der Vergangenheit zugewandt war, treibt ihn nun, nachdem er sich umgedreht und das Geschichtsziel erkannt hat, jeder Flügelschlag, den er in Hinblick auf die Zukunft macht, in die Vergangenheit zurück. Jetzt kann er nicht mehr ankommen, allerdings wissend wo, und schreitet zurück, allerdings vergessend wohin.› – Tja.»

Singer nahm die Brille herunter, massierte mit dem Zeigefinger sanft und nachdenklich die Warze auf seiner Nase, zog ein Taschentuch aus seiner Hosentasche und reinigte die Brillengläser.

«Damit beginnen wohl die genialen Passagen in Judiths Arbeit!»

Ich war so fasziniert, daß ich sogar starkes Herzklopfen spürte, allerdings hatte ich ja auch mittlerweile drei Tassen Kaffee getrunken. Natürlich dachte ich an meine Idee eines «Rückentwicklungsromans». Sollte ich Singer davon erzählen? Noch nicht. Weiter! Lesen Sie weiter! Was schreibt sie noch? sagte ich.

«Nun ja, nun folgt eine Unmenge von Skizzen, Entwürfen und Versuchen zu dem, was Judith eben das Gesetz der neueren Geschichte nannte. Sie geht dabei sogar von relativ altbacken-vernünftigen Prämissen aus, wie etwa, daß die wachsende – wie schreibt sie hier? Ach ja: – daß die sich durchsetzende bürgerliche Produktionsweise eben das Proletariat produziert habe, womit erstmals der Blick gelenkt worden sei auf das Ziel der menschlichen Geschichte, die klassenlose Gesellschaft, die zu erkämpfen ja die historische Funktion der Arbeiterklasse gewesen sei, und so weiter. Im Zeitraum zwischen 1760 bis 67, also zur Zeit der Abfassung des ‹*Tristram Shandy*›, in England, dem damals schon am meisten herausgebildeten Kapitalismus, sei zum erstenmal die Tendenz irgendwie spürbar gewesen, zurückzuweichen, mit Blick auf die Zukunft, auf das massenhaft produzierte Proletariat und deren soziale Ideen, zurückzumarschieren. Der Tristram Shandy, dessen Erzählbewegung, sei wie ein empfindlicher Seismograph der literarische Ausdruck dieser neuen Bewegungsrichtung der Geschichte.

In Deutschland sei es zwischen 1807 und 1848 so weit gewesen. 1807 hat Hegel die ‹*Phänomenologie des Geistes*› geschrieben, und, so Judith, Hegel habe seine Gegenwart, in der die borniert feudale Ordnung zerstört wurde und durch die bürgerliche ersetzt zu werden schien, als Endpunkt, als höchsten Stand der Entwicklung angesehen, über den hinaus er sich nichts mehr habe vorstellen können oder wollen. Und Marxens Aufforderung, Hegel vom Kopf auf die Füße zu stellen, bedeute auch, daß man die ‹*Phänomenologie*› nun von ihrem Ende her zurück lesen müsse, um die weitere Entwicklung des Bewußtseins, den jeweiligen Zeitgeist der folgenden Epochen zu verstehen, deren Entwicklungsrichtung zu erkennen–»

Wie bitte? sagte ich. Marx hat doch –

«Ja, ja, ich weiß, so ist es natürlich eine Kokserschluderei, aber etwas Wahres ist im Kern schon dran, und ich glaube, ich darf sagen, daß meine stetige Erwähnung Hegels in der *Bar jeder Hoffnung* dazu geführt hat, daß Judith sich auch mit der ‹*Phänomenologie*›, wenn auch etwas oberflächlich, in ihrer Arbeit beschäftigt hat. Diese Dinge sind ihr dann ja ziemlich zum Problem geworden. Ich habe hier die Ideenblätter, in denen sie über den Fortgang ihrer Arbeit reflektiert und, vom typischen dauernden Wechsel von Euphorien und Selbstüberschätzung und dann wieder Depressionen und Gefühlen der Aussichtslosigkeit abgesehen, wurde ihr zunehmend und immer schmerzhafter bewußt, daß sie die Arbeit, so wie sie sie begonnen, wie sie sie angelegt und wie sie sich entwickelt hatte, nie würde zu Ende bringen können. Einerseits hat es eine Arbeit über Laurence Sterne werden sollen, dann ist eine Arbeit über das ‹Bewegungsgesetz der neueren Geschichte› daraus geworden, sie wollte plötzlich aufs Ganze gehen, sozusagen, und hat sich dann aber nicht dazu durchringen können, die ganze immense Arbeit verlorenzugeben, die sie schon in den Laurence Sterne gesteckt gehabt hatte. Und sie konnte das nicht mehr zusammenbringen, zusammenfügen, dieses Konvolut Sterne-Studien, die in Rauschzuständen notierten Phantasien und die hellsichtige Idee, die irgendwie daraus entstanden ist. Und zugleich dürfen Sie nicht vergessen, daß sie ja weiterhin fortgesetzt Kokain genommen hat, und, von den zerrüttenden Konsequenzen eines lange anhaltenden Drogenmißbrauchs abgesehen, hat sie dieses Zurückweichen, als das sie die Wirkung des Kokains auf sie beschrieben hat, auch in bezug auf ihre Arbeit erfaßt. Nicht nur, daß sie ihre Arbeit also immer wieder neu begann, statt sie fortzusetzen, ist sie auch nach Neuanfängen immer wieder zurückgegangen, hier zum Beispiel, sehen Sie, hier notierte sie in der dritten Mappe wieder Ideen zur Verbesserung verschiedener Passagen der ersten Mappe, und so weiter. Die Erwartung, daß das Kokain ihr die Klärung all ihrer formalen und methodischen Probleme bringen könne, ja müsse, ist immer hysterischer geworden. Dann waren wieder Zeiten, in denen sie kein Kokain auftreiben konnte, die Drepressionen müssen fürchterlich gewesen sein. Hier ist ein Blatt, wo sie schreibt, daß sie nach vier Tagen ohne K. Teile ihrer Arbeit in der Küche im Abwaschbecken verbrannt habe, im Gefühl völliger Aussichts- und Sinnlosigkeit. Dann wieder versuchte sie das Vernichtete zu rekonstruieren. Die Angst vor dem, was ihrer Meinung nach nun ausstand, nämlich die Teile zusammenzufügen, ließ sie immer wieder auf einzelne Teile zurückweichen, und die Totalität, die sie vor Augen hatte, zerbrach ihr in ihrer Arbeit immer wieder in Splitter.

In ihren Versuchen, ihre Arbeit ‹wieder rund zu machen›, wie sie es nannte, kehrte sie am Schluß wieder verstärkt zur Arbeit am Text von *‹Tristram Shandy›* zurück, versuchte sich ausschließlich auf die Interpretation dieses Romans zu konzentrieren, unter dem Blickwinkel des ‹progressiven Rückschritts›. Hier zitiert sie zum Beispiel die Stelle im Roman, wo Tristram Shandy sagt, daß man in einer Geschichte rückwärts oder vorwärts gehen mag, wie man will, man wird es für keine Abschweifung halten, und er nehme sich das Recht des Rückwärtsgehens heraus – und setzt diese Erzählbewegung, die zur eigenen Geburt zurückzugehen versucht, zu dem dadurch natürlich nicht aufgehobenen physischen Reifungs- und Alterungsprozeß des Erzählers in Beziehung (Laurence Sterne schrieb immerhin sieben Jahre an diesem Roman) und ordnet in der Folge das Zurückschreiten gesellschaftlich dem Überbau zu, der Entwicklung des Bewußtseins, den Reifungsprozeß beziehungsweise den relativen Fortschritt hingegen der Basis, also den Produktionsverhältnissen und der gesellschaftlichen Organisationsform.

Dann untersucht sie das Rückwärtsgehen Tristram Shandys im Hinblick auf dessen gleichzeitig immens wachsende Anhäufung von Details und sieht dies als Ausdrucksform des regredierenden Bewußtseins angesichts des sich akkumulierenden Warenreichtums im Kapitalismus, und so weiter. Dann wieder problematisiert sie ihre Analogie-Schlüsse und vergleicht sie exzessiv mit denen Walter Benjamins in dessen Baudelaire-Studien und bricht daraufhin ihre Arbeit wieder ab, mit den Worten: sie habe wohl noch einmal die Dampfmaschine ohne Dampf erfunden. Das Konvolut endet mit seitenlangen Beschreibungen der Angstzustände, zu denen ihr fortgesetzter Kokainmißbrauch geführt hat, sie versuchte die Angst zu bannen, zu objektivieren, was ihr natürlich nicht geglückt ist. Na ja –»

Singer schloß die dritte Mappe, legte sie auf das Tischchen. Er zog auf, schneuzte sich lange und umständlich.

«Das war also, sehr kursorisch, der Inhalt dieser Mappen. Und wenn es auch teilweise sehr, nun ja, sehr problematisch war, was sie da gemacht hat, bleibt doch –» er stockte kurz, ich hatte schon den Eindruck, daß ihm nun die Tränen kommen würden, «faszinierend, bewundernswert, was sie da gearbeitet, woran sie sich abgearbeitet hat. Wir haben ja nur gequatscht in der Bar, aber sie hat, sie hat, sie hat es wirklich fassen wollen, in den Griff kriegen, also zu Papier.»

Er wiederholte noch einmal, daß Judith die einzige war, die über das, was uns allen hier irgendwie durch den Kopf gegangen sei und worüber wir nur geplaudert hätten, zu arbeiten angefangen habe. Und er sei es ihr schuldig, ihr Projekt zu beenden, das allerdings könne er nur auf seine Weise tun.

Was meinen Sie damit: auf Ihre Weise? fragte ich.

«Na ja, das heißt zum Beispiel, daß ich ihre Idiosynkrasien wie etwa den ‹*Tristram Shandy*› beiseite lasse und mich auf meine, sagen wir: Voraussetzungen stütze. Der Rückschritt, das Zurückgehen, das Judith als kennzeichnend für die neue Geschichte zu analysieren versucht hatte, ist ja zunächst und wesentlich eine Bewegung, die das Bewußtsein erfaßt hat. Darauf möchte ich mich konzentrieren. Ich werde eine Phänomenologie der Entgeisterung schreiben!»

Er rückte seine Brille zurecht und sah mich an, als hätte er Angst, daß ich jetzt lache.

«Ich werde ihre Arbeit auf meine Weise beenden», sagte er nochmals, «aber in ihrem Sinne.»

Wenn er statt «Sinn» «Geist» gesagt hätte, hätte ich an den spiritistischen Pfarrer vom Begräbnis gedacht, dachte ich, aber das wäre auch nur ein falscher Zusammenhang mehr gewesen. Passen Sie auf, Professor, sagte ich, daß Sie in dieser Arbeit nicht auch zugrunde gehen. – Ich hätte mir in die Lippen beißen mögen, als ich das gesagt hatte, aber Singer antwortete ohne Zeichen von Irritation:

«Genau das habe ich vor. Zugrunde gehen. Ich hoffe nur, daß ich ihn finde, den Grund – allerdings werde ich dann dort sehr einsam sein, weil ich mich möglicherweise als einziger dort finden werde, der ihn gefunden hat!»

Unter Umständen werden wir einander dort treffen, sagte ich und erzählte ihm von meiner Idee, einen Rückentwicklungsroman zu schreiben.

Professor Singer war begeistert. Er wiederholte mehrmals, wie froh er sei, mit mir über all das gesprochen zu haben, nun würde vieles leichter fallen. Nun würden wir die gleiche Arbeit machen, nur eben mit verschiedenen Methoden. Ich ästhetisch, er begrifflich. Während bei mir die Hauptfigur ein Individuum sein werde, werde die seiner Arbeit die allgemeine Entwicklung des Geistes sein. Wir vereinbarten, uns in Zukunft regelmäßig zu treffen, um die Ergebnisse unserer Arbeit auszutauschen.

Er fragte mich, ob die Notizen, die ich gerade gemacht hatte, als er gekommen sei, schon für diesen Roman gewesen seien und ich bejahte. Sofort wollte er sie lesen. Ich wehrte ab und sagte, daß ich noch nicht so weit sei.

Ich machte noch eine Kanne Kaffee, die wir tranken, während wir immer weiterredeten. Ich kam noch einmal auf Judith zu sprechen:

Hören Sie, Leo, sagte ich, eines verstehe ich noch immer nicht. Was sie da aus den Mappen Judiths referiert haben, das klingt ja dann gegen Ende wirklich verzweifelt und so, aber ich weiß auch aus eigener Erfahrung, daß beim Schreiben einer größeren Arbeit so etwas passieren kann, ich meine, daß man depressiv wird, daß alles ganz aussichtslos erscheint, daß man glaubt man schafft das nie und so weiter. Aber selbst wenn ich mir jetzt noch dazu ihre Depressionen vorzustellen versuche, nach dem dauernden Kokaingeschnupfe, ich meine, ich kann das nicht gut nachvollziehen, weil ich da keine Erfahrung habe, aber trotzdem, irgendwie ist mir das alles nicht plausibel, daß sie sich deswegen umgebracht haben soll, ich kann das nicht verstehen. Warten Sie! Ich meine, sind Sie sicher, daß es wirklich Selbstmord war? Beziehungsweise die Polizei, ist da nichts untersucht worden? Wieso war die Polizei so sicher? Das Begräbnis war ja wahnsinnig rasch, gleich am Tag danach!

«Na ja, begraben wird im Allgemeinen sehr rasch hier, wahrscheinlich wegen des Klimas. Es gibt ein Gesetz, daß innerhalb von 24 Stunden nach Ausstellung des Totenscheins das Begräbnis stattfinden muß. Und wenn der Arzt den Totenschein ausgestellt und, wie in Judiths Fall, festgehalten hat, daß es Selbstmord war, weil es ja auch gar so evident war, dann ist auch für die Polizei der Fall erledigt, außer der Arzt oder jemand anderer macht Verdachtsmomente geltend, die die Polizei zu weiteren Nachforschungen zwingen. Etwa wenn die Möglichkeit besteht, daß ein gewaltsamer Tod als Selbstmord getarnt wurde. Ich muß sagen, daß ich selbst einen Moment daran gedacht habe, ich habe es ja auch nicht glauben können. Ich habe einmal in Rio de Janeiro zufällig einen Kriminalpolizisten kennengelernt, einen gewissen Inspektor Guedes vom 14. Revier. Übrigens ein sehr interessanter und unkonventioneller Mann. Und als sich gestern alles plötzlich so schnell abzuwickeln begann, Totenschein und so weiter, und schon sollte das Begräbnis organisiert werden, und die Polizei hat weiteres kein Interesse gezeigt irgend etwas zu machen, da habe ich den Inspektor Guedes in Rio angerufen – ich meine, wenn man schon so jemanden kennt, dann kann man ihn ja in so einem Fall um Rat fragen, wen denn sonst, und wenn auch für mich alles nach Selbstmord ausgesehen hat, so ist das doch, wie gesagt, schwer verständlich, und ein Zweifel bleibt immer.

Ich habe ihn also gefragt, ob ich etwas machen könne, um zu erreichen, daß die Polizei doch Nachforschungen anstellt, nur um jeden Zweifel auszuschalten. Guedes hat mir zunächst kurz die Gesetzeslage erklärt und dann gesagt, daß seine persönliche Meinung die folgende sei: wenn zwei oder mehrere Theorien existieren, um ein Rätsel zu erklären, dann ist die einfachste die wahre. Und wenn ich, der ich Judith gefunden habe, den Eindruck gehabt habe, daß es Selbstmord war, und wenn auch der Arzt im Gerichtsmedizinischen Institut den Totenschein entsprechend ausgestellt habe, dann soll ich es dabei bewenden lassen. Denn nach seiner Erfahrung sei ein augenscheinlicher Selbstmord, der aus irgendwelchen verzwickten Gründen doch keiner war, dann eben auch nur eine andere Art von Selbstmord gewesen.»

Wie bitte? fragte ich, aber Singer sagte nichts mehr, ja, ich hatte den Eindruck, daß er lächelte. Wahrscheinlich war es ein schwermütiges Lächeln, oder aber ich hatte mich getäuscht. Wir saßen noch eine Zeit zusammen, und als Singer gegangen war, lag ich noch bis zum Morgengrauen wach. Der Kaffee und das, was Singer erzählt hatte, pochten in mir immer weiter.

Am Sonntag schlief ich lange. Ich wußte noch nicht, daß es der letzte ganze Tag eines Endes sein würde, von etwas, das sich zusammenfaßte und plötzlich ordnete, auch wenn ich es die ganze Zeit über anders empfunden hatte. Aber vielleicht sind die falschen Zusammenhänge, die zufälligen, beliebigen, belanglosen, absurden Momente, in denen die Dinge recht und schlecht aufeinander verweisen, die einzig möglichen, weil die wirklichen uns nicht unmittelbar sichtbar sind. Daher mag es kommen, daß das, was uns zu zerfallen scheint, sich in Wirklichkeit verstrickt, und was wir als Nichts dauernd vor Augen haben, ist bloß der Rest einer Division, in der man vollständig aufgeht. Man hat die Umstände nicht frei gewählt, aber ihre geglückte Teilung – null Rest – ergibt ein Ganzes, mit dem man etwas anstellen kann.

Ich frühstückte und dachte darüber nach, was Singer in der Nacht zuvor erzählt hatte. Viel Zeit verbrachte ich auch damit, nicht darüber nachzudenken, warum es mir soviel leichter fiel, über etwas nachzudenken, was ich gelesen oder gehört, als über etwas, das ich «erlebt» hatte.

Ich las die Notizen zu meinem Roman durch und verbrachte dann noch gut zwei Stunden damit, neue Ideenblätter anzulegen, auf denen ich alles notierte, was mir in Hinblick auf meine Romanidee einfiel. Zunächst dachte ich, einfach alles zu notieren, was mir einfiel, merkte dann aber, daß mir immer nur dasselbe einfiel, nämlich alles, und ich wurde wieder mutlos. Die vielen Ideen machen die Idee zunichte, sie sind am Sinnlosen das Lose, das nicht abblättert.

Ich dachte an die vielen hundert Blätter in Judiths Mappen, die zwar alles, aber nie ein Ganzes ergeben haben.

Ich ärgerte mich, daß ich Hegels ‹*Phänomenologie*› auf meinem Schreibtisch in der Universität liegengelassen hatte, ich hätte sie jetzt gern weitergelesen, noch unter dem Eindruck des Gesprächs mit Professor Singer, statt so planlos vor mich hinzudenken. Dabei fiel mir leider ein, was auf der Uni noch alles auf mich wartete, die Lehrkörpersitzung, das Verbessern der Prüfungsarbeiten, das Vorbereiten der nächsten Stunden, Anwesenheitsdienst, diese ganzen materiellen Grundlegungen meiner Fremdheits- und Sinnlosigkeitsgefühle.

Jetzt konnte ich mich wieder zu nichts mehr aufraffen und doch war es unbestimmt anders geworden, nur wußte ich noch immer nicht, daß ich es schon wußte.

Die Sonne begann sich über das Haus gegenüber zu senken, die Lichtstrahlen fielen durch das große Fenster vor meinem Schreibtisch, wurde von den spiegelnden Holz- und Lederflächen der Zimmereinrichtung sanft reflektiert. Das gelblich-braune Licht im Raum, durchzogen von Rauchschwaden, ein Bernsteinquader, ich eingeschlossen darin wie eine ewige Fliege. Mein Denken, ein totes, versteinertes Surren.

Ich wollte raus, mich bewegen, ich rief Norbert an.

Er war nicht zu Hause. Er rief mich am nächsten Tag in der Früh zurück.

«Und? Was gibt's, hier?»

Ich sagte, daß ich ihn am Vortag angerufen hätte, weil ich wieder einmal Tennis spielen wollte.

«Läßt sich machen. Wir wär's in einer Stunde?» fragte er eilig. Er sagte, er spiele jetzt am liebsten in der Früh, das sei am angenehmsten, hier, es sei noch nicht so heiß und man sei auch noch nicht so müde wie oft am Abend.

Ich sagte, daß ich da leider nicht könne, wegen der Lehrkörpersitzung.

«Lehrkörpersitzung?» wiederholte er vergnügt. «Klingt ja ulkig!»

Wir vereinbarten, uns am Nachmittag im Club zu treffen, er könne ja jederzeit vom Büro weg, sei ja jetzt die tote Zeit, nichts zu tun, hier.

Der Klang seiner Stimme hörte sich an wie ein zufriedenes Händereiben.

Als ich nach der Sitzung in den Club kam, hatte ich die Freude auf das Spiel schon längst verloren. Ich hielt die Verabredung nur deshalb ein, weil ich nicht wußte, was ich sonst hätte machen sollen.

Norbert saß auf der Terrasse des Clubhauses, ganz in Weiß,

auf einem dieser weißlackierten Holzliegestühle, unter einem grün-weiß gestreiften Sonnenschirm. Davor die grünen Tennisplätze. Schlendernde, laufende, liegende und sitzende Menschen, in der Sonne glückliches Schwitzen, im Schatten glückliches Entspannen. Als Norbert mich sah, sprang er auf, er habe Platz 4 schon reserviert!

Sei doch einmal nicht so hektisch! rief ich aggressiv, ich muß mich doch erst umziehen.

«Na, dann mach mal!»

Ich spielte wie ein Berserker, ohrfeigte blind die Bälle über das Netz, der Platz hätte doppelt so groß sein müssen, um meinem Spiel einen Sinn zu geben. Mein Kopf begann zu glühen, ich wurde apathisch und schupfte Norbert lustlos Punkte zu, die er mit vergnügter Konzentration einsammelte. «Fünfzehn!» rief er «Dreißig!» «Vierzig!»

Nach dem Spiel saßen wir mit frisch ausgepreßtem Orangensaft unter einem Sonnenschirm auf der Terrasse, in Norberts grauem Haar glitzerten Schweißtropfen wie junger Tau. Er war fröhlich, hatte einem zehn Jahre Jüngeren seine blendende Form gezeigt.

Ich hatte Lust zum Flughafen zu fahren und abzufliegen.

«Was ist denn los mit dir, Mann?» sagte Norbert. «Du bist ja völlig fertig. Haste Probleme, oder was?»

Ich zuckte die Achseln.

«Irgendwas schiefgelaufen auf dieser Lehrkörpersitzung?»

Er betonte süffisant das Wort Lehrkörpersitzung und nuckelte grinsend an seinem Orangensaft.

Schiefgelaufen? Es war erst wenige Stunden her, und weder verstand ich, was wirklich passiert war, beziehungsweise warum es passiert war, noch verstand ich, wie ich unmittelbar darauf reagiert hatte, und völlig unverständlich war mir, daß mir die Ereignisse jetzt schon wieder weit entfernt und fremd erschienen, so als wären sie mir bloß von jemandem erzählt worden. Ich versuchte zwar aus prinzipiellen Gründen Wut und Erregung in mir aufrechtzuerhalten, aber was ich jetzt wirklich empfand, war Verwirrung darüber, daß ich offenbar sogar Schocks auch nur wie etwas aus zweiter Hand erlebte.

Schiefgelaufen? Wie man's nimmt, mein Gastspiel auf der Universität ist beendet! sagte ich.

Norbert riß die Augen auf.

«Ist nicht wahr!»

Ich hätte nicht gedacht, daß ihn etwas so überraschen könnte.

«Was ist denn passiert? Erzähl mal!»

Wozu das alles erzählen? Was weiß ich, was passiert ist. Wahrscheinlich nichts, außer daß sich wieder einmal gezeigt hat, daß aus irgendwelchen Gründen auf allen Universitäten der Welt die Germanistik immer das Reservat der Faschisten ist! sagte ich. Wie kam ich darauf?

«Nun mach mal halblang. Haben sie dich gefeuert, oder was?»

Sind ja alles Deutsche oder Abkömmlinge von Deutschen da am Institut, sagte ich. Und du kannst dir nicht vorstellen, was für ein patziger Herrenmenschenirrsinn da herrscht. Nur um dir ein Beispiel zu geben: ich komm zur Sitzung, und wie wir uns also alle so niedersetzen, seh ich, daß ein Sessel fehlt. Ich sage, daß ich schnell einen holen gehe.

Sagt eine andere Professorin: Was holen Sie? Sage ich: Einen Sessel! Darauf sie: Das heißt Stuhl – na ja, Sie werden schon noch Deutsch lernen bei uns!

Norbert lachte.

Verstehst du, sagte ich, für die sind Österreicher ein schlapper Haufen, der nicht einmal richtig Deutsch kann, aber die Deutschen werden sie schon auf Vordermann bringen. Diese Mentalität steckt dahinter.

Das heißt nicht Sessel, das heißt Stuhl. Das ist doch idiotisch, das ist doch dasselbe wie Schlagobers und Schlagsahne, oder Paradeiser und Tomaten.

«Moment mal, da ist schon ein Unterschied», sagte Norbert, «also ein Stuhl, das ist ein Stuhl, nicht wahr, so ein Holzstuhl, verstehste, was Primitives, ein Sessel ist irgendwie bequemer, gepolstert zum Beispiel, also ein Sessel eben, mit Armlehnen, bequemer, alles klar?»

Ich faßte es nicht. Ich war nach Jahren des Studiums zum Sprachlehrer verkommen, und nun wollte mich auch noch ein Import-Export-Kaufmann in die Feinheiten der Sprache einführen. Nein, sagte ich, das verstehe ich nicht. Darum sagt man ja auch Sessellift, weil dieser bekanntlich so gut gepolstert ist, während der Heilige Stuhl hingegen eine besonders dürftige und primitive Sitzgelegenheit ist, oder wie?

«Schon gut, schon gut», Norbert lachte glucksend und saugte

mit dem Strohhalm schnorchelnd die letzten Tropfen Orangensaft aus dem Glas.

«Aber du wirst mir doch nicht sagen wollen, daß du daraufhin alles hingeworfen hast, weil du bei solchen Faschisten nicht mehr arbeiten kannst –»

Aber geh, sagte ich, das war ja nur ein Beispiel, was für eine Mentalität die haben, damit du siehst, was für gepflegte akademische Umgangsformen da herrschen. Der Krach kam später, bei der Sitzung. Ach ja, das muß ich vielleicht noch vorausschicken, damit du dir das besser vorstellen kannst: die Sessel, oder die Stühle, wie du willst, sind im Kreis aufgestellt, und obwohl wir also im Kreis sitzen, hat der Kreis – an sich bekanntlich eine geometrische Figur ohne Anfang und Ende – sozusagen ein Kopfende, einen Anfang, an dem der ganze Kreis hängt, das ist Professor Jakob, der Professor Titular, der Chef, zu dem alle Dozenten und Assistenten gebannt hinstarren. An seiner Seite die außerordentliche Professorin Ingrid, sein starres mimisches Echo. Blickt er streng, blickt sie augenblicklich auch streng, blickt er freundlich, wird ihr Blick sofort eine Karikatur eines freundlichen Blicks, während alle anderen paralysiert wie Kaninchen zu ihm hinblicken, mit Todesangst, wenn sein Gesicht sich verfinstert, mit angespannter, gepreßter Erleichterung, wenn es sich aufhellt. Das ist also die Voraussetzung.

Jakob sieht aus wie ein Hamburger Kleinbürger, der in einen Kostümverleih gegangen ist und gesagt hat: diesen Fasching möchte ich als Professor gehen. Na gut, die Spielchen beginnen. Jakob fummelt an seinem Aktenkoffer, einmal kriegt er die Schnalle nicht auf, dann wieder nicht zu. Das bedeutet: der Genialische im Kampf gegen die Tücke des Objekts. Dann beginnt er sein intellektuelles Schattenboxen. Er tobt gegen irgend jemanden, der nicht da ist und mit dem Institut auch überhaupt nichts zu tun hat, diesmal gegen den Chef des Goethe-Instituts. Dieser habe dies und das gesagt und gemacht, man versteht nicht genau was. Aber bitte, sagt er, wenn er also doch keine Zusammenarbeit wolle, dann – und wieder entrüstete Drohtiraden, die andeuten, daß auch der Chef des Goethe-Instituts auf Gedeih und Verderb von Professor Jakobs Gnade abhängt. Das tut er natürlich nicht, aber das Ganze bedeutet: wer von euch hier meine Eitelkeit nicht befriedigt, den mach ich zur Sau! Wieder fummelt er an seinem Aktenkoffer, zieht irgendein Papier heraus, ruft: hier habe ich es schwarz auf weiß, ich will, daß ihr alle es gesehen habt, es soll dann später nicht heißen, daß – und er fuchtelt wild mit dem Blatt herum, niemand kann irgend etwas sehen, und schwupp ist es wieder im Aktenkoffer verschwunden, mit dessen Verschlußschnalle er neuerlich kämpft. Neben ihm beginnt Frau Professor Ingrid spitz zu nicken, wie eine Rute, die nach geführtem Schlag des Meisters noch ein wenig nachwippt.

«Mann, hast du vielleicht einen Haß!» sagte Norbert, sichtlich vergnügt.

Meinst du? Danke. Mir fällt es so schwer, das alles zu mir in Beziehung zu setzen, daß ich eigentlich empfindungslos bin, so als beträfe mich das alles gar nicht. Weil es mich aber doch betrifft, und weil mir Haß und Verachtung zustünden, muß ich diese Empfindungen aus Gründen der Objektivität dazuerfinden.

«Objektivität ist gut!» Norbert lachte. «Wieviel Prozent muß ich abziehen, damit deine Geschichte der Wirklichkeit nahekommt?»

Ach, Norbert, laß! Du siehst doch, ich habe mich selbst so sehr verloren, daß ich zu einem wirklichen und ausschließlichen, subjektiven Eindruck gar nicht mehr fähig bin.

Na gut. Daraufhin wendet sich diese Karikatur eines Donnergottes den Anwesenden zu, nennt zwei, drei Namen und die Angesprochenen erschrecken zu Tode. Dieses zu Tode erschrecken nimmt Jakob mit Genugtuung zur Kenntnis, und er lobt sie für irgend etwas, was die Gelobten mit verspannter Erleichterung zur Kenntnis nehmen.

Daraufhin wird er geheimnisvoll. Er deutet an, daß er höchst besorgniserregende Informationen bekommen habe, einen Brief sehr bedauerlichen Inhalts habe er erhalten, über alarmierende Fakten verfüge er, und so weiter, und nur weil es zum Besten des Instituts, des Arbeitsklimas etc. sei, sähe er sich gezwungen, hier öffentlich vor allen Kollegen etwas klarzustellen, was vielleicht besser intern geregelt worden wäre. Aber der Kollege, den es betreffe, habe bisher so wenig Kooperationsbereitschaft gezeigt, habe auch das Gespräch mit ihm gemieden, und so weiter, so daß es jetzt keine andere Möglichkeit gebe, als auf diese Weise reinen Tisch zu machen.

Der Kollege sei – ich! sagte ich.

«Und?»

Nun ja, er begann zu toben, warf mir absurde Sachen vor, zum Beispiel, daß er einen Brief erhalten habe, der ihn darüber aufgeklärt habe, daß ich in meinen Vorlesungen über ihn schimpfe und mich über ihn lustig mache –

«Hast du das gemacht?»

Nein, natürlich nicht. Und daß er darüber informiert worden sei, daß ich die Studenten dazu anhalte Marx zu lesen –

«Wirklich wahr?»

Aber geh! Ich kann mich erinnern, daß einmal mich ein Student gefragt hat, was Gebrauchswert heißt, er habe das Wort irgendwo gelesen und nicht im Wörterbuch gefunden. Da habe ich geantwortet, kein Wunder, daß das nicht im Wörterbuch steht, es ist ja auch kein Wort, sondern ein Begriff, habe ihn kurz erklärt und gesagt, er könne das ja genauer bei Marx im ‹*Kapital*› nachlesen.

Na, und weil ich also die Studenten nur indoktrinieren wolle, sagte Jakob, sei ihm jetzt auch klar, warum ich als einziger keine Arbeitsblätter mache –

«Was machst du nicht?»

Arbeitsblätter. Die Kollegen verteilen immer so hektographierte Blätter mit den Grammatikregeln und einigen Übungssätzen, und –

«Du nicht?»

Ja und nein. Die schreiben diese Sachen ja alle von Grammatikbüchern ab, und ich habe gesagt, die Studenten können ja die Grammatikbücher selbst verwenden, dann brauche ich sie nicht abzutippen.

«Und dann?»

Was dann?

«Na, wie geht die Geschichte weiter?»

Ach so. Na, er wirft mir da pausenlos solche Sachen an den Kopf, beruft sich auf obskure Zuträger und Informanten, auf einen Brief und auf Studenten, deren Namen er nicht nennen wolle, die aber mit gutem Grund sich besorgt an ihn gewandt haben sollen, und so weiter. Na gut. Eines muß ich noch vorausschicken, damit du den Schluß verstehst. Seit dem ersten Tag, an dem ich hier angekommen bin und zu arbeiten angefangen habe, haben mir die Kollegen immer wieder eingeschärft, wie ich den Professor Jakob behandeln müsse. Sie sagen wirklich dauernd: behandeln. Wie ich mich ihm gegenüber verhalten, wie ich auf ihn reagieren solle, um ein ruhiges Leben zu haben. Man hat den Eindruck, daß der Lebensinhalt meiner Kollegen darin besteht, darüber nachzudenken, wie sie ihren

Chef am besten behandeln. Da werden schon ganze Gesetzessammlungen tradiert. Man müsse ihm immer Recht geben, dürfe nie widersprechen, und das Wichtigste, was ja ein deutliches Licht auf die Verhältnisse dort am Institut wirft, ist: man müsse sich, wenn er einem etwas vorwirft, dafür entschuldigen, auch wenn der Vorwurf nicht stimme, an den Haaren herbeigezogen sei. Denn: unser Donnergott liebe es am meisten, den Großmütigen zu mimen, der verzeiht, und er könne einem nie und nimmer verzeihen, wenn man ihm nie Gelegenheit gibt zu verzeihen. Wenn er aber verzeihen dürfte, dann beginne er, von der Unterwürfigkeit des Kollegen und von der eigenen Nachsicht gleichermaßen begeistert, einen gar zu protegieren. Dutzende Male ist mir das erzählt worden, bin ich präpariert worden, und nach der Sitzung hat mir eine Kollegin gesagt, daß er das, was er mit mir da aufgeführt hatte, in der einen oder anderen Form mit allen schon durchexerziert hätte, und nun sei also ich, der Neue, drangewesen.

Nicht, daß ich das alles vergessen gehabt hätte, aber es war ein Wissen, das sich gewissermaßen hinter meinem Rücken befand, zurückgelassen in jenen Gesprächen mit den Kollegen, als ich ihnen eigentlich nur aus Höflichkeit zugehört und mir gedacht hatte, daß mich das alles nicht betrifft, ich werde mit ihm schon auskommen, weil ich ihm keinen Grund geben werde, mir etwas vorzuwerfen.

Und als es mich plötzlich nun doch betraf und Jakob da auf mir herumritt, in dieser angststarren Runde mit ihrem kollektiv gepreßten Atem, und als Jakob «Abscheulich!» rief und Frau Professor Ingrid ihr Gesicht reflexhaft voll Abscheu verzog, da waren diese ganzen Anweisungen, wie ich mich verhalten solle, die Tatsache, daß er Hochschulprofessor ist, mein Vorgesetzter, ein Mann mit viel Einfluß und Macht, das alles war eine so leere und abgelöste Wahrheit, so wie, wie – so als würde man am hellen Tag sich des in der Nacht aufgeschriebenen Satzes ‹Es ist Nacht› erinnern. Meine Reaktionen, meine Antworten waren so unmittelbar wie das Sehen, wenn man die Augen aufschlägt, und sie waren so ausschließlich auf das gerichtet, was ich sah, diesen kleinen, gemeinen, inferioren, lächerlich eitlen Menschen, der absurde Vorwürfe macht, die meine Antworten so unmittelbar determinieren, wie seine Erscheinung deren Abbildung auf meiner Netzhaut.

«Red doch mal Klartext, hier. Was hast du gemacht?»

Ich sag dir doch! Ich habe die ganzen Vorwürfe zurückgewiesen, was ihn ganz kurz unsäglich erstaunt hat, weil er das nicht gewohnt ist, daraufhin hat er zu toben angefangen, auf eine so lächerliche Weise, daß ich nicht anders konnte, als ihn immer wieder auf seine Lächerlichkeit hinzuweisen. Und je wütender er auf mich losgegangen ist, desto wütender und kälter habe ich mich gewehrt. Aber es war komisch: nicht, daß du glaubst, daß da irgendein abstraktes Gerechtigkeitsgefühl bei mir hervorgebrochen ist, etwa so, daß ich mir gedacht hätte, da will einer ‹richtig behandelt› werden, aber überlegt sich keine Sekunde, ob er selbst die anderen richtig behandelt, das ist doch ein Witz, und so. Nein, es war ganz seltsam, mein Verhalten war nicht abgeleitet von irgendeinem Prinzip, aber auch nicht von Gedanken an irgendwelche Konsequenzen, ich war ganz aufgelöst ausschließlich in der Situation, wie in einem Rausch, und es ist plötzlich nur noch wichtig, was man sieht, und das vergrößert sich, verdoppelt sich, vibriert, wird schwammig und unendlich.

«Haste Schnaps vorher getrunken, oder was?»

Der Kellner kam vorbei, Norbert schnipste rasch mal mit den Fingern und bestellte ein Bier.

Aber nein, sagte ich, das mein ich nicht, aber ist ja egal. Jedenfalls, es kam zu einer Schreierei, es wurde alles immer lächerlicher, so schrie er zum Beispiel, daß ich wahnsinnig sein müsse, wenn ich in einem Kurs etwa eine Diskussion über die Freigabe der Abtreibung mache, ob ich nicht wisse, wo ich sei. – Ja, bitte, wo bin ich, habe ich gefragt. –

In einer Militärdiktatur, schrie er, nicht ohne Genugtuung, ich sagte: ich habe geglaubt, es gibt *Abertura*, und außerdem gibt es in besagtem Kurs ausschließlich Studentinnen, und ich habe mir gedacht, wenn sie schon eine Fremdsprache einüben müssen, dann sollten sie das an Hand von Themen, die sie betreffen und vielleicht mehr interessieren, als «der Schwarzwald» oder so was.

Und immer wieder zitierte er einen Brief, den er angeblich erhalten habe, und der ihm die Augen über mich geöffnet habe, und ich habe ihm gesagt, daß er den Briefschreiber nennen soll, bevor wir weiterreden, aber er wollte seinen Informanten nicht preisgeben, um ihn zu schützen! Stell dir vor!

Da habe ich ihn gefragt, ob er in seinen wissenschaftlichen Arbeiten die Quellen auch nicht ausweise, und die Sekundärliteratur, die er zitiere, nicht nenne, um sie zu schützen –

«Das hast du nicht gesagt!»

Doch! log ich. Tatsächlich hatte ich noch viel mehr gesagt. Na ja, hin und her, er schreit weiter, ich bitte ihn, zu schreien aufzuhören und sich akademischer Umgangsformen zu bedienen, er tobt, daß er sich von mir nichts vorschreiben lasse, wer da die Vorschriften mache, sei er, und er verbiete mir hiermit, in Hinkunft einen Hörsaal zu betreten, er wolle mich nie wieder auf der Uni sehen. Er bestimmte, wer von meinen Kollegen meine Vorlesungen übernehmen und weiterführen solle, und wiederholte, daß ich vom Unterricht dispensiert sei.

«Und die Kollegen? Was haben sie gesagt?»

Eine gute Frage. Nichts. Absolut nichts!

Monika zum Beispiel – aber das sagte ich Norbert nicht, weil ich ihm noch nie von ihr erzählt hatte – ist starr dagesessen und hat geraucht, mit jenem ängstlich unbeteiligten, prüfenden Gesichtsausdruck, den ich an ihr zum erstenmal damals gesehen hatte, als ich mit ihr bei ihrer Mutter war.

«Und dann?»

Dann war die Sitzung beendet und ich bin in mein Arbeitszimmer, habe meine Bücher eingepackt und meinen Schreibtisch leergemacht, und auf einmal kommen der Reihe nach die Kollegen herein und gratulieren mir zu meinem Mut, endlich habe einmal einer sich nicht alles gefallen lassen, ihm die Meinung gesagt, und so weiter, und seine Vorwürfe seien ja wirklich haarsträubend gewesen, aber das kenne man ja bei ihm, und in ihrem Innersten seien sie alle auf meiner Seite und so weiter, da habe ich gesagt: gehts scheißen, ihr hättet mir ja auch bei der Sitzung helfen, irgend etwas zu meiner Unterstützung sagen können, statt stumm dahinzublubbern wie Fische im Aquarium eines Fischgeschäftes. Und die Kollegin Monika, die mit mir das Zimmer teilt, sagte: du hattest ja völlig recht, aber es war Selbstmord, was erwartest du da von uns?

– Selbstmord! Stell dir vor! Selbstmord! Die haben doch keine Ahnung!

Ich schüttelte den Kopf, aber Norbert sagte das natürlich nichts, er hatte ja, wie mir jetzt einfiel, Judith nicht gekannt.

Einem Selbstmord geht ein Entschluß voraus, dachte ich, und ich hatte keinen gefaßt. Ich bin erfaßt gewesen entweder von exemplarischer Dummheit oder von jener historischen Vernunft, die die Ohnmächtigen gelegentlich listig durch Noteingänge ins Labyrinth ihrer Befreiung stößt, ohne daß sie von ihr wissen. Jedenfalls, sagte ich wieder zu Norbert, die Kollegin, die da gesagt hat, daß ich Selbstmord gemacht habe, versuchte mir dann lang und breit zu erklären, warum sie es idiotisch finde, mich in einem Kampf zu unterstützen, der absolut sinnlos und unnötig sei. Sinnlos, weil Jakob am längeren Ast sitze, unnötig aber, weil er ohnehin im nächsten Jahr in Pension gehe, also sich in kurzer Zeit ohnehin alles von selbst zum Besseren wenden werde. Ihr Bewußtsein, sagte ich, ist einfach: es gibt ein Leben nach Jakobs Pensionierung.

«Und? Was wirste jetzt machen?»

Nichts. Ich weiß nicht. Vielleicht nach Österreich zurückgehen. Ich habe darüber nicht nachgedacht.

«Aber hör mal, wie ist das jetzt? Du darfst nicht mehr unterrichten. Heißt das, daß du entlassen bist?»

Nein, sagte ich, ich glaube nicht. Ich war danach in der Rechtsabteilung der Uni, und dort wurde mir gesagt, daß Jakob tatsächlich verfügen dürfe, ob ich unterrichte oder nicht. Aber um mich zu entlassen, meinen Vertrag vorzeitig zu beenden, dazu ist ein bürokratischer Prozeß nötig, das ist Sache bestimmter Universitätsgremien, das kann er alleine nicht mehr entscheiden, und das könne nur durchgehen, wenn ich mir etwas gegen das Universitätsgesetz habe zuschulden kommen lassen. Und das sei, so wie es jetzt ausschaut, nicht der Fall.

«Also, was willste mehr?» Norbert lachte diebisch. «Das Schlimmste, was dir passieren kann, hier, ist, daß du dein Gehalt bekommst, ohne mehr auf die Uni gehen zu müssen. Spiel Tennis, schreib ein Buch, schau dir Brasilien an! Was willste in Österreich, oder haste dort auch ein arbeitsloses Einkommen?»

Norbert war sichtlich erheitert. Wir saßen im Club, unter dem großen Sonnenschirm, kühles Bier in einem beschlagenen Glas, so daß man mit den Fingern darauf zeichnen kann, übereinandergeschlagene Beine.

Mir fiel ein, wie ich zu Beatriz von «Versöhnung von Lohnarbeit und Interessen» gesprochen hatte, nun war das hier die leere Synthese, die konkretistische Utopie.

«Schau MICH an!» sagte Norbert, unterbrach, um über das Glas den Bierschaum wegzublasen.

Ich sah ihn überrascht an, was wird jetzt wohl kommen, fragte ich mich, Norbert redet doch sonst nie von sich. Er trank, wischte sich genüßlich mit dem Handrücken über den Mund – und hatte offenbar vergessen, daß er etwas sagen wollte, oder er hatte es sich anders überlegt, jedenfalls sagte er dann nichts mehr.

Das ist es wohl, dachte ich, «schau MICH an!» so oft und so allgemein, bis alles darin aufgehoben und erblickt ist. Bis an mir, der du mich anschaust, ist, was ich sehe...

Norbert hatte natürlich recht, und ich wunderte mich, daß ich nicht sofort von selbst draufgekommen war, wie dankbar ich Jakob und meinen «selbstmörderischen» Reaktionen sein konnte. Nun war ich frei und konnte machen, was ich wollte. Ich fühlte mich verwirrt und euphorisch. Als ich den Club verließ, fuhr ich, ohne etwas Bestimmtes vorzuhaben, nicht gleich nach Hause, sondern die Avenida Santo Amaro immer weiter, Richtung Zentrum, ein genießerisches zweckfreies Schweben, ein Vorgeschmack auf das, was jetzt also sein sollte. Eine den halben Himmel bedeckende schwarze Wolkenfläche verschränkte sich mit der vor Hitze fast weiß flirrenden freien Hälfte des Himmels zu einem riesigen Ying-Yang-Zeichen, aus dem weißen Teil senkte sich ein Flugzeug dröhend über die Häuserschlucht, im Anflug auf den nahen Stadtflughafen. Die Luft war so klar, starr und scharf wie ein System von Linsen, durch die man in die Ewigkeit blicken kann, rasch aber wurde es immer dunkler, ein starker Wind kam auf, die Autos preschten durch die Avenida wie eine scheu gewordene Tierherde. Nun war es so finster, daß der Innenraum des Autos zur Welt wurde, zu einem Ei der Geborgenheit.

Es begann dicke, schwere Tropfen zu regnen, die immer wilder niederprasselten. Es war fast nichts mehr zu sehen, Wassermassen, in denen Scheibenwischer hin- und herschlugen, der Verkehr kam beinahe gänzlich zum Stehen. Doch schon nach wenigen Minuten war alles vorbei und auf der hell glänzenden heißen Avenida lag ein Teppich aus weißem Dampf. Die Stadt sah aus wie auf einer Wolke erbaut, eine Erde im Himmel. Ich kam auf die Avenida Nove de Julho, fuhr immer weiter, machte schließlich die Volta in die Jardins, der Verkehr wurde immer dichter, kaum konnte man noch im Schrittempo fahren. Es war unerträglich schwül, ich war schweißüberströmt und hielt es im Auto nicht mehr aus. Als ich zufällig einen freien Parkplatz sah, stellte ich das Auto ab und ging zu Fuß weiter. Wohin? Ich betrat kühle Galerien und feine Läden mit Klimaanlagen, bewunderte den Warenreichtum und ließ meinen schweißnassen Körper wieder trocknen.

Ich kam zu einer kleinen Bar, die einige Tische auf der Straße stehen hatte. Weil ein Tisch frei war, setzte ich mich, trank ein Bier, rauchte, beobachtete die hin- und hereilenden Menschen, betrachtete die vornehmen Portale der Apartmenthäuser in ihrem angststarren Marmor, Schmiedeeisen, Beton. Hier ganz in der Nähe, fiel mir plötzlich auf, wohnte doch Vera. Ob ich sie besuchen sollte? Ich hatte keine Lust dazu, wahrscheinlich war sie auch noch gar nicht von der Arbeit nach Hause gekommen. Lukács! Ob er schon sprechen gelernt hat? Sicherlich kann er schon Nichts sagen.

Durch das Bier und die schwüle Hitze empfand ich nun ein starkes Schwindelgefühl, so als wäre eine lange Abfolge von raschen Drehungen plötzlich zum Stillstand gekommen. Die Erde. Plötzlich aber meinte ich wieder ihre Umdrehung zu spüren, sie dreht sich um ihre eigene Achse, aber in die falsche Richtung, spult sich zurück wie ein Yo-Yo.

Es passierte nicht mehr Nichts. Das war alles, was passierte. In der *Bar jeder Hoffnung* traf ich eine Frau, die mir Vertrauen einflößte. Sie hatte das unbeeindruckte Gesicht eines Menschen, der – wie ich gerne glauben mochte – das, was man selbst gerade unklar dachte, längst schon besser weiß, randlose Augengläser, die wohl wie intellektuelle Aureolen hinter den Gestalten schimmerten, die ihre Gedanken annehmen mochten. Sie hatte eine schlanke, schmiegsame, entspannte Gestalt, die es gewohnt zu sein schien, lange an einem Tisch zu sitzen und zu lesen, ohne zu ermüden. Sie war unkapriziös gekleidet, Jeans und eine dezente, allerdings erstklassige Bluse, offenbar waren ihr Äußerlichkeiten unwichtig, nicht fremd, aber unwichtig. Ihre langen, feingliedrigen Hände waren von keiner Handarbeit verwüstet. Sie saß am Schachtisch und las. Selbst der Lärm, das schlechte Licht, die Hitze und der Tabakrauch der Bar schienen sie nicht zu stören. Ich konnte hoffen, bei ihr auf Gedanken zu stoßen, die wie zärtliche Finger auf das beschlagene Glas der Vorurteile sinnliche Sätze schreiben, durch deren Schriftzug die hinter dem Glas verborgene Wahrheit durchblitzt.

Ich trank Wein, an der Theke stehend, und beobachtete sie. Als sie einmal kurz den Kopf hob, blinkten ihre Augengläser auf.

Sieben Wochen waren vergangen, in denen alle äußeren Verpflichtungen von mir abgefallen waren, und in denen ich nur noch darüber nachgedacht, was Professor Singer erzählt und Judith geschrieben hatte und was ich selbst nun machen wollte.

Doch die natürliche Vorstellung, daß, ehe ich mich an die Arbeit begebe, ich mich zuerst über das Wie verständigt haben mußte, hatte eine chaotische Vorstellung vom Ganzen und Furcht vor dem Scheitern in mir bewirkt. Jeder Gedanke, den ich hatte, jede Idee, die ich notierte, vermehrte nur den Wust der Einzelheiten, in denen ich keine Ordnung erblicken konnte.

So war ich wieder in die *Bar jeder Hoffnung* gegangen, in der Hoffnung auf ein Gespräch, das mir als Rutsche in meine Arbeit dienen konnte. Aber weder Professor Singer noch Oswald waren an diesem Abend da. Ich mußte wirklich «Rutsche» gedacht haben, denn dieser Gedanke, dieses Wort, in Verbindung mit der Erscheinung der am Schachtisch lesenden Frau, löste eine überraschende Erinnerung in mir aus, von der ich gar nicht gewußt, daß ich sie hatte.

Mit Sicherheit hatte ich noch nie an dieses Erlebnis zurückgedacht, das mir nun einfiel und in meinem Kopf nach Formulierungen suchte, die die dunklen und unklaren Erinnerungsbilder glücklicher ersetzen sollten. Es war eine jene Erinnerungen, die tief unten in einem vergessen sein können, bis man sie einmal zufällig mit dem roten Faden herausfischt, den man verzweifelt immer wieder in den Fluß ohne Ufer seiner Biographie auswirft.

Die Menschen betrachten das Leben mit rückwärtsgewandtem Blick. Ihre fixe Idee ist die Analogie. Ihre Sucht das Wiedererkennen des Fremden.

Es gibt in Wien einen Heurigen, ein Kellerlokal, in das nicht nur Stiegen hinunterführen, sondern auch eine hölzerne Rutsche, auf der man in das Lokal hinunterrutschen kann. Wie dieses Lokal heißt und wo es ist, habe ich vergessen. Ich war nur einmal dort, vor vielen Jahren – es muß zumindest zehn Jahre her sein –, zusammen mit einer Gruppe von Menschen, an die ich mich mit Ausnahme eines Studienkollegen nicht mehr erinnern kann. Ich weiß nicht mehr, wer diese Menschen waren, wie ich sie kennengelernt hatte und wie es zustande gekommen ist, daß wir mitsammen ausgingen. In der Gruppe waren auch einige Mädchen, ich weiß nicht mehr wie viele, wie sie hießen, was sie machten. Ich erinnerte mich jetzt plötzlich nur daran, daß eine von ihnen so schlank und drahtig war wie diese Frau, die ich hier in der Bar lesen sah, mit einem kleinen, festen Busen, an dem ich mich, auf der Rutsche hinter ihr sitzend, in einer selbstvergessenen Laune des Alkohols plötzlich angehalten habe.

Ich bilde mir ein, daß mein Blick damals vom Wein schon so vernebelt gewesen war, wie die Bilder der Erinnerung in diesem Augenblick. Ich war verblüfft, ja, konnte gar nicht verstehen, daß sie das ohne das geringste Erschrecken, ohne Abwehr, ohne die kleinste Geste der Zurückweisung erlaubt hat, ja, sie versuchte sogar beim Zurechtsetzen oben auf der Rutsche ihren Körper mit dem meinen übereinzustimmen, sie vor mir, ich hinter ihr und meine Beine an ihren Beinen, meine Hände an ihren Brüsten, sie lehnte sich zurück, ihren Rücken an meiner Brust, und ab ging's. Immer wieder sind wir vom Tisch, an dem wir alle saßen und Wein tranken, aufgestanden, die Stufen hinaufgegangen, um wieder die Rutsche hinunterzurutschen, in allgemeiner Ausgelassenheit, die uns beide aber irgendwie nicht erfaßt hat. Mit geradezu beklommenem Ernst haben wir uns immer wieder auf die Rutsche gesetzt und unsere Körper für das kurze Glück des Gleitens aneinandergeschmiegt.

Und dennoch hat sie am Tisch, oder später im Auto, mich kein einziges Mal angeschaut, kein Zeichen eines Interesses gezeigt, keinen kleinsten Anlaß zu irgendeiner Hoffnung gegeben, nicht die mindeste Neugier erlaubt, nichts. Zum Abschluß waren wir, glaube ich, noch in einem Kaffeehaus, das dann aber bald zusperrte, worauf sich vor dem Café auf der Straße alle voneinander verabschiedeten, grüß dich, servus, und dann haben wir uns nie wieder gesehen, und ich weiß überhaupt nicht mehr, wie sie ausschaut, wie sie heißt, was sie macht, ich kann mich nicht erinnern, ein Wort von ihr gehört zu haben, ich habe nur diese Erinnerung, diese plötzliche Erinnerung an die Rutsche und daß ich eine verzweifelte Lust gehabt hatte, mit ihr zu schlafen, es hätte ein Geheimnis versprochen, das nicht mehr enthüllt sein will, weil es selbst schon die Enträtselung der Banalität wäre, und ich glaube, daß mir damals zum erstenmal zu Bewußtsein gekommen ist, daß mich solche schlanken, drahtigen, biegsamen Frauen am meisten aufregen, eben weil ich ihnen irgendein Geheimnis zutraue, während mir diese großbusigen, schweren Frauen, diese ausladenden historischen Weiblichkeitsbilder irgendwie schwül und drückend vorkommen, wie ein entsetzlich heißer feuchter Sommertag mit seinem Achselschweiß, Sandalen, Sonnenöl und dem blassen Gelbgrün einer sticheligen Liegewiese und den Nächten, die sich als Dunstglocken über die Schlaflosigkeit legen, in denen intime Gerüche ätzend und beißend und irritierend intensiv zu gären beginnen.

Während diese gertenschlanken Mädchen ein Gefühl von Leichtigkeit und Wendigkeit vermitteln, eine Wärme, in der man nicht schwitzt, und eine Kühle, in der man gelassen nicht friert und ich ihnen Gedanken zutraue, die so biegsam sind, wie ihre Körper.

Ein lauer Frühlingsabend in einem Straßencafé, warm genug für leichte Kleidung, kühl genug für gediegene Kleidung, die Haut trocken, gespannt, der Kopf kühl, aber hitzig wie elektrisch geladen, im Mund den Geschmack einer guten Zigarette, ein Gespräch über Kunst, ein Gefühl, das nur nach vorn fühlt, Erwartung, Zukunft, leichtes Leben, Produktivität, Solidarität, Kraft, und wenn man allein ist, dann verläßt einen das nicht, sondern lebt weiter als ein Lebensgefühl, das wie eine süße Säure alle Hemmungen und Panzer auflöst und das Weiche im Denken und Fühlen geschmeidig einölt, und man ist auch allein am Leben, wirklich und sich verwirklichend, und die Freude und Dankbarkeit beschleunigt das Herz und die Schritte, drängend zum anderen, wenn man sich trifft, in einer Allee aufeinander zukommt, zu laufen beginnt, einander in die offenen Arme läuft, und sich lachend und küssend im Kreis dreht, und der Duft der Blüten der Alleebäume scheint bis ins Weltall zu reichen, und der Raum ist riesengroß und unermeßlich weit, in dem man sich befindet, und so kann man nie an eine Grenze gelangen.

Ich beschloß, die Gesellschaft dieser Frau am Schachtisch zu suchen, deren Erscheinung mich zu einer so schönen falschen Erinnerung, zu einer so anheimelnden trivialen Phantasie ermächtigte.

Ich setzte mich zu ihr, da sie nichts dagegen hatte.

Ich sah, daß sie die Literaturzeitschrift *Leia Livros* las, in der ein Nachruf auf Judith («Ein großes Versprechen wurde nicht eingelöst») erschienen war. Oswald hatte diese Ausgabe der Zeitschrift in der Bar ausgelegt.

So als wäre dieser mein Blick auf die Lektüre schon eine Überleitung gewesen, sagte ich:

«Judith hat eine bahnbrechende Arbeit gemacht. Leider hat sie sie nicht fertiggestellt. Sie hat den Kopf verloren!»

Sie antwortete mir schon:

«Soviel ich weiß, hat nicht Judith den Kopf verloren, sondern Holofernes, durch Judiths Hand.»

«Sie war eine Freundin von mir –» sagte ich.

«Gegenüber ihren Feinden war sie äußerst entschlossen und kaltblütig», antwortete sie, «wenn man sich vorstellt, daß sie sich während der Belagerung ihrer Vaterstadt Bethulia in das Lager der Feinde schleichen und dem gegnerischen Feldherrn Holofernes in dessen Zelt den Kopf abschlagen konnte. Und sie hat erreicht, was sie wollte; die assyrischen Belagerer sind, buchstäblich kopflos, geflohen! Sie muß sehr intelligent und stark gewesen sein!»

«Sehr intelligent und stark ist sie wirklich gewesen!» sagte ich. «Judith Katz. Sie ist oft hier in der Bar gewesen. Wir haben einige Male mitsammen diskutiert, sie, Professor Singer, Oswald und ich. Sie hat eine bahnbrechende Studie zu schreiben begonnen. Über das Bewegungsgesetz der Geschichte. Aber diese Arbeit hat nachgerade übermenschliche Kraft erfordert. Sie ist daran zerbrochen. Sie hat Selbstmord begangen und das Buch ist leider unvollendet.»

«Ich kann nicht verstehen», antwortete sie, «wieso Sie das Buch, an dem sie geschrieben hat, einfach mit ihrem Selbstmord verknüpfen. Sie versuchen offenbar, diesem Selbstmord einen Sinn zu geben, ihn zu verstehen. Der Selbstmord ist für mich das Nichts, das einer für sich selbst beschließt, zu diesem Nichts kann man nichts sagen. Oder aber Sie versuchen, durch den Selbstmord dieses Buch aufzuwerten – nun ist aber die Literatur ohnedies vollgestopft mit Sinn; ihr durch den Selbstmord, der für mich keinen Sinn hat, einen dramatischen Sinn zu geben, das halte ich für einen jener Kreuzungspunkte, von denen die verschiedensten Branchen des Lebens häufig stigmatisiert sind. Ich empfehle Ihnen, nachzusehen, ob jener Mensch, ein Behinderter, der sich jüngst in seinem Rollstuhl dadurch umgebracht hatte, daß er sich mit Pflaster die Atemwege zuklebte, ob der nicht unter dem Sitz seines Rollstuhls Manuskripte verborgen hielt, die Ihnen jetzt den Zusammenhang von Literatur und Selbstmord garantieren können...»

«Darum ging es mir nicht», sagte ich, «der Zusammenhang zwischen dem Buch Judiths und ihrem Selbstmord besteht lediglich darin, daß durch ihren Tod das Buch nicht abgeschlossen wurde, ein Buch, das von unabsehbarer Wirkung auf das zeitgenössische Bewußtsein zu werden versprach.»

«Ein unvollendetes Buch, ein unvollendetes Leben, es ist unwichtig geworden! Es ist unveröffentlicht geblieben und kann nie eine Wirkung haben, wobei dahingestellt sein soll, ob veröffentlichte Bücher überhaupt Wirkung haben. Es ist leicht, Ihre Freundin zu vergessen, man hat sie nie gekannt!»

«Ihre Freunde leben noch und haben wahrscheinlich noch ein langes Leben vor sich», sagte ich, «und ihr Scheitern und die Genialität des hinterlassenen Manuskriptes hat sich ihnen eingegraben. Des Nachts träumen sie davon. Es hat vielleicht ihr Leben verändert, wie das meine verändert worden ist.»

Sie antwortete nur:

«Jedenfalls ist es schädlich, die Ideen eines Menschen, das was einer niederschreibt, für etwas Wahrhaftiges zu halten. Sie sind Phantasien, die das Leben, je rigider man sie umsetzen will, um so deutlicher täglich neu über den Haufen wirft. Ich habe in meinem ganzen Leben noch nie ein Buch zu Ende gelesen. Mich langweilen diese verbohrten Ausuferungen und erwecken mein interesseloses Mitleid. Wie man sich Seite um Seite abringen muß, nur um eine Idee auszukosten!

Nicht einmal Kriminalromane kann ich zu Ende lesen, mich durchquälen durch Dutzende Seiten sophistischen Kombinierens, die immer zu demselben hinführen, nämlich, daß der Verbrecher entlarvt und gefaßt wird. Dabei hat der Verbrecher stets handfeste, lebenswirkliche Gründe für seine Tat, die mir viel verständlicher wären als seine Entlarvung. Geld zum Beispiel, oder Haß, aber nein, es müssen irgendwelche Prinzipien ausgedacht und zu Ende gedacht und hin- und hergedacht werden, und man soll sich beglückt einlullen lassen von deren Aufklärung, während das Leben einfach darüber hinweggeht: in derselben Minute passieren tausend andere Verbrechen, und aus gutem Grund!»

Ich sagte sehr entschlossen:

«Aber die Allgemeinheit empfindet die Aufklärung doch als Wohltat. Sie hat durch sie ihre Ideale klarer vor Augen und empfindet in ihren Tätigkeiten eine größere Sicherheit!»

Sie sagte:

«Die Allgemeinheit weiß nicht, was sie tut. Die Aufklärung wird überschätzt. Sie macht immer neue Aufklärung und vor allem Aufklärung über die Aufklärung nötig. Sie ist ein leeres Ritual, das vor aller Augen aus dem Nichts in ein sichtbares Dunkel hebt, was sie aufklärt. Sie erklärt nicht, sie klärt nur auf!»

Der Ausspruch, mochte ich ihn auch mit meiner vorangegangenen Rede bekämpft haben, erschien mir von so viel Wahrheit erfüllt, daß ich mich verwundet fühlte.

Traurig prüfte ich meine Meinung und fand, daß unsere Übereinstimmung irrtümlich zustandegekommen war. Ich sagte:

«Auf jeden Fall ist eine analytische Anstrengung, eine Erkenntnis der Zusammenhänge nötig, um die Welt und ihre Entwicklung zu verstehen und in ihrem Gang zu beeinflussen.»

«Das ist die höchst unbrauchbare und gefährliche Theorie eines Weltverbesserers», brauste sie auf.

Ich nahm den Tadel hin, gedachte meiner Erlebnisse der letzten Zeit und blieb dabei, meinem Ausspruch Beifall zu zollen. Laut sagte ich:

«Jedenfalls gibt es ein unwiderlegbares Argument für die Notwendigkeit, die Welt zu verbessern, nämlich das Leid. Das Leid in all seinen Abstufungen, von Hunger, Krankheit, Misere, bis zum chronisch-bohrenden Unglücklich-Sein im Wohlstand, das bis zum Gefühl völliger Aussichtslosigkeit und zum Selbstmord führen kann, ist doch nie ein bloß individueller Fehlschlag, eine Folge individueller Unfähigkeit, sondern durch mannigfaltige Zusammenhänge mit dem Ganzen der Entwicklung der menschlichen Gesellschaft verbunden. Nichts ist isoliert da. Gerade das Gefühl des Isoliert-Seins ist ein allgemeines. Die Zusammenhänge zu verstehen suchen, um in sie eingreifen zu können, ist notwendiger Widerstand gegen das Unglück. Daran wird sich nichts ändern, solange man nichts ändert!»

Sie sah mir schief ins Gesicht und sagte:

«Sie haben unstete Gedanken. Es müßte verboten sein, dergleichen zu erörtern, wie wir es jetzt tun. Es macht die Menschen unruhig. Niemand wird es verteidigen mögen, daß Unschuldige lebendig vermauert sind. Niemand kann sich daran erbauen, daß viele schon im Grab liegen, die noch hier sein könnten. Dennoch geschieht das eine und das andere. Die Wißbegier ist unser Feind. Genaue Kenntnis der Zusammenhänge macht böse Gedanken. Wir haben schon zuviel davon. Überall entsteht Unordnung. Die Regierungen werden davon überflutet. Die Krankheiten werden zu

Wichtigkeiten. Die Menschen verlernen es, unauffällig zu sterben. Sie wollen richten, wo es kein Urteil geben kann. Sie verlangen Gerechtigkeit und brauchen doch nur wegzuschauen, wenn ein paar Opfer zermalmt werden, um glücklich zu sein.»

Ich sagte:

«Es wäre ein unechtes Glück, ein oberflächliches.»

Sie lachte und sagte:

«Sie leben ungesund, wie mir scheint, allzu kopflastig. Die Zusammenhänge, auf denen Sie insistieren, sind sicherlich Ihr einziger Besitz. Während die anderen sich die Reichtümer der Welt aufteilen, wollen Sie deren Zusammenhänge habhaft werden. Anders gesagt: Sie sind mit nichts zufrieden, wenn das Nichts nur auch etwas gilt. Es ist aber nichts! Auch wenn Sie jetzt durch den Selbstmord Ihrer Freundin noch so verbissen nach Zusammenhängen suchen!»

Ich widersprach ihr. Aber vielleicht waren meine Argumente schwach. Sie glaubte mich mit ein paar heftigen Anfällen überrennen zu können.

Ich sagte:

«Schon vor einigen Jahren, als Student, hatte ich einen Roman zu schreiben begonnen. Der Roman hätte ‹Der Sachverhaltensforscher› heißen und die Geschichte eines Mannes erzählen sollen, der – nach seinem Studium in Wien – im Ausland Karriere als empirischer Sozialwissenschaftler gemacht hatte. Wegen eines Todesfalles fliegt er für ein paar Tage zurück nach Wien, um dem Begräbnis beizuwohnen und bezieht in seinem Elternhaus das Zimmer, das er als Kind bewohnt hatte. In diesem Zimmer sind noch all die Dinge aufbewahrt, die für ihn als Kind von Bedeutung gewesen sind, wie etwa sein Spielzeug, die Sammlungen, die er als Kind und als Jugendlicher angelegt hatte, alte Kleidungsstücke, Bücher, Schulhefte, Kinderzeichnungen, selbstgebastelte Gegenstände, Fotoalben, Schallplatten, Holz- und Plüschtiere und vieles mehr.

In den Jahren seiner Abwesenheit sind aber noch dazu andere Gegenstände in diesem Zimmer abgestellt worden, die in der Familie in Gebrauch gewesen sind, ihre Funktion verloren haben, aber nicht weggeworfen wurden, eine Unzahl von Sachen, die dieses Zimmer nun anfüllen.

Der Wissenschaftler beginnt nun am ersten Abend in all diesen Gegenständen zu stöbern, sie zur Hand zu nehmen, sie zu betrachten und den Erinnerungen nachzuhängen, die er damit verbindet. Diese Erinnerungen bleiben aber eigentümlich fremd, fern und kühl, und der Wissenschaftler beginnt die Sachen zu ordnen, umzugruppieren, ein System ihrer Beziehungen und Zusammenhänge zu suchen, was ihm aber immer weniger gelingt, immer fremder werden ihm die Sachen, die ihm immer mehr ein geheimnisvolles Eigenleben zu haben scheinen. Der Wissenschaftler beobachtet die Sachen in seinem Zimmer die ganze Nacht, er verläßt das Zimmer auch während der darauffolgenden Tage und Nächte nicht. Er versucht immer panischer und besessener die Dinge zu gruppieren, ihnen ihr übereinander vermitteltes System ihres Eigenlebens in diesem Zimmer zu entreißen, schlichtet sie, fügt sie zusammen, behandelt die Gegenstände wie die Teile eines Puzzles, das richtig zusammengesetzt ein Bild zu ergeben verspricht, das das Geheimnis des Lebens darstellt. Er beginnt schließlich eine ausufernde spekulative Theorie des ‹Sachverhaltens› zu entwickeln, eine Theorie, die auch seine bisherige empirische, wissenschaftliche Arbeit in seinem Kopf zunichte macht.»

Der Roman sollte damit enden, daß der Wissenschaftler all die Dinge zerstört, ruiniert und zerbricht, um sie zu «begreifen», und schließlich inmitten eines Berges von Schutt und Scherben sich wieder seines Blickes auf die Gegenstände erinnert, wie er in dieses Zimmer nach all den Jahren wieder hereingekommen war, und er beginnt die ganze Bewegung des Sehens und Denkens wieder von vorn, wobei er jetzt aber das von ihm angerichtete Chaos in den Gegenständen mitsieht. So sieht er also jetzt die Scherben als Gegenstände und die Gegenstände als Scherben, und erst mit diesem Blick sind sie ihm «ganze Sachen», weil ihrem Verhalten dadurch der Firn abgeschlagen ist, der sich über ihr Gebraucht-worden-Sein gelegt hatte. Er erkennt sie jetzt als gebrauchte Gegenstände, und sie sind erst jetzt für ihn das, was sie «an sich» schon vorher waren, nämlich «übertragen», das heißt ohne Funktion, weil sie ihre Funktion schon anderen Dingen übertragen haben.

Der Wissenschaftler nimmt ein Blatt Papier und schreibt darauf: «Die Welt ist ein System von Dingen mit übertragener Bedeutung. Das Ding an sich zerbrach in Funktionen, das Leben des Menschen in der Suche nach sachdienlichen Hinweisen.» Dann faltet er dieses Blatt zu einem Papierflieger, den er immer wieder durch das Zimmer segeln läßt. Als jemand besorgt Nachschau halten kommt und das Zimmer öffnet, steht er fassungslos erstaunt vor dem Chaos, das der Wissenschaftler hier produziert hatte und ruft:

«Herr Doktor! Was hat das zu bedeuten?»

Und der Wissenschaftler sieht ihn an mit einem Gesicht, das nun das Gesicht eines Babys ist (in Wahrheit hatte ich das mit dem Babygesicht nun in Erinnerung an die Geschichte Judiths dazuerfunden!), und nickt. Sieht ihn einfach an und nickt.

«Schon damals», schloß ich ab, «als ich diese Geschichte auszuarbeiten versuchte, und ich mich in Beobachtungen und Beschreibungen all der Gegenstände übte, die in meinem Leben irgendeine Bedeutung gehabt haben, hatte ich die Überzeugung, daß die Dinge einen inneren Zusammenhang haben. Und auch Judith ist es genau darum gegangen. Es ist doch eine Tatsache, daß ein nachdenklicher Mensch die Vielfalt der Welt nicht als Reichtum erlebt und genießt, sondern als Chaos, das ihn erdrückt, weshalb er deren innere Verbindungen aufdecken muß. Denn nur im Reichtum der wirkenden Beziehungen ist die äußere Welt als Reichtum erlebbar und als in einer Entwicklung sichtbar, in die eingegriffen werden kann. Und zu dieser Gewißheit bin ich nicht zuletzt auch durch Judiths Arbeit und durch ihren Tod gelangt!»

«Sie haben sich eben geirrt», antwortete sie kurz und fügte sogleich hinzu:

«Es ist doch Langeweile, die Sie treibt, mir solche Geschichten zu erzählen. Ich habe nämlich weder danach gefragt, noch sonst eine Anteilnahme bekundet. Unglücksfälle sind mir schlechthin zuwider. Bis jetzt hat noch niemand eine brauchbare Theorie zu Ihrer Erklärung geschaffen. Ich befasse mich auch nicht mit der Frage, ob der Regen auf dem Mars aus roten Tropfen besteht.»

Ich antwortete ihr sogleich, daß gerade die Unerklärlichkeit der Ereignisse mich veranlaßt habe, aufdringlich zu werden, in der sicheren Hoffnung, daß, wenn man sie nur richtig reflektiert, sie doch erklärt werden können.

Sie blickte zur Vitrine mit den bemalten Spiegeln, zuckte mit den Achseln und sagte:

«Sie sind an die Unrichtige gekommen. Ich liebe die Gegenwart, weiß nichts von der Zukunft und hasse die Vergangenheit aus Instinkt.»

Ich sagte:

«Die offenbaren Geschehnisse, wie Sie sie nennen, sind doch so unendlich wie der Weltraum. Das ist ihr Wesen. Vor ihnen liegt eine Schuld, ein Gesetz, ein Anlaß, jene unentschleierte Kraft, die uns schwindeln macht, wenn wir ihren Hauch verspüren.»

Sie blickte mich prüfend an. Ich konnte fortfahren.

«Gewiß, wenn man den Tag liebt und nichts weiter braucht als die gegenwärtige Stunde, kann man sich mit wenigen Aufschlüssen begnügen. Ein paar Formeln und Übereinkünfte können weit tragen. Und das Fragwürdige ist nach vierundzwanzig Stunden vergessen. Wenn man jedoch in einen Strudel gerät, der einen auch nach einer Woche nicht freigibt –»

«Ach, hören Sie doch auf», sagte sie verächtlich, «das kenne ich doch alles. Diese Diskurse sind mir genauso unerträglich wie die dümmlichen, die von jedem Menschen verlangen, daß er sich für jeden seiner Konflikte verdammt noch einmal zusammenzureißen hat. Wenn Sie der Schuh irgendwo drückt», fügte sie grinsend hinzu, «dann ziehen Sie ihn aus! Das ist alles, was ich Ihnen dazu sagen kann!» Ich schrak bei diesen Worten zusammen.

Sie sprach mit einer Leichtigkeit über die Leichtigkeit des Lebens, die auf Menschenverachtung begründet ist und auf der Überrumpelung durch die Lüge. Sie kenne das alles, sagte sie, aber wie will sie das kennen, wenn sie nicht liest?

Ich antwortete und schämte mich nicht der Absicht, sie zu verblüffen.

«Das würde mir nicht genügen. Ich will das Bessere. Neues Schuhwerk. Neue Erkenntnisse, neue Gedanken, neue Gefühle. Wer mich kennt, wird Ihnen bestätigen, daß ich mit den herkömmlichen Mitteln, mich einigermaßen schmerzfrei durch das Hier und Jetzt zu schleichen, mich nicht zufriedengeben kann.»

Sie lachte.

«So gefallen Sie mir schon besser», sagte sie und zog aus ihrer Handtasche einen Briefumschlag heraus, den sie öffnete und mir vor die Nase hielt.

«Kennen Sie das?» fragte sie.

Ich sah, daß sich in diesem Briefumschlag eine Reihe kleiner Plastikpäckchen befand, durch deren durchsichtige Hülle jeweils etwas Weißes, eine winzige Menge weißes Pulver schimmerte.

«Nein», sagte ich, «was ist das?»

«Glanz», sagte sie, «der Ihren Kopf aufpolieren wird, dem die herkömmlichen Mittel nicht mehr genügen. Sie werden Ihre Kapazitäten stärker spüren, Ihre Kenntnisse deutlicher, Ihre Talente kräftiger, Ihre Vorsätze entschiedener. Und vor allem: Sie werden genießen. Nicht irgendwann, sondern wann Sie wollen. Wenn Sie eine Kostprobe nehmen wollen, ich habe alles Erforderliche bei mir. Wir können ja hier nach hinten zur Toilette gehen. Es ist ein sehr guter Stoff, und nicht teuer. Nur zehntausend das Gramm.»

Ich lehnte ab.

«Ich dachte», sagte sie, «daß Sie neue Erkenntnisse, neue Gedanken, neue Gefühle suchen. Hier haben Sie sie. Ihre Freundin, von der Sie mir immer erzählen wollten, war auch verrückt danach. Ich wußte nicht, daß sie geschrieben hat, aber wenn Sie das, was sie geschrieben hat, bewundern, dann bewundern Sie etwas, wozu Sie durch das da –» sie tippte mit dem Zeigefinger auf das Kuvert und steckte es wieder in die Tasche – «fähig war.»

«Sie haben sie also gekannt», sagte ich atemlos.

Ich konnte es nicht fassen.

«Sie haben Judith also doch gekannt. Sie waren es, die –»

«Ich habe sie nicht gekannt. Ich habe Ihnen ja schon gesagt, niemand hat sie gekannt. Wen kennt man schon? Es ist unwichtig geworden.»

«Was heißt, unwichtig geworden. Sie ist –» ich wollte sagen: daran zugrunde gegangen, aber die Formulierung «zu Grunde gehen» war für mich durch Professor Singer schon positiv besetzt.

«Haben Sie nicht gesagt, Sie suchen nach neuen Mitteln, die Welt zu reflektieren?»

«Ja», sagte ich abwehrend.

«Hier haben Sie es, ein Werkzeug, mit dem Sie alles in den Griff kriegen, was Sie sich vorstellen mögen, ein Medium, durch das Sie alles in absoluter Klarheit sehen, und vor allem: Sie sind schmerzfrei, hier und jetzt!»

«Das habe ich nicht gemeint. Sagen Sie mir lieber, wie Judith –»

«Das haben Sie nicht gemeint? Was haben Sie denn gemeint? Sie wissen nicht, was Sie reden. Vergessen Sie Ihre Judith! Sie haben am allerwenigsten das Recht, andauernd von ihr zu reden! Sie sind auch nur einer von diesen Intellektuellen, die sich am Gedanken berauschen, aber schon einem Betrunkenen kein Vertrauen mehr schenken. Haben Sie Judith auch nur ein einziges Mal getröstet, als sie traurig war? Hätten Sie das überhaupt gekonnt? Ich habe ihr Euphorie und Kraft geschenkt! Sind Sie einmal mit ihr bei Vollmond kilometerweit durch die Stadt marschiert, Hand in Hand, von der silbernen Aura der menschenleeren Straßen erfüllt und erhoben wie von Helium, das die dünnen Häute des Bewußtseins bis zum Äußersten spannt. Ich habe es gemacht! Aber hätte Ihnen das überhaupt etwas bedeutet? Hätten Sie Judith dafür lieben können? Sie haben sie geliebt für irgendwelche Dinge, die sie geschrieben hat, und die Sie fasziniert haben, aber der Mond ist für Sie der Astronautenmond und im übrigen gibt er weniger Licht als Ihre Leselampe, und die Hand ist für Sie nur ein Schreibwerkzeug. Ist das nicht richtig?»

«Nein», sagte ich.

«Natürlich ist es richtig. Sie reden von Erfahrungen, aber in Wahrheit haben Sie Angst vor Erfahrungen, Sie wollen sie gefahrlos haben, nur durch Lesen. Sie reden von einer Frau, aber sie verwechseln sie mit dem, was Sie von ihr denken. Sie vermischen die Dinge, oder besser gesagt: Sie trennen sie, was ja die Voraussetzung dafür ist, sie zu vermischen...»

Ich schnaufte und schüttelte den Kopf. Ich fühlte mich wehrlos. Die Augen, nein, die Brillengläser der Frau mir gegenüber blitzten. Dieses Selbstbewußtsein! Nichts macht hilfloser als Vorurteile, diese seltsamen autistischen Weltbilder, die immer den Beifall der anderen finden. Und die so plötzliche und unerwartete Enthüllung einer geheimnisvollen Verbindung zwischen dieser Frau und Judith erregte mich, aber ich wußte nicht, was ich mit dieser Information jetzt anfangen, und welchen Ausdruck ich meiner Erregung geben sollte.

«Ich weiß, daß Ihnen das nicht gefällt!» sagte sie.

«Tatsächlich», antwortete ich, «es mißfällt mir so sehr, daß sich mir eine Reihe Entgegnungen aufdrängen, die zu ordnen ich Mühe habe!»

«Ihr Standpunkt ist verworren. Sie gestehen es selbst!» sagte sie und fügte zynisch hinzu:

«Ich weiß, was Ihre Angst ist. Sie reden von neuen Gedanken, die Sie suchen, neuen Mitteln, was weiß ich, aber Sie haben Angst, daß Sie sie nicht kontrollieren können. Wenn Sie Kokain nehmen würden und Ihr Denken würde wie von tausend Flügeln in die Höhe getragen, hätten Sie nur Angst, nicht mehr zu wissen, ob das alles wahr ist, was Sie denken, oder ob es Ihnen die Droge nur vorgaukelt und Sie den Effekt der Droge folglich wieder abziehen müßten, um die Wahrheit zu erkennen. Aber wie das machen? Und: Sie wären dann nur da, wo Sie vorher waren – glauben Sie! Ist es nicht das?»

Sie sah mich scharf an. Ich selbst kam mir, auf ihre feinen, scharfen Gesichtszüge blickend, schwammig und aufgedunsen vor.

«Aber», fuhr sie mit herabgezogenen Mundwinkeln fort, den Kopf mir entgegenbeugend, sie zischelte verächtlich, «wenn Sie Wein trinken, oder starken Kaffee, oder wenn Sie einen Apfel essen und Sie bekommen Blähungen davon, denken gleichzeitig über irgend etwas nach und gelangen zu einer Erkenntnis: führen Sie dann diese Erkenntnis auch auf den Apfel zurück? Ach, mein Gott, Sie sind ein Nekrologe, der dauernd von einer Toten reden muß, um seine spießigen Gedanken noch erregend zu finden!»

Ich schwieg betroffen. Dann sagte ich: «Sie haben mich gehindert zu erzählen. Daraus ist ein Mißverständnis entstanden.»

Sie sagte:

«Man sollte glauben, Sie wären unfähig, ja oder nein zu antworten.»

«Ich will nicht», antwortete ich mit schwachem Trotz. Ich stand auf und ging zur Theke, um mir noch ein Glas Wein zu holen. Ich trank es hastig aus. Als ich ein weiteres Glas bestellte, war die Fremde fort.

Mein Hemd klebte naß am Rücken. Es herrschte dicke Luft, tropisch-schwüle Hitze, in der die Adern schwellen. Die Gläser schwitzten in den Händen der Bargäste. Der Zigarettenrauch, den man ausblies, schien vor dem Mund stehenzubleiben.

Eiswürfel knackten. Die Gesprächsfetzen der Menschen versanken im heißen Dunst der Bar wie ein leises Stöhnen. Ich war ganz allein in einer trunkenen Welt. Ich sah zur Spiegelvitrine hin. Kein Mensch ist im Bilde.

Es sind ungefähr drei Monate seit jenem Abend in der *Bar jeder Hoffnung* vergangen. Gleich nachdem ich damals nach Hause gekommen war, hatte ich wie in einem Rausch, nein, im Rausch, das Gespräch in großen Zügen aufgeschrieben, das ich mit der Unbekannten in der Bar geführt hatte.

In der folgenden Zeit merkte ich mit Befriedigung und Beunruhigung, daß mein Leben sich in einfacher Weise reglementierte. Ich schrieb auch in der darauffolgenden Nacht, schlief wieder bis lange in den Tag hinein, schrieb wieder in der Nacht und schlief bei Tage. Die Ereignisse, die ich immer als chaotisch und unbegreiflich empfunden hatte, ganz einfach, weil ich dabeigewesen bin und sie in dieser Nähe nicht habe überblicken können, begannen sich auf dem Papier zu ordnen, ich drehte und wendete die Elemente des Erlebten und Erfahrenen unter dem kalten Licht meiner Schreibtischlampe, nahm sie auseinander und setzte sie zusammen, versuchte aufzudecken und aufzubauen.

Wenn es sein mußte, log ich, um deutlich machen zu können, wie es wirklich war.

Mit der Zeit wurde der Faden der Entwicklung sichtbar und ich verstand, warum er so verworren ist, das Geweb ist längst schon aufgetrennt, und wenn man jetzt an irgendeiner Stelle am Faden zieht, bilden sich im Knäuel nur unerwünschte und hinderliche Knoten und Verstrickungen. Diese sind aber auch dann da, wenn man nicht am Faden zieht.

Ich schrieb jede Nacht und schlief stets bis lange in den Tag hinein, so blieb es ein gleichförmiger Rhythmus.

In der *Bar jeder Hoffnung* oder in sonst einer Bar bin ich seitdem nicht mehr gewesen. Ich wollte nicht während meiner Arbeitszeit ausgehen, die Arbeit an meinem Roman unterbrechen. Ich liebte die Nächte an meinem Schreibtisch. Es ist so schön, wenn es finster ist und man allein ist auf der Welt. Ich erlebte das Hell-Werden frustriert als ein Abgelöst-Werden: von Ferne setzt das dumpfe Rauschen des Verkehrs ein, der Lichtkegel meiner Schreibtischlampe verschwindet im Licht des Tages, wie eine Geliebte, die gerade noch einzigartig war, in der Masse.

Nun sind die Menschen mit ihren Geschäften dran, und ich muß das Kommando abgeben. Zugleich machten mich diese Nächte unruhig, diese Basis einer Geregeltheit, in der ich eine drückende Einsamkeit einzig und allein mit jenem Menschen teilte, der ich sein wollte, durch das, was ich machte. Immer wieder stockte ich mit der Arbeit und schrieb im Lauf von zwei Stunden nur einige unzusammenhängende Wörter: Vera, Beatriz, Yuki, Alexandra, Monika. Ich bewertete die Namen mit Fragezeichen, ein bis fünf Fragezeichen. Yuki hatte fünf Fragezeichen, nach ihr hatte ich die größte Sehnsucht, aber ich wußte nicht, wie ich jemals wieder zu ihr Kontakt aufnehmen könnte. Dann fragte ich mich, ob sie wirklich existierte. War sie nicht ein Phantasieprodukt, eine Konstruktion meiner Sehnsucht? Natürlich nicht. Alle Menschen, die ich in diesen Blättern vorgestellt hatte, auch Norbert, Oswald, Professor Singer, Professor Jakob, sie alle sind wirklich so, wie ich sie beschrieben habe, auch wenn man natürlich in Rechnung stellen muß, daß jede Ähnlichkeit zwischen literarischen Gestalten und lebenden Personen rein zufällig ist.

Wenn es mir nicht mehr gelang, mit den Frauennamen auf dem Papier irgendwelche Vorstellungen zu verbinden, fing ich an zu zeichnen: einen Degen, eine Leier, den Kopf einer Frau und anderen Unsinn.

Der Roman rückte dann immer weiter von mir ab.

Es ist wahr, ich habe Zigaretten und Alkohol, aber wenn ich zuviel trinke und rauche, wird meine Unruhe noch größer.

Unruhe und Traurigkeit.

Yuki????? Monika? Vera?? Judith.

Ein blödsinniger Zeitvertreib.

Wenn ich nach dem Mittag aufwachte und das Haus verließ, um meine bescheidenen Besorgungen zu machen, machte ich sie nur unter dem Vorwand, sie zu machen. Ich freute mich nicht auf die warmen Brötchen, die ich beim Bäcker holte und die mir so gut schmeckten, sondern auf die einkaufenden Hausfrauen, die ich dort sehen würde, ich brauchte das Bargeld nicht, das ich von der Bank holte, auch wenn ich wirklich ohne Bargeld war, aber ich wäre mit meinem Scheckbuch auch ausgekommen, ich brauchte das freundliche Lächeln der Mädchen an den Schaltern der Bank, das das Geld, das sie mir herüberschoben, geradezu zum Mittler eines menschlichen Verhältnisses werden ließ. Nicht weil ich Bewegung haben wollte, obwohl ich sie brauchte, als Ausgleich zum Sitzen am Schreibtisch, ging ich zu Fuß, sondern um im bunten Menschengewimmel auf den Straßen versinken zu können, in dem mit den Augen zu schwimmen mir so süß wurde, darin Brüste wippen und Höschen prall lockend durch hautenge Hosen schimmern oder schlanke, straffe, gebräunte Beine zu kurzen Röcken hinauf und in sie hineinführen, wie Wegweiser für meine abstrakte Sehnsucht.

Ach! die unzähligen Glücklichen, die sich nachts zu diesen unzähligen Mädels legten, während ich die faktische Zölibat-Verpflichtung eines Roman-Schreibens eingegangen bin.

Die Welt kreiste als eine sich langweilig-langsam drehende

Scheibe, die sonst nichts bot. So banal ist sie, wenn sie, die einem fern ist, einem wieder nahegeht. Die Welt: eine Fernsehscheibe! Millionenfach flimmernde Silhouetten und Schritte einer einzigen Choreographie. Den Einsamen umzingeln Phantome.

Wie süchtig ich danach war, nach dieser Ferne der Nähe. Sie heizte meine Phantasielosigkeit an, machte sie für jede Ausstrahlung empfänglich, ein plärrendes Empfangsgerät in einem leeren Raum.

Monika??

Ab und zu spielte ich am Ende des Nachmittags mit Norbert Tennis. Aber wir spielten immer seltener. Er war enttäuscht von meiner unkonzentrierten und langsamen Spielweise. Ich wollte mich ja gar nicht bewegen, sondern nur den Bewegungen der Menschen zuschauen. Noch enttäuschter war er freilich darüber, daß ich ihn nach dem Spiel nicht mehr auf seinen Sauftouren begleiten mochte. Es wurde Nacht und ich wollte nach Hause. Zunächst las ich oder saß einfach da und rauchte. Nicht selten wartete ich bis Mitternacht, bis ich endlich mit dem Schreiben begann, so als wäre das die Stunde des Geistes. Der Stoß beschriebener Blätter wuchs, das war beruhigend und ermunternd. Aber dann wieder: Yuki????? Vera?

Einmal in all diesen Wochen bin ich einfach in die Stadt gefahren. Der Gedanke war mir natürlich beim Onanieren gekommen. Ich hatte mir plötzlich gedacht, daß ich mir überhaupt nicht mehr vorstellen oder mich erinnern kann, was man in den Armen einer Frau wirklich empfindet. Dieses mechanische Abreiben mit der Hand ist ja so gefühlsintensiv wie ein hastiges Yoghurt-in-den-Mund-Löffeln. Ich fuhr in die Stadt, mit einem Kopf, der so unermeßlich leer war, daß meine Phantasien darin verschwanden wie erloschene Sterne im Weltall.

Was da glüht, ist nicht mehr, liegt Lichtjahre zurück. Wie ist es wirklich?

Ich sollte es von der Frau, mit der ich dann nach Hause zurückkehrte, auch nicht erfahren, oder doch. Es kam nur zu einer befremdlichen Erleichterung, daß ich schon so erschöpft war, daß es mir egal sein konnte, daß die Frau – wie hat sie geheißen? Ach ja: Marilia – einfach dalag wie ein gefühlloser, unbeteiligter, aber vor Härte der Verspannung knisternder Sack voll Kohlen. Irgendwo drinnen, unter den Kohlen, war ein Diamant: das war ihr Wesen.

Steinhart, aber wertvoll, schön, echt. Aber wenn sie ihn im Gespräch bewußt hervorkehren wollte, wurde er protzig, wie das Gefummel eines bestückten Ringfingers vorm Gesicht des anderen. Oder pathetisch, was ja auch logisch ist, denn rational hat ja ein Diamant, außer in der Industrie, keine Bedeutung.

Ich muß gestehen, daß ich sie für eine Prostituierte hielt, als ich sie auf der Straße ansprach. Zehn Minuten später wußte ich, daß es genausoviel Motive gibt, die nahelegen, sie für eine Heilige zu halten. Ihr Pathos der Hoffnung zum Beispiel, als wäre sie aus einer Rippe Blochs gemacht und nun dazu bestimmt, alles was sie sieht und hört, was passiert, wie eine Hostie im Mund zergehen zu lassen, die sie reinigt, stärkt und ihr einen Vorgeschmack gibt auf ein kommendes Paradies. Dazu ihre bescheidene Freude an kleinen Dingen, wie schön der Mond scheint, wie gut dies Gläschen Wein schmeckt, ach, es gibt nichts Schöneres – wie eine frohe Botschaft hingesagt mit einer Natürlichkeit, Umkompliziertheit und Spontaneität, die einen ehrlichen Bewunderer sofort zu einer Religionsgründung verleitet hätte.

Natürlichkeit, Unkompliziertheit, Spontaneität allerdings, die sich nur in der gottgefällig blinkenden Sicherheitsrüstung einer sublimen, gereinigten Sprache so natürlich unkompliziert und spontan verhalten wollten: als ich sie etwa nach zwei Stunden Konversation schließlich fragte, ob sie mit mir ins Bett gehen oder lieber heimfahren wolle, sagte sie:

«Ich kann dir gerne Gesellschaft leisten!» !!!

All das und einiges andere waren Lichtpünktchen, die sich wie ein Heiligenschein um ihr Haupt gruppierten.

Ihr rotverschmierter Mund vernarbte zu einem Lächeln. Aber anstatt mir zu denken, daß sie, die zu heilig wirkt für eine Prostituierte, aber zu vulgär für eine Heilige, also beides nicht sein kann, glaubte ich: beides auf einen Schlag!

Zwei Flaschen Wein waren geleert, die vielen in zwei Stunden gesagten Worte waren zu müdem Fleisch geworden. Wir gingen ins Bett. Als sie still wurde, ganz still, und sich auszog, erloschen die Lichtpünktchen, es war so banal, wie wenn man einen Lichtschalter betätigt. Als sie die hautengen Jeans von den Beinen gestreift, das hautenge Oberteil über den Kopf gezogen hatte, fiel die vulgäre Geilheit, die sie an sich getragen hatte, von ihr ab, und es war nichts, außer sechs Uhr früh, und ich war so müde, daß mir sogar schon egal war, daß ich nicht einmal mehr nicht genießen konnte, was mir Genuß nur versprochen hatte.

Als ich aufwachte, hatte ich, so wie es sein soll, augenblicklich vergessen, was ich geträumt hatte.

Frühstück wollte Marilia keines. Sie könne in der Früh nie etwas essen, sagte sie. Es war zwei Uhr Nachmittag.

Als sie gegangen war, fand ich auf meinem Schreibtisch ein Blatt, auf das sie mit ungelenker Schrift geschrieben hatte:

«Wenn ich gegangen bin, möchte ich in Deiner Erinnerung bleiben.

Wenn Du in Deiner Erinnerung keinen Platz hast, dann behalte mich in Deinem Vergessen! Marilia.»

Darunter ein verschmierter Lippenstiftabdruck ihres Mundes. Dieses Pathos! Pathos ist die hurenhafte Form der Sprache. Es hatte alles seine Richtigkeit gehabt. Mit geradezu mathematischer Logik. Das Falsche im Falschen ist richtig. Aber das Resultat mathematischer Anstrengungen ist abstrakt. Es läßt sich ein Raumschiff damit leichter konstruieren als der Alltag.

Am selben Tag mußte ich die Miete bezahlen. Dona Ilse stellte einen Teller mit Salzgebäck vor mich hin, nahm gewichtig Platz und sagte:

«Ich wünsche nicht, daß Sie mir solche – ääh – Personen in mein Haus bringen!»

Ich sagte, daß ich nicht wisse, was sie meine.

«Sie wissen sehr gut, was ich meine. Erich!!»

«Es ist wirklich unglaublich», sagte ihr Mann, hinter seiner Zeitung versteckt.

Mit der Arbeit kam ich in der Folge gut voran. Ich litt das Alleine-zu-Hause-Sein. Wenn ich stockte, hatte ich ein Wort mehr, das ich schreiben konnte. Marilia.

Fragezeichen setzte ich keine mehr.

Der Kreistanz um den toten Baum hatte aufgehört, der Baum begann neu auszutreiben. Die unendlich scheinende Abfolge von Menschen, Orten und Begebenheiten war verschwunden, wie Fieberphantasien wenn man sich wieder vom Krankenlager erheben kann.

Die Fieberphantasien werden von kalten Phantasien abgelöst. Sie gleiten über die Netzhaut des inneren Auges wie Wind über Eis.

Als ich mit dem ersten Teil des Romans fertig war – ich nannte ihn für mich «das Vorwort», weil er zu dem Roman erst hinführen und zugleich das Resultat, zu dem die Bewegung des Romans kommen sollte, vorausschicken sollte –, begann ich zu korrigieren und alles abzutippen. Nun erschien mir wieder alles, womit ich Nacht für Nacht hastig das ungeduldige Papier gefüllt hatte, als beschränkt, gemessen an dem, was ich mir dazu gedacht und vorgestellt hatte. Beim Tippen zerfiel mir endgültig alles ins Bedeutungsloseste: in einzelne Buchstaben, die Tasten waren, die ich der Reihe nach drückte.

K-e-i-n M-e-n-s-c-h i-s-t i-m B-i-l-d-e.

Das war die letzte Seite, ich riß sie aus der Maschine und verstaute alle Blätter in einer Mappe, die ich in der Hand wog. Ich befand mich in einer seltsamen Stimmung, in einer Euphorie, die jederzeit bereit war, in ein Gefühl völliger Leere und Sinnlosigkeit umzukippen.

Ich machte mir einen Gin-Tonic, zündete mir eine Zigarette an und setzte mich in meinen Lesefauteuil, betrachtete das Bild von den drei Philosophen, das seitlich von mir an der Wand hing, und wartete. Ich wartete, bis es Nacht wurde, um in die *Bar jeder Hoffnung* zu gehen. Ich wollte Professor Singer treffen und ihm das Typoskript geben, auf seine Kritik warten, bevor ich weiterarbeitete.

Um acht verließ ich das Haus. Ich wollte gerade mein Auto aufsperren, als ein Wagen mit quietschenden Reifen in meine Straße einbog, geradewegs auf mich zuschoß und unmittelbar vor mir scharf bremste. Hinter der Windschutzscheibe sah ich dunkel die Konturen von zwei Menschen, durch das Abbremsen vorgedrückt, wieder in ihre Sitze zurückfallen. Ein Seitenfenster wurde hastig heruntergekurbelt, und vor mir erschien ein Grinsen, wie eine Smily-Plakette.

«Und?» hörte ich, es war Norbert.

«Nun mach mal, steig ein, wir gehen einen heben, du versauerst ja noch ganz hier!»

Ich wurde regelrecht arretiert. Plötzlich stand Norbert neben mir, nahm mich am Arm, führte mich um das Auto herum, die Beifahrertür ging auf und ein unglaublich dicker Mann um die Vierzig schob sich heraus.

«Das ist der Tom!» sagte Norbert, meine Hand verschwand in einer großen, weichen Flosse, wurde geschüttelt.

«Thomas Schlaggenberg», sagte der dicke Mann, dessen fettes Lächeln und vergnügt blinkende Augen wie ein Glückwunsch auf der enormen, geilen Torte seines Gesichts aufgetragen waren. Und schon saß ich im Fond des Wagens, drückte mit beiden Armen meine Mappe an meine Brust, der Wagen machte einen Satz nach vorn und los gings.

«Wo fahren wir hin?» fragte ich schüchtern.

«Mal 'ne schöne Pizza essen», sagte Norbert, «und dann in 'ne Bar.»

Der dicke Mann – ich hatte «Schlaggenberg» verstanden, als er sich vorgestellt hatte – wandte sich zu mir um, betrachtete mich und sagte:

«Du bist also der Roman, freut mich –» er grinste – «ich habe schon von dir gehört!»

«Ach ja? Von Norbert?» frage ich.

«Ja, von Norbert. Und auch von Yuki!»

Yuki? sagte ich. Sie kennen Yuki?

«Du kennst die Yuki», sagte er, «bleiben wir doch beim Du, ist doch einfacher. Ja, kennen, sie arbeitet jetzt bei mir. So eine Frau wie sie kann doch nicht ewig Tabletts mit Gläsern herumtragen für eine *micharia*, also für ein Trinkgeld, wie man sagt, nicht?» Er schüttelte sich bebend. «Schrecklich. Wäre doch ewig schad. Norbert hat sie mir vermittelt.»

Norbert raste die Avenida Vereador José Diniz Richtung Zentrum, überfuhr eine Kreuzung bei Rot und sagte nebenher:

«Der Tom ist der Pornokönig von São Paulo, hier!»

Pornokönig? sagte ich.

«Na ja», sagte Schlaggenberg, «ich habe eine Filmproduktionsfirma, spezialisiert auf Porno-Filme. Und –»

Norbert riß den Wagen vor dem Viadukt über die Bandeirantes nach rechts in die Nebenfahrbahn, schwang vor einer Pizzeria ab, hüpfte aus dem Auto und überließ es einem *Manobrista*.

Schlaggenberg und ich kletterten aus dem Wagen, als Norbert schon in das Lokal hineinhastete. Ich bildete mir ein, bei Schlaggenberg einen leichten Wiener Akzent herausgehört zu haben, war mir aber nicht sicher.

Norbert hatte schon einen freien Tisch gefunden, um den er hektisch herumtänzelte. Er zerrte einen Stuhl vom Tisch weg, als wollte er sich niedersetzen, weshalb ich um ihn herumgehen wollte zur Breitseite des Tisches, er kam mir allerdings zuvor, zog mich zurück und sagte:

«Setz du dich mal da hin!» nestelte an einem anderen Stuhl herum, um es sich dann wieder anders zu überlegen, um den Tisch herumzueilen und nach jenem Stuhl zu greifen, vor dem Schlaggenberg zu stehen gekommen war. Fast prallte er mit Schlaggenberg zusammen, sagte aufgeregt:

«Und? Warum setzt ihr euch nicht nieder, hier?»

Wir drei müssen einen seltsamen Eindruck gemacht haben: Norbert, dessen Erscheinung in den Kondensstreifen verschwamm, die er zurückließ, Schlaggenberg statisch und behäbig in seinem weiten Hemd und der weiten, sicherlich maßgeschneiderten, elegant zerknitterten Leinenhose, so viel Tuch!, wie ein Denkmal unmittelbar vor seiner Enthüllung. Und ich, bloß ein aufgerissenes Augenpaar, das, wie auf Zehenspitzen stehend, oben herauslugte aus einem Versteck, das wohl mein Körper war.

Endlich saßen wir alle. Norbert sah sich mit raschen Drehungen des Kopfes im Lokal um und winkte einem Kellner, so als befänden wir uns in einem Bahnhof und der Kellner wollte verreisen. Schlaggenberg beobachtete amüsiert grinsend Norbert. Ich legte meine Mappe auf den freien Stuhl an unserem Tisch.

«Sagen Sie einmal, äh – Tom», sagte ich, «du machst also wirklich Pornofilme?»

«Ja. Ich bin Filmproduzent. Wir machen *Chanchadas*, also diese billigen Unterhaltungsfilme, aber das ist kein Geschäft mehr, nein, hauptsächlich Pornos, da steckt das Geld!»

«Und Yuki, wie soll ich sagen, sie spielt jetzt in diesen Filmen?»

«Yuki? Nein, spielen doch nicht –!»

Der Kellner kam, brachte die Speisekarte und fragte, ob wir einen Aperitif wünschten. Norbert bestellte kurzerhand drei Caipirinhas.

«Die würde nie in einem Porno mitmachen», fuhr Schlaggenberg fort, «außerdem wäre sie eine Fehlbesetzung. Hat viel zu wenig *bunda*, also Hintern, nicht, und was die Leute wirklich sehen wollen, sind Ärsche, Ärsche, Ärsche, das ist es, wonach die Welt wirklich verrückt ist. Ärsche!»

Ich mußte ihn fassungslos angeschaut haben, denn er sah mich belustigt an und sagte: «Mir scheint, du bist ein Idealist! – Und, was wollte ich sagen, ach ja, die Yuki, die arbeitet bei mir im Büro!»

Ach ja, sagte ich verwirrt beruhigt.

«Haste *A bunda profunda*, ‹Der tiefe Arsch›, noch nicht gesehen?» fragte mich Norbert. «Ist von ihm, hier, der Film. Lieste kein Kinoprogramm?»

Ich bedauerte, ich hatte ihn nicht gesehen.

«Mußt du auch nicht gesehen haben», sagte Schlaggenberg, «der Film ist reiner *lixo*, also Mist, wie man sagt, nicht, aber es ist unglaublich, was der einspielt.»

Er grinste zufrieden, der Kellner brachte die Caipirinhas, wir bestellten eine *Pizza à moda da casa,* wir tranken, und Schlaggenberg fragte:

«Du bist also Österreicher?»

«Ja», sagte ich, «Wiener.»

«Ich bin ein halber», sagte Schlaggenberg und Norbert prustete auflachend in seine Caipirinha.

«Wenn du mit deiner Leibesfülle ein Halber bist, dann kannste mal von Glück reden, daß du kein Ganzer geworden bist!»

Schlaggenberg lachte ölig.

«Nein», sagte er, «was ich sagen wollte: mein Vater war auch Österreicher. Er ist nach dem Krieg hierhergekommen, hat sehr rasch geheiratet und ein Kind gemacht, wegen der Aufenthaltsbewilligung, nehme ich an. Also bin ich ein halber Österreicher. Das wollte ich sagen! Meine brasilianische Hälfte ist aber beileibe die umfangreichere.»

Er trank und schüttelte halb belustigt, halb bedauernd den Kopf.

«Das einzige Kriterium meines Vaters bei der Auswahl der Kindesmutter war die Leibesfülle der Dame. – Und hier bin ich nun», sagte er und machte mit der Hand eine vorstellende Bewegung an sich herab, an seinem enormen Leibesumfang.

«Mein Vater war ja wirklich ein *tarado*, also, wie soll ich sagen, ein Besessener, nicht wahr. Er hat dann meine Mutter verlassen wegen einer anderen Frau, die hatte einen Arsch wie ein Pferd.»

Norberts Gesicht begann vom Schnaps und vor Vergnügen zu glänzen.

«Ich habe ihn gehaßt deswegen. Mein Vater war groß und schlank, fein irgendwie. So ein Mann kann sich ja gar nicht vorstellen, was man mitmacht als dickes Kind.»

Der Kellner brachte die Pizza, wie immer hier in São Paulo in einer dieser flachen blechernen Hutschachteln, in denen sie warm bleiben sollen. Schlaggenberg zeigte auf sein leeres Glas, machte eine kreisende Handbewegung über den Tisch, noch drei Caipirinhas.

«Du hast in der Schule sicher auch einen in der Klasse gehabt, das war der Dicke. Komischerweise gibt's in jeder Klasse immer einen, der ist der Dicke. Also, du kannst dir vorstellen: das war ich. Der Dicke. Es war schrecklich. Schreeeecklich. Na, und dann, mit sechzehn oder siebzehn, als meine Schulkameraden und Freunde angefangen haben zu vögeln, da habe ich natürlich keine Chance gehabt!»

Die Pizza schmeckte fürchterlich. Ich werde nie verstehen, warum die Paulistaner so stolz, ja, fast süchtig auf ihre Pizza sind. Für mich sind diese Pizzas lieblos dekorierte Käsekuchen.

«Die Mädchen haben ganz gern mit mir herumgeblödelt, aber es war nichts drin. Nichts zu machen. Meine Freunde waren alle so sportliche Typen, so wie man sie auch heute immer an den Stränden hier sieht, die gehen einmal auf und ab mit einem Surfbrett unter dem Arm und liegen schon bei einer *gatinha*, also bei einer Katz, wie man sagt. Aber –» sagte er mampfend und grinste belustigt – «jeder hat seine Probleme. Vögeln haben sie schon können, damals, aber *camisinhas* kaufen, also solche Präservative, nicht, in der Drogerie, ohne Rotwerden und Stottern, das haben sie nicht zusammengebracht. Das allerdings war meine starke Seite. Mir hat das nichts ausgemacht. Also habe ich immer Präservative gekauft und mit Aufschlag an die Kollegen weiterverkauft. Na ja, so hat sich das wahrscheinlich ergeben, daß ich mein Geld damit verdiene, daß andere vögeln!»

Norbert kicherte unentwegt. Schlaggenberg tupfte sich mit der Serviette den Mund ab.

«Und weil ich heute Geld habe, bin ich nicht mehr dick, sondern stattlich!»

Er lächelte zufrieden. Sein kurzes Messerschnitt-Haar sah aus wie ein hart auf seinen Kopf getriebener kleiner Helm, unter dem sein Gesicht breit hervorquoll.

Man kann sich wohl keine idiotischere Unterhaltung ausdenken. Mich interessierte vielmehr Schlaggenbergs Vater. Wiener.

Nach dem Krieg gekommen! Und überhaupt der Name: Schlaggenberg.

«Dein Vater ist nach dem Krieg hierhergekommen?» fragte ich mit Betonung auf dem «nach».

«Wieso *nach* dem Krieg, ich meine...»

Ich hätte diese Frage nicht stellen sollen. Der Abend war noch bieder und intakt gewesen, gemessen an dem, was nun wegen dieser Frage auf mich zukommen sollte.

Schlaggenberg nickte:

«Ja, nach dem Krieg. Mein Vater war Schriftsteller, und nach dem Krieg hatte er Schreibverbot und bekam keine Lebensmittelkarten. Er wäre verhungert da drüben. Da ist er eben weg!»

«Schreibverbot? War er ein Nazi?» Schlaggenberg nahm einen kräftigen Schluck. Mir war schon etwas schwindlig. Die Pizzeria war grell und laut.

«Er war NSDAP-Mitglied. Schon ganz früh. Ein Illegaler, wie man damals gesagt hat. 1940 ist er wieder ausgetreten, aber das hat ihm dann später nichts genützt. Als Illegaler hat er dann jedenfalls Schreibverbot bekommen und so weiter, keine Möglichkeit, etwas zu verdienen, was weiß ich.»

«Und was hat er dann hier gemacht?»

«Na ja, zunächst hat ihm ein Bekannter, den er schon aus Wien kannte und der schon vor dem Krieg herübergekommen ist, geholfen, Singer hieß der, der hatte hier ein Unternehmen aufgebaut, Textilien und so weiter. Der alte Singer hat ihn eingestellt, als Marketing-Chef oder so. Später haben der Singer und ein paar andere Geldgeber – das hat ihnen wahrscheinlich mein Vater eingeredet –, haben die die *Deutsche Zeitung* hier gegründet, und mein Vater wurde Chefredakteur. Das ist er auch geblieben, bis zu seinem Tod 1966. Da ist es ihm wirklich gutgegangen. Geld und nicht viel Arbeit. Die *Deutsche Zeitung* ist ja nichts anderes, als das, was aus deutschen Zeitungen abgeschrieben wird!»

Ich konnte es nicht glauben. Zugleich ergriff mich eine unglaubliche Spannung. Ich kannte das Gefühl, das sich in mir auszubreiten begann, auch wenn ich es vielleicht noch nie in dieser Weise gehabt hatte, aber ich hatte zumindest davon gelesen, es ist da, wenn der Moment gleichsam über sich hinausgeht und Beziehungen herstellt, die plötzlich da sind, wie kreuz- und quergespannte dicke Taue, und man merkt, daß es kommoder war, als man ihr Fehlen noch beklagt hatte.

«Singer war doch Jude», sagte ich, «geflohen vor den Nazis, er kann doch nicht einem Nazi geholfen haben!»

«Hast du den alten Singer gekannt?»

«Nein, ich kenne den Sohn, Leo Singer, ich nehme zumindest an, daß er –»

«Der Leo!» rief Schlaggenberg vergnügt aus. «Ja, das ist sein Sohn. Wo hast du den denn kennengelernt?»

«In der *Bar jeder Hoffnung*!»

«Ach ja, beim Oswald! Ist ja witzig! Na ja, da hängt er ja wirklich immer rum! Schreeecklich! Aber, wie gesagt, warum sollte der alte Singer meinem Vater nicht helfen? Mein Vater war ja sein *compatriota*, also sein Landsmann, wie man sagt, nicht, kannten sich von Wien! Und mein Vater war ja auch kein Nazi in dem Sinn! Er war ein Illegaler! Also ein Idealist. Dann, wie es vorteilhafter war, dabeizusein, ist er ja wieder ausgetreten, 1940, wie er gesehen hat, wohin das führt. Da hat man sicherlich auch Mut dazu gebraucht. Und überhaupt, glaubst du, das Verhältnis von meinem Vater zu Singer war ein Einzelfall? Hast du eine Ahnung, wieviele jüdische Flüchtlinge und Ex-Nazis hier harmonisch zusammenleben und Geschäfte machen! Na ja, du bist eben auch so ein Idealist!»

Ich trank meine Caipirinha aus, das war ja schon die zweite und ich fühlte mich leicht schwindlig. Schlaggenberg wandte sich an Norbert und sagte gespielt ungläubig:

«Sag, glaubt der vielleicht, daß alle Juden automatisch Antifaschisten waren? Wo hat er denn das her? Schreeecklich!»

Und wieder zu mir:

«Es hat genug Juden gegeben, die hatten überhaupt nichts gegen den Faschismus. Die hatten naturgemäß nur etwas gegen den Antisemitismus. Der alte Singer hat sich wahrscheinlich nicht gefragt, ob mein Vater ein Nazi war, sondern nur, ob er Antisemit war, und das war er durch seine lange Freundschaft zu ihm wahrscheinlich nicht, und das war alles!»

Er schlug mit beiden Fäusten auf den Tisch, sie hüpften vor meinen Augen wie zwei seltsame weiße Gummibälle, dann sagte er:

«So! Und jetzt gehen wir woandershin! Mir scheint, wir müssen dir heute noch die Welt zeigen!»

Norbert sprang auf und deutete ungeduldig dem Kellner, er möge die Rechnung bringen. Schlaggenberg zahlte alles, er zahlte so, wie man es in manchen amerikanischen Filmen sieht, wo der Mann achtlos Geldscheine von einem Bündel herunterzieht und einfach auf den Tisch wirft.

Wir hasteten hinaus zum Auto. Die Geschichte von Schlaggenbergs Vater verwirrte mich, nicht nur sozusagen moralisch, sondern auch germanistisch. Österreichischer Schriftsteller. Illegales

NSDAP-Mitglied. 1940 ausgetreten. Nach dem Krieg Schreibverbot. Vorliebe für dicke Damen.

Schlaggenberg klappte den Beifahrersitz nach vorn, ließ mich rückwärts einsteigen. Ich beugte mich vor und fragte:

«Sag, Tom, kennst du Doderer?»

«Nein, wer ist das?» – und zu Norbert: «Fahr in die Rua Pirassanunga!»

«Was wollen wir denn dort?» fragte Norbert.

«Ist ja ganz in der Nähe. Der Babenberger-Club, den möchte ich jetzt dem Roman zeigen!»

Norbert grinste und sagte: «Na, denn mal los!»

Der Start warf mich auf den Sitz zurück, dann beugte ich mich wieder nach vorn, steckte meinen Kopf zwischen die Lehnen der Vordersitze und sagte zu Schlaggenberg:

«Doderer –»

«Ach ja, wer ist das noch mal?»

«Ein österreichischer Schriftsteller, der –»

«Ach sooo. Schriftsteller, nein, kenn ich nich. Mit Schriftstellern hab ich nicht soviel am Hut. Mein Vater war ja so einer! Hat er jedenfalls auch immer gesagt, wenn er sich eingesperrt hat in sein Zimmer und nicht gestört werden wollte. Als Kind war ich ein paarmal in seinem Zimmer drinnen, habe mir die Mappen angeschaut, die da auf seinem Schreibtisch gelegen sind, voll mit beschriebenem Papier – hat ausgeschaut, wie, wie – heute würde ich sagen, wie Akten. Für mich sind Schriftsteller Menschen, die zu Hause Akten anlegen, so eine Art Privatbeamte. Hat mich nie interessiert. Diese penibel angelegten Blätter, Füllfedern mit Tinten in verschiedenen Farben, blau, schwarz, grün und rot, am Seitenrand immer solche Nummern, wie Aktenzahlen, und Anmerkungen, sah aus wie Aktenvermerke», er schnalzte verächtlich mit der Zunge. «Schreeecklich! – Da! Da! Bleib doch stehen da!»

Erschrocken umklammerte ich meine Mappe, preßte sie an mich wie ein Schutzschild.

Norbert stieß ein Stück zurück, in eine Parklücke hinein. Er fragte mich, ob ich wirklich noch nie hiergewesen sei. Ich sagte, nein. Er fand das ulkig: ein Österreicher, und kennt den Österreicher-Club nicht!

«Also dann nichts wie rein!» sagte Schlaggenberg. «In die Höhle der zahnlosen Löwen!»

«Aber nur mal kurz», sagte Norbert, «ich bekomme immer Bauchweh hier!»

Eine Mauer. Ein Holztor. Der Babenberger-Club. Neben dem Tor ein Plakat «HEUTE: WIENER HEURIGENABEND. Musica ao vivo. Mitglieder: 1000 Cruzeiros. Gäste: 2000 Cruzeiros.»

«Heurigenabend», sagte Schlaggenberg, «das trifft sich ja gut.»

Ein großer Saal, mit groben Holztischen und Sesseln. Der erste Eindruck war der einer Mischung aus Bahnhofsrestaurant und Großheurigen.

Ältere Damen und Herren, Kerzen und Weinkaraffen. Drei Neger in Lederhosen und karierten Hemden machten Musik und sangen in perfekt gebrochenem Deutsch: «Heut kommen d'Engerln auf Urlaub nach Wearn!» Mir drehte es den Magen um, als ich sie sah. Auf ihren Gesichtern, auf deren aufgesetzter Fröhlichkeit lag ein grauer Schimmer, wie Schimmel, der an einem ungesunden Ort alles befällt. Ein alter Mann in Steireranzug kam auf uns zu, blieb vor uns stehen.

«Guten Abend, meine Herren!» sagte er in leisem, verschwörerhaftem Tonfall, uns mit wäßrigen Augen mißtrauisch musternd.

«Hallo, Frederico, wie geht's?» sagte Schlaggenberg, es war deutlich, daß der als Frederico Angesprochene Schlaggenberg nicht kannte oder nicht erkannte, durch dessen joviale Anrede aber der Meinung war, ihn wohl kennen zu müssen, also sagte er unverbindlich:

«Danke. Es geht. Es geht.»

Sein Anzug roch nach Naphtalin, seine wäßrigen Augen huschten wieder über uns, irgend etwas suchend oder auf irgend etwas wartend, das ihm eine Einschätzung erlaubte.

«Ich hab dir einen Österreicher mitgebracht», sagte Schlaggenberg, auf mich deutend, «der erst kurz da ist und den Club einmal kennenlernen wollte. Das ist der Roman – Frederico Wenger, der Chef der Babenberger!»

«Freut mich», sagte Frederico Wenger, «frisches Blut! Sehr schön. Sehr schön. Das brauchen wir. Die Alten sterben uns weg. Junge kommen nicht so viele nach. – Ich hoffe, Sie werden sich wohlfühlen hier!» sagte er zu mir.

«Nehmt Platz, nehmt doch Platz. – Wir reden dann später weiter, – ääh», er deutete auf Schlaggenberg und schnippte beim «ääh» mit den Fingern. Ein täppischer Versuch, Schlaggenberg seinen Namen herauszulocken. Dieser sagte ihn aber nicht, Wenger sagte noch einmal «ääh», nickte und ging zu seinem Tisch zurück. Wir setzten uns an den nächsten Tisch, bestellten einen Liter Wein, die Musikanten spielten nun «Es wird ein Wein sein», wenigstens ohne zu singen.

«Das war der Frederico Wenger», sagte Schlaggenberg, «Präsident des Babenberger-Clubs. Ein alter österreichischer Nazi. Mein Vater hat mir erzählt, daß er drüben einmal in der Zeitung gestanden ist, mit Foto und so, weil er der erste aller im Ausland lebenden Österreicher war, der nach dem Anschluß bei der deutschen Botschaft erschienen ist, um freudig den Anschluß zu begrüßen und seinen österreichischen gegen einen deutschen Paß umzutauschen. – Und siehst du den dort mit der Pfeife, mit dem der Wenger jetzt tuschelt? Ja? Weißt du, wer das ist? Das ist der amtierende österreichische Konsul in São Paulo, alter Sozialdemokrat, hierher geflohen vorm Austrofaschismus. Aber hier tut man sich nicht weh, alles *numa boa*, wie man sagt. Die Blonde mit dem Dirndl, mit dem Rücken zu uns, siehst du sie? Ja, das ist die Frau Wenger, siehst du den Arsch? Beachtlich, nicht?»

Plötzlich begann er schallend zu lachen, so daß sein Doppelkinn schwabbelte.

«He, Norbert, schau was der Roman für ein Gesicht macht! – Ein Idealist, ich hab's ja gewußt! Schreeecklich!»

Nun begann Schlaggenberg mir auf die Nerven zu gehen. Er mochte tatsächlich stattlich wirken, lässig saturiert, selbstbewußt, locker, aber dieses mächtige, buchstäblich körperlich sich auftürmende Gehabe ruhte, wie eine riesige auf den Kopf gestellte Pyramide, auf einem winzigen Punkt, auf dessen Spitze: auf dem Bewußtsein eines Präservativ-Zwischenhändlers. Einem solchen Bewußtsein ist alles, selbst das Fernste, nur ein naher Vorwand für eine tautologische Selbstvergewisserung: Vorwand und die einfache, glatte Hinterwand weniger sogenannter prägender Erfahrungen sind gleich, und zwischen diesen Wänden steckte Schlaggenberg wie in einem Schächtelchen. In einem solchen bildete sich die Außenwelt, wie in einer Camera Obscura, immer auf dem Kopf stehend, ab. Ich sei ein Idealist? Nur weil der Ausgangs- und Endpunkt meines Denkens oder Redens nicht irgendeine Obsession ist, wie bei Schlaggenberg, und daher nur ein «Ideal» sein kann? Ich schüttelte den Kopf. So wie man sich abschüttelt, wenn man einen

Guß bekommen hat. An mir rann es herab. Aber es war noch einiges mehr in dem Kübel, den Schlaggenberg über mir ausschüttete.

«Nicht nur, daß meinem Vater von Juden hier geholfen wurde, obwohl er doch ein alter Nazi war, wie du ihn zu nennen beliebtest», sagte Schlaggenberg, «der alte Nazi hat auch seinerseits Juden geholfen, ihr Leben hier zu machen. *Vou te contar.*

Der Norbert hat mir erzählt, daß du da auf der Universität arbeitest. Also, das wird dich interessieren: Mein Vater hat zum Beispiel einen Sohn jüdischer Flüchtlinge aus Deutschland als Redaktionslehrling eingestellt, damals als er Chefredakteur der Deutschen Zeitung wurde. Nicht, weil er ihn gebraucht hat, sondern um ihm zu helfen. Dessen Familie war mit den Singers befreundet. Klarer Fall. Dieser junge Mann, von meinem Vater also gefördert, machte dann Karriere: er wurde später Kulturredakteur des *Estado de São Paulo* und später, nach dem *golpe*, also nach dem Militärputsch, wie man sagt, nicht, von 64, als die Universität geschlossen wurde und die Professoren zum Teil ins Exil gingen oder verschwanden, da haben die Militärs, als sie die Uni wieder aufsperrten, ihn ganz einfach zum Germanistikprofessor gemacht, nur weil er eben perfekt Deutsch konnte und ein Mann ihres Vertrauens war. Der Kerl war so rechts, so faschistoid, daß er seine Karriere nicht unter seinem evident jüdischen Namen machte, sondern ihn gleichsam ablegte und nur unter seinem Vornamen publizierte und bekannt wurde. Professor Jakob! Na?»

Der Wein, den wir tranken, war fürchterlich. Einer von diesen schrecklichen brasilianischen Weinen *tipo alemão*. Ich verzog das Gesicht. Schlaggenberg lachte natürlich wieder auf, als er mich ansah, und Norbert wischte auch noch rasch mal über die Geschichte, damit sie besser glänzte und sagte:

«Professor Jakob. Ist das nicht der Kumpel von dir?»

Yuki, Singer, Jakob, ich mochte sie für lose aus dem Geflecht meines Lebens heraushängende Fäden gehalten haben, aber es mußte natürlich ein Schlaggenberg kommen, um diese Fäden zu verknüpfen. Oder nicht eigentlich zu verknüpfen, sondern um daran herumzunesteln und dabei zu zeigen, daß sie irgendwo, irgendwie schon längst verknüpft sind. In einem lächerlichen Zusammenhang. Yuki arbeitete jetzt für Schlaggenberg, dessen Vater für den Vater Singers gearbeitet hatte, der auch mit Jakobs Familie befreundet war, was dann irgendwelche Konsequenzen hatte.

Ein Zusammenhang, der, so bedeutend er vielleicht für jeden einzelnen der hier Zusammenhängenden war oder ist, doch keine andere Bedeutung hat, als die, daß man darauf wieder einmal das sagen konnte, was ich nun sagte:

«Die Welt ist klein!»

Dann fügte ich hinzu:

«So weit kann man gar nicht reisen, um irgendwohin zu kommen, wo sie nicht mehr klein ist!»

Da kommt man in eine riesige Stadt mit fünfzehn Millionen Einwohnern, sitzt eines Abends am wahrscheinlich absurdesten Ort dieser Stadt, nämlich im Österreicher-Club, und plötzlich erscheint sie auch nur als ein winziger Ort, in dem alle einander kennen, ein Netz, in dem alle mitsammen verbunden sind und in dem ein Porno-König mittendrin wie eine riesige Spinne sitzt.

«Großstadt, das gibt's doch gar nicht», sagte Norbert, «jeder lebt, egal wo er lebt, wie in 'nem Getto hier! Wenn 'ne Stadt größer ist als 'ne andere, dann heißt das bloß, daß sie mehr Gettos hat. Aber der Einzelne lebt in der Großstadt in 'nem Getto, das genauso groß oder klein ist, als lebte er in 'ner Kleinstadt!»

Eine weise Bemerkung. Mir war schlecht vom Wein. Ich fragte, wo die Toilette sei. Schlaggenberg zeigte zu einem Korridor, der seitlich vom Saal wegging.

Im Korridor hörte ich Schritte hinter mir. Ich ging langsam weiter, sah eine Reihe von Türen und suchte die Klotür. Plötzlich beschleunigten sich die Schritte hinter mir, ich wollte mich gerade umdrehen, als eine Hand sich rechts an mir vorbeischob, blitzschnell eine Tür öffnete, zugleich wurde ich an der linken Schulter gefaßt und durch diese offene Tür in einen dunklen Raum gestoßen, und schon war die Tür wieder zu. Das Ganze war unglaublich schnell gegangen, zu schnell, um es als Abfolge zu empfinden, und jetzt raste mein Herz, als wollte es diese versteinerte Sekunde, die immer noch so starr und wie vom Zeitfluß herausgerissen da war, zerschlagen und wieder auflösen im Vergehen.

Es war stockdunkel, ich konnte nichts sehen, nur mein Herz und meinen Atem hören, meine Beklommenheit spüren und die drükkende körperliche Nähe eines anderen. Ich machte panisch irgendeine Bewegung, stieß an einen großen weichen Körper – Schlaggenberg, der in diesem Moment das Licht einschaltete, mich ansah und einen Zeigefinger auf die Lippen legte. Dann streckte er den

Arm aus, wie ein Zirkusdirektor, der seine Hauptattraktion präsentiert. War Schlaggenberg nun völlig verrückt geworden? Er bedeutete mir, daß ich mich umdrehen solle und dorthin schauen, wo er hinzeigte. Langsam drehte ich mich um und sah, hinter einem Schreibtisch, eine an der Wand befestigte – Hakenkreuzflagge! Blutrot, in der Mitte ein weißes Feld mit einem schwarzen Hakenkreuz.

«Das ist das Arbeitszimmer vom Wenger», hörte ich Schlaggenberg flüstern. «Was sagst du jetzt?»

Ich war so baff, daß mich nun auch in kein größeres Erstaunen mehr setzen konnte, was Schlaggenberg jetzt sagte: er hatte sich an mir vorbeigedrückt, deutete auf die Fahne und sagte:

«Arschpuderer! Lauter verhinderte Arschpuderer! Schau dir das Hakenkreuz einmal genauer an, das ist doch nichts anderes, als zwei ineinander verschlungene Männer! Ärsche, Ärsche, Ärsche, darum geht es, darum dreht sich die Welt! Schreeecklich!»

Er schüttelte den Kopf.

Die Welt dreht sich nicht um das eine. Sie steht still vor dem einen. Vor dem anderen übrigens auch.

Plötzlich war es wieder finster. Schlaggenberg hatte das Licht ausgeschaltet, die Tür einen spaltbreit geöffnet, ein spähender Blick, dann packte er mich am Arm, zog mich rasch hinter sich hinaus und schloß die Tür.

«Das Klo ist die letzte Tür da hinten», sagte Schlaggenberg, zerrte tief durchatmend die Hose seinen Bauch hinauf und ging zurück in den Saal.

Es war wie ein Spuk und nun war er vorbei. Nur die Bedingungen sind noch da, in denen er möglich war.

Gerade als ich zum Tisch zurückkam, betraten Dona Ilse und Seu Eurico den Saal. Dona Ilse, eine Walküre im Dirndl, grüßte winkend zu mir her, in diesem Nicken lag etwas Zustimmendes: Ja, dies hier war der Umgang, den sie akzeptieren konnte. Sie setzten sich an den Tisch Wengers, Schlaggenberg sah ihr kurz nach und sagte: «Beachtlich!» dann strahlte er mich an, Norbert sagte:

«Und?»

Ich sagte nichts und sah mich um.

Die düstere Atmosphäre dieses Saales mit seinen Kerzen, dem dumpfen Stimmengewirr, unterbrochen von herrischem Gelächter, die falsche, radebrechende Musik. Ich nahm einen Schluck

Wein, nein, keinen Schluck mehr wollte ich davon trinken, mir war schlecht. «Und?» sagte Norbert noch einmal. Ich zuckte mit den Achseln. Es schien alles wirklich unwirklich zu sein. Ich versuchte mir etwas vorzustellen, sozusagen in die Schemen, die ich sah, etwas einzufüllen, das ich nachvollziehen konnte. Mir war, als würden hinter meinen Augen Höhlen gähnen, in die alles, was zu sehen war, lediglich bedrohliche Schatten warf, und wenn man sich auf diese Schatten konzentrierte, sie in Verbindung brachte, dann verschwammen sie zu einer einzigen diffusen dunklen Fläche, zu einem schwarzen Loch.

«Eine *loucura*, also ein Wahnsinn, nicht. Ist es nicht unbeschreiblich?» fragte Schlaggenberg.

Buchstäblich unbeschreiblich, sagte ich. Ich fühlte mich ohnmächtig, genau in diesem Sinn, erzählungsimpotent, bei der Vorstellung, dies zu beschreiben zu versuchen.

Wenn man sich vorstellt, sagte ich, einen Roman über all diese Menschen zu schreiben, deren Entwicklung und Gewordenheit, die Art von deren Beziehungen und Verwicklungen untereinander, deren Obsessionen, wie sie darin verstrickt sind, die Einflüsse ihrer Zeit, die von unterschiedlichsten Ausgangspunkten diese Menschen an solchen Kreuzungspunkten zusammenführen, was weiß ich, eben alles, aber so, daß sie nicht Abziehbilder werden, sondern dann wirklich erschreckend vor einem dastehen, so plausibel und unglaublich, wie sie nun einmal sind – das ist geradezu unmöglich, eben weil das alles letztlich unbeschreiblich ist, ein Roman würde nicht ausreichen, es müßte eine menschliche Komödie daraus werden, aber selbst die würde nicht ausreichen, abgesehen davon, daß sie die Kraft eines heutigen Autors übersteigen würde.

Norbert:

«Es ist ja keine Komödie, es ist eine Tragödie, hier!» Er kicherte und winkte aufgeregt dem Kellner, um zu zahlen. Weiter, rasch weiter!

Mir war selbst nicht ganz klar, was ich hatte sagen wollen, und Norbert hatte es rasch abgeschnitten. Als wir hinaus und zum Auto gingen, dachte ich auch unbestimmt an mein eigenes Konstrukt in meiner Mappe, verlorene Müh, das bestimmte Sein eines Menschen setzt womöglich viel mehr voraus als das literarische Ordnungsprinzip erlaubt, so wäre also alles a priori gelogen. Man mußte immer weiter zurückgehen, immer mehr Voraussetzungen deutlich machen, die ihrerseits Voraussetzungen haben, es ist eine Kette, die jede wahre Typisierung fesselt. Plötzlich ist nicht einmal die Geburt der natürliche, naheliegende Beginn. ‹*Tristram Shandy*› ist der Prototyp all dieser verlorenen Müh.

Ist auch egal. Ich saß im Fond des Wagens, die pralle Mappe meiner literarischen Bemühung an mich pressend, ein Fremdkörper, der sperrig mit mir verschmolz.

«Und? Wohin jetzt?» fragte Norbert.

Ich sagte, daß ich in die *Bar jeder Hoffnung* wollte. Ich mußte diese Mappe dort abgeben. Zum Glück fragte keiner der beiden, was diese Mappe enthielt.

«Meinetwegen», sagte Schlaggenberg, «ich war schon eine Ewigkeit nicht mehr dort! Der Oswald hat ja auch so einen *baixo astral*, wie man sagt, nicht. Schreeecklich. Aber im Grunde ist es ja auch egal, wo man säuft!»

«*Bar jeder Hoffnung*? Heißt die wirklich so? Ist ja ulkig. Kenn ich nich, hier. Wo ist die denn?»

Ich sagte es Norbert und er sagte «Alles klar!» Weil er in seiner Ungeduld natürlich schon losgefahren war, und aus Gewohnheit in Richtung Jardins, wo die Mode-Lokale waren, die er alle kannte, mußte er jetzt wenden, was auf der Avenida ein Spektakel aus hektisch aufgeblendeten Autoscheinwerfern und Gehupe auslöste.

Wir hatten es nicht weit. Während der kurzen, rasenden Fahrt hielt ich die Augen geschlossen, mir war, als befände sich zwischen meinem Inneren und den Außenwänden meines Körpers ein absurder weiter Abstand, in dem ich herumschlingerte und hin- und herschlug. Nicht, daß ich irgend etwas versucht hätte, um mich aufzufüllen, mit mir selbst wieder zur Deckung zu kommen, was denn auch? Ich hielt bloß die Augen geschlossen und wartete, daß dieses Gefühl vorbeiging. Die Vorzeichen begannen mit den Folgen zusammenzufallen. Vielleicht nahm dieses mein Gefühl der Leere, eigentlich Zwischenleere, mein wenig später klar hervortretendes Bedürfnis vorweg, mich zu erfüllen, mich vollaufen zu lassen, was aber durch zwei Gin-Tonics zu Hause, zwei Caipirinhas in der Pizzeria und viel zu viel fuselartigen Wein im Babenberger-Club längst schon in Angriff genommen war.

Die *Bar jeder Hoffnung* war «knackevoll», um es mit einem Wort Norberts zu sagen, dessen leicht schwankender Gang auf dem Weg vom Auto zur Bar ein plötzliches, kurz und warm aufwallendes Zusammenhörigkeitsgefühl in mir ausgelöst hatte, das unbedeutendste, was es gibt, das aber in einem Moment, in dem es kein anderes gibt, doch einige Bedeutung haben kann, auch wenn es schon Augenblicke später wieder dorthin versinkt, woraus es aufgestiegen ist, nämlich in die Grundlosigkeit, in das Nichts.

Norberts hektische Kopfbewegungen hatten, nun weniger kontrolliert, etwas Wiedehopfartiges bekommen und mit Erstaunen sah ich, als ich ihn noch im blöden Gefühl der Zustimmung ansah, daß er nur mehr mit Mühe den Anschein einer oberflächlichen Vergnügtheit auf seinem Gesicht wahren konnte, sein Gesicht hatte geradezu etwas Verrutschtes.

Völlig unvermittelt, aber vielleicht deswegen, weil ich ihn ansah, sagte er:

«Vergessen! Das müssen wir mal alles vergessen, hier!»

Dicht hinter uns spürte ich Schlaggenberg, der dunkle Vorplatz der Bar, das keuchende Atmen, es wehte mich kalt an im Nacken, wie ein Luftzug aus Wengers Arbeitszimmer, als wäre dessen Tür noch einmal kurz auf- und wieder zugegangen.

So betraten wir die Bar.

«Knackevoll!» sagte Norbert.

Die Menschen standen in ringförmigen Schichten um die Theke, bewegten sich wie Dünen in der Wüste. Das Stimmengewirr war ohrenbetäubend und klang, als würden Erdteile auseinanderbrechen, deren Bruchlinien aneinanderreiben. Zigarettenrauch wallte in dicken Schwaden durch den Raum. Es hätte mich nicht noch mehr gewundert, wenn über diese Landschaft riesige Flugechsen geglitten wären.

«Na, das ist eine *bagunça* hier, schreeecklich!» schrie mir Schlaggenberg ins Ohr, worauf er seinen Körper plötzlich nach vorn wuchtete, die Arme, so weit es ging, ausbreitete und Oswald abfing, der sich eben durch die Menge kämpfte. Oswald schaute Schlaggenberg von unten herauf an, mit geneigtem Kopf und unter den Lidern festklebenden Pupillen, sagte: «Des aa no!» und schnaufte.

Schlaggenberg sagte etwas, das ich nicht hörte, Oswald grinste und sah zu mir her. Nun ging ich näher zu den beiden, sagte: Hallo, Oswald, er grüßte mit einem «Servus!»

«Das ist ja eine Goldgrube, die Bar», sagte Schlaggenberg, «brauchst du einen Partner?»

«Naa, Partner brauch i kan, i brauchat an, der orbeit!»

Ich fragte Oswald, was denn heute da los sei. Er sagte, daß «so a Trottl von einer Zeitung» geschrieben habe, daß man unbedingt in diese Bar gehen müsse, sie sei der heißeste Tip im Nachtleben von São Paulo, «und jetzt scha da des an!»

Ich fragte ihn, ob der Professor da sei. Oswald verneinte. Er sei dagewesen, aber bald gegangen, da er es hier nicht ausgehalten habe.

«Also, mach's dir gemütlich», sagte er zynisch und wollte weiter. Ich hielt ihn zurück.

«Hör mal, Oswald», jetzt schrie auch ich fast, «diese Mappe da ist für den Professor. Kann ich sie für ihn dalassen? Er kommt sicher morgen wieder und –»

«Hau's hinten ins Regal!» sagte Oswald. Jemand zupfte mich am Arm. Norbert. «... und 'ne schöne Caipirinha, hier!»

Ich deutete mit dem Kopf Richtung Theke, Norbert machte Schlaggenberg ein Zeichen und schob ihn einfach vor uns her. Es funktionierte. Wir gelangten zur Theke, hinter der Cleusa mit gesenktem Kopf Drinks produzierte, ohne mehr auf die Zurufe oder ausgestreckten Arme derer zu reagieren, die verzweifelt ihre Aufmerksamkeit auf sich zu ziehen versuchten.

Ich schlüpfte um die Theke herum und ging auf den Regalschrank zu, auf dem die Spirituosen standen, worauf Cleusa erschrocken herumwirbelte und mich wegzudrängen versuchte. Jetzt erst erkannte sie mich und wir standen eine Sekunde lang wie versteinert in seltsamer Verschränkung, fast Umarmung, meine Mappe zwischen unseren beiden Bäuchen eingeklemmt.

«Ach, du bist es!» sagte sie, ich nestelte die Mappe hervor und sagte, daß sie für Singer sei – schon standen wir einander wieder manierlich gegenüber – und daß Oswald gesagt hatte, ich könne sie hier im Regal für ihn deponieren.

«*Pois não!* Ich habe zuerst geglaubt, da will sich wer selbst bedienen.»

Ich legte die Mappe auf die Bücher, die zwischen den Flaschen standen, ging zu Cleusa hin, die inzwischen wieder an die Arbeit gegangen war, und sagte: «Komm, ich helf dir ein bißchen. Da drüben werden drei Caipirinhas gewünscht. Die mache ich!»

Aber so, als wäre der Ausbruch, in dem sie mich gerade noch umklammert hatte, um mich von hier hinauszudrängen, ihr letzter

Versuch gewesen, eine gewisse Ordnung aufrechtzuerhalten, reagierte sie überhaupt nicht mehr auf das, was ich gesagt hatte.

Ich sah kein sauberes Glas. Also wusch ich einmal ein Dutzend Gläser, stellte sie vor Cleusa hin, machte drei Caipirinhas, schlüpfte wieder auf die andere Seite der Theke und begann mit Norbert und Tom zu trinken.

«Schreeecklich», sagte Schlaggenberg.

Norbert schlug vor, woanders hinzugehen. Er wirkte abgespannt. Hier hatten seine Bewegungskreise keinen Platz. Das Spiegelbild war durch die Menschenmassen verstellt, nicht zu sehen. Es, das Immergleiche, das aus dieser Bar einst einen Zustand gemacht hatte, eine Negation, eine Aufhebung dessen, was hier geschah, nämlich des Vergehens oder Verbringens von Zeit, war gleichsam fortgespült worden von dem, was nicht zu spiegeln, nicht festzuhalten war. Aber da keiner von uns wirklich Anstalten traf zu gehen, mußte ich bald noch drei Caipirinhas machen. Wir tranken schweigend.

Irgendwann einmal zog Schlaggenberg hinten aus seiner Hose eine Brieftasche aus Leder hervor, die er aufklappte. Es war eine von diesen Brieftaschen, die auf der linken Innenseite ein Sichtfenster haben, in das man ein Foto stecken kann, und ein solches Foto schien er nun eingehend zu betrachten, wobei er Grimassen schnitt. Nicht aus Neugier, sondern aus Gelegenheit warf ich an seinem mächtigen Arm vorbei einen Blick auf das Foto – und kniff sofort die Augen zusammen!

Das Bild auf der Fotografie hatte sich bewegt! Unwillkürlich senkte ich das Glas wieder, das ich gerade zum Mund geführt hatte. War es schon soweit? Kein Schluck mehr!

Noch einmal, mit starrem Blick, im Bemühen meine Augen ja nicht hüpfen und sich bewegen zu lassen, sah ich noch einmal von der Seite in die aufgeklappte Brieftasche Schlaggenbergs, in die er noch immer, Grimassen schneidend hineinstarrte. Ja, ich beugte mich näher hin, doch es gab keinen Zweifel, das Bild bewegte sich, es war aber kein Foto, sondern – ein Spiegel! Einfälle von Bewegungen, je nach Blickwinkel, die Grimassen Schlaggenbergs oder die Bewegungen der Wanderdüne der Menschen um uns herum wurden kalt blinkend von diesem Spiegel zurückgeworfen, es gab keinen Zweifel, das war ein Vorzeichen dieses Abends, das mit den Folgen gemeinsam auftrat, was immer es auch zu bedeuten hatte.

Schlaggenberg fuhr sich ein paarmal mit der Hand über die Haare, strich sie glatt und steckte die Brieftasche wieder weg. Als er mich ansah, lachte er plötzlich laut auf.

«Ich muß mir von Zeit zu Zeit in Erinnerung rufen, wie ich aussehe», sagte er, zu mir herablächelnd, «ist doch das Normalste von der Welt.»

Ich nickte.

«Zumindest für mich!»

Ich nickte.

«Ich vergesse nämlich immer wieder, wie ich aussehe. Ich habe nämlich keine gute *noçào* wie man sagt, nicht, davon, wie ich aussehe. Als Junger habe ich ja jeden Spiegel gemieden. War ja überhaupt nicht damit einverstanden, wie ich ausschaue.»

Hör auf! dachte ich. Bitte, kein Wort mehr!

«*O gordão*, nicht wahr, der Fette. Aber wenn man vergessen kann, wie man ausschaut, weil man sich auch nie im Spiegel anschaut, dann kann man ja allzu leicht glauben, daß man selbst so ist wie die anderen, die man sieht. Aber da ist irgendein Defizit geblieben, bis heute, drum habe ich immer einen Spiegel bei mir. Darum, weil ich eben so spät angefangen habe, in den Spiegel zu schauen, vergesse ich manchmal, wie ich ausschaue. Da muß ich dann praktisch nachschauen, bevor ich jedes Gefühl von mir selbst verliere –»

Ich nickte. Bitte, kein Wort mehr!

«Aber heute sehe ich mich mit Genugtuung, weil ich heute eben – anders als früher – froh bin, nicht so zu sein wie die anderen. Gott sei Dank bin ich nicht so wie alle anderen, die sind doch alle nur Schlucker!»

Eine verächtliche Kopfbewegung über die Menschentraube an der Theke hinweg.

«Was heißt da Schlucker, hier. Die saufen doch schneller als sie schlucken können!»

Norbert machte das Witzeln schon Mühe, er hielt sich mit der Hand an der Theke fest. Vielleicht aber war auch er von dem eben Vorgefallenen irgendwie berührt und versuchte in gewohnter Manier, es nicht an sich herankommen zu lassen.

Dieser verdammte Schlaggenberg! Für einen kurzen Augenblick schien er überraschenderweise zu so etwas wie einem Rätsel fähig gewesen zu sein, dem man trinkend hätte nachbrüten können und das gewissermaßen die Situation konterkariert hatte: war mir nicht unmittelbar bevor er seinen Spiegel herausgezogen hatte, der zunächst wie ein sich bewegendes Foto gewirkt hatte, aufgefallen, daß heute das Spiegel-Bild in der Bar nicht zu sehen war? Aber nein, gleich mußte er das Beste, zu dem er fähig war, im alten Fett irgendeiner Geschichte zusammenbraten, die ich ihm auch nach zehn Caipirinhas nicht abgenommen hätte, so glaubwürdig war sie!

Ich trank, was noch in meinem Glas war, auf einen Zug aus, sah, daß auch Norberts Glas leer war und machte noch zwei Caipirinhas.

Als ich mit den beiden neuen Gläsern wieder um die Theke herum war, sah ich, wie Schlaggenberg jemanden schulterklopfend begrüßte. Mich erstaunte nichts mehr. Die fette Spinne hatte den nächsten in ihrem Netz, das sich durch unser Getto spannte: Schatzmann!

Ich drückte Norbert eine Caipirinha in die Hand und grüßte Schatzmann.

«Ohallo, meine Verehrung, ha ha!»

«Ihr kennt euch?» fragte ich.

«Wie? Ach so! Ja, ja! ich habe mich finanziell an Toms letztem Film beteiligt –»

«A bunda profunda!» sagte ich.

«Ja. Richtig. Haha. Glänzendes Investment. Hat in zwei Monaten fünfhundert Prozent der Produktionskosten eingespielt. Das ist eine Kapitalverwertung, wie es sie eigentlich gar nicht mehr gibt. Nicht am Schokoladenmarkt!»

«Gratuliere!» sagte ich.

«Ja. Danke! Glänzendes Geschäft. Kann ich nur empfehlen. Abgesehen vom Spechteln während der Dreharbeiten. Haben Sie das schon einmal erlebt. Nein? Gut. Also wirklich: für die Schauspieler ein echter Härtetest! Haha!»

Schatzmann, tief gebräunt, erzählte, daß er über Weihnachten und Neujahr in Bahia war. Weihnachten und Neujahr! Ich sah in mein Glas. Das war gänzlich an mir vorübergegangen, sozusagen irgendwo seitlich beim Fortgang meiner Arbeit aufgeschäumt und zurückgeblieben. Als plötzlich aufbrausende Woge einkaufender Menschenmassen, während ich, blind für Geschäftsauslagen, meine Spaziergänge gemacht hatte, um meine Augen im körperlichen Leben zu baden. Lichtgirlanden über den Straßen. Kürzlich sind sie wohl wieder abgenommen worden.

«Übrigens», sagte Schatzmann, «eine Neuigkeit. Ich werde heiraten!»

Er drehte sich um, fuhr in die Menschenmenge an der Theke hinein, jemanden nach vorn holend, so als würde er unter einem Haufen Abfall etwas Brauchbares hervorziehen, das doch da liegen mußte.

«Das da», sagte er, «ist meine Braut!»

Cristal!

«Prazer!» sagte Schlaggenberg und *«Parabens!* Nicht. Herzlichen Glückwunsch!»

Ich grüßte Cristal mit einem Nicken. Sie trug ein weißes Kleid in der Art der bahianischen Tracht, aus den Spitzen am Ausschnitt und an den Schultern quoll sie hervor wie ein Schmetterling aus der platzenden Hülle einer Raupe. Sie lächelte brauthaft und huldvoll. Die Puppe entpuppte sich. Entweder begann die Zeit schneller zu vergehen, oder ich immer schneller zu trinken, jedenfalls scheinen mir die Abstände, in denen ich feststellte, daß mein Glas leer war, immer kürzer zu werden. Norbert ging es genauso.

«Ist ja unglaublich, wie das verdampft, hier!» sagte er.

Während Norbert und ich uns schon beinahe gegenseitig abstützen mußten, trank Schlaggenberg ohne irgendeine Wirkung zu zeigen. Der Alkohol schien bei ihm irgendwie bloß obenauf zu schwimmen, wie Wasser auf Fett, aber drang nicht durch, mischte sich in ihn nicht ein. In jeder Hinsicht breitbeinig stand Schlaggenberg da, begann ein Gespräch mit Schatzmann, von dem ich mich abwandte, um nicht noch weitere Geschichten zu hören.

Das Gedränge um die Bar begann etwas nachzulassen, die weiteren Caipirinhas konnten sogar wieder bei Cleusa bestellt werden. Neben mir wurde gar ein Barhocker frei, den ich sofort okkupierte. Als ich saß, fühlte ich mich ganz leicht, geradezu schwebend. Ein Mann der Zukunft: ein größerer, schwerer Kopf, regredierte Gliedmaßen.

Plötzlich tauchte ein junges, freundliches, kaffeebraunes Gesicht vor mir auf – Cristal? Nein, sie hatte nicht dieses krause, wie eine Hecke geschnittene Haar, sondern beinahe glattes, es war blauschwarz.

«Hast du eine Zigarette für mich?»

Während ich vorsichtig nach meiner Packung kramte, sah ich sie an. Sie war wirklich sympathisch. Ein frisches, beschriebenes Blatt. Nicht so wie ich, an dem schon so viel herumgeschrieben und radiert worden ist. Sie lächelte. Ich versuchte auch zu lächeln.

«Scheint ja Liebe auf den ersten Blick, *aí!*» hörte ich plötzlich Norbert sagen, er stand neben mir, schwankend, aber vielleicht schwankte auch nur mein Blick nach der abrupten Drehung meines Kopfes.

«Die Liebe auf den ersten Blick ist ja keine Kunst», sagte das Mädchen, «das Problem ist der zweite, dritte, vierte Blick!»

Ich bot ihr eine von meinen Galaxy an.

«Ach nein, die rauche ich nicht. Die sind zu leicht. Ich habe lieber stärkere Emotionen!»

«Welche magst du denn?» fragte ich.

«Hollywood», sagte sie.

Ich bestellte eine Packung Hollywood, wir begannen zu rauchen und zu plaudern. Wir tranken Caipirinhas und redeten, irgend etwas, sie sprach freundlich, irgendwie pointiert, manchmal geradezu doppelbödig. Aber es war natürlich kein tiefsinniges Gespräch, der doppelte Boden verschwebte eher auf oder über der Oberfläche, etwa in Barthekenhöhe. Es hatte nichts anderes zu bedeuten, als das, was eine Frau und ein Mann in einer Bar eben reden, wenn überall in der Stadt die Liebenden schon Rücken an Rücken liegen. Da ich auf meinem Barhocker wie festgeschraubt saß, und meine Augen sich an denen des Mädchens festhalten konnten, fühlte ich mich ganz sicher, die Bar versank um mich herum, eine Geräuschkulisse, aus der nur ab und zu Schlaggenbergs «Schreeecklich!» oder Schatzmanns zwanghaftes «Ha ha» in mein Ohr wehte.

Wir tranken also, und plauderten, doppelbödig, wie gesagt, allerdings schlug Suely – so hieß die Mulattin – kurzerhand dem Faß den doppelten Boden aus, als ich schon wieder neue Caipirinhas bestellen wollte:

«Trink nicht so viel», sagte sie, «davon wirst du impotent!»

Ich schürzte erstaunt die Lippen, sie lächelte, über das Gesicht, das ich machte, und fügte hinzu:

«Das wäre ja schade!»

Wenn ich drüben gefragt werde, wie es so in Brasilien ist, dann sind genau das die Sachen, die ich auf keinen Fall erzählen darf, dachte ich, die glaubt mir kein Mensch!

«Komm», sagte Suely, «du hast schon zuviel getrunken, laß uns lieber gehen.»

«Tudo bem, tudo bem», sagte ich, «gehen wir, es ist wahr, ja, ja –» ich kletterte vom Barhocker hinunter, ich weiß noch, daß ich dachte, wie seltsam es sei, daß ich meine Knie nicht spürte, und seltsam, ich hatte auch nicht gewußt, daß die Barhocker so hoch sind, es schien mir eine Ewigkeit in die Tiefe zu gehen, als ich runterstieg, der Boden kam immer näher, jetzt sah ich Schatzmann vor mir, er wuchs.

«Tschau also, grüß dich, servus!» hörte ich ihn sagen, also wollte er auch schon gehen, aber wieso wuchs er? Nun war er schon zwei Kopf größer als ich, nun sah ich seinen kleinen unbedeutend prallen Bauch in Augenhöhe, seinen Hosenbund, seine Gürtelschnalle. Zwei schlanke, sehnige, braune Beine, die unter weißen Spitzen eines weißen Kleides hervorkamen, sie machten auf dem Absatz kehrt, weiße Absätze gingen davon, neben den Khakihosenbeinen Schatzmanns.

Nun war alles zum Stillstand gekommen, der Boden kam nicht mehr näher, niemand wuchs mehr zur Riesengestalt an, der Abstieg vom Barhocker war zu Ende. Ich kniete im Lokal.

Eine riesige fette Küchenschabe lief aufgeregt vor meinen Augen über den groben Holzboden, ich klappte die Lider herunter. Nichts mehr. Genug. Ein Schlaf wie ein vorübergehender Selbstmord: für eine Nacht. Morgen – alles. Heute nichts, das Nichts.

Als ich die Augen aufschlug, sah ich zunächst nur eine weiße Zimmerdecke. Ich weiß nicht, warum mich schon das aufs höchste beunruhigte. Mit ruckartigen Kopfbewegungen sah ich um mich und erkannte zunächst nichts, ich hatte keine Ahnung, wo ich mich befand. Ich lag halbgekleidet unter einer dünnen Decke auf einem Sofa in der Sala eines Apartments, ohne zu wissen, wem es gehörte und wie ich hierhergekommen war. In diesem Augenblick kam eine Mulattin herein, sah, daß ich wach war, sagte: *«Bom dia»*, lächelte und verschwand wieder. Nun kamen erste Bruchstücke der Erinnerung: nachts in der Bar, hatte ich da nicht eine Mulattin kennengelernt? Ich sah mich wie durch einen Nebel mit ihr reden, versuchte mich an ihr Gesicht zu erinnern, aber es gelang mir nicht, die Anstrengung, Klarheit in meinem Kopf, in meiner Erinnerung zu schaffen, verstärkte nur meine Kopfschmerzen, ich hatte das Gefühl, als würden meine Augäpfel nach innen fallen. Was immer ich erlebte grub sich viel zu stark in meine Erinnerung ein, so stark, daß es sie perforierte und gleich eine Erinnerungslücke wurde.

Es konnte doch nicht sein, daß diese Frau gestern, das heißt, daß ich sie, beziehungsweise sie mich – plötzlich stand Vera vor mir.

«Geht es dir besser?» fragte sie.

Vera! Wieso Vera? Wo kommt plötzlich sie her? Und warum? Was hat das zu bedeuten? In diesem Augenblick ein scharfer Laut, fast ein Schrei, ein seltsamer, aber er mochte vielleicht nichts bedeuten, ich setzte mich auf und drehte mich um und sah – Lukàcs! In seinem goldenen Käfig neben den Spiegeln, starr und abweisend sah er mich an, als wäre ich eine untypische Figur in der Ordnung dieses Raumes, ein unpassender Einbruch des Zufalls in der Harmonie seiner notwendigen Lebensrealität. Nun erkannte ich, wo ich mich befand: in Veras Apartment. Ich ließ mich wieder auf das Sofa zurückfallen, sah Vera an und log: ja, es geht mir schon besser! Ich fragte sie, wer die Frau gewesen sei, die soeben hier im Zimmer war. Es war Veras neue Empregada. Ach so! Und was mache ich hier, ich meine, wie bin ich hierhergekommen? fragte ich.

«Kannst du dich nicht mehr erinnern?» fragte Vera und schüttelte den Kopf. *«Oh, my god!* Hast du das wirklich vergessen?»

Dieses Pathos! Dieses pathetische Wackeln ihres Kopfes. Sie saß an meiner Seite am Sofarand, blickte auf mich herab, ein Monument in Schwamm gehauen.

Sie erzählte, daß sie zufällig letzte Nacht just in dem Moment in die *Bar Esperança* gekommen sei, als ich vom Barhocker gestiegen und zusammengebrochen war.

Eine Koinzidenz. Eine Fügung des Schicksals. Veras Augen mahnten: So sollte es sein! Das hat etwas zu bedeuten!

Sie war das an allen Kreuzungspunkten des Lebens aufgestellte Monument des Vertrauens in einen magischen Lebenssinn der blinden Ahnung, der jeder Zufall gleich als Beweis für so unergründliche wie sinnstiftende Zusammenhänge gilt.

Ich sah sie an, sie war geradezu verklebt von tauben Empfindungen, wie ein Denkmal von Taubenmist. Besorgnis: Wie habe ich das nur vergessen können! Glück: sie war gerade im richtigen Moment gekommen! Stolz: sie hatte mich gerettet! Gewißheit: es hat so sein sollen.

«Ein Mädchen, eine Mulattin, hat dir in die Hosentasche gegriffen, wahrscheinlich wollte sie dich bestehlen», sagte Vera.

«*Oh, my god*, du hast ja überhaupt nicht mehr reagiert, du hast überhaupt nicht mehr reagiert. Hau ab, du Schamlose, habe ich zu ihr gesagt, dann haben Norbert und so ein Dicker, der dort war, und ich dir aufgeholfen. Zuerst wollte Norbert dich nach Hause bringen, aber ich habe zu ihm gesagt: auf keinen Fall, du bist ja selbst schon völlig betrunken! Also haben wir dich in mein Auto gesetzt und ich habe dich hierher gebracht!»

Ich griff apathisch in meine Hosentaschen und holte heraus, was ich eingesteckt hatte. Geld, Scheckbuch, Ausweis, es war alles da. Und ein kleingefalteter Zettel. Ich faltete ihn auseinander, es standen ein Name (Suely) und eine Telefonnummer drauf. Vera nahm mir den Zettel aus der Hand, warf einen Blick darauf, zerknüllte ihn und warf ihn in den Aschenbecher.

Sie lächelte. Stolz. Und wieder besorgt.

«Warum hast du dich gestern so gehenlassen mit Norbert?» sagte sie, kopfschüttelnd den Aschenbecher observierend. «Du mußt aufpassen, daß du nicht so wirst wie er, er ist ein Kind!»

Ich schloß die Augen, meinte meine eigene Netzhaut zu sehen. Natürlich sah ich sie nicht, meinte es auch nicht. Nein, es waren nur die Spinnweben, die mit der Zeit zwischen den vergessenen Begebenheiten hinter dem inneren Auge wachsen. Auch Beatriz hatte mir vorgeworfen, ein Kind zu sein. Und auch Marilia war so pathetisch!

Wenn kein Platz ist in deiner Erinnerung, behalte mich in deinem Vergessen, hatte sie geschrieben. «Vergessen, alles mal vergessen, hier!» hatte Norbert gestern immer wieder gesagt. Ich hatte das vergessen.

Natürlich erinnerte ich mich in jenem Moment nicht wirklich dieser Dinge. Ich sah nur Spinnfäden und hatte irgendwie das Gefühl, daß die Elemente des Augenblicks auch nur vergessenes Gerümpel sind, daß dieses Jetzt sich nicht wesentlich von vorangegangenen Jetzts unterschied. Alles schien schon einmal gesehen, schon gehört, schon erlebt.

Nicht alles. Aber dieses. Und dieses und dieses. Im Kopf abgestellt und vergessen. Im Lauf der Zeit durch Spinnweben bedeutungslos mitsammen verbunden. Aber es gehört nicht zusammen, die Zusammenhänge sind nur im Kopf, dem meinen, es ist das Ich, das spinnt.

Ich öffnete wieder die Augen und setzte mich stöhnend auf. Über der Sofalehne hing mein Hemd, ich zog es an. Es stank nach Alkohol, Tabakrauch und Schweiß. Wie am Morgen nach der Nacht, in der ich bei Monika gelandet war.

Vera fragte, ob ich Kopfweh habe. Es wäre kein Wunder, so betrunken wie ich gewesen sei!

«Poxa vida, I have never seen anybody so drunk!» she said.

«Gehst du nie ins Kino?» fragte ich sie.

«O ja, doch, oft, *I love it*!»

Na, dann übertreib nicht so! sagte ich.

Man kann sagen, was man will, *she loves it*!

Sie sah mich kopfschüttelnd an. Plötzlich lächelte sie.

«Es hat so komisch ausgeschaut, wie du da in der Bar zu Boden gegangen bist und dann halb gekniet und halb gesessen hast, du hast ausgeschaut wie eine Marionette, die der Spieler zu Boden sinken hat lassen. Deine hängenden, in den Gelenken kraftlosen Glieder, dein hängender Kopf. Für einen Moment habe ich geglaubt, man müsse über dir nur Fäden hochziehen und sogleich würdest du dich wieder lustig und tänzelnd erheben!»

Wie kommst du auf diesen Vergleich? frage ich fast böse, sie hielt ihn wohl für besonders tiefsinnig oder gar poetisch, sie schimmerte vor Stolz. Aber meinen verkaterten Anflug von Zorn konnte sie natürlich nicht verstehen, weshalb sie gleich besänftigend sagte, daß sie damit nicht habe behaupten wollen, daß ich eine Marionette sei. Es war völlig absurd. Es war bedeutungslos. Es war das Spinnen, das Verbinden von Dingen, die nicht zusammengehören. Man geht mitten durch sie durch, spürt, wie die Fäden im Gesicht zerreißen. Man erschrickt, als hätte es weh getan, aber es ist bedeutungslos.

Wir setzten uns auf die Terrasse, um zu frühstücken. Eine größenwahnsinnige Aussicht, auf Apartmenthochhäuser, dazwischen noch einige kleine Häuschen und Villen, ich meinte zuschauen zu können, wie sie von den Hochhäusern verdrängt werden, ein Hochhaus tritt vor und neben das andere, baut sich auf wie mit herausgestreckter Brust und in die Hüften gestemmten Armen. Sie drängen die alten Häuser zur Seite und zermalmen sie, was sich nicht zum Himmel streckt, wird dem Erdboden gleichgemacht, was ist das für eine Stadt, in der sich ganze Viertel aufplustern und hochrecken, in einer ununterbrochenen Bewegung, statt daß die Häuser ruhig dastehen als Koordinaten menschlichen Lebens in der

Stadt. Vorwände enormer Fassaden, die ununterbrochen vor dem Blick, vor jeder Aussicht hochwachsen, nur Vorwände von Urbanität. Würde ich mich jetzt vom Balkon in die Tiefe stürzen, ich hätte im Fall noch Zeit mein ganzes Leben zu denken, die Häuser würden zurücktreten und sich dann über mich beugen, in ihrem Schatten würde ich nicht zerschmettert, sondern vergessen werden.

Veras Empregada brachte Kaffee, frischgepreßten Orangensaft, warme Croissants, Konfitüre, Papayas. Es war fast Mittag. Die Sonne stand hoch über dem Apartmenthaus, so daß wir auf der Terrasse im Schatten saßen, die Stadt vor uns aber grell im Licht flimmerte. Die Fensterscheiben der Häuser, die Auslagen, die glänzend lackierten Karrosserien der Autos reflektierten das Licht wie ein riesiger Spiegel, der soeben in tausend Splitter zerbricht. Ich schloß wieder die Augen.

Vera sagte etwas. Es schienen mir Minuten vergangen zu sein, als ich mich endlich antworten hörte: was hast du gesagt? Was für eine Überraschung?

«Warte ein bißchen! Du wirst schon sehen!»

Ich hatte keine Zeit mehr. Die Uhrzeiger bewegten sich in diesem zeitenlosen Raum wie Astronauten in der Schwerelosigkeit des Alls: anmutig und verloren. Ein Kreisgang im Nichts, ohne Sinn. Es war mir alles zu hoch. Im wievielten Stock sind wir? fragte ich. Ich hatte beinahe Lust aufzustehen, mich auf die Zehen zu stellen und zu schauen, ob die Erde wirklich eine blaue Kugel ist.

Sonne, Mond und Sterne. Die Erde ist der fernste Stern. Es wurde Abend. Nein, es wurde nicht, es war, wie es wurde, weiß ich nicht mehr. Schien ja alles zu stehen. Ich saß versteinert da und blickte auf die vor mir hochwachsenden Steinfassaden. Sie erinnerten nur deshalb nicht an hypertrophierte Grabsteine, weil es auf dem Friedhof keine Grabsteine gibt. Wie schnell ein Stein wächst, wenn es keine Zeit mehr gibt. In rotbraungrauen Streifen versteinerte der Abend. Darin die Geräusche der Stadt wie ein Abdruck, ein Echo des toten Surrens in mir, wie von einer Fliege in Bernstein, die lebt.

Diese tote belebte innere veräußerlichte erfüllte Leere, sie breitete sich in alle Richtungen aus, in diesen Tag hinein, in mir, durch mich hindurch, ins Gestern, es ist plötzlich wieder alles nur ein Gewicht und zugleich Nichts, so wie beschriebene Blätter in einer Mappe, die man schließt. Die Wörter tropfen ab von dem, was man gesehen und festgehalten hat, man sieht es auch nicht mehr, man kann es sich nur noch nicht vorstellen, so gut man kann. Dazu die falschen Gefühle, die falschen Zusammenhänge, die falschen Metaphern.

Vera. Was mache ich da? Schweigend noch zu viele Worte. Ich hätte nach Hause gehen sollen, duschen, mich umziehen, auf Professor Singers Anruf warten. Ich hätte es wahrscheinlich auch wollen. Ich weiß nicht, warum ich es nicht tat. Ich weiß nicht mehr, wie alles weitere kam. Vielleicht habe ich es deswegen vergessen, weil gemessen am Weiteren alles Vorherige plötzlich bedeutungslos war. Die Worte schienen zu verschwinden in einem fernen und doch ans Ohr gepreßten Rauschen, ein bloßes Echo des Hörens, wie das Rauschen einer Meeresmuschel. Ist auch egal. Zu viele Worte, ob sie jetzt verschwinden oder auch nicht. Nichts wird daraus, nur weil man davon erzählt, denn es war ja schon Nichts.

Ich weiß nicht mehr, wie es kam. Es war Abend und wir waren plötzlich in Veras Schlafzimmer. Die Überraschung. Vera zeigte mir so gerne immer etwas Neues. Die Empregada war gegangen. Wo das Kind war, weiß ich nicht. Ich glaube, ich hatte es schon den ganzen Nachmittag über nicht gesehen. Wahrscheinlich war es beim Vater. Veras Schlafzimmer: die Kehrseite des öffentlichen Pathos ist ja der intime Hang zum Kitsch. Auf das abendblaue Glas des Fensters waren silberne Sternchen geklebt. Eingerahmt von einem purpurroten Brokatvorhang, der mit Kordeln, an denen noch Quasten hingen, seitlich zusammengebunden war. Überhaupt Quasten. Überhaupt rot. Viel roter Stoff. Ein Bettüberwurf aus roter Kunstseide. Rote Kissen mit Quasten. Über dem Bett ein Holzbrett aus weißem Schleiflack, darauf Plüschtiere, Nippes, Bilderrahmen, Schächtelchen, liebe Sachen. Auch ein Buch. Vera setzte sich an einen weiß lackierten Schminktisch, zog einen Barockarmstuhl mit kleinen roten Polstern auf den Seitenlehnen an ihre Seite, deutete auf einen auf dem Stuhl sitzenden Teddybären und sagte zu mir:

«Komm, setz dich hierher zu mir!»

Ich nickte. Ein Bettvorleger aus weißem Plüsch. Der Himmel, auf dem die silbernen Sternchen klebten, wurde plötzlich sehr schnell immer dunkler. Das Weiß im Zimmer wurde grau, das Rot wurde schwarz. Doch schon flammten die Farben wieder grell auf. Vera hatte die Beleuchtung am Schminktisch eingeschaltet, natürlich ein Kranz von Glühbirnen um einen Spiegel herum. Die Stimmung im Raum, die von der Dämmerung schon unter eine beruhigende Hülle verpackt zu werden schien, ergoß sich wieder berstend, rot auf weiß, wie in einem Anfall von Wahnsinn, aber vielleicht sehe ich das auch nur rückblickend so, beziehungsweise erzähle es einer Eigendynamik der Sätze und vor allem der Worte Rot und Weiß folgend, denn die tatsächliche Prädominanz dieser Farben in Veras Zimmer hatten, das weiß ich genau, überhaupt keine auf irgend etwas verweisende Bedeutung für mich, etwa daß ich an Blut auf Schnee oder dergleichen gedacht hätte, nein, auch sonst nichts Beunruhigendes, das über interesseloses Mißfallen hinausgegangen wäre.

Meine stark anwachsende innere Unruhe, mir noch heute vergegenwärtigbar, weswegen mir dieses Zimmer vielleicht etwas spukhafter oder absurder erscheinen mag, als es in seiner banalen Realität gewesen ist, war aber sicherlich nicht auf dessen Einrichtung zurückzuführen, sondern auf die Verrichtungen, die Vera nun begann.

Sie holte aus einer Lade des Schminktisches einen Glasteller hervor, den sie mit einem weichen Tuch noch etwas polierte und schließlich vor sich hinstellte. Einem der Tiegelchen und Schächtelchen, die auf dem Schminktisch aufgereiht standen, entnahm sie ein kleines Briefchen aus einem speziellen Papier – ich glaube es war solches, das Architekten zum Plänezeichnen verwenden – und eine Rasierklinge, mit der sie etwas weißes Pulver aus dem Papierbriefchen hob und auf den Teller gab. Nun zündete sie eine Kerze an und schwenkte den Teller mit sanften runden Bewegungen über der Flamme, ab und zu mit der Rasierklinge das Kokain auf dem Teller hin- und herschiebend oder mit einer Fingerkuppe die Temperatur des Tellers prüfend.

«Warum machst du das?» fragte ich. Immer noch stand ich neben ihr und sah ihr angespannt und nervös zu.

«Was? Ach so! Man muß es gut trocknen», sagte sie, «dann läßt es sich besser zerkleinern. Wenn es feucht ist und klumpig, verliert man zuviel von seiner Wirkung.»

Nun blies sie die Kerze aus. Ohne mich anzusehen sagte sie:

«Komm! Setz dich doch nieder!» und begann in eiförmiger Sorgfalt und Genauigkeit mit der Rasierklinge auf die Kokainkristalle loszuhämmern, um sie zu zerkleinern.

Ich nahm den Teddybären von dem Stuhl, der an Veras Seite stand, und warf ihn auf das Bett. Der Bär kam quer über einer großen Puppe mit blauem Kleidchen zu liegen, die dort an ein Kissen gelehnt saß. Nun setzte ich mich nieder, sah in dem Spiegel vor Vera ihr konzentriertes Gesicht, von Glühbirnen eingerahmt, ihre Augen waren ganz schmal, der Mund angespannt, ihre Backenknochen schienen zu pochen.

Mir fiel ihre Gier auf, sie fiel mir, dachte ich, wieder auf, sie war von Gier erfüllt wie von einer berstenden Kraft, wenn sie auf etwas losging, das ihr Lust versprach. Aber sie wurde nicht hastig, nicht hektisch dabei, die Kraft ihrer Gier setzte sich vielmehr in eine ruhige Harmonie ihrer Bewegungen um, die mich in Erstaunen versetzte. Alles an ihr wurde zielstrebig, ökonomisch, geradezu gleitend, es war ein unaufhaltsames Gleiten durch die notwendigen Voraussetzungen hin zum «richtigen Zeitpunkt», an dem ihre Gier schließlich explosionsartig das Objekt ihrer Lust umfaßte, mit dem sie dann alleine war, alles andere war im Hingleiten zurückgeblieben.

Mir fiel ein, wie wir damals ins Motel gefahren, nein, geglitten waren – und dann der Moment im Bett des Motelzimmers! Das Wochenende in Guarujá, wie sie den Joint hergestellt hat, mit dem Papier einer normalen Zigarette, dieses Zupfen und Wuzeln mit einer Zielstrebigkeit und zugleich genauen Geduld – und dann der erste Zug! Und wie ihr dann die Lust geradezu aus ihren großen, schwarzen Augen tropfte, als sie meinem Gerede zuhörte, und es nichts anderes mehr gab in dieser enormen weiten Welt zwischen ihren Augen und meinem Mund, als ihren Genuß, ihr Glücksgefühl, das sich noch in meinen Worten spiegelte, die sie nicht verstand. – Sie gähnte vor Gier. Dann kniff sie Augen und Mund wieder zusammen, beugte sich tiefer über den Teller, um mit der Rasierklinge letzte, noch nicht völlig pulverisierte Kristalle zu treffen. Schließlich schob sie das über den Teller verteilte weiße Pulver in Form von zwei Linien zusammen.

«*Well*», sie nahm einen Bic-Kugelschreiber, «das ist wirklich ein guter Stoff!» sagte sie, während sie mit den Fingernägeln den kleinen Verschlußstöpsel hinten am Kugelschreiber herauszupfte.

«Ich habe ihn schon ausprobiert, gestern, als ich ihn gekauft hatte, wirklich optimal. Ich kaufe mir nicht oft Koks, nur wenn ich ganz sicher sein kann, daß er in Ordnung ist, man bekommt ja zu oft für einen Haufen Geld einen Dreck angedreht. Einem Dealer muß man vertrauen können, wie einem Zahnarzt», sagte sie kichernd, zog die Mine aus dem Kugelschreiber und reichte mir das nun leere durchsichtige Röhrchen. Ich nahm es in die Hand und sah es an. Vera schob den Teller zu mir, an den Rand des Schminktisches. Ich hatte Angst. Judith fiel mir ein, daß sie geschnupft hatte und daß sie jetzt tot ist. Ich bezog diese Dinge unmittelbar aufeinander und wurde starr. Vera nahm mir das Kugelschreibergehäuse wieder aus der Hand, «Schau, so!» sagte sie, steckte dessen oberes Ende in das linke Nasenloch, setzte die Spitze des Röhrchens an der ersten Linie an, hielt das andere Nasenloch zu, zog kräftig auf, mit dem Röhrchen der kürzer werdenden Linie nachfahrend. Dann wechselte sie das Nasenloch und schnupfte die zweite Hälfte der Linie. Das alles war wahnsinnig schnell gegangen, wie zwei umfassend ansetzende Bewegungen, die, weil genau gegenläufig, sich sofort wieder aufheben, ein Platzen und ein Sich-Erfüllen.

Vera wischte sich mit dem Handrücken über die Nase, noch einmal aufziehend, jetzt machte sie die Augen groß auf, sie schimmerten. Sie gab mir wieder das Röhrchen.

«Du darfst natürlich nicht ausatmen, wenn du ansetzt», sagte sie, «sonst fliegt alles davon! Komm! Setz dich da her!» Sie stand auf und überließ mir ihren Platz.

Aber Judith hatte doch lange, über einen langen Zeitraum hinweg geschnupft, und die Todesursache war nicht Kokain in der Nase, sondern eine Kugel im Kopf. Und Vera hatte schon öfters geschnupft, erst gestern wieder und jetzt soeben. Rot glänzend vor Glück sah sie mich an. Blühendes Leben. Sie nickte. Ich machte es ihr nach und zog eine Linie auf. Kühl und frisch schoß das Kokain in die Nase. Ich legte den Kugelschreiber weg und sah Vera an. Vera sah mich an. Ich sah Vera an. Ich war enttäuscht. Ich hatte mir eine blitzartige Wirkung erwartet, so etwas wie einen Ruck, und das, was ich nicht wußte und mir nicht vorstellen konnte, war da. «Ich spüre gar nichts», sagte ich. Vera lächelte. Ihr Gesicht war so rot, ihre Haare so schwarz, ihre Zähne so weiß. «Vielleicht habe ich etwas falsch gemacht», sagte ich, «ich spüre nämlich nichts!» Vera lächelte und machte plötzlich eine seltsame Grimasse, sie fletschte die Zähne – nein, sie tippte mit dem Zeigefingernagel gegen ihre Schneidezähne und grinste.

Ich fuhr mir mit der Zunge über Zähne und Zahnfleisch, betastete meine Oberlippe, sie begann sich taub und bamstig anzufühlen, wie beim Zahnarzt. Ich weiß nicht, warum mich schon das geradezu in einen Glückszustand versetzte.

Ich sprang auf und fragte: Ist es das? – und bevor ich noch hinzufügen konnte: Zahnarzt als Glückszustand? spürte ich ein Rumoren im Bauch, eine sanfte, aber doch so drängende Kolik, daß ich ohne ein weiteres Wort ins Badezimmer lief, wo mein Körper sich vollständig entleerte, während ich wie «der Denker» auf der Klomuschel saß. Wieder eine Glückswallung. Zugleich fielen mir alle Male meines Lebens ein, in denen ich in inopportunem Moment auf die Toilette gemußt hatte, es berührte mich aber gar nicht, vielleicht ist es mir gar nicht wirklich eingefallen, sondern nur dieser Satz. Als ich mir die Hände wusch, ungeduldig, hastig, stutzte ich plötzlich, als ich mich im Spiegel sah. Mein Spiegelbild sah irgendwie weithergeholt aus, aber eben hergeholt, ich sah mich ganz scharf. So wie an bestimmten Tagen bei bestimmten Luftverhältnissen von einem Aussichtspunkt etwas Fernes, sonst oft gar nicht Sichtbares ganz nah heranzurücken scheint. Gleichzeitig empfand ich ein starkes aufgeregtes Komplizengefühl für den, den ich da im Spiegel sah, mir war, als würde ich meinem Spiegelbild in diesem Augenblick etwas ungeheuer Gutes tun, also eigentlich ich mir, oder es mir.

Ich lief zurück ins Schlafzimmer, leicht und leer, nein, frei. Ein Gefühl von Euphorie breitete sich im Nichts zwischen den dünnen Häuten meiner Grenzen aus, wie Helium, es war so ein starkes, erhebendes Glücksgefühl, daß mir die Worte fehlten, weil mir plötzlich schien, daß alle Worte nur dazu gemacht worden sind, die Sehnsucht nach diesem Gefühl zu formulieren und nicht dieses Gefühl selbst.

Aber jetzt konnte ich sie ja finden. Ich wußte, daß ich es konnte. Ich wollte das alles aufschreiben, nein, mitschreiben. Ich lief gleich zu Vera hin, um sie um Papier und Kugelschreiber zu bitten, sie lachte mir ins Gesicht, als sie mich sah.

«Das ist es!» sagte sie lachend, und ich lachte, worauf wieder sie lachte, mir kam das so unverhältnismäßig und übertrieben vor, und das machte mich noch glücklicher.

Das Komische war, daß dieses Glücksgefühl, diese Euphorie mir nicht unbekannt war, ich mußte einen solchen Zustand schon einmal erlebt haben, aber wann? Ich versuchte mich zu erinnern, sprang vom Sessel auf, ging ein paarmal im Zimmer auf und ab, während Vera sich im Schneidersitz auf das Bett setzte und in einem fort weiterredete. Ja, weiterredete, sie redete ununterbrochen, schon die längste Zeit, ich hatte zunächst gar nicht hingehört, aber es plätscherte auch nicht an mir vorbei und weg, sondern sammelte und staute sich, als plätscherte es in einen Eimer hinein und würde ihn füllen, und man sieht plötzlich hinein und sieht natürlich auch den ersten Tropfen, egal welcher es war, es ist einer wie der andere.

«Ich habe immer über das Falsche nachgedacht, immer das Falsche gemacht», sagte Vera, oder hatte sie gesagt, so glücklich, redselig:

«Ich habe immer nur darüber nachgedacht, wie ich wohl meine Vorstellungen am besten realisiere, ich habe immer nur alles im Hinblick darauf gemacht, irgendwelche Ziele zu erreichen...»

Ich sah zum Fenster hinaus, auf die kulissenhaften Konturen der Häuser, dieses unstimmige Ensemble aus Leben und Verschlucktsein, und dabei mein Triumphgefühl, so erst- und einmalig, dabei der Glaube, es schon längst zu kennen, wo steckt der Fehler? dachte ich oder sagte ich.

«Der Fehler? Daß man eben nicht über seine Vorstellungen und Ziele nachdenkt, reflektiert, wieso man sie hat und ob sie einem wirklich entsprechen, sondern nur noch über die Mittel, wie man sie am besten erreicht. Das ist das Problem, verstehst du? Denn –»

Die lichtschimmernden Vierecke der Fenster dieser Häuser da draußen in der Nacht sahen aus wie eine Unmenge aufeinandergestapelter Fernsehgeräte, hunderte von Kanälen und Programmen, Telenovelas. Vera kommentierte sie alle, ich hörte zu und auch nicht,

«denn wenn man es nicht schafft, oder anders schafft, und man wird unglücklich, dann kann man die Probleme, die sich daraus ergeben, natürlich nicht lösen, weil man ja glaubt, daß man deswegen unglücklich ist, weil man eben das oder jenes nicht so geschafft hat, wie man es sich vorgestellt hatte. Und daran ist natürlich nichts mehr zu ändern, denn Voraussetzung wäre, daß man etwas macht, was man erwiesenermaßen nicht kann, denn sonst hätte man es ja ohnehin schon gemacht, genauso wie man es sich vorgestellt hatte.

Aber wenn man es geschafft hat, und man ist trotzdem unglücklich, dann erscheint das Problem auch unlösbar, denn man hat ja alles gemacht, wie man es sich vorgestellt hat, man ist voll realisiert, man hätte nichts anders machen können, ja dürfen, als das, was man gemacht hat, man hat nichts anderes erreichen wollen, als eben das, was man glücklicherweise erreicht hat.

Was also hätte man machen sollen, um nicht unglücklich zu sein? Und was kann man jetzt noch machen? – Das ist natürlich alles ganz falsch!» sagte Vera.

Ich ging auf und ab, in einer glücklichen Motorik, jeder Schritt, jede Bewegung, schien gleichzeitig in jeder meiner Körperzellen gemacht zu werden, jeder Lichtstrahl, jeder Eindruck, jede Idee funkte in allen meinen Zellen zugleich auf, so als gingen bei einem riesigen Gebäude hinter allen Fenstern gleichzeitig die Lichter an. Nichts hatte eine Bedeutung, aber eine Erleuchtung war alles. Das Buch, das auf dem Regal über dem Bett zwischen den Nippessachen lag, hieß *‹Die Löwe-Frau›*.

Das Buch! Ich wollte doch alles mitschreiben, Worte mit dem Glück und der Ordnung anreichern, die jetzt so berstend frei wurden, jetzt schien mir mein Buch erst möglich zu werden, ich mußte nur das neue Wörterbuch jetzt mitschreiben. «Bitte», sagte ich zu Vera, «hast du etwas zum Schreiben, einen Kugelschreiber, Papier?»

«Schau einmal dort! Nein, dort! Ja, da müßte ein Notizblock liegen!»

Der Teddybär mit dem leidvoll zerknautschten Gesicht und der kleinen heraushängenden roten Stoffzunge auf dem Schoß der Puppe mit dem blauen Kleidchen, er sah aus wie die Karikatur – einer Pietá, oder nein, das konnte ich damals nicht gedacht haben –, aber es sah erbärmlich und erschütternd aus, eben wie zwei übereinandergeworfene Puppen. Ja, wie die Karikatur der Stellung, die Vera mit mir so gerne einnahm und es später tatsächlich auch wieder tun sollte: ich auf ihrem Schoß liegend, sie mit ihrem umhüllenden blauschwarzen Blick auf mich herabblickend...

Ich grinste. Auch Vera lachte.

«Siehst du, worin der Fehler liegt?» fragte sie kichernd. «Da wird getrennt zwischen einem selbst und irgendwelchen Zielen und den Mitteln, um sie zu erreichen, aber warum sollte das alles zusammenpassen? Was gibt es da zu wundern, wenn man auf diese Weise unglücklich wird. Es wäre verwunderlich, wenn man es nicht würde!... Es wäre, als würdest du versuchen, Teilchen von verschiedenen Puzzles zu einem Bild zusammenzustecken, das kann ja nicht gehen», sagte sie und schaute mich an, angeregt und stolz, überzeugt von der einleuchtenden Klarheit ihrer Metapher, «das heißt, man denkt eigentlich immer über das Falsche nach, und alle Versuche, etwas zu ändern, ändern nichts, weil man ja letztlich immer dasselbe macht: Teilchen, die nicht zusammenpassen, herumzuschieben und umzugruppieren.»

Sie wirkte emphatisch. War das der Grund dessen, was da ununterbrochen in den Eimer geplätschert war oder schon das Überlaufen? Es war so transparent, Schicht über Schicht, ohne, daß man sie hätte auseinanderhalten können.

Teilchen von verschiedenen Puzzles! Den Eindruck habe ich auch immer, Dinge zusammenzustecken zu versuchen, die nicht zusammengehören, ja, ja, ich lallte vor Glück, vielleicht aber auch deshalb, weil das alles falsch war, es war mir jetzt ganz klar, es stimmt, daß es falsch ist. Wie schön, daß der Satz von dem Puzzle bloß eine Banalität ist, ein triefendes Plätschern aus Veras Mund! Es stimmt nur insofern, als einfach alles stimmt, was man jetzt sagt, weil alles sich in das Ganze einfügt, daher auch der Satz, daß nichts sich einfügt, nichts zusammenpaßt, weißt du, nein.

«Weißt du, warum wir immer nur über die Mittel und Wege nachdenken, unsere Ziele zu erreichen, aber nie über die Ziele selbst?»

Genug, genug! Es wird zuviel, es läuft über, auseinander, ich hätte so gerne erst meinen Kopf in das Gefühl getaucht, daß sich alles sammelt, zusammenrinnt. Aber es tut es ohnedies auch, es gehört ja zusammen, es wird alles glücklich eins.

«Wir würden nämlich draufkommen», sagte sie und machte eine Kunstpause, in die hinein ich sofort sagen wollte, daß – «Wir würden nämlich drauf kommen», sagte sie, die Stimme hebend, «daß sie gar nicht aus einem selbst kommen, sondern daß sie vorgegeben sind, und daher mit einem gar nichts zu tun haben. Darum paßt das nie zusammen, man selbst, die Vorstellungen, die man hat, und die Mittel, mit denen man sie verwirklichen will. Ich bin drauf gekommen», sagte sie, «daß derjenige, der dauernd darüber nachdenkt, wie, ach wie er nur seine Lebensvorstellungen und Ziele am besten verwirklichen kann, also in dauernder Besorgnis lebt, womöglich die falschen Mittel anzuwenden, in Wahrheit falsche Vorstellungen und Ziele hat.

Diese Furcht zu irren ist schon der Irrtum selbst. Sie setzt nämlich etwas voraus, was gar nicht überprüft wird, und gar nicht wahr ist, nämlich, daß unsere jeweiligen Vorstellungen vom Leben und unsere Ziele wirklich jeweils unsere sind, und daß sie durch die richtigen Mittel und Wege verwirklicht werden können. Zweitens, daß es einen Unterschied gibt zwischen uns selbst und dem, was wir werden und erreichen wollen, und drittens, daß dies objektiv so sei und von uns subjektiv in seiner spezifischen, uns betreffenden Konstellation jeweils erkannt und angewendet werden muß. Aber –» es redete aus ihr, es rauschte, ich war begeistert, kein Wort von ihr interessierte mich, der Eimer meiner Aufnahmefähigkeit, den ich vor ihr hingestellt hatte, um mich auch anderweitig umtun zu können, war längst schon voll, lief über, mit jedem Schritt watete man in diesem Zimmer, es ist so viel, weil es so verdünnt ist, und immer ist alles rot, weiß oder rot, ich war begeistert, weil es in aller Enge so exzessiv war, so berstend und platzend, diese süße Redseligkeit, aber in mir redete es auch. Ich wollte selber reden und gehen, und alles aufschreiben, bevor ich es nie vergaß, ich ging zum Schminktisch und schaute, ob dort etwas zum Schreiben lag, da lag ja der Kugelschreiber, das Kugelschreibergehäuse, aber wo war die Mine? Plötzlich sah ich mich im Spiegel, wie ich ununterbrochen meine Lippen leckte und bewegte. Ich hatte Durst. «Ja, ja», sagte ich, und um Vera zu unterbrechen: «Gehst du seit neuestem zum Psychiater?»

«Ja», sagte sie stolz, «und was ich jetzt begriffen habe, ist, daß das, was wir wirklich wollen, in uns drinnen ist und sich meldet, wenn wir nur darauf hören, und es braucht keiner Mittel, um es zu verwirklichen, weil es sich durch uns selbst entfaltet, wenn wir ihm nachgeben, so wie wir atmen –» Ich schnaufte. «So wie die Biene ihre Waben baut!» sagte ich, ach, wenn sie doch still wäre! Vera war begeistert, sie wiederholte den Satz, stand auf und legte eine Platte auf, während ich hinauslief, um Wasser zu trinken. Der Hals fühlte sich bamstig an, dick und taub. Merkwürdig, dachte ich fröhlich. Als ich ins Zimmer zurückkam, empfing mich irgendeine sphärische Musik. Ich setzte mich aufs Bett, sie setzte sich zu mir. Woher kannte ich dieses Glücksgefühl? Ich raste durch Fluchten von Erinnerungen und fand sie so geordnet, als hätte jemand anderer sie aufgeräumt, und sie gehörten folglich gar nicht mir. Daher erschien mir auch alles, was ich sah, hier in Veras Zimmer, genausogut Objekte meiner Vergangenheit zu sein, meiner Erinnerung entschlüsselbar, diese kitschigen, aus nachtschwarzem Glas geklebten Sternchen, all diese roten Kissen auf dem Bett, ja, ja, der offene weißlackierte Kleiderschrank mit der bunten Vielfalt von Veras Kleidern, Röcken, Hosen, Blusen, der Plattenspieler auf dem Wikkeltisch, das aquarellierte Licht-Schatten-Muster, ich sah es, nicht als ob ich es vor Augen hätte, sondern als ob es mir einfiele, beeindruckt davon, wie plastisch ich es in meiner Erinnerung sah.

Zugleich formte ich daraus etwas Neues, buchstäblich ein Vorbild dessen, was ich machen wollte, machen werde, diese Ordnung im Vor- und Zurück- und im Kreis-Gehen meiner Gedanken, mein Roman, ich klappte ihn in meiner Vorstellung auf, und Szenen falteten sich in einer so lächerlichen wie anmutigen Einfachheit heraus, wie diese simplen Faltfiguren aus Glückwunschkarten, wenn man sie aufklappt, oder sie zogen durch das Raster meines Denkens, wie bei diesen Schokolade-Schachteln, die ich als Kind so geliebt hatte, auf denen sich das darauf Abgebildete veränderte und erweiterte, wenn man die Schachtel aus der Hülle hervorzog...

Ich saß da auf diesem Bett, spürte Vera neben mir, hörte zu, wie sie pausenlos ausplauderte, daß man in sich hineinhorchen müsse, wanderte in meinem Kopf durch Erinnerungen, so wie mit meinen Augen über die Dinge, die ich sah, und folgte der Bewegung der Bilder, die sich über- und untereinander verschoben, hervorzogen und aufklappten und dabei etwas vorzeigten, was erst sein werde. Man kann ja wirklich in alle Richtungen gleichzeitig denken! sagte ich plötzlich, zustimmend, als hätte Vera das zuvor behauptet, aber dann fiel mir ein, daß Judith das in ihren Mappen beschrieben hatte.

In einer plötzlichen Gier sprang ich auf und lief zum Schreibtisch, um noch eine Linie zu schnupfen, es war sensationell, es sollte nicht nachlassen, es sollte sich steigern.

«Das ist das Schöne am Kokain», sagte Vera selig lächelnd, «wie man assoziiert!»

Assoziieren? Nein. Ich spürte meine Kapazitäten stärker, meine Kenntnisse deutlicher, meine Talente kräftiger, meine Vorsätze entschiedener. Nein, sagte ich missionarisch, in alle Richtungen denken ist nicht Assoziieren, das ist die natürliche Bewegung. Das heißt – Das heißt, unterbrach ich sie, schon wieder wollte sie reden – daß, was wollte ich sagen – mir schoß so viel in den Kopf – überlege einmal! Man kann zum Beispiel in einer Erzählung vor- oder zurückgehen, vor- und zurückgehen, ohne es als Abschweifung zu empfinden, das bedeutet ja, daß es im Grunde eine identische Bewegung ist, und –

«Ja, das ist so, denk an die Liebe», sagte Vera. Ich hatte nicht einmal Zeit zu fragen, wie sie jetzt darauf komme.

«Die Liebe, zum Beispiel! Man verliebt sich, ab da geht es vorwärts, eine Entwicklung, man lernt den anderen immer besser kennen, und so weiter. Aber diese Entwicklung ist zugleich ein Rückschritt, eine schleichende Zurückbildung des ursprünglich so sensationellen Gefühls, das sich im Alltag auflöst. Aber in dieser Rückentwicklung muß man immer vorwärtsgehen, in der Chronologie der Ereignisse, und man macht Erfahrungen von Gemeinsamkeit, die die sich zurückbildende Empfindung ergänzen und ersetzen. Aber auch in diesem Vorwärtsgehen geht man gleichzeitig immer wieder zurück, in Gedanken, denk an die schönen Sachen, die gewesen sind – kannst du dich an unser Wochenende in Guarujá erinnern?» fragte sie verträumt. «Als du mir soviele schöne Sachen gesagt hast?»

«Ja», sagte ich verwundert.

«Und so geht man immer in zwei Richtungen gleichzeitig, und zugleich umkreist man einander, in jedem Moment, in dem man beisammen ist, kreist den Moment ein, in dem man sich befindet – es ist wie ein Tanz, man macht Schritte in alle Richtungen, vor- und miteinander, darum ist das Tanzen so schön, weil –»

War es das, was ich gemeint hatte, diese falsche, pathetische Trivialität? Ich lag wieder auf dem Bett, meinen Kopf auf ihren Schoß gebettet, wie schon ein andermal blickte sie, eine Madonna, auf mich herab mit ihrem umhüllenden Blick.

Wer weiß, vielleicht hatte ich auch gar nicht zugehört, und nur an meinen Roman gedacht, und ihre Worte waren nur Echo meiner Gedanken, oder umgekehrt: diese Stelle aus Tristram Shandy, die Judith zitiert hatte, daß man vor- oder zurückgehen kann, ohne es als Abschweifung zu empfinden, was bedeute, daß es im Grunde eine identische Bewegung sei – hatte ich gedacht oder gesagt. Im Grunde eine identische Bewegung. Nur so ist ja das Phänomen Rückschritt im Fortschritt überhaupt möglich. Der Roman, der diese Bewegung nachvollzieht, indem er gleichzeitig vor- und zurückgeht, einkreist, den Rhythmus der Abläufe zu ertasten versucht, wiegt sich darin – ist ein Tanz, dachte ich, eine Marionette, die an den Fäden eines Maschinisten hängt, der das, was er sich vorstellen kann und in Bewegung setzt, überrascht sich ergänzen läßt durch das, was die Puppe in ihrer Unschuld fortführt, ausbalanciert, die logische Fortsetzung der Bewegung, die längst schon Geschichte ist, bevor das denkende Gemüt sie erkannt hat, und diese Puppe wiegt sich vor einer anderen, dem anderen Geschlecht, das ist die Wirklichkeit, mit deren Bewegungen sie die ihren harmonisieren will; die Puppe Kunst sucht nach einer Phase größenwahnsinnigen freien Phantasierens, wenn ihr die davon faszinierte Wirklichkeit plötzlich zu entschweben droht, in steigernder Intensität die Übereinstimmung, die Berührung – eine fixe Idee, die nie zu realisieren ist, weil dann alles unharmonisch, sperrig und hölzern zusammenkracht.

Ich wurde erregt, durch diese Erinnerung an die Marionetten, an Yuki, wenngleich sie auch jetzt etwas anderes waren, vor und zurück und kreisende Bewegungen, ein ritueller Verführungstanz der Wirklichkeit, der sich nie verwirklicht, die Wirklichkeit nie zu etwas anderem verführt, als das zu sein, was sie ohnehin schon ist, nämlich auch nur eine Imitation, aber sie ist eine Imitation ihrer selbst, Schein. Zärtlich, bedürftig und träge sein, wie keine Puppen, einander in die Arme fallen, wie Puppen.

Vera merkte meine Erregung, öffnete meine Hose mit einem bedeutungsschweren Lächeln, so als existierte auch meine Erregung nur als ihre Erkenntnis. Ach ja, sie hatte ja von Liebe gesprochen und mußte daher deren Symptome erkennen, sie begann ihre abreibende Zärtlichkeit, «sie erkannten einander», gut, aber vorzüglich ist durch Greifen noch lange nichts begriffen. Wie logisch alles erscheint! sagte ich, aber auch diesem Satz mußte sie zustimmen, weil auch er ihr logisch erschien.

«Ja», sagte sie sanft und gedehnt, «das ist, weil die Sperren und Preokkupationen wegfallen, wenn man Kokain schnupft!» War es das? Daß man keiner Erklärungen mehr bedurfte, weil sich alles durch die Droge erklärte? Diese Reflexion unterbrach den spontanen Fluß meiner Gedanken – doch Assoziationen? – allerdings nicht, sie kamen nur so nebenher und gleichzeitig, während mir Judiths Formulierung «Brennen vor Geilheit» einfiel, tatsächlich, es ist wirklich so, aber doch auch so taub, die Steigerung schien schon vorweggenommen, sich entseelt darzustellen als deren Denkmal für die Ewigkeit.

Die Gier wurde immer größer, die Lust aber flutete irgendwie zurück, ich begann geradezu zu rackern, aber es schien, als würde ich mich von der Erlösung oder der Vollendung oder der Erfüllung oder von was auch immer, vom so Ersehnten, wegrackern, statt es zu erreichen, diese schwitzende Gier, wo kommt diese Kraft her? mit der ich fröne, nein, frone, in sturer, blinder Rhythmik, so wie man einen Baum fällt, oder ihn zersägt, oder Bretter hobelt, oder einen Sarg zunagelt.

Vera bäumte sich auf, nach Luft schnappend, ein üppiger Anblick, «Fleischeslust» – wie mager Judith war, nur Haut und Knochen. Vera kicherte.

«Mit Coca kann man nicht ankommen!» sagte sie. Sie wälzte sich glitschig herum und sah auf mich herab. Dein blauschwarzes Haar, feuchtglänzende Strähnen!

Ich wollte etwas sagen, das weiß ich noch, weil – Finger auf meinen Lippen, hier ruhten sie, bis meine Lippen zuckten, so, daß es ein Kuß gewesen sein könnte, nun führte Vera ihre Hand zu ihren Lippen. «Weißt du noch?» sagte sie rot glänzend. «Ja!» sagte ich, was auch immer, es liegt zurück, dort, wo wir hinblicken, von dort kamen auch die falschen Sphärenklänge der Platte, die schon wieder von vorn zu spielen begann. Vera hatte den Plattenspieler auf ewige Wiederholung eingestellt. Ich fragte sie, ob sie nicht eine andere Platte auflegen könne. Und ob sie mir nicht bei der Gelegenheit einen Kugelschreiber mitbringen könne. So wie ich Yukis tanzende Marionetten plötzlich gesehen hatte, DAS mußte ich wenigstens aufschreiben.

«Klar», sagte sie und stand auf, blieb aber auf dem Weg zum Plattenspieler beim Schminktisch stehen, um nachzuschnupfen. «Willst du auch noch?» fragte sie, ich sagte ja und sie ließ mir eine halbe Linie übrig. Dann rubbelte sie mit dem Finger über den Teller und massierte damit ihr Zahnfleisch, die Zähne fletschend. Daß sie die Platte wechseln wollte, hatte sie vergessen. Sie begann sich auszuziehen, sie schlenkerte mit den Hüften, als sie den Rock herunterstreifte und sagte plötzlich:

«Zum Beispiel: warum bin ich nicht Ballettänzerin geworden?»

Ja, warum nicht?

«Weil ich in der Firma gewesen bin, in der mein Vater mich untergebracht hat und die ganze Zeit darüber nachgedacht habe, wie ich hier Karriere machen kann. Und weil ich wirklich Karriere gemacht habe. Weil ich auch diesen Fehler gemacht habe, nur darüber nachzudenken, wie ich es bloß machen könnte, etwas zu erreichen, was mir logisch vorgekommen ist, daß ich es erreichen müsse, ohne mich zu fragen, ob es wirklich das war, was ich wollte, und was es ist, was ich wirklich will. Ich habe die Suche nach mir selbst –» sagte sie pathetisch, fest deklamierend – «ersetzt durch die Suche nach irgendwelchen Mitteln, die etwas erreichen sollten, was mit mir gar nichts zu tun hat!»

Sie streckte die Hände gerade nach vorn, mit den Handflächen nach oben, führte die Arme langsam hinauf, über den Kopf, drehte die Handflächen nach außen und senkte die gestreckten Arme langsam seitlich, in einem zeitlupenartigen Flügelschlag und wiegte sich im Rampenlicht, das von der Stehlampe diffus über sie sickerte.

Hast du einmal Ballettunterricht gehabt, fragte ich.

«Nein, nie!» sagte sie.

Oder ist es immer dein Wunsch gewesen, als Kind, daß du Ballettunterricht bekommst, aber es ist dir nicht erfüllt worden?

«Nein, nie. Das ist es ja. Ich habe nicht einmal den Wunsch gehabt. Mein Vater hätte ihn mir sicher erfüllt. Und später hätte ich es mir problemlos leisten können. Aber nie habe ich den Wunsch gehabt. Das ist es ja. Dann hätte ich doch gemerkt, ob es das ist, was ich will. Ich habe nie in mich hineingehört!»

Ich spürte plötzlich mein Herz ganz stark und schnell schlagen. Angst.

Angst vor einer peinlichen Banalität, die sich auf meine eigenen Phantasien zurückwirft, wie ein Spiegelbild – wie sollte ich das beurteilen können? Womöglich ist die schöne Unendlichkeit meiner eigenen Glücks- und Größenphantasien nichts anderes, als die Sensation einer endlich enthemmten Dummheit, der allein Unendlichkeit gegeben ist?

Nur damit sie mit ihrem unerträglichen Tanz aufhöre, stürzte ich zu Vera hin und umarmte sie, in einer Abruptheit, so wie man mit der Faust in einen Spiegel schlägt, schon wieder kichernd, weil ich wußte, wie alles sich gleich wieder kitten werde: indem wir die Reaktionen des anderen unseren eigenen Vorstellungen zuschrieben.

Schau, wie stark mein Herz klopft, sagte ich und legte ihre Hand auf meine Brust.

«Das kommt vom Kokain», sagte sie. Ich habe gewußt, daß sie das sagen würde. Wenn sie gesagt hätte, daß es von der Liebe komme, hätte ich auch gewußt, daß sie es sagen würde.

Mein Herz raste vor Angst. Angst vor der Banalität, der Dummheit. Ich hielt die Dummheit nicht mehr aus. Veras Dummheit, oder womöglich meine. Warum mußte ich selbst den Moment der größten möglichen Euphorie, nämlich den der artifiziell hergestellten, durch Reflexionen erschüttern? Ich züngelte in Veras Nasenlöchern, um noch ein hängengebliebenes Stäubchen Kokain zu erwischen.

«Willst du noch?»

Vera machte sich wieder mit der Rasierklinge an die Arbeit. Ich trippelte vom Bett zum Fenster, vom Fenster zum Bett. Sind das, da, auf dem Bett, zwei tote Ratten? Nein, das sind nur meine zerknäulten Socken. Die beiden aufeinandergeworfenen Puppen, der Bär auf dem Schoß der Puppe, lächerlich und erbärmlich, meine Erinnerung an Yukis Marionetten, ich sah zu Vera hinüber, auf ihren Rücken, gebeugt über ihren Glasteller. Wie breit ihr Rücken ist! So breit und fleischig! Sie als Ballerina, es war lächerlich. Aber wie kommt sie darauf? Das, einzelnes wußte ich nicht. Denn ich wußte alles. Die Totalität meldet sich, sie bricht hervor unter ihren Krusten, die, aufbrechend, wir pausenlos für Scherben halten.

In Wahrheit faßte sich alles zusammen. Das Ganze erhebt sich. Man muß es nur zum Tanzen bringen, ihm seine eigene Melodie vorspielen. Ich nahm den Kugelschreiber, da lag er ja! jetzt konnte ich – Vera führte mich am Schwanz zum Schminktisch, zum Pult, ich dirigierte mit weitausholenden Bewegungen die eigene Melodie. Ich starrte geblendet ins Licht des Glühbirnen-Kranzes, blind in den Spiegel. «Da!» sagte Vera.

Ich habe natürlich nichts notiert, nichts mitgeschrieben. Nicht nur, weil ich den Kugelschreiber nie gefunden, beziehungsweise immer wieder zu suchen vergessen hatte, sondern auch, weil irgendwann diese euphorisch-eitle Selbstgewißheit dazugekommen war, daß es ja nicht notwendig sei etwas auf Papier festzuhalten, weil ich ohnehin alles im Kopf behalten würde. – Aber ich habe mir nichts gemerkt, gar nichts, weshalb ich mir beim späteren Aufschreiben alles wieder neu ausdenken mußte.

In diesen Nächten. Der Mond hing rosig, prall und rot am Himmel, im Metallnetz der Fernsehantennen. So groß und so rot. Alles was man in fremden Ländern sieht, läßt sich zusammenfassen in dem Satz: Das habe ich noch nie gesehen.

Der rote Mond, das kommt von der Pollution, von dieser Schmutzglocke über São Paulo, mutmaßte Dona Ilse.

In diesen Nächten. Trinkend und rauchend in meinem Zimmer. Viel zu viele unbeschriebene Blätter.

Zuerst gehe ich auf und ab. Dann sitze ich nur noch da und schaue. Worte auf dem Papier – sie sind nicht hingeschrieben, sondern auch nur hingeschaut.

Die Zeit der Vollendung. Die Utopie, daß es besser wäre, wenn nichts entstünde, ist eingelöst. Täglich entsteht nur noch Nichts. Oder nicht einmal das, nicht mehr Nichts. Varianten.

Du schaust. Was soll das alles?

Es schrieb sich überall an. Sogar in der *Bar jeder Hoffnung*. Zehn Tage hatte ich auf Professor Singers Anruf gewartet. Ich verstand nicht, warum er sich nicht meldete. War so verheerend, was ich geschrieben hatte, und traute sich der Professor nicht, mir die Wahrheit zu sagen?

Vera rief an. Oder ich rief Vera an. Ich entwickelte natürlich sofort ein gewisses Suchtverhalten, wie ich mit trübsinnigem Erstaunen merkte. Ich wollte mehr, und vor allem, ich wollte es alleine nehmen. Meine Gedanken wie pure noble Kristalle auf einem Spiegel bereiten, der ich alleine bin, ohne das Dazwischengehacke Veras. Aber Vera hatte nichts mehr. Und Schnaps tat es auch. Und Singer rief nicht an. Ich kann mich, was diese Tage betrifft, nur an den Mond erinnern, den ich sah, wenn ich, am Schreibtisch sitzend, den Kopf hob, um über eine Formulierung nachzudenken, die ich dann nicht niederschrieb. Der Mond nahm ab. Singer rief nicht an. Also ging ich wieder in die Bar. In der *Bar jeder Hoffnung* war etwas geändert, nein, modernisiert. Das Charakteristische am Modernen ist ja, daß es nicht eigentlich etwas ändert, sondern das Gehabte lediglich mit neueren Techniken wiederholt und fortführt. Oder vielleicht nicht einmal fortführt, sondern dahinter zurückgeht und es nur noch zitiert. Die Spiegelvitrine war weg, man sah nur noch an der Wand, wo sie gestanden hatte, ihre Konturen. Nun gab es, wie im Kassenraum einer Bank, Videokameras, auf bizarren, metallenen Greiferarmen waren sie montiert, über dem Eingang, hinter der Theke neben dem Flaschenschrank, über den Tischen, sie schienen das Leben in jedem Winkel der Bar zu filmen, aber auf den Monitoren, die an den Wänden angebracht waren, flimmerte nur das Standbild der menschenleeren Bar.

Es hatte sich nichts im Prinzip geändert, und doch war alles anders. Es war noch relativ früh, um diese Zeit war die Bar früher beinahe immer leer gewesen, doch an diesem Tag war sie schon gut besucht. Allerdings sahen die Gäste nicht exiliert, sondern hergejettet aus. Frisuren statt Haarschnitt. Outfit statt Kleidung. Sie lehnten nicht an der Theke, sondern waren dort postiert und drapiert. Das Bewußtsein war in die Ellenbogen gerutscht, in die Bewegung und Haltung. Obwohl auf den Monitoren kein Mensch zu sehen war, schienen doch alle mit dem Auge der Kamera zu rechnen, vielleicht auch nicht, vielleicht rechneten sie nur aus Gewohnheit mit dem Auge der Kamera. Die Stimmung war gehoben wie ein Lid. Professor Singer war nicht da. Verloren stand ich mitten im Raum und schaute.

Oswald! Hallo, sagte ich, servus!

Ich fragte ihn, was mit der Spiegelvitrine passiert sei.

«Die haben's dem Martin abgekauft», sagte er, «is ja ein Kunstwerk. Die steht jetzt im Museum. Was willst. Aus die Leut wird was!»

Und diese Video-Dinger da?

«Die hat der Thomas dann da montiert. – Was heißt, welcher Thomas? Der Bruder vom Martin, genau! Der Exfotograf! Was sagst? Die Leut sind begeistert!»

Er fragte mich, ob ich ein Bier wolle. Ich sagte nein, lieber eine Caipirinha. Ich begleitete ihn zur Bartheke. Dort sah ich im Bücher- bzw. Spirituosenschrank zwischen zwei Flaschen die Mappe eingeklemmt, die ich für Professor Singer hier deponiert hatte, meine Mappe, wieso war sie noch immer hier? Ist der Professor seitdem noch nicht hiergewesen?

«O ja, doch, einmal!» sagte Oswald, während er mit dem Klöppel die Zitronen im Glas zerquetschte, mit geneigtem Kopf mich anblickend. Seine Augen nahmen einen klaren Schimmer an, den schützenden Schimmer einer Emailschicht. Er sagte, daß es wohl vernünftiger wäre, wenn ich die Mappe wieder an mich nähme, da Professor Singer sicherlich nicht so bald wieder hierherkommen werde.

Ich fragte, was passiert sei. Oswald erzählte, daß der Professor, seit ich die Mappe hier für ihn hinterlegt hatte, erst vorgestern das erste Mal hiergewesen sei. Zufällig also an dem Abend, an dem die Bar «nach der *reforma*» wiedereröffnet worden sei.

«Waaßt, wer alles da war? Lauter Prominenz. A gutes Publikum. Es war a Fest. Der von der Zeitung war aa wieder da, mit an Fotograf. Hast die heutige Zeitung nicht gelesen? Die Folha? Nein? Cleusa! *Me dá!*» rief er der Kellnerin zu, und noch einmal: «Cleusa, *me dá*!» Er wedelte mit dem ausgestreckten Zeigefinger, auf sie oder auf etwas hinter ihr Befindliches deutend, einige Herren an der Theke lachten amüsiert.

«O Jornal, me dá o jornal de hoje, por favor; isso!»

Cleusa reichte ihm die Zeitung, die hinter ihr auf dem Regal gelegen hatte. Oswald schlug sie mit geübtem Griff an der richtigen Seite auf und warf sie vor mir auf die Theke. Die Seite mit dem Gesellschaftstratsch. Mittendrin eine Hymne auf die *Bar Esperança*, eine Liste der Prominenten, die hier verkehren, prominente Gestalten aus der Welt des Geistes sowie auch der Kunst und Industrie, ich kannte keinen dieser Namen, die Stammgäste, die ich kannte, waren allerdings nicht erwähnt. Zwei Fotos. Auf dem einen war Oswald zu sehen, durch den Flash glänzend vor Glück, zwischen zwei prominenten Malern. Der eine war Martin Daher. So also sah er aus. Etwas aufgeschwemmt, aber er muß früher sehr gut ausgesehen haben. Auf dem anderen Foto das dunkel schimmernde Dekolleté Cristals, eingerahmt von den weißen Hemden der Senhores Bernhard Shasmann, «*executivo de Nestlé do Brasil*», (den Druckfehler gönnte ich ihm!) und Fortunato Pinto Prado, dem «bedeutendsten Mäzen» (eine Umschreibung dafür, daß er hauptberuflich ein stadtbekannter Erbe ist). Es war unglaublich. Diese Fotos hätte Oswald jetzt interpretieren sollen, so wie damals mein Urlaubsfoto! Ich sah Oswald an und nickte.

«Verstehst», sagte er, «und jetzt stell dir vor: mittendrin der Leo –» jetzt wurde seine Stimme so gepflegt rauh, wie wenn ein manikürter Fingernagel über echtes Leder kratzt, «in der Partie da, alles bestens, der Fotograf macht die Fotos, irgendein Professor, ein echter, redet über den Martin seine Bilder – und auf einmal fangt der Leo zum Dozieren an, kommt wieder mit seinem Hegel, stundenlang, verstehst, alles hüstelt, sagt *pois é* und gewiß doch!, verstehst, und da is er mir so auf die Eier gegangen, daß ich mir gedacht hab: jetzt is Schluß, jetzt hab ich genug. No, da hab ich ihm halt a paar Sachen gesagt –»

«Was hast du gesagt?»

«Na ja, was weiß ich, was man halt sagt, nicht, ab jetzt wird zurückphilosophiert, hab ich gesagt, und: Hegel scheint widerlich zu sein! hab ich gesagt, und Philosophie ist die Wissenschaft schlechthin, die taugt zu gar nichts! hab ich gesagt, und Kategorien als ethische Maschinerie halte ich für erledigt! Und, ja, was habe ich noch gesagt? Na ja, kannst dir vorstellen, lauter normale Sachen halt. Er soll mich in Ruh lassen mit seiner Theorie oder was das schon ist von dieser Rückentwicklung, der großen Menschheitskatastrophe, wie er das darstellt. Ach ja, weißt, was ich ihm noch gesagt habe?» Er grinste. «Ich habe nix aber auch schon gar nix gegen die Rückentwicklung, im Gegenteil, sie ist die Rettung der Menschheit, mir kann es nicht schnell genug gehen, bis ich endlich wieder zurück bin, ganz zurück, im Mutterleib, im Uterus. Wir sollten das noch künstlich beschleunigen, hab ich gesagt, den Uterus künstlich herstellen, so einen Glücksanzug, das ist die vollständige Lösung aller Weltprobleme, die Chance unseres Jahrhunderts: die Befreiung von Philosophie durch Technik!»

Oswald hatte im Reden meine Caipirinha vergessen, jetzt machte er sie mit wütenden raschen Handgriffen fertig und stellte sie vor mich hin. Ich nahm einen Schluck, doch statt das Glas abzusetzen, trank ich es auf einen Zug leer. Noch eine! Oswald nickte. Das Lokal wurde immer voller. Oswald schaute schon hektisch um sich.

«Schau einmal, wer da jetzt alles bei mir verkehrt, das ist eine andere Partie als wie früher, wenn ich die Preise verdopple saufen's doppelt so gern, echt ein gutes Publikum, net. Net bled, verstehst, aber keine Quatscher, der Leo haut mir ja das Lokal zamm, wenn er da alle niederquatscht.

Rückschritt, Fortschritt! Das ist doch alles eins. Ich habe nichts gegen den Rückschritt. Wenn er zum Beispiel dazu führt, daß der Einbau eines neuen Gelenks zwischen Schulter und Ellenbogen möglich wird, der eine neue Ära des Rückenwaschens einleitet, dann sage ich: ja bitte! Das ist, was weiß ich, konkretes Glück, verstehst.»

«Verstehe», sagte ich. «Und was war dann? Ich meine, was hat der Leo darauf gesagt –»

«Gesagt? Nix hat er gesagt. Schmähstad war er. Hat nur genickt. Ununterbrochen. Man hat geglaubt, er hat a Krankheit, so wie er genickt hat. Na ja, und dann ist er gegangen und hat deine Mappe vergessen. Is gescheiter, du nimmst sie wieder mit. Weil, er kommt so bald nicht mehr, wie's ausschaut.»

Er stellte mir meine zweite Caipirinha her, dann warf er auch meine Mappe auf die Theke. Ich ertappte mich dabei, wie ich nickte und hielt so abrupt inne, daß ich einen ziehenden Schmerz in den Halsmuskeln spürte.

«Und was sagst?» fragte Oswald. «Wie gefällt dir das Lokal jetzt?»

«Gut», sagte ich, mich höflich umschauend, und dann, ich weiß nicht warum, sagte ich: was wohl Judith dazu gesagt hätte?!

«Ja, Freund, die Toten sind ja eben gerade nicht die Toten, sondern Leichen und mit dem letzten Wort fliegst du in die Geschichte, es hat ihr gefehlt, auch sie ist jetzt kompletter. Dein letztes Wort wird Scheiße gewesen sein und vermutlich reflexiv, oder auch sonst, was man halt sonst normalerweise damit sagen möchte. Und jetzt halten wir vielleicht Gott sei Dank das Maul, doch das Maul.» Und schon kreuzte Oswald wieder durch das Lokal, begrüßte mir völlig Unbekannte wie alte Bekannte, raunte launig, registrierte Tratsch und lancierte Gerüchte. Wozu das alles erzählen? Ich schaute um mich, nicht mit diesem traurigen Schleier vor den Augen, den man hat, wenn man dies alles ohnehin bald vergessen haben würde, sondern so, als betrachtete ich etwas, das ich schon längst vergessen hatte.

Ich bestellte bei Cleusa noch eine Caipirinha und puffte meinen Thekennachbarn, der sich allzu sorglos breitmachte. Nicht, weil ich glaubte, daß ich hier wohl ältere Rechte hatte, sondern weil ich so taub und so irritiert war, daß ich angestoßen hätte, selbst wenn niemand so eng neben mir gestanden wäre.

Ich nahm meine Mappe, drückte sie an mich wie ein Schutzschild. Ich winkte Cleusa mit meinem Scheckbuch, sie gab mir die Rechnung und einen Kugelschreiber. Das mit den verdoppelten Preisen war kein Witz von Oswald gewesen.

Als ich Cleusa meinen Scheck gab, stand Oswald plötzlich wieder neben mir.

«Gehst schon?»

Ja, sagte ich. Hör mal, es ist sehr wichtig, daß Singer diese Mappe da bekommt. Aber er hat ja kein Telefon. Weißt du, wo er wohnt? Dann könnte ich sie ihm hinbringen.

«Na geh», sagte Oswald, «was heißt, wo er wohnt? Waaßt eh, beim Löwinger!»

Bei welchem Löwinger?

Oswald war ehrlich erstaunt. Ob ich den alten Löwinger nicht kenne, sein Haus im Bezirk Morumbi, ganz in der Nähe von hier. Ich verneinte. Den kenne doch jeder. Ich verneinte nochmals. Die Löwingers hatten doch diesen berühmten Salon geführt. Alles was heute in São Paulo, ja, in ganz Lateinamerika, Rang und Namen habe in Literatur, Kunst und Wissenschaft habe dort verkehrt. Das halbe Lokal hier, sagte Oswald, kenne das Haus vom Löwinger. Sogar Borges habe es sich früher nie nehmen lassen, den alten Löwinger aufzusuchen, wenn er nach São Paulo gekommen sei. Oswald fragte, wie lange ich schon hier sei und stellte fest, daß das alles lange vor meiner Zeit gewesen wäre.

«Josef Löwinger, Deutsch-Brasilianer, seine Frau war Wienerin, eine geborene Wertheimer, ein kalter Typ», sagte Oswald, «wie ein Fisch, verstehst, bewegte sich in Gesellschaft tatsächlich wie ein Fisch im Wasser, wußte immer, was sich gehört und was man wann sagt und so, aber er ist wirklich leiwand gewesen, gebildet, kultiviert und zugleich herzlich, er war Bankier, bei der Banco Aúrea, die Bank ist dann zusammengekracht, die gibt's heute nicht mehr, aber da war er schon weg, er ist ja Direktor geworden von der Banco do Brasil und da hat er's opportun gefunden sich zu naturalisieren und bei der Gelegenheit seinen Namen zu brasilianisieren: auf José Leonino. Der alte Löwinger! Ja, ja. War der beste Freund vom alten Singer, also vom Leo seinem Vater. Es war unglaublich, die Zeit damals. Hat alles verkehrt damals im Haus vom Löwinger, also vom Leonino, nicht, ich hab's in der Schlußphase noch kennengelernt, über den alten Daher. Der Leo Singer war wie ein Sohn vom Löwinger, es hat da Gerüchte gegeben, oder sagen wir Witze: wieso heißt er Leo? und so, na ja, ist ja egal. Jedenfalls, das Ganze hat dann aufgehört, wie die Frau gestorben ist, der Fisch, nicht, und er ist ja auch schon steinalt, über achtzig, glaub ich – *imagina*!» sagte Oswald plötzlich zu einem Mann, der sich zu uns gestellt hatte, um Oswald zu begrüßen.

«*Imagina*, er kennt das Haus vom José Leonino nicht!»

Der Mann sah mich an und lächelte ungläubig.

«Na ja, er ist ja hier ein Kind, ein Brasilien-Baby, er ist ja erst kurz da!»

Oswald tätschelte begütigend meine Schulter.

Das Haus vom Löwinger muß doch eine riesige Villa sein, sagte ich, und da wohnt jetzt der Leo?

«Aber naaa», sagte Oswald kopfschüttelnd, «im Haus vom Löwinger doch nicht, das ist doch ein Palast, auf einem Riesengrundstück, nein, aber vorn an der Avenida, da ist die Mauer und so, und ein – wie nennt man das – ein Pförtnerhäuschen, wie soll ich sagen, so ein Angestelltenhaus. Wie der Leo nach Brasilien zurückkommen ist und der Löwinger nicht mehr so viel Angestellte und so gebraucht hat und überhaupt in seinem Haus mehr Platz als genug gehabt hat, da hat der dem Leo dieses Angestelltenhaus überlassen, dieses Pförtnerhäusl, verstehst? Jetzt ist der Geist beim Löwinger nicht mehr im Salon, sondern im Salettl, sozusagen!»

Oswald lachte lautlos und vibrierend mit zurückgeworfenem Kopf.

Ich ließ mir die Adresse geben und ging.

«Hoffentlich hat sich der Leo wieder beruhigt!» hatte Oswald noch gesagt.

Es war leicht zu finden. Ich mußte nur über die Morumbi-Brücke hinüber und die Avenida Morumbi ein Stück hinauf.

Ich ratterte hin in der trostlosen Lärm- und Alkoholwolke meiner Brasilia.

Das Haus sah bescheiden aus, das Unbescheidene vermutete man zu Recht weit dahinter. Das Edelste an der Front dieses Hauses war der metallische Schimmer der Gegensprechanlage. Durch sie klang Singers Stimme seltsam schrill.

«Ach, Sie sind's! Schön. Warten Sie bitte einen Moment. Oder nein, egal, schon recht, kommen Sie rauf!»

Ein Surren, und ich stand in einer schmalen braunen Stiege, die mich vor eine Tür führte, die gerade geöffnet wurde.

In der offenen Tür stand Singer, in der Tracht – sagt man so? – eines Mönchs oder Klosterbruders, eines Franziskaners, wie ich annahm. In dieser Kutte aus grobem braunen Stoff, mit Kapuze, Sandalen, die er allerdings mit Socken trug.

Ich starrte Singer an, erstarrt dastehend, murmelte eine Entschuldigung, als hätte ich mich im Haus geirrt, in der Tür, im Menschen.

Sein Gesicht war hektisch gerötet, wie von einer großen Anstrengung oder einem starken Glückserlebnis herrührend.

«Kommen Sie weiter, mein Freund, kommen Sie rein», sagte er, nahm mich am Ellenbogen und zog mich hinein in den Raum. Ich war überrascht durch den Luxus des zweifenstrigen Arbeitszimmers, das mich aufgenommen hatte, ja, geblendet durch Überraschung. Denn die Dürftigkeit des Häuschens, seiner Treppe, seines armseligen Korridors ließ dergleichen nicht entfernt erwarten und verlieh der Eleganz von Singers Einrichtung durch Kontrastwirkung etwas Märchenhaftes, was sie an und für sich kaum besaß. Immerhin, sie war fein, ja glänzend, und zwar so, daß sie trotz Schreibtisch und Bücherschränken den Charakter des Herrenzimmers eigentlich nicht wahrte. Es war zuviel Seide darin, weinrote, purpurrote Seide: die Vorhänge, die die schlechten Türen verbargen, waren daraus, die Fenster-Überfälle und ebenso die Bezüge der Meubles-Gruppe, die an einer Schmalseite, der zweiten Tür gegenüber, vor einem die Wand fast ganz bespannenden Gobelin angeordnet war. Es waren Barockarmstühle mit kleinen Polstern auf den Seitenlehnen, um einen runden, metallbeschlagenen Tisch gruppiert, hinter dem ein mit Seidenplüschkissen ausgestattetes Sofa desselben Stiles stand. Die Bücherspinde nahmen die Wandpartien neben den beiden Türen ein. Sie waren, wie der Schreibtisch, oder vielmehr der mit einem gewölbten Rolldeckel versehene Sekretär, der zwischen den Fenstern Platz gefunden hatte, in Mahagoni gearbeitet, mit Glastüren, hinter die grüne Seide gespannt war. Aber in dem Winkel links von der Sofagruppe war ein Kunstwerk zu sehen, eine große, auf rot verkleidetem Sockel erhöhte, bemalte Holzplastik – etwas innig Schreckhaftes, eine Pietá, einfältig und wirkungsvoll bis zum Grotesken; die Gottesmutter in der Haube, mit zusammengezogenen Brauen und jammernd schiefgeöffnetem Munde, den Schmerzensmann auf ihrem Schoß, eine im Größenverhältnis primitiv verfehlte Figur mit kraß herausgearbeiteter Anatomie, die jedoch von Unwissenheit zeugte, das hängende Haupt von Dornen starrend, Gesicht und Glieder mit Blut befleckt und berieselt, dicke Trauben geronnenen Blutes an der Seitenwunde und den Nägelmalen der Hände und Füße. Dies Schaustück verlieh dem seidenen Zimmer nun freilich, gelinde gesagt, einen besonderen Akzent. Auch die Tapete, über den Bücherschränken und an der Fensterwand sichtbar, war übrigens offenbar eine Leistung des Mieters: das Grün ihrer Längsstreifen war das des weichen Teppichs, der über die rote Bodenbespannung gebreitet war. Nur der niedrigen Decke war wenig zu helfen gewesen. Sie war kahl und rissig. Doch hing ein kleiner venezianischer Luster daran herab.

Ich mußte mich zwingen, meine Augen geöffnet zu lassen, zu schauen. Das zu sehen. Das erste, das mir einfiel, war der Satz:

«Wir haben verloren!» Warum, weiß ich nicht, ich kann zu diesem Satz eben nur mitteilen, daß er als erster Gedanke dagewesen war, und in der Folge in meinem Kopf immer wieder hochkam:

«Wir haben verloren!»

Ich sah rot. So viel rot. Die viele rote Seide, die Vorhänge, die Überzüge, der Boden. Doch im Gegensatz zu Veras Schlafzimmer, das wie von fern herschimmerte, dachte ich hier augenblicklich an Blut, bekam ich den Gedanken an Blut nicht los. Das in diesem Zimmer gleichfalls verteilte Grün und Holzbraun minderte den Eindruck nicht, daß hier alles gänzlich blutrot war, es gab den Augen allerhöchstens die Möglichkeit, sich gelegentlich anzuhalten, während sie in Rot wateten. Und dann diese tatsächlich blutbefleckte Holzplastik. Es war schauderhaft. Ich wollte nichts als die Augen schließen und verschwinden. Aber ich sah mich ununterbrochen weiter um, studierte jedes Detail dieses Raumes, um nicht Singer anschauen zu müssen in seiner grotesken Kutte. Wenn er hier seine Gedanken entwickelt und formuliert, dann will ich ihm kein Wort mehr glauben! dachte ich, und schon wieder: Wir haben verloren!

Blut! In seiner schauerlichsten Form, nämlich in Form von Tuch und Möbel und Bodenbelag, in der Form also, die jede Form annehmen kann und doch immer nur daran, an Blut! denken läßt. Ich wollte so rasch wie möglich weg. Ich konnte nicht glauben, daß Singer wirklich hier wohnte. Er machte mir etwas vor. Das war abgekartetes Spiel. Das hier war keine Wohnung, es war eine Paraphrase, eine Kulisse.

Ich drehte mich um, wollte wieder hinaus, flüchten.

Singer stürzte mit hastigen und zugleich linkischen Bewegungen zwischen mich und die Tür, seine braune Kutte raffend, ich dachte an Sackhüpfen, die Katze im Sack, man schlägt den Sack und meint –? Es war absurd. Ich hielt ihm mit beiden Händen meine Mappe entgegen, er nahm sie.

«Ach ja, Ihre Arbeit, sehr schön!» und leitete mich mit gastlichen Bewegungen seiner kleinen Rechten zu den seidenen Sitzen. Dabei begann er zu reden, er befand sich in einem Rausch, ich wußte nicht, ob es der Rausch vom Alkohol, von einer Droge oder der Rausch der subjektiven Klarheit war. Er redete, entwickelte Theorien. Redete von einer «Lebensform, die in irgendeiner Weise symbolisch wird (...) und als Modell der Erneuerung und Kompromißlosigkeit gelten kann» – Erneuerung?

«Ja, Erneuerung!!! In einer Welt, die im Nominalismus der Sinnlichen Gewißheit gelandet ist, ist das Zurückkehren zu den Kategorien, das Hervorziehen des unter lauter konkrete Teppiche gekehrten Allgemeinen, das Predigen der, nein, das insistierende Erinnern an die Totalität des großen Ganzen, eine notwendige Erneuerung, bevor sie, die Welt, tatsächlich und real in jene Scherben bricht, in denen sie vom allgemeinen Bewußtsein schon gesehen und erlebt wird...» und so weiter, er sprach schnell und hitzig, begann sich immer wieder zu versprechen. Er sagte zum Beispiel «künstlich, nein künstlerisch», «Widerlichkeit, nein Wirklichkeit», und immer wieder, «Jakobiner, ich meine: Kapuziner», oder «Kapuziner, ich meine: Jakobiner...» So hitzig Singer auch redete, ich blieb kühl, buchstäblich, ich fror.

Zugleich sah ich alles wie durch einen Nebel.

Ich riß die Augen weit auf, es muß ausgesehen haben wie Angst oder Bewunderung.

Du schaust! Was soll das alles? Ich lebe körperlich seit dreißig Jahren. Warum jetzt? Warum ausgerechnet jetzt?

«Du schaust! Das ist es ja», sagte Singer. «Jetzt, wo du endlich die Geschichtsmechanik begriffen hast, das Prinzip der Rückentwicklung, und es also formulieren und allgemein gültig darstellen könntest, bist du durch dein Leben selbst schon so regrediert, daß du plötzlich auch nur noch ein unmittelbares, sinnliches Bewußtsein dessen hast, was du begriffen hast. Du schaust. Du hast dich begnügt, dein eigenes Exempel, dein eigener Hauptheld zu sein!...»

Er schien schon eine Stunde lang zu dozieren. Solange er sprach, hatte er recht. Wir standen noch immer vor den Sitzmöbeln. Wieder deutete er, ich möge mich niedersetzen. Ich wollte aber nicht Platz nehmen, ich hatte Angst, daß ich, wenn ich einmal saß, lange würde bleiben müssen.

Wenn nicht einmal das Begriffen-Haben des Allgemeinen und der Anspruch auf allgemeine Geltung sich allgemein gültig formulieren können, wenn mithin also sozusagen jeder Apfel nur ein Apfel der Erkenntnis dieses bestimmten Apfels ist, ist das dann –? sagte ich ein wenig verwirrt.

«Allerdings», antwortete er, «das ist jetzt das letzte Kapitel von der Geschichte der Welt.»

Es löste sich alles in Paraphrasen auf. Wie schön, Originalkopien.

«Nichts ist schrecklicher», sagte Singer, seine Kutte raffend, «menschlicher im tragischen Sinn als die Vollendung. Der Mensch ist das einzige Lebewesen, das weiß, daß einmal Schluß ist, und das sich immer schlüpfriger, geradezu aerodynamisch dem kalten Luftstrom dieses Bewußtseins anpaßt! Aber so setz dich, nehmen Sie doch bitte Platz, Roman!»

Um mich nicht setzen zu müssen, schaute ich wieder um mich und ging schließlich geradewegs und gebannt auf die Holzgruppe zu. Die Pietá!

«Es macht Ihnen Eindruck?» fragte Singer.

Ja, sagte ich, aber warum, ich meine –

«Vierzehntes Jahrhundert, wahrscheinlich rheinischer Herkunft. Ein Stück aus der Kunstsammlung meines Vermieters –»

«Löwinger?» sagte ich.

«Ja, kennen Sie ihn? Ich habe sie von ihm gewissermaßen entlehnt. Sie ist ein für die Grundlagen meines Denkens besonders exemplarisches Stück. Die Dialektik des subjektiven und objektiven Wissens, die Überlegenheit des künstlerischen Realismus über den Naturalismus, Religionskritik als Prämisse materialistischen Philosophierens –»

Ich verstand kein Wort. Zumindest nicht in Zusammenhang mit dieser Skulptur. Er stand jetzt ganz knapp neben mir, redete gerötet auf mich ein, in Wellen schlug mir sein heißer Atem ins Gesicht.

Realismus sei, sagte er, die Wirklichkeit so zu verändern, daß die objektive Wahrheit sichtbar werde. Alles was der Künstler an dieser Pietá «schöner, naturgetreuer» etc. gemacht hätte, «im richtigen Größenverhältnis, exakter herausgearbeiteter Anatomie» etc., kurz: naturalistischer, hätte nur die Wahrheit verfehlt, die diese Figur, so wie sie hier ist, zeige, nämlich, daß Religiosität eine emotionelle Grimasse sei, ein naturalistisches Werk hätte bestenfalls ein banales Gefühl evoziert, etwa Mitleid für den toten Mann auf dem Schoß seiner Mutter, ein Gefühl, das weiter keine Wahrheit hat, als daß es massenpsychologisch im Sinne einer Ideologie, in diesem Fall der Religion, mißbraucht werden kann.

Aber dieses Werk, sagte Singer, sei realistisch: es zeige das Verlogene, Grimassenhafte, das Vorwandhafte einer Welthaltung, die mit derselben Brutalität, mit der hier Physiognomie und Anatomie von Menschen zerstört worden sei, um Scham und Mitleid zu erregen, mit den wirklichen Menschen und ihren wirklichen Gefühlen umgeht.

«Der Künstler dieser Pietá mag subjektiv Christ gewesen sein, objektiv war er Atheist!» sagte Singer und wiederholte diesen Satz. Der Künstler mag subjektiv Christ gewesen sein, objektiv war er Atheist. Scham und Mitleid! Das war genau das, was ich empfand, nicht gegenüber dieser entsetzlichen Skulptur, sondern als prinzipielle Empfindungen in diesem Hier und Jetzt. Singers Atem brannte in meinem Gesicht. Wir haben verloren! dachte ich wieder, absurd genug, und später, zu Hause dies alles überdenkend (auch eine anachronistische Tätigkeit) sollte sich dieser Satz vervollständigen: Wir haben verloren, weil wir recht hatten!

Nach Hause! Ich wollte nach Hause! Wo immer es auch sei.

Nun saßen wir doch, Singer redete, nackte weiße Beine, die aus der braunen Kutte hervorkamen, die bestrumpften Füße in Sandalen, Blut, wie aus einer Nebel- und Schallwolke tauchte nun der Name Judiths auf, ich weiß nicht mehr, wie er auf sie zu sprechen gekommen ist, ach ja, er blätterte in meinem Roman, «und wenn Gott zwischen mich und die mir auferlegte Tat die Sünde gesetzt hätte – Wer bin ich, daß ich mich dieser entziehen könnte?» habe Judith noch zuletzt einmal gesagt, Singer lachte seltsam schrill, ich empfand Kälte.

Es ist egal, was Singer noch des weiteren sagte. Solange er sprach, hatte er recht. Aber es verschimmerte so oder so zu etwas Konturlosem hinter der Nebelwand meiner Augen. Danach blieb in mir nur der Eindruck fast unheimlicher Abstraktheit zurück, aber auch derjenige der Reinheit und des intellektuellen Edelmuts.

Ich will jetzt nicht erfinden, daß er noch dies oder jenes gesagt habe. Es ist egal, es war unwirklich, gespenstisch, unwirklich gespenstisch. Es zuckte und stöhnte nicht unter einem weißen Leintuch, sondern unter einer braunen Kutte. Die Stunde des Geistes. Ich hatte Angst. Ich weiß nicht einmal mehr, ob Singer wirklich gesagt hatte, daß ich mich damit zu begnügen scheine, mein eigener Hauptheld zu sein, auf alle Fälle hatte er recht damit, und auch nicht, denn ich hob mich selbst auf, indem ich das alles aufschrieb, aufschreiben, aufheben, es ist alles eins.

Vielleicht wird es so enden:

Sagen wir: fünf Jahre danach, neunzehnhundertachtundachtzig. Ich lebte mittlerweile wieder in Wien. Professor Singer kam auf Wien-Besuch. Wir trafen uns im *Café Sperl* in der Gumpendorferstraße. Ein schöner Wiener Frühlingstag. Singer war gealtert. Wirkte emeritiert. Und auch ich war kein junger Mann mehr.

Das Café war voll, wir mußten an einem der kleinen Tischchen neben den Billardtischen sitzen. Viele schöne junge Menschen waren zu sehen, sie waren so schön glatt und rund wie die Kugeln, die auf den Billardtischen klickten, und was das Leben ihnen bescherte, schien sich in ihre Gesichter so wenig einzugraben, wie auf den Billardkugeln die Stöße der Queus. Die Kreide knirschte auf den schwarzen Täfelchen, auf denen die Spieler ihre Punkte notierten. Die Täfelchen füllten sich mit Strichelchen und Zahlen, das kam dabei heraus. Später werden sie wieder gelöscht. Die Spieler umkreisten schleppend die Tische. Die Queus standen quer im Raum, wie plötzlich im Flug stehengebliebene Lanzen, ein doch schon längst versunkenes Bild, das seltsam vor meinen Augen verharrte.

Wir redeten. Können Sie sich erinnern? fragte ich.

Ja, sagte Singer, dies und das, und wissen Sie noch? fragte er, und ich sagte ja.

Wissen Sie noch, frage ich, wie wir einmal zufällig gleichzeitig von der *Bar jeder Hoffnung* weggegangen sind, Sie und Judith und ich – ich weiß nicht, warum mir das jetzt einfällt –, und es war ein ganz klarer Sternenhimmel, eine Seltenheit in São Paulo, und wir sind plötzlich auf der Straße stehengeblieben und haben in den Himmel hinaufgeschaut, wissen Sie noch? Und Judith wollte unbedingt, daß wir die Sternbilder bestimmen, und wir haben hinaufgestarrt und es nicht vermocht, nicht einmal das Kreuz des Südens haben wir mit Gewißheit ausmachen können. –

Singer nickte.

Und da hat Judith gesagt: verdammt noch einmal – Singer lächelte – verdammt noch einmal, ich sehe die Sterne und weiß nur dies: Sterne, aber ich kann keinen benennen, keinen unterscheiden, das armseligste Allgemeine weiß ich: «Sterne!»

Und da haben Sie gesagt: mich interessiert nicht ein Wissen vom All, sondern lediglich die Allwissenheit!

«Das habe ich gesagt?»

Ja, sagte ich. Er schmunzelte über diesen Satz, den ich ihm zugeschrieben hatte, und an den er sich sichtlich nicht mehr hatte erinnern können. Etwas, das er ausgesprochen hatte und das damit weg und verloren war, war zurückgekommen. Bedeutungslos und glücklich zurückgeweht.

War damals nicht auch Schatzmann dabei? fragte ich.

«Warum?»

Ich habe sein Ha! Ha! im Ohr!

«Kann sein, ich weiß nicht, ich habe ihn nie beachtet. Er lebt übrigens jetzt in Paraguay, habe ich gehört.»

Ach ja? Warum?

«Irgendeine Betrugsgeschichte. Ist bei Nacht und Nebel verschwunden!»

Das hätten wir uns auch nicht gedacht, nicht wahr?

«Ja, aber irgendwie schon. Wir haben uns doch alles gedacht!»

Ich lachte. Ja, so war Professor Singer.

Ach ja, sagte ich, daraufhin hat Judith gesagt, daß ihr Wissen, nicht nur was «das All» betreffe, so armselig sei. Hier ist ein Baum, hat sie gesagt – und ich könnte nicht sagen, was für einer!

«Nicht daß es mich wirklich interessierte –»

Genau, sagte ich. Nicht, daß es mich wirklich interessierte, hat sie gesagt, denn der Satz: Das ist eine Fichte! ist auch ein allgemeiner Satz, der nichts über diesen konkreten Baum aussagt, aber es ist doch so idiotisch, so beunruhigend, daß ich einfach nichts weiß.

«Aber manche wissen nicht einmal das nicht!»

Genau! Ha! Ha! – Da war es wieder – Ich glaube, Schatzmann war dabei, wir haben wie Verrückte zum Himmel hinaufgeschaut, und er ist hinter uns gestanden und hat pausenlos blöd gelacht. Ach ja, und dann hat Judith von ihrer «Reise zu den Sternen» erzählt, wie sie es genannt hat.

«Ja, ich erinnere mich!»

Ja, nicht wahr? sie hat erzählt, daß eines Nachts, als auch so ein sternenklarer Himmel gewesen sei, sie sich dann im Bett versucht habe vorzustellen, wie weit das Universum reiche, oder so. Sie hat sich vorgestellt, sozusagen als Geist ihren Körper zu verlassen, zunächst hat sie plötzlich von der Zimmerdecke ihren eigenen Körper gesehen, wie er im Bett liegt, die geschlossenen Augen zur Zimmerdecke gerichtet, und dann hat sie sich immer weiter entfernt, hinaus in die Atmosphäre, immer weiter, hinaus ins All, Sterne sind ihr entgegengekommen, sie ist daran vorbei und immer weiter, und andere Sterne, die sie zurückgelassen hat, und es ging noch weiter, es ist ihr ganz schwindlig geworden, hat sie erzählt, sie hat sich das ganz plastisch vorgestellt, wie sie da hinausschwebt, immer weiter, und es nimmt kein Ende, da hat sie plötzlich ganz starke Angst bekommen, Angst, daß sozusagen eine Art Nabelschnur zerreißt und plötzlich wäre sie ein freier Geist, und da hat sie die Vorstellung unterbrochen – im letzten Moment! hat sie gesagt, und da war sie wieder bei sich, im Bett, und sah die Zimmerdecke.

«Ja, das hat sie erzählt!» sagte Singer leise und überrascht.

Ja, und Sie haben dann zu ihr gesagt: Gut, daß du wieder zurückgekommen bist, meine Liebe, die Erde ist fern genug!

Die Erde ist fern genug, das haben Sie dann gesagt, Leo!

Ich weiß nicht, ob man sagen kann, daß man so etwas weiß, aber ich glaube doch, Leo, daß wir damals irgendwie glücklich waren!

«Ja, vielleicht waren wir nie glücklicher als damals!»

Die Kugeln auf den Billardtischen veränderten ununterbrochen ihre Stellung zueinander, sie wurde manchmal so kompliziert, daß der Queue lange unschlüssig vor ihr vibrierte und zuckte. Das Klacken der Kugeln klang immer gleich, und dann lagen die Kugeln wieder anders. Aber es spielte keine Rolle. Nach einiger Zeit wurden sie wieder in die Ausgangsposition gelegt, das Täfelchen gelöscht. Das kam dabei heraus.

Ich war den Tränen nahe.

Das war es also.

Aber es ist noch nicht alles erzählt.

Das fehlt gerade noch. Sonst nichts.

S-o-n-s-t-n-i-c-h-t-s.

B. Traven

Das Totenschiff
Die Geschichte eines amerikanischen Seemanns
rororo Band 126

Die weiße Rose
Roman aus Mexiko.
rororo Band 488

Die Baumwollpflücker
Roman
rororo Band 509

Der Karren
Roman
rororo Band 593

Die Brücke im Dschungel
Roman
rororo Band 764

Der Schatz der Sierra Madre
Roman
rororo Band 5274

Graham Greene

Die Kraft und die Herrlichkeit
Roman (91)

Der dritte Mann
Roman (211)

Der stille Amerikaner
Roman (284)

Heirate nie in Monte Carlo
Roman (320)

Unser Mann in Havanna
Roman (442)

Die Stunde der Komödianten
Roman (1189)

Leihen Sie uns Ihren Mann?
Komödien der Erotik (1278)

Die Reisen mit meiner Tante
Roman (1577)

Eine Art Leben
(1671)

Das Ende einer Affäre
Roman (1787)

Schlachtfeld des Lebens
Roman (1806)

Ein Sohn Englands
(1838)

Zentrum des Schreckens
Roman (1869)

Der Honorarkonsul
Roman (1911)

Graham Greene

Das Attentat
Roman (1928)

Orientexpress
Roman (1979)

Kleines Herz in Not (4051)

Jagd im Nebel
Roman (4093)

Zwiespalt der Seele
Roman (4177)

Am Abgrund des Lebens
(4249)

Lord Rochesters Affe
(4307)

Ein ausgebrannter Fall
Roman (4329)

Der menschliche Faktor
(4693)

Erzählungen
(4749)

Dr. Fischer aus Genf oder
Die Bombenparty
(5051)

Fluchtwege
(5285)

Das Herz aller Dinge
Roman (5450)

Monsignore Quijote
(5453)

Gespräche mit Marie-Françoise Allain
(5613)

rororo

C 57/30a

Gudrun Pausewang

Bolivianische Hochzeit
Roman (5659)

Die Entführung der Doña Agata
(1591)

Karneval und Karfreitag
(4335)

Wie gewaltig kommt der Fluß daher
Roman (4812)

Plaza Fortuna
Roman (5761)

C 2189/2

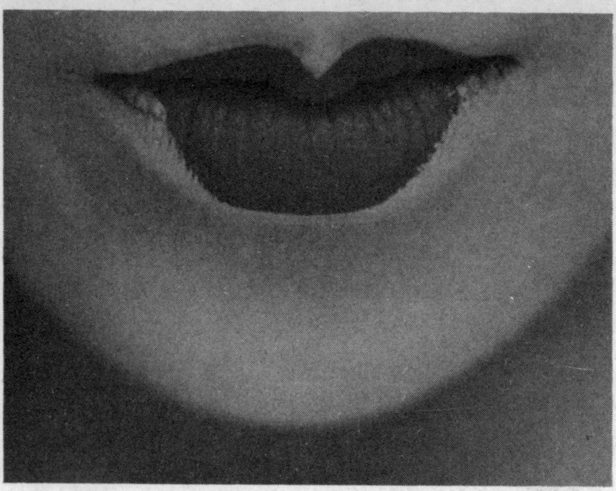

(2312/1)